ullstein

Das Buch

»... Ich entschloß mich zur Niederschrift dieses Berichtes, weil er von einer Erfindung handelt, die mit Sicherheit die Zukunft der Menschheit entscheidend beeinflussen wird. Es war meine Absicht, alles zu zeigen, was zur Beurteilung der deutschen Flüssigkeitsraketen-Entwicklung in den Jahren 1930 bis 1945 notwendig ist, die Umstände, in denen wir lebten, arbeiteten und Erfolge hatten, und schließlich – den Untergang ...«
(Walter Dornberger zur ersten Auflage von *V2 – Der Schuß ins Weltall*)

Der Autor

Walter Dornberger, geb. 1895 in Gießen, studierte von 1925 bis 1930 an der Technischen Hochschule in Berlin Maschinenbau. Nach seinem Diplomabschluß arbeitete er im Heereswaffenamt in Berlin, dort stieg er schnell zum Abteilungsleiter für Raketenentwicklung auf. 1935 wurde er Dr. ing. e. h. der Technischen Hochschule in Berlin; sein Kompetenzbereich weitete sich aus, als er 1936 verantwortlicher Leiter der Raketenentwicklung des Heeres und bei Kriegsbeginn auch der Luftwaffe wurde und schließlich 1943 Kommandeur von Peenemünde. Nach englischer und amerikanischer Kriegsgefangenschaft holte ihn die amerikanische Luftwaffe als guided-missile-Berater in die USA. Später war er dort in der Luftfahrtindustrie tätig. Dornberger starb 1980.

Walter Dornberger

Peenemünde

Die Geschichte der V-Waffen

Mit einem Geleitwort von
Eberhard Rees, Huntsville/Alabama

Mit 79 Abbildungen

Ullstein

Besuchen Sie uns im Internet:
www.ullstein-taschenbuch.de

Umwelthinweis:
Dieses Buch wurde auf chlor- und säurefreiem Papier gedruckt.

Unveränderte Ausgabe im Ullstein Taschenbuch
18. Auflage 2010
(Nachdruck der durchgesehenen, um ein Geleitwort von
Eberhard Rees, Huntville/Alabama,
und durch zahlreiche Dokumentarfotos erweiterte Neuausgabe des
1958 in 3. Auflage erschienenen Buches von General Dr. Walter Dornberger
V2 — Der Schuß ins Weltall)
Umschlaggestaltung: HildenDesign, München
(nach einer Vorlage von Simone Fischer & Christof Berndt)
Unter Verwendung eines Fotos vom Süddeutschen Verlag:
Februar 1942: Deutsche V2-Rakete auf dem Raketenversuchsgelände
in Peenemünde beim Transport auf einem Vidalwagen

Druck und Bindearbeiten: CPI – Ebner & Spiegel, Ulm
Printed in Germany
ISBN 978-3-548-33119-5

INHALT

GELEITWORT

Diese erweiterte Neuausgabe des Buches von Dr. Walter Dornberger »V2 – Der Schuß ins Weltall« – 3 Auflagen* dieses Standardwerkes der Zeitgeschichte waren rasch vergriffen – gewinnt im Rückblick auf die ungeahnte Entfaltung der Weltraumfahrt in den vergangenen drei Jahrzehnten mit ihren Ergebnissen, umfassenden Anregungen und Einflüssen auf fast alle technischen und wissenschaftlichen Bereiche ihre besondere Bedeutung. Steht doch an der Wiege dieser unser Zeitalter mitbestimmenden Entwicklung Peenemünde, wo unter der Führung von General Dr. Dornberger, dem Kommandeur eben dieser Heeresversuchsanstalt Peenemünde auf Usedom, mit dem Aggregat A 4, auch V 2 genannt, der Grundstein für die praktische Raumfahrt gelegt wurde. Obwohl die damalige Bestimmung Kriegszwecken galt, bleibt der Rang der Arbeiten in der Versuchsanstalt Peenemünde für alle Zeiten in der Geschichte von Technik und Wissenschaft unumstritten.

Die russischen Sputnik-Satelliten Ende der fünfziger Jahre sowie die amerikanische Explorer-Serie wurden mit Raketen in eine Umlaufbahn um die Erde gebracht, die auf der Technologie des A4, also der V2, basierten. Dies waren die gebündelte Wostok-Rakete und die Redstone-Trägerrakete, mit denen der erste bemannte Raumflug der Russen und die ersten beiden bemannten Flüge im amerikanischen Merkur-Programm gestartet wurden. In beiden Ländern hat jedoch nicht nur die aus Peenemünde vorliegende Raketentechnologie zur Entwicklung der Raumfahrt beigetragen, sondern führend blieben eben diese Fachleute aus dem A4-Programm, die darauf aufbauten und die Entwicklung vorantrieben. Für die Vereinigten Staaten trifft dies im besonderen zu.

* siehe am Schluß dieses Buches das Geleitwort von Walter Dornberger zur 3. Auflage und sein Vorwort zur 1. Auflage von »V2 – Der Schuß ins Weltall«

Denn nach Beendigung des Krieges wurden jenen Fachleuten, darunter auch Dr. Dornberger, von der amerikanischen Regierung Verträge angeboten, die ihnen eine Fortsetzung ihrer Arbeiten an den Konzepten und Plänen aus der Peenemünder Epoche ermöglichten. Sie hatten in den USA einen entscheidenden Anteil an der Weiterentwicklung zu stärkeren Raketen mit größerer Reichweite, mit besserer Treffgenauigkeit und mit höheren Nutzlastgewichten. Das führte zu bedeutenden Fortschritten auf vielen Gebieten, wie Elektronik, Computertechnik, Aeroballistik und Aerodynamik, sowie neuen Werkstoffen, neuen Fertigungsverfahren, verbesserten Prüfverfahren usw., um nur einige wenige technische Gebiete zu nennen. Vom rein technologischen Standpunkt aus gesehen waren damit der Raumfahrt die Wege geebnet.

Vor allem Dr. Wernher von Braun mit seinen Mitarbeitern, aber auch Dr. Walter Dornberger, der eine leitende Stellung bei der amerikanischen Industrie erhalten hatte, verbreiteten den Raumfahrtgedanken und die daraus erwachsenen Möglichkeiten in Vorschlägen, Berichten Artikeln und Vorträgen bis hinauf zu den höchsten Regierungsstellen. Es ist bezeichnend, daß auch in den USA ein Kampf für die Raumfahrt gegen Ungläubigkeit, Bürokratismus, Budgetschwierigkeiten, Kompetenzstreitigkeiten und dergleichen geführt werden mußte, wie ihn Dr. Dornberger in seinem Buch so drastisch beschreibt und an dem sich die früheren Raumfahrtpioniere die Zähne ausgebissen hatten.

Schließlich brachte der technologische Konkurrenzkampf zwischen Rußland und den USA, der in den Staaten zur Gründung der NASA führte, die wirklich großen und raschen Erfolge, wie Nachrichten- und Fernsehsatelliten, Wettersatelliten, Forschungssatelliten, bemannte Raumfahrt, Landung von Astronauten auf dem Mond, Raumstationen wie Skylab und Saljut, Forschungssonden zu den Planeten und um die Sonne.

Ausgedehntere Raumstationen für breite Forschungsgebiete, für Entwicklung und Herstellung neuartiger Werkstoffe und für viele andere Zwecke sind keine Phantasien mehr. Der nächste Schritt hierzu in den USA ist die Entwicklung des »Shuttle« oder Raumtransporters, der 1981 fliegen wird. Hierfür entwickelt und liefert die »European

Space Agency« (ESA) eine der Hauptnutzlasten, das Raumlaboratorium (Spacelab) mit einem westdeutschen Unternehmen als Hauptauftragsnehmer.

Im Zusammenhang mit dem Shuttle-Programm ist es interessant zu erwähnen, daß Dr. Dornberger schon vor Jahren praktische Vorschläge ausgearbeitet hat für ein Raumflugzeug, das nach beendeter Mission wieder auf der Erde landet, um für den nächsten Einsatz erneut ausgerüstet zu werden, ähnlich den für den »Shuttle« geplanten Operationen.

Was mich an dem Buch von Dr. Dornberger so besonders fasziniert hat, als ich es dieser Tage wiederum las, ist der unglaubliche Mut, mit dem er als Oberst des Heereswaffenamtes und später als General in den Auseinandersetzungen um die Großrakete und für die Peenemünder Forschungs- und Versuchsanstalt in härtesten Kriegszeiten hervortrat. In diesem Ringen fand er nur wenig Unterstützung durch seine direkten Vorgesetzten. Oft stand er der Macht und den Intrigen der Rüstungs-Dienststellen und der SS-Führung allein gegenüber.

Gerne bin ich dem Wunsch des Verlegers nachgekommen, für dieses Buch ein Geleitwort beizusteuern.

Das Buch erzählt die Geschichte Peenemündes und kann bis heute mit Fug und Recht als *das* Standardwerk bezeichnet werden, weil es an Objektivität und Tatsachenmaterial weit herausragt und die politischen Vorgänge und die technischen Probleme um Peenemünde und die Entwicklung der A 4 (V 2) aus vorderster Sicht schildert.

Bei der Abfassung dieses Geleitworts war ich mir stets bewußt, daß es Dr. Wernher von Braun gebührt hätte, eine solche Einleitung zu schreiben, wäre er noch unter uns.

Auch erreichte mich jetzt die schmerzliche Nachricht, daß Dr. Walter Dornberger, während er in Deutschland weilte, plötzlich verstorben ist. Auch ihm bleibe ich mit tiefem Dank verbunden.

Huntsville, Alabama *Eberhard Rees*
Juli 1980

3. Oktober 1942 „START FREI!"

Der Befehl war gegeben, ich legte das Handmikrophon, das meine Worte über eine Ringleitung zum Prüfstand VII, zur Schießleitung und zu den Meßstellen übertragen hatte, aus der Hand. Ich stand auf dem flachen Dach des Meßhauses. Ein klarer, wolkenloser Himmel wölbte sich in dieser Mittagsstunde über Norddeutschland. Meine Blicke wanderten hinaus, sie faßten das im Tarnanstrich düster wirkende Entwicklungswerk, die ausgedehnten Kiefernwälder und, über das Schilfvorland des Peenemünder Hakens hinaus, die zehn Kilometer entfernte Insel, die Greifswalder Oie.

Im Süden, eingebettet in immergrünen Wald, sah ich die beiden großen, lichten Betonhallen des Versuchsserienwerkes, dessen nach Norden ausgerichtete Sheddächer mit Tarnnetzen überzogen waren. Im Westen wurden die flachen Hügel des jenseitigen Peeneufers vom roten Backsteinturm des Wolgaster Domes überragt. Die lichtblauen Umrisse der unter Tarnmatten fast verschwindenden Sauerstofferzeugungsanlage, die kennzeichnenden sechs Schornsteine des großen Hafenkraftwerkes und die langen Hallen des Fliegerhorstes Peenemünde vollendeten das mir so sehr vertraut gewordene Bild.

Das Dach des Meßhauses mit seiner schützenden Mauerbrüstung war ein idealer Beobachtungsstand. In dieser Oktobermittagsstunde beschäftigte mich nur ein einziger Gedanke: würde der Start diesmal gelingen? War die Ursache des Versagens der beiden letzten Versuche vom 13. Juni und 16. August wirklich richtig erkannt? Reichten die getroffenen Maßnahmen aus? Würde uns heute, am 3. Oktober 1942, endlich Erfolg beschieden und damit die zehnjährige Mühe und Arbeit belohnt werden? Vom Gelingen dieses Startes hing viel ab. Wir wußten es alle. Ich war mit meinem Kummer nicht allein. Neben mir stand mein bester Freund und seit Jahren treuester Mitarbeiter, Oberst Dipl.-Ing. Zanssen, die

Ellbogen auf die Brüstung gestützt, und musterte mit erzwungener Ruhe durch den Zeiß die weitere Umgebung. Es fiel mir auf, daß er besonders lange nach Norden spähte, wo überhaupt nichts zu erkennen war. Auch er schien mit seinen Gedanken kummervolle Wege zu wandern. Als Kommandeur der Heeresversuchsstelle Peenemünde trug er eine Verantwortung, die erst dann etwas leichter auf ihm lasten würde, wenn der heutige Versuch gelang. Die Verantwortung aber für das Gelingen lag auf meinen Schultern.

Um den Augenblick zu entspannen, redete ich ihn an. Als Zanssen seine klaren blauen Augen auf mich richtete, fiel mir seine Blässe auf. Ich wollte etwas Ermunterndes sagen.

„Halte mir beide Daumen, es muß gelingen, es hängt zuviel davon ab!"

Zanssen lächelte nur matt und griff wieder zum Glas. Was hätte er auch antworten sollen! Auch ich hob wieder das Glas vor die Augen. Auf dem fast flachen Dach des grüngetarnten Montagehauses der Startstelle sah ich hin- und herlaufende Menschen. In 30 Metern Höhe warteten dort die Photographen und Kinoleute. Dort hatten auch die Meßingenieure und das Prüfstandpersonal ihre Stellung bezogen.

Ich wußte, daß im Beobachtungs- und Meßbunker des Prüfstandes alles vorbereitet war. Die Ingenieure waren bereit. Die Folge aller Schaltvorgänge war eingeübt. Dr. Thiel, der Leiter des Versuchsfeldes, hatte eine Kommando- und Zeittafel entwickelt, von deren genauer Ordnung nicht abgewichen werden durfte. Aufmerksame Augen spähten durch die in die dicke Decke des Betonbunkers eingebauten Periskope und beobachteten die Ingenieure, die an der Startstelle mit den letzten Vorbereitungen beschäftigt waren.

Die Rakete, eine A 4, die später die Bezeichnung V 2 erhalten und unter diesem Namen in die Geschichte eingehen sollte, stand frei auf ihrem Abschußtisch. Noch war sie durch zwei dicke Kabel mit den Meßgeräten im Bunker und den Stromquellen verbunden. Die leitenden Triebwerks- und Steuerungsingenieure standen im Bunker vor ihren indirekt beleuchteten Schaltpulten. Sie lasen die Anzeigen der vielen Meßinstrumente, der verschiedenen Manometer, Frequenzmesser, Volt und Amperemeter, beobachteten das Aufleuchten grüner, roter und weißer Signallämpchen und legten ihre Hände, des Zeichens zum Einsatz gewärtig, an die Schaltgriffe. In einer abgesonderten Ecke beschäftigten sich Ingenieure der Firma Siemens mit der Scharfeinstellung eines Fernsehaufnahmegerätes. Telephone schnarrten. Aus den Lautsprechern näselten Ringleitungsgespräche mit der Startleitung, den Meßstellen, der Schießleitung und dem für die Stromversorgungsanlage verantwortlichen Ingenieur.

Die letzten Leitungsproben, die noch blinden Durchschaltversuche, die letzte Überprüfung aller elektrisch betriebenen Stabilisierungs- und Steuerungsanlagen, aller wichtigen Ventile, der Druckbehälter und Leitungen waren endlich beendet.

Ich hatte die Gewißheit, daß sich alle Handlungen in der bei vielen erschöpfenden Prüfstandversuchen oft bewährten Weise abspielen würden. Mein Blick wanderte noch einmal rasch zum Dach der Zusammenbauwerkstatt des Entwicklungswerkes hinüber. Dort, in luftiger Höhe, standen der für die Organisation des Schießens zuständige militärische Leiter des Entwicklungswerkes, Oberst Stegmaier, der für die technische Leitung verantwortliche Dr. von Braun und Dr. Steinhoff, der Chef der geheimnisvollen Abteilung BSM (Bordgeräte, Steuerung und Meßwesen). Etwas entfernt von dieser Gruppe auf dem flachen Dach gewahrte ich das Personal des Überschallwindkanals. Ich erkannte an den Scherenfernrohren die Doktoren Hermann und Kurzweg. Sie hatten eine besondere Aufgabe. Sie mußten mit ihren zehnfach vergrößernden, binokularen Scherenfernrohren die Rakete während ihres Fluges beobachten und unabhängig voneinander ihre Wahrnehmungen diktieren; neben ihnen warteten schon die Schreiber.

Als ich mich über die Brüstung beugte, sah ich aufgeregtes Leben. Auf den Straßen und Wegen des ausgedehnten Werkes, in den Fenstern und auf den Dächern der Hallen, Werkstätten und Verwaltungsgebäude schien alles, was sich im Werk bewegte, Ingenieure, Meister und Arbeiter, dem kommenden Ereignis entgegenzuharren. Es hätte keinen Zweck gehabt, der Belegschaft, die jahrelang an der Entwicklung der A 4 mitgearbeitet hatte, die Teilnahme an dem Schauspiel zu verbieten. Sie alle wollten Zeuge des von ihnen herbeigewünschten, vielleicht geschichtemachenden Ereignisses sein. Auf die Menschen, das wußte ich, würde ich mich unbedingt verlassen können. Sie würden nicht versagen.

Die Steuerkreisel in der Rakete liefen.

Aus dem an die Ringleitung angeschlossenen Lautsprecher dröhnte die erste Ansage: „X — 3. Zeit läuft."

Noch drei Minuten bis zum Start. Diese drei Minuten! Sie wurden nach und nach, da sie sich in ihrer fast unerträglichen Spannung vor jedem Versuch wiederholten, als „Peenemünder Minuten" bekannt und schienen immer länger zu sein als sechzig Sekunden.

Die Fernsehingenieure hatten die Einstellung ihres Gerätes beendet. Auf dem sanft leuchtenden, vibrierenden Bildschirm erschien der von hellem Sonnenlicht beschienene, schwarzweiß lackierte, schlanke Körper der Rakete, ein Körper von vollendeter Schönheit der Maße, dessen schnittige Gestalt jeden Betrachter begeisterte. So und nicht anders mußte ein idealer Flugkörper gestaltet sein, der den hohen Anforderungen, die wir an einen solchen Flugkörper stellen mußten, entsprach. Die Rakete mußte die Schallgeschwindigkeitsgrenze hinter sich lassen. Die schlanke nach oben sehr scharfe Spitze ging in ogivaler Rundung in den zylindrischen Mittelteil über. Die vier Flossen des sich konisch nach unten verjüngenden Hecks teilten dieses in vier zur Erleichterung der Auswertung der Meßaufnahmen unterschiedlich lakkierte Flächen. Ein breites, weißes Band niedergeschlagener Luftfeuchtigkeit umgürtete in Höhe des Flüssigsauerstofftanks die Rakete. Aus dem geöffneten Entlüfter am Heck des Gerätes entströmte Sauerstoffdampf. Er bildete bei der Berührung mit der Luftfeuchtigkeit kleine, ballige, sich rasch verflüchtigende Wölkchen.

Die Arbeitsbühne wurde zurückgeschoben. Das Personal hatte sich in den Bunkern in Sicherheit gebracht. Die Rakete stand nun allein. Die Dampfentwicklung hörte plötzlich auf. Ich wußte, daß das Entlüfterventil durch Fernsteuerung geschlossen worden war. Ich fühlte förmlich, wie der Druck im Sauerstofftank ansteigen mußte.

„X – 1. Zeit läuft."

Die Spannung stieg. Wie oft hatte ich im letzten halben Jahr hier oben meine Nerven geprüft! Wie oft mußte wegen irgendwelcher technischen Störungen der Versuch im letzten Augenblick abgebrochen und der Startbefehl zurückgenommen werden! Es erschien mir an jenem 3. Oktober 1942 kein Wunder mehr, daß selbst führende Männer des Peenemünder Betriebes daran gezweifelt hatten, ob aus der Großrakete jemals ein einsatzfähiges Gerät werden würde. Bis jetzt hatten wir erst zweimal eine Rakete dieses Maßes überhaupt vom Boden gebracht. Zweimal hatten wir Fehlstarts erlebt. Noch wußten wir nicht, ob unsere vielfältigen Überlegungen richtig waren. Unsere Theorien waren durch die Praxis noch nicht bestätigt worden. Wir wußten nur eines, nämlich, daß wir an diesem Tage nicht versagen durften. Die Entscheidung mußte fallen.

Zu lange, so schien es mir, hatten wir in diesem Kriege tüchtigste Kräfte und viel gutes Material an eine bisher unbewiesene Idee gebunden. Schon hatten wir Konkurrenz erhalten, die auf billigerem Wege dasselbe zu erreichen versprach, was wir beabsichtigten. Würde ich es unter diesen Verhältnissen verantworten können, noch länger Menschen an das Werk zu binden? Monate waren dahingegangen, ohne daß Fortschritte sichtbar geworden waren. Schlüge der heutige Versuch fehl, so würde ich mich gezwungen sehen, nach oben zu melden, daß wir uns geirrt hätten. Die Folgen hatte ich dann zu tragen. Ich würde dann vorschlagen müssen, die ganze in unserem Betriebe gebundene Rüstungskapazität dem Flugzeug- oder Panzerbau zur Verfügung zu stellen.

Ich wußte, daß ich als der seit nunmehr zehn Jahren für die Arbeiten allein Verantwortliche nicht mehr viel Zeit hatte, um den Nachweis für die Rechtfertigung aller in das Vorhaben gesteckten ungeheuren Mittel zu erbringen. Die Spannung und Aufregung ließ mich in der warmen Herbstsonne frieren. Ich war froh, mit meinem Freund, Oberst Zanssen, allein und nicht den prüfenden Blicken des Personals ausgesetzt zu sein.

Die Minute dehnte sich endlos. Ich mußte ein fortwährendes Verlangen, nach der Uhr zu sehen und die Sekunden mitzuzählen, unterdrücken. Während tausend Fragen, auf die ich gerne dringend Antwort empfangen hätte, mir durch den Kopf stürmten, mußte ich mich beherrschen, die bis ins kleinste ausgearbeiteten Vorbereitungen nicht durch telephonische Zwischenfragen zu stören. Es war eine echte Peenemünder Minute.

Eine Rauchpatrone zischte in den Himmel.

Ihre grüne Spur in der Nähe des Prüfstandes VII zog träge, vom Wind getragen, davon. Noch zehn Sekunden!

Das Bild im Fernsehapparat ist unverändert geblieben.

„Zündung!"

Der Triebwerksingenieur mußte den ersten der drei entscheidenden Hebel umgelegt haben. Im Bilde beobachtete ich, daß aus der Düsenmündung des Hecks Gewölk austrat. Funken regneten dazwischen, prallten auf das Abweiserblech und hüpften über die Betonplattform, auf welcher der Starttisch stand.

„Kleine Stufe!"

Der Funkenregen verdichtete sich rasch zur Flamme und wandelte sich im Verlauf einer Sekunde zu einem in herrlicher rotgelber Farbe züngelnden Gasstrahl. Die Flamme der Acht=Tonnen=Schubstufe entwickelte sich. Die Kraft dieser Vorstufe reichte noch nicht aus, die 13,5 Tonnen schwere Rakete vom Starttisch zu heben. Der Brand dieser Stufe währte drei Sekunden. Rauch begann das Bild zu trüben. Kabelenden, Holz= und Grasstücke flogen durch die Luft. Ich sah, wie das Abwurfkabel sich von der Rakete löste und nach unten fiel. Im Augenblick dieser Trennung wurde die Rakete auf ihre eigenen Batterien umgeschaltet. Die Steuerungsorgane empfingen nun ihren Strom aus eigener Quelle.

„Abgehoben!"

Der Triebwerksingenieur hatte den dritten, den entscheidenden und letzten Hebel umgelegt. Mit dem Lösen des Abwurfkabels war die Hauptstufe eingeschaltet. Mit 4000 Umdrehungen in der Minute und einer Leistung von 540 PS übernahm eine Turbopumpe ihre Arbeit und drückte mit 3 Atmosphären Überdruck 125 Liter Spiritus und Sauerstoff in der Sekunde in den Raketenofen.

Nach etwa einer Sekunde erreichte der Schub 25 Tonnen. Mit einer Beschleunigung, die ungefähr jener eines fallenden Steines entsprach, hob sich die Rakete ruhig und sicher vom Abschußtisch und verschwand unter Zurücklassung einer ungeheuren aufgewirbelten Staubwolke aus dem Blickfeld des Fernsehgerätes.

Ich hielt das Glas an die Augen und beobachtete nach Norden. Aus dem Wald fuhr der helleuchtende Körper der Rakete senkrecht in die Höhe. Unvergeßlich und unvergleichlich ist das Bild, das sich mir bot. Der von der Sonne grell angestrahlte Raketenkörper stieg höher und höher. Die aus dem Heck jagende Flamme hatte fast die gleiche Länge wie die Rakete selbst. Der flammende Gasstrahl war scharf begrenzt und in sich geschlossen. Wie von Schienen geführt, hielt die Rakete ihre Bahn. Der erste kritische Moment war vorüber. Es hatte sich gezeigt, daß das „Gerät A 4" um die Längsachse stabil war. Das Geschoß drehte sich nicht. Die uns zugekehrte schwarzweiße Flächenkennzeichnung blieb unverändert.

Donnerartiges Rollen erfüllte die Luft. Jetzt erst erreichte uns der Schall des Triebwerkes. Wir vernahmen zunächst die kleine und erst nach Verlauf einiger Sekunden die Hauptstufe. Der Schall hatte, ehe unser Ohr seine Gewalt aufnehmen konnte, eine Entfernung von 1500 m zurückgelegt. Es waren seit Zündung der ersten kleinen Stufe erst 5 Sekunden vergangen. Der grollende Donner nahm zu. Mit einer Geschwindigkeit von über 2000 Meter in der Sekunde schoß das in der Verbrennungskammer eine Temperatur von etwa 2800° C erreichende Verbrennungsgas aus der Düsenmündung. Die freiwerdenden Energien sind wahrhaft gigantisch. Über 650 000 PS Leistung erreichte der Raketenofen am Ende der Brennzeit. Immer überzeugender jubilierte mir die brausende Begleitmusik dieses neuen Sieges der Technik in die Ohren. Die Rakete hielt ihre senkrechte Bahn nur während 4,5 Sekunden inne, dann begann sich, dem Auge zunächst kaum wahrnehmbar, ihre Spitze nach Osten zu neigen. Die Umlenkung hatte begonnen.

Atemlos verfolgte ich das Schauspiel des immer schneller und schneller auf seiner Bahn dahinjagenden Flugkörpers und sein langsames und stetiges Umlenken von der Senkrechten in die für die größte Reichweite erforderliche Schräglage von ungefähr 45°. Von meinem Standort auf dem Dach des Meßhauses konnte ich gerade diesen Teil der Flugbahn von der Seite her genau beobachten.

Während ich, das Doppelglas vor die Augen gepreßt, nach oben starrte, nahm ich plötzlich wahr, daß neben dem rhythmisch an- und abschwellenden Rauschen, Brausen und Donnern des Raketentriebwerkes auch noch andere Geräusche das Ohr erreichten. Es waren teils in der Tonhöhe wechselnde, teils gleichförmige Geräusche, die in hohem Grade meine Aufmerksamkeit erregten.

Eintönig gab der Zeitnehmer der Schießleitung durch Lautsprecher die jeweils erreichte Flugzeit bekannt. Monoton reihte sich Zahl an Zahl: „14 – 15 – 16 – 17 ..."

Daneben vernahm ich, aus einem zweiten Lautsprecher kommend, einen stetigen langgezogenen Ton. Den Meßton. Er war das akustisch wahrnehmbar gemachte Ergebnis der Geschwindigkeitsmessung der Rakete. Immer klarer und ausgeprägter drang dieser vom tiefen Brummen zum hellen Pfeifen langsam und gleichmäßig ansteigende Ton durch das dröhnende Brausen des Raketenmotors.

Genau in 12 km Entfernung von der Startstelle und in der Verlängerung der Flugrichtung stand auf dem jenseitigen flachen Peeneufer der Hochfrequenzsender der Brennschlußanlage. Vom Augenblick des Startes an sandte seine Richtantenne in ununterbrochener Folge ihre kurzen Wellen in die Richtung des sich immer weiter in die Höhe entfernenden Flugkörpers.

„19 – 20 – 21 ..."

Schneller und schneller zog die Rakete ihre donnernde Bahn. Ihre Geschwindigkeit hatte jetzt etwa 300 Meter in der Sekunde erreicht. Während der nächsten Sekunden würde sie Schallgeschwindigkeit erreicht haben.

„Schallgeschwindigkeit!" kam endlich die Meldung aus dem Lautsprecher. Mein Herz setzte einen Schlag aus. Jetzt, – wenn jetzt eine weiße Explosionswolke im blauen Himmel erschiene ...

Nichts erschien. Unbeirrbar flog die Rakete weiter, so, als ob überhaupt nichts Störendes hätte sein können. Aber in diesem

Augenblick wurde an jenem 3. Oktober 1942 zum ersten Male von einer Flüssigkeitsrakete Überschallgeschwindigkeit erreicht. Ein alter Menschheitstraum, dessen Bedeutung nur nach und nach von den Technikern erkannt wurde, hatte sich verwirklicht. Mit dem Beweis, daß auch beim Durchgang durch die Schallgeschwindigkeit und im Überschallgeschwindigkeitsbereich selbst ein pfeilstabiler Raketenflugkörper Stabilität wahren konnte, fiel mir eines der schwersten Gewichte vom Herzen.

Die Belegschaft des Prüffeldes hat dann später diesen mir symbolisch vom Herzen gefallenen Stein mit einer netten Inschrift am Fuß des Prüfstandes I einbetoniert.

„29 — 30 — 31 ..."

Immer heller und höher wurde der Meßton, immer lauter übertönte er das nunmehr nur noch rauschende Grollen des mit zunehmender Überschallgeschwindigkeit sich immer weiter entfernenden Flugkörpers. Klar und deutlich war im Glase die Rakete mit ihrem rötlich leuchtenden Flammenstrahl im tiefblauen Himmel zu erkennen.

„33 — 34 — 35 ..."

In der Verkürzung des schräg von unten verfolgenden Blickes erschien die Umlenkung dem Auge wesentlich stärker. Die Rakete entfernte sich mit sichtbar zunehmender Geschwindigkeit. Schließlich mußte sie schon die Mach=Zahl 2, das heißt die doppelte Schallgeschwindigkeit, in 10 km Höhe, erreicht haben: der Meßton verkündete es. Ich konnte mich nicht mehr losreißen von dem herrlichen Bild der leuchtenden Flamme und des schwarz=weiß schimmernden Projektils.

„38 — 39 — 40 ..."

Lähmender Schrecken: im klarblauen Himmel zeigte sich eine weiße Spur.

Ich hörte Ausrufe: „Explosion!"

Aus dem Lautsprecher tönte eine tiefe, fast gemütliche Stimme: „Unsinn, der Sauerstoffentlüfter hat sich geöffnet!"

„Ich habe gesehen, die Flossen sind abgerissen — da fliegen sie ja noch!"

„Unsinn, das sind Kondenserscheinungen!"

„Sie fällt!"

Alles rief durcheinander. Ruhig und stetig jedoch ertönte aus den Lautsprechern der Meßton. Man konnte die Geschwindigkeitszunahme der Rakete deutlich hören. Mir erschien ihr Kurs wie eine einzige jauchzende Bewegung. Sie hinterließ durch Kondensation der Verbrennungsgase hinter sich einen langen, schneeweißen Streifen.

„Sie überschlägt sich!"

„Sie hat aus der Bahn gelenkt! Die Kondensfahne hat Zacken!"

„Nein, sie fliegt weiter!"

Zum erstenmal sah die Welt die später so vertraut gewordene Erscheinung: den „gefrorenen Blitz". Die in verschiedenen Höhen unterschiedlichen Luftströmungen, die von der Rakete mit einer Geschwindigkeit von über 1000 Meter in der Sekunde durchstoßen wurden, bewirkten, daß der Kondensstreifen zickzack lief. Ich konnte ermessen, welche verschiedenen Windrichtungen und ungeheuren Luftgeschwindigkeiten in den erreichten Höhen herrschen mußten, daß mit Sekundengeschwindigkeit ein derartig wahrnehmbares Verzerren des Kondensstreifens erzeugt werden konnte.

„49 – 50 – 51 ..."

Der Meßton ist inzwischen zum hellen Pfeifton geworden. Der Brennschlußpunkt der Rakete mußte bald erreicht sein.

Um die vorausberechnete Entfernung zu erreichen, muß die Rakete im Brennschlußpunkt ihrer Bahn drei grundlegende Bedingungen erfüllt haben. Sie muß erstens die richtige Seitenrichtung haben. Das wird unter Benützung eines Präzisionsmeßgerätes, das jeder Landmesser kennt, eines Theodolits, besorgt. Durch Drehen der Rakete auf dem Abschußtisch wird eine Achse des Kreiselsystems der Steuerung genau in die gewünschte Schußrichtung eingemessen. Zweitens muß die Rakete auch wirklich die errechnete Geschwindigkeit erreichen. Diese wird auf dem Funkwege fortwährend gemessen. Bei Erreichen der errechneten Geschwindigkeit schaltet die Brennschlußanlage auf dem Funkwege automatisch das Triebwerk ab. Die Rakete muß drittens mit vorgeschriebener Erhöhung tangential an der errechneten Flugbahnkurve anliegen. Dafür sorgt die automatische Programmsteuerung, durch die die Rakete in den Umlenkbogen eingesteuert wird.

Daneben erlaubte ein kompliziertes Funkmeßsystem, zu dem auch ein in die Rakete eingebauter Sender gehörte, das genaue Vermessen der Flugbahn.

„52 – 53 ..."

Plötzlich zuckte mir ein Gedanke durch den Kopf. Wissenschaftliche Zeitschriften hatten kurz vor dem Kriege allen Ernstes die Frage aufgeworfen, ob die obersten Schichten der Atmosphäre aus Knallgas bestünden. Wenn ja, dann mußte jetzt in wenigen Sekunden der große Knall kommen. Wir warten heute noch darauf.

Von der Rakete war mit bloßem Auge nur noch der zurückbleibende Kondensstreifen mit einem winzigen, die Spitze anzeigenden rötlich leuchtenden Pünktchen zu erkennen. Immer noch ertönten aus dem Lautsprecher unentwegt die Sekundenansagen des Zeitnehmers und das hohe Pfeifen des Meßtones. Darein mischte sich das in seltsamer Weise an- und abschwellende Grollen des Strahltriebwerkes. Mit einem starken Glase konnte ich den Flugkörper noch auf 30 km deutlich in der klaren Luft erkennen.

„54 ...!"

„Brennschluß!" rief eine Stimme. Der rötliche Lichtpunkt des Gasstrahles war mit den schwächeren Gläsern nicht mehr zu erkennen. Die Rakete hatte indessen noch nicht zu brennen aufgehört. Deutlich konnte ich sehen, daß aus der Düsenmündung immer noch eine, wenn auch wesentlich kürzere, rötlich gefärbte Flamme züngelte. Immer noch, obgleich langsam, stieg der Meßton weiter an.

„57 – 58 ...!"

Jetzt erst hatte die Brennschlußanlage durch Funkkommando die letzten Ventile geschlossen. Die rötliche Flamme war nun verschwunden. Der dicke weiße Kondensstreifen bildete sich nicht mehr. Nur noch ein dünner milchiger Nebelstreifen folgte der mit einer Geschwindigkeit von über 1500 Meter in der Sekunde dahinrasenden Rakete. Noch konnte ich mit meinem scharfen Glase am Ende eines winzigen dunklen Striches ein grell weiß leuchtendes Pünktchen erkennen. Es waren die weiß leuchtenden Graphitstrahlruder. Der Meßton blieb nun auf fast gleicher Höhe schwe=ben . . .

Tief aufatmend setzte ich das Glas ab. Das Herz schlug mir bis zum Halse. Der Versuch war gelungen. Wir hatten zum ersten Male in der Geschichte der Rakete einen automatisch gesteuerten, strahlgetriebenen Flugkörper am gewünschten Brennschlußpunkt bis zum Rand der Atmosphäre gebracht und in den praktisch luftleeren Weltraum geschickt. Für diesen Tag hatten wir zehn Jahre gearbeitet.

Ich schäme mich nicht, zu bekennen, daß ich Tränen der Freude fühlte. Ich konnte nicht sogleich sprechen. Die seelische Erregung war zu groß. Ich konnte sehen, daß es Oberst Zanssen ebenso erging. Er stand vor mir und lachte. Seine Augen waren feucht. Er streckte mir seine Hände entgegen. Ich schlug ein. Dann über=wältigte uns das Gefühl. Wir brüllten und umarmten uns wie kleine, von Freude übermannte Jungen. Ich vermag nicht zu sagen, ob wir beobachtet wurden und unsere Bewegung die Umwelt an=steckte. Alles schrie, lachte, sprang, tanzte und schüttelte sich die Hände. Heute noch wundere ich mich, daß niemand von einem der dicht besetzten Dächer gefallen ist. Ich eilte hinunter zu meinem Wagen. Ich mußte zur Zusammenbauwerkstatt und hinaus zum Prüfstand VII, zu meinen alten getreuen Mitarbeitern. Ihnen in erster Linie war der Erfolg zu danken. Während ich das Dach des Meßhauses verließ, drang immer noch in gleich erscheinender Höhe der Meßton der unentwegt mit ungeheurer Geschwindigkeit durch den Raum jagenden Rakete an meine Ohren. Immer noch mischte sich in das nunmehr ferne dumpfe Grollen des Trieb=werkes das gleichmäßige monotone Ansagen der Sekunden des Zeitnehmers.

„89 – 90 –91 – 92 . . .“

Als ich auf die Straße trat, kam mir schon der halbe technische Stab entgegengerannt. Großes Händeschütteln. Ich schob Braun in den Wagen und fuhr mit sträflicher Geschwindigkeit zum Prüf=stand VII. Als wir durch das offenstehende Tor der Sandumwal=lung in die große Arena flitzten, sahen wir eine Art Volksauflauf. Die Prüffeldbelegschaft hatte Dr. Thiel und die leitenden Prüffeld=

ingenieure umringt, jeder wollte seine besondere Wahrnehmungen zur Geltung bringen und immer wieder Einzelheiten des Startes, Beobachtungen und Erfahrungen mitteilen. Beim Aussteigen traf mein Blick den Starttisch und die Arbeitsbühne mit den herab=hängenden Abwurfkabeln. Ich sah die Wirkung, die der gewaltige, alles versengende und wegfegende Gasstrahl in der nächsten Um=gebung der Startstelle angerichtet hatte. Ich war mit dem Ergebnis zufrieden. Wir hatten für die Weiterentwicklung und die Taktik des Einsatzverfahrens viel gelernt. Noch heute steht das Gesicht Thiels vor mir: hinter scharfen Brillengläsern funkeln kluge Ge=lehrten= und Forscheraugen. Er lutscht an dem Mundstück einer alten erloschenen Pfeife und weiß auf meinen Glückwunsch nicht anders zu antworten als mit einer Kaskade neuer Ideen und Ver=besserungsvorschläge. Noch in der gleichen Nacht wurde er an seinem Schreibtisch arbeitend über Berichten und Beobachtungen gesehen. Er kannte keine Ruhe, keine Pause und keine Entspannung.

Während ich zahllose Hände drückte, hörte ich auch hier immer noch den pfeifenden Meßton der fliegenden Rakete und die Stimme des Zeitnehmers: „291 — 292 — 293 ..."

Der Ton schien immer noch gleich hoch zu sein wie Minuten zu=vor. Niemand hörte zu. Alles war noch viel zu erregt von dem Erlebten und Gesehenen. Für einen großen Teil der Mitarbeiter=schaft genügte es, daß der Start störungs= und fehlerfrei verlaufen war. Ich mußte Ruhe gebieten. Noch war der Versuch nicht abge=schlossen. In wenigen Sekunden mußte die Rakete mit der von ihr erreichten Geschwindigkeit von 1500 Meter in der Sekunde wieder in die Luftschicht der Erde eintauchen. Ihre Geschwindigkeit mußte sich infolge der rasch wachsenden Luftreibung in der in der Tiefe dichter werdenden Atmosphäre auf etwa 800 m/sec abbremsen. Wie oft hatten wir diesen Gefahrenpunkt der Flugbahn durchge=sprochen! Noch wußten wir nicht, ob die Rakete die beim Wieder=eintritt in die Atmosphäre der Erde auftretenden Beanspruchungen aushält. Was würde geschehen, wenn die im Windkanal gemessene Erwärmung der Außenhaut von fast 680° C zu einem Abreißen der Bleche führte? Es würde die Rakete lange vor Erreichen des Bodens zerreißen.

Da!

Der Meßton wurde tiefer und tiefer und klang schließlich, als ob man aus einem aufgeblasenen Gummischweinchen langsam die Luft herausließe. Das Abbremsen der Geschwindigkeit zeigte sich an.

„294 — 295 — 296 ..."

Einschlag!

Der Meßton hatte aufgehört!

Wir blickten uns an und wußten: jetzt erst konnten wir sagen, daß der Versuch gelungen sei. Zum ersten Male hatte ein von Menschenhand gebauter Körper die Erde mit der Auftreffwucht von 192 Millionen Meterkilogramm getroffen. Dies entspricht der Wucht von 50 Schnellzugslokomotiven von je 100 Tonnen, die mit der Geschwindigkeit von 100 Kilometer in der Stunde gleichzeitig alle miteinander zusammenrasen. Nachdem ich einige Zeit den Berichten der Ingenieure zugehört hatte, fuhren wir zur Auswertung ins Meßhaus.

Auf großen Holzunterlagen aufgezogene Kartenpläne zeigten den Eintrag der Schußrichtung, die von Peenemünde in allgemein östlicher Richtung über die Swinemünder Bucht hinweg etwa 30 km nördlich der hinterpommerschen Küste entlangführte. Neben der Feuerstellung fanden sich in den Plänen auch die Meßstellen der Flugbahnvermessung eingetragen sowie die Standorte der Kinotheodolitstationen, die den ersten Antriebsteil der Flugbahn optisch vermessen. Bei unserer Ankunft teilte Flugkapitän Dr. Steinhoff mit, daß die Einschlagstelle wahrscheinlich in 200 km Entfernung zu finden sein müsse. Steinhoff startete sofort mit einer He 111 zur Erkundung.

Da wir grundsätzlich auf Wasser schossen, enthielt der Raketenkörper mehrere Beutel einer färbenden Substanz, die bei Berührung mit Wasser einen großen langanhaltenden hellgrünen und aus der Luft leicht erkennbaren Fleck erzeugen. Das in großer Höhe anfliegende Flugzeug mußte nach Erkennen des grünen Einschlagfleckes durch Funk eines unserer im Zielgebiet kreuzenden Motorsuchboote zur Vermessung der Einschlagstelle heranrufen. Das

Flugzeug sollte sodann im Peilflug einen bekannten Punkt der Küste grob vermessen und nach Peenemünde zurückkehren.

Ich erinnerte mich in jenen Augenblicken der Stunde, da mir Steinhoff buchstäblich zugelaufen war. Ich war im Frühjahr 1939 gerade zu einem Ofenbrennversuch zum Prüfstand I gefahren und auf der Rückkehr begriffen. Plötzlich erschien vor mir ein völlig unbekannter junger Mann, etwa Ende der Zwanzig, und ergriff mit allen Anzeichen ehrlichster Begeisterung in den lachenden blauen Augen meine Hände. Er wußte nichts anderes zu sagen als „Herr Oberstleutnant, nehmen Sie mich! Sie haben mich mit Haut und Haaren. Ich möchte bleiben!"

Ich war ob solcher Rede nicht wenig erstaunt. Ich kannte diesen begeisterten Jüngling überhaupt nicht. Und außerdem, das Gelände um die Prüfstände war damals so ziemlich das verbotenste Gebiet des ganzen Peenemünder Bereiches. Zum Glück kam von Braun herbeigeeilt, und ich erfuhr, daß ich es wieder einmal mit einer seiner Überraschungen zu tun hatte. Von Braun hatte Steinhoff, der gerade eine gut bezahlte Stellung antreten wollte, anläßlich einer Besprechung im Institut für Segelflug an der Technischen Hochschule Darmstadt kennengelernt und ihn nach kurzem Beschnuppern eingeladen, mit ihm nach Peenemünde zu kommen. Er möge sich, ehe er eine Stellung antrete, erst einmal Peenemünde ansehen. Steinhoff hatte auf dem Prüfstand I verbotenerweise einem Brennversuch mit einem 25-t-Triebwerk beigewohnt. Die Gewalt eines derartigen Schauspieles hat noch auf keinen Besucher seine erschütternde Wirkung verfehlt, außerdem hatten ihm die großen modernen Anlagen, die Möglichkeiten freier Entfaltung und die guten Erfolgsaussichten tiefen Eindruck gemacht und ihn hell begeistert. Wir hatten es nie zu bereuen, Steinhoff in unseren Arbeitskreis aufgenommen zu haben. Er zog überdies noch ein ganzes Gefolge anderer tüchtiger Wissenschaftler nach sich, so daß seine Abteilung sich zu einer besonders fruchtbaren Domäne entwickelte.

Als ich aus dem Halbdunkel des Barackenganges wieder in die Sonne trat, kam mir Professor Oberth, der Schöpfer der modernen Raketentechnik, Verfasser eines um das Jahr 1923 erschienenen

Werkes „Die Rakete zu den Planetenräumen", entgegen. Professor Oberth ist Siebenbürger Sachse. Ein tragisches Verhängnis und Mangel an Einsicht für die Durchführbarkeit seiner Ideen hatten es verhindert, daß Oberth selbst an der Entwicklung der von ihm vorausgesagten Großraketen mitarbeiten konnte. Wir alle wußten, wie sehr unsere Arbeit von seinem Wegbereitergeist seit Anbeginn befruchtet worden war. Als er mir zum Glückwunsch seine Hände reichte, konnte ich ihm nur sagen, daß dieser Tag, der uns den ersten Schritt in den Weltraum tun ließ, auch für ihn ein Tag des Erfolges und der Freude sein müsse und daß vielmehr er für das Geschenk so vieler grundlegender Gedanken, die er nun verwirklicht sähe, zu beglückwünschen sei.

Er heftete seine dunklen Augen fest auf mich, schüttelte seinen Gelehrtenkopf und sagte nur wenige Worte: „. . . das, das konnten nur die Deutschen schaffen, ich hätte es niemals zuwege gebracht!"

Am Abend, als Steinhoff wieder gelandet war, gab ich eine kleine Feier. Ich ahnte nicht, daß diese Feier an diesem begünstigten 3. Oktober 1942 die letzten glücklichen Stunden für uns bedeuten sollte. Es ist gut, daß wir dem Schicksal nicht in die Pläne blicken können. Entzündet vom Erfolg des Tages und den Ausblicken, die ich sah, hielt ich an die kleine Gemeinde meiner engsten Mitarbeiter eine kleine Lobrede:

„. . . die Geschichte der Technik wird verzeichnen, daß zum erstenmal ein aus Menschenhand hervorgegangenes Werk, ein 5,5 t schwerer Flugkörper bei nur 4 km seitlicher Abweichung von der Zielrichtung eine Entfernung von 192 km überbrückt hat. Ihre Namen, meine Freunde und Mitarbeiter, sind mit dieser Leistung verbunden. Wir haben das Ergebnis mit einer automatisch arbeitenden Steuerung erreicht. Mit unserer als Geschoß gedachten Raketenschöpfung wird, soferne man als Artillerist denkt, das Geschützgewicht überhaupt keine Rolle mehr spielen. Wir haben als Erste eine nach den Grundsätzen des Flugzeugbaues konstruierte Rakete durch den spezifisch nur Raketen eigenen Strahlantrieb auf eine Geschwindigkeit von etwa 1500 m/sec gebracht. Die Beschleunigung während der ganzen Antriebszeit ist, von der einfachen Erdbeschleunigung ansteigend, nicht über das Fünffache hinaus=

gegangen, eine in der Fliegerei durchaus übliche Beschleunigung. Wir haben damit bewiesen, daß es sehr wohl möglich ist, bei geeigneter Formgebung und Antriebsart bemannte, mit Überschallgeschwindigkeit fliegende Flugkörper oder Flugzeuge zu bauen. Unsere sich selbst steuernde Rakete hat Höhen erreicht, die bisher noch kein aus Menschenhänden hervorgegangenes Werk berührt hat. Da die Umlenkung nicht vollkommen gelungen ist, hat unsere heutige Rakete eine Höhe von fast 90 km erreicht. Wir haben den bisherigen Höhenweltrekord von 40 km des Geschosses des Parisgeschützes, jener sagenhaften Riesenkanone, gebrochen ..."

„... es mag fortan in der Geschichte der Technik von entscheidender Bedeutung sein: wir haben mit unserer Rakete in den Weltraum gegriffen und zum ersten Male, auch das werden die Annalen der Technik verzeichnen, den Weltraum als Brücke zwischen zwei Punkten auf der Erde benützt. Wir haben bewiesen, daß der Raketenantrieb für die Raumfahrt brauchbar ist. Neben Erde, Wasser und Luft wird nunmehr auch der unendliche leere Raum Schauplatz kommenden, kontinenteverbindenden Verkehrs werden und als solcher politische Bedeutung erlangen können. Dieser 3. Oktober 1942 ist der erste Tag eines Zeitalters neuer Verkehrstechnik, dem der Raumschiffahrt! ..."

„... Solange Krieg ist, kann unsere dringlichste Aufgabe nur die beschleunigte Fertigstellung der Rakete als Waffe sein. Die Entwicklung heute noch nicht absehbarer Möglichkeiten ist eine Aufgabe des Friedens. Vor allem wird dann erst einmal, nach der Reise durch den Raum, ein ordentliches und sicheres Landungsverfahren gefunden werden müssen ..."

In der Nacht, die tief und schwer über Peenemünde hereingebrochen war, sah ich nochmals die 12 Jahre vor mir, in welchen ich an der Spitze der Raketenentwicklung von Reichswehr und Wehrmacht tätig war. Ein mühsamer Weg, der Weg jeder Erfindung. Es war geschafft worden. Immerhin durfte ich nun glauben, daß man uns angesichts des schon drei Jahre währenden Krieges von jetzt an alles Material, alle Mittel und alle Menschen zuteilen würde, damit wir möglichst bald mit der Massenfertigung des A 4 beginnen konnten. Ich irrte mich.

RAKETEN, VERSAILLER VERTRAG UND HEERESWAFFENAMT

Der Flug in den Weltraum, der Flug zu den Sternen mit Hilfe irgendeines Mediums oder Vehikels zählt zu den alten Menschheitsträumen. Wer als erster im Strahlantrieb ein Mittel zur Verwirklichung erkannt hat, ist unbekannt. Es ist nachgewiesen, daß die Chinesen sich schon vor Tausenden von Jahren mit Pulverraketen abgegeben haben. Der Strahlantrieb ist alt, man ist versucht zu sagen, daß er uralt sei. Wer nun als erster den Gedanken, statt des Pulvers Flüssigkeiten hohen Energiegehalts als Antriebsmittel zur Fahrt in den luftleeren Raum zu benützen, ausgesprochen hatte, ist auch nicht ganz klar festzustellen. Es steht in dieser Beziehung nur eines fest: – alle Wünsche, mit Flüssigkeitsraketen in den Raum vorzudringen, mußten so lange Wunschträume bleiben, bis der allgemeine technische Fortschritt die Möglichkeiten zur Verwirklichung lieferte. Erst die in großen Maßstäben arbeitenden Leichtmetallhüttenwerke, die Möglichkeit der Erzeugung von flüssigem Sauerstoff im großen (und seine Lagermöglichkeit!) oder statt dessen die Möglichkeit des Bezuges großer Mengen chemischer Sauerstoffträger und endlich die Entwicklung zuverlässiger elektrischer Präzisionsgeräte machten die heutige Großrakete möglich.

Zahllose Erfinder traten hervor und tauchten wieder in der Masse der Verkannten und Erfolglosen unter. Einige von ihnen hinterließen gute Ideen, sehr wenige leisteten Pionierarbeit und brachten Teilprobleme einer Lösung nahe, – allen aber, allen war der letzte Erfolg versagt geblieben.

Ähnlich wie das Automobil ist die große, in den Weltraum dringende Fernrakete eine zuerst von Deutschland ausgegangene Leistung. Es widerfuhr ihr genau das gleiche Schicksal wie der Atomkernspaltung mit ihrem ganzen Gefolge von Versuchen, die inneratomaren Energien friedlicher Nutzung zuzuführen. Die entscheidenden Schöpfungen der gesteuerten Rakete und der Kernspaltung fielen in die Kriegsjahre. Die Forscher waren gezwungen, ihre Arbeit in den Dienst des Krieges zu stellen.

Seit es eine Artillerie gibt, haben sich die Militärstrategen ein ideales Geschoß gewünscht, ein Geschoß, das weiter reicht als ein beliebiges Artilleriegeschoß. Selbst als das Flugzeug seinen beispiellosen Siegeszug antrat, wünschten sich die Strategen sogleich einen Sprengstoffträger, der noch billiger herzustellen und einfacher zu bedienen wäre als etwa ein Bomber. Die V 2 erfüllte diesen Wunsch.

Der Versailler Vertrag hatte Deutschlands Freizügigkeit in allen Rüstungsfragen eingeschränkt. Nur eine bestimmte Anzahl von Truppen mit Waffen, deren Kaliber festgesetzt worden war, durfte unterhalten werden. Die Waffenfabriken blieben strengen Beschränkungen unterworfen. So war also das Heereswaffenamt begreiflicherweise auf der Suche nach neuen, die Bestimmungen des Vertrages nicht verletzenden Waffenentwicklungen, welche geeignet waren, die Kampfkraft der wenigen Verbände zu erhöhen. Die internationale Verflechtung der Großindustrie machte es jedoch fast unmöglich, irgendeine neue geheime Waffenentwicklung zu betreiben, ohne daß das Ausland davon erfuhr.

Als um die dreißiger Jahre die Raketenliteratur wieder auflebte und Versuche auf die angeblich nunmehr höhere Leistungsfähigkeit der Rakete aufmerksam machten, griff das Heereswaffenamt, besonders die Ballistische und Munitionsabteilung, unter dem späteren General der Artillerie, Prof. Dr. Dr. Becker, in Gemeinschaft mit der späteren Forschungsabteilung diesen Gedanken auf. Nach Vortrag beim Reichswehrminister wurde bereits Ende 1929 beschlossen, Versuche einzuleiten, um die Möglichkeit der Verwendung des Strahlantriebes für militärische Zwecke zu erproben.

Das Heereswaffenamt verfolgte mit seinen Versuchen zunächst folgendes Ziel: die Leistungen und Gesetze der Pulverrakete zu studieren und eine leichte, billige, mit geringen Mitteln herzustellende Waffe zu entwickeln. Mit einer solchen sollte es möglich sein, Raketen mit möglichst großer Nutzlast auf nicht zu große Flächenziele bis zu Entfernungen von 6 bis 7 km im Feuerüberfall zu verschießen. Was nun die Flüssigkeitsrakete selbst anging, so sollten zunächst einmal die Gesetze des Strahlantriebes bestätigt, die Betriebssicherheit gewährleistet und die theoretisch mögliche

Leistung in der Praxis erreicht werden. Ein erstes Gerät mußte geschaffen werden, das als Studien- und Versuchsobjekt dienen konnte.

Im Frühjahr 1930 war ich nach Abschluß meines Hochschulstudiums dem ballistischen Referat des Heereswaffenamtes als Hilfsreferent unter Hauptmann von Horstig zugeteilt worden. Dieses Referat, dem 1929 das Aufgabengebiet der Raketenentwicklung übertragen worden war, fand zunächst ein schwer entwirrbares Durcheinander vor. Weder die Industrie noch irgendeine Hochschule befaßte sich mit der Entwicklung von Hochleistungsraketenantrieben. Es gab nur einzelne Erfinder, die gemeinsam mit mehr oder minder tüchtigen Mitarbeitern ohne finanziellen Rückhalt werkelten. Sie waren gezwungen, durch großsprecherische Reklamevorführungen und übertriebene Zeitungsartikel Geld zu verdienen. Natürlich riefen sie durch solches Gebaren den Widerspruch von Hochschulprofessoren und der einschlägigen Wissenschaft hervor. Dazu kam noch, daß jeder Erfinder jeden anderen, der sich mit Raketen beschäftigte, befehdete. Bis zum Jahre 1932 gab es keine gründliche wissenschaftliche Forschungs- und Entwicklungsarbeit auf diesem Gebiet in Deutschland. So war es z. B. nicht möglich, vom Raketenflugplatz Berlin bis Mitte 1932 auch nur ein bei Versuchen aufgenommenes Diagramm über Leistung und Verbrauch zu erhalten.

Das Heereswaffenamt sah sich zunächst gezwungen, mit den einzelnen Erfindergruppen Verbindung aufzunehmen, sie finanziell zu unterstützen und abzuwarten, ob sich daraus etwas ergäbe. Zwei Jahre lang versuchte das Heereswaffenamt vergeblich, Grundlagen in die Hand zu bekommen. Die Arbeiten kamen nicht vorwärts. Dazu trat die Gefahr, daß, durch unbedachte Schwatzhaftigkeit, das Heereswaffenamt als Geldgeber für Raketenentwicklung bekannt werden konnte.

Wir mußten daher andere Wege beschreiten. Da es nicht gelang, die Großindustrie zu interessieren, blieb nichts anderes übrig, als auf dem Versuchsplatz des Heereswaffenamts in Kummersdorf eine eigene Versuchsstelle für Flüssigkeitsraketen zu errichten. Wir wollten endlich einmal aus dem Bereich der Theorie, der unbewiesenen Behauptungen und der großsprecherischen Phantasien heraus und zu wissenschaftlich begründeten Ergebnissen gelangen.

Wir hatten die Nase voll von der phantasievollen Projektemacherei für Weltraumfahrt. Die sechste Stelle hinter dem Komma der Bahnkurvenberechnung für eine Reise zur Venus war uns damals ebenso gleichgültig wie die Frage der Heizung und Frischluftversorgung in der Druckkabine eines Marsbootes.

Wir wollten endlich mit wissenschaftlicher Gründlichkeit Schritt für Schritt in der Praxis vorankommen. Wir brauchten Diagramme der Leistung von Raketenöfen. Wir wollten wissen, mit welchem sekundlichen Treibstoffverbrauch wir zu rechnen hatten, welche Treibstoffmischung die beste wäre, wie man mit den auftretenden Temperaturen fertig würde, durch welch günstigste Form der Einspritzung, der Verbrennungskammer und der Düse ein Optimum an Leistung erzielt werden könnte. Wir wollten die Grundlagen, das Handwerkszeug, die Voraussetzungen schaffen. Vor allem das Triebwerk.

Nun war es freilich am Anfang schwer, meine jungen Mitarbeiter von Weltraumphantasien abzubringen und sie zu harter, ruhiger Forscher= und Entwicklungsarbeit zu zwingen.

Wir fingen mit der Entwicklung eines 300 kg Schub gebenden Raketenofens an. Diesen Raketenofen wollten wir auf Hochleistung züchten, Erfahrungen sammeln, Regeln und Gesetze aufstellen und so die Grundlage errichten, auf der wir weiterbauen konnten.

Man kann heute natürlich über unsere Fehler von damals lächeln. Aber wir bewegten uns mit der Unbefangenheit von Nichtwissenden auf technischem Neuland, aus Fehlern und bitteren Erfahrungen lernten wir.

Niemals werde ich mich in Streitigkeiten darüber einlassen, wer schon 1929 oder wer erst 1930 die einzig richtigen Gedanken hatte. Prioritätsansprüche sollen Menschen auskämpfen, die Zeit, Kraft und Geld dafür besitzen. Ich halte es für wahrscheinlich, daß jeder ernsthafte Erfinder, Forscher, Ingenieur, der sich unter den gleichen Bedingungen mit den Problemen auseinanderzusetzen gehabt und versucht hätte, in gewissenhafter und mühseliger Arbeit die Auf=

gabe einer Lösung nahezubringen, ungefähr zu den gleichen Ergebnissen gekommen wäre. Die Zeit war reif und die Voraussetzungen waren gegeben.

Der technische Fortschritt der Menschheit lebt nicht nur von den Männern der großen Ideen, sondern fast ebenso sehr von denen, die zuerst den unbeirrbaren Glauben und die unermüdliche Tatkraft daran wandten, eine Idee zu verwirklichen. Die Geschichte der Technik lehrt, daß alle, die sich zur Tat entschlossen, gegen Zweifel, Mißtrauen und Spott ankämpfen mußten. Im Augenblick des Erfolges aber stehen Hunderte und Tausende auf, die beweisen wollen, der Gedanke sei gestohlen, die Arbeit der Vorarbeit anderer zu verdanken.

Es ist zwecklos, sich mit solchen Menschen auseinanderzusetzen. Sie werden niemals verstehen, wieviel ernsthafte, mühevolle Arbeit geleistet werden mußte, um zu einem ersten Erfolg zu kommen. Ebensowenig werden sie einsehen, daß in der Technik die erste praktische Verwirklichung einer Idee immer fehlerhaft sein muß, daß man stets mit dem Anfang beginnt, mit einem kleinen festen Punkt, von dem aus man weiterarbeiten kann. Vollendete Erzeugnisse der Technik sind niemals die Erstlingsarbeit eines einzelnen oder einer kleinen Gruppe von Menschen. Sie bleiben immer das Ergebnis von Jahren intensivster Arbeit einer langen Reihe hervorragender Wissenschaftler, Ingenieure und Techniker.

Ich sehe das unsterbliche Verdienst großer Männer der Technik darin, daß sie durch die Tat des ersten praktischen Beweises dem Schaffen ihrer Mitarbeiter neue Wege wiesen und neue Arbeitsgebiete erschlossen. Man sollte zum Beispiel beim Anblick einer modernen, Tausende von PS leistenden Dieselmaschine nie vergessen, welch langwierige und mühevolle Arbeit, welch unerschütterlicher Glaube dazu gehört hatten, die erste Dieselmaschine in Augsburg soweit zu bringen, daß sie ihren ersten Arbeitstakt leistete.

Man könnte sagen, es gibt in der Geschichte der Technik nur drei wirklich große Erfindungen, die Jahrtausende der Menschheitsgeschichte entscheidend beeinflußt haben oder beeinflussen werden, nämlich das R a d , mit dem die Menschheit die Erde eroberte, die

Schraube, mit der sie die Meere und die Luft eroberte, und nun, an der Wende zu einem neuen Zeitabschnitt in der Geschichte der Menschheit, soll ihr der Strahlantrieb zur Eroberung des Weltraumes, zum Vorstoß zu den Sternen verhelfen.

Die ersten Jahre unserer Tätigkeit erstrahlen in meiner Erinnerung in unvergänglichem Glanze. Es war gläubig vorwärtstastendes Schaffen, es gab das Glück des Erfolges, es gab das in untrennbarer Kameradschaft fortschreitende Zusammenarbeiten, aber es gab auch die düsteren, verzweifelten Stunden der Rückschläge und den ewig wiederkehrenden Kampf gegen menschlichen Unverstand und mangelnden Glauben.

DER ERSTE SCHRITT: VERSUCHSSTELLE KUMMERSDORF-WEST

Zwischen den beiden Kummersdorfer Schießbahnen, 28 km südlich von Berlin, im lichten Kiefernwald der Mark Brandenburg, lag die Versuchsstelle West. Dort erstellten wir neben dem schon vorhandenen Pulverraketenprüfstand die ersten zwei Baracken für das neue Arbeitsgebiet und den ersten mit allen zweckmäßig erscheinenden Mitteln der Meßtechnik ausgestatteten Prüfstand für die Flüssigkeitsraketenentwicklung Deutschlands überhaupt. Behelfsmäßig wurden Arbeitszimmer, Konstruktionsraum, Meßräume, Dunkelkammer und eine winzige Werkstatt eingerichtet. In stundenlangen Besprechungen legten wir die erste Planung für unsere Arbeiten fest. Monate folgten, in denen alles, was mit der Entwicklung zu tun hatte, über Reißbretter gebeugt oder an der Drehbank tätig war. Es gab Verzögerungen von Woche zu Woche, von Tag zu Tag. Aber schließlich war es soweit. Der erste Brennversuch konnte starten.

Die Kälte biß durch die dicken Sohlen meiner Reitstiefel. Sie schlich aufwärts und ließ mich in meinem kurzen Pelzmäntelchen erbärmlich frieren.

Es war in der für Berlin frostklaren Winternacht des 21. Dezember 1932. Ich hatte mich eng gegen eine Tanne gelehnt. Sooft ich meine Stellung verlassen wollte, wurde ich durch einen Zuruf fest=gehalten: „In Deckung bleiben! – Jeden Augenblick kann gezündet werden!"

„In Deckung bleiben" war gut. Es war kaum anzunehmen, daß das zehn Zentimeter starke Tannenstämmchen, falls es krachte, viel Schutz gewähren würde. Wenn überhaupt ...

Ich stand zehn Meter vor unserem ersten Prüfstand für Flüssig=keitsraketen=Brennkammern. Wir waren sehr stolz auf diesen erst vor wenigen Tagen vollendeten Prüfstand. Drei Betonmauern, sechs Meter lang, vier Meter hoch, angeordnet wie ein U, die vierte Wand nur ein zusammenklappbares Blechtor. Darüber lag ein höl=zernes, mit Dachpappe belegtes Schiebedach, das sich mit einer kleinen Seilwinde auf Rollen verschieben ließ.

Bei geschlossenem Tor und Dach ergab sich ein großer wetter=geschützter Versuchsraum. Die hintere Mauer zeigte eine Anzahl Löcher, die in einen Beobachtungs= oder Meßraum führten. Dieser geheimnisvolle Meßraum barg ein unglaubliches Gewirr blauer, roter, gelber und grüner Meß=, Speise= und Prüfleitungen für Treibstoffe und Hochdruckstickstoff sowie von Ventilen, Meß=geräten und Registriergeräten. Dieses anscheinende Durcheinander war zuerst verwirrend. Den Fachleuten erschien das alles natürlich höchst einfach.

In den Ecken der mittleren Betonwand befanden sich in Augen=höhe zwei Öffnungen mit Spiegeln, die so angeordnet waren, daß das Prüfpersonal die Raketenbrennkammer beobachten konnte. In der Mitte der Wand gab es zwei eiserne Handräder, deren Wel=len durch die Wand nach Ventilen führten. Überall waren Schalter, Handrädchen für Ventile, Reduzierventile, Dreiweghähne, Wider=standsinstrumente, Uhren, Reihen von Meßgeräten und andere Nützlichkeiten, deren Leitungen zu Anschlüssen an die Treibstoff=tanks und vielen anderen kritischen und daher besonders messens=werten Stellen der Brennkammer führten.

Wir suchten Leistungsangaben und Drücke an allen Stellen des Systems – in den Tanks, den Rohrleitungen, Kühlmänteln und an vielen Stellen der Brennkammer –, es galt, Temperaturen und

Temperaturgefälle festzustellen, das beste Mischungsverhältnis der Treibstoffe zu ermitteln und die Schubleistungen zu messen.

Mit Ketten an der Seitenwand befestigt, standen die grünen Hochdruckstahlflaschen für Stickstoff. Starke elektrische Lampen erfüllten den engen, 4 m langen Raum mit blendendem Licht. Unter zwei Seitentischen verbreiteten zwei elektrische Heizkörper behagliche Wärme.

Das Dach über dem Prüfstand war zurückgeschoben. Das Tor stand weit offen.

Vor meinen Augen erhob sich inmitten des Prüfraumes das von zwei Scheinwerfern grell beleuchtete Meßgerüst mit dem etwa 50 cm langen, birnenförmigen, silbergrau schimmernden Raketenofen aus Duraluminium, der, mit der Düsenmündung nach unten, senkrecht montiert war. Vier rund um ihn angeordnete Strahlrohre sollten die erwarteten Rückstoßkräfte auf eine Feder übertragen, die ihrerseits mit einem im Beobachtungsraum angeschraubten Schubanzeigegerät durch dünne, über Rollen laufende Stahldrähte verbunden war.

Die Brennkammer mit ihrem kugelförmigen Kopf und der konischen Strahldüse sollte nach der Rechnung 300 kg Schub erzeugen. Auf der rechten Seite des Meßraumes hing, von Federn gehalten, eine mit flüssigem Sauerstoff gefüllte, große, eisbedeckte Aluminiumkugel. Auch die Leitungen, die zur Brennkammer führten, waren mit Eis bedeckt. Nebel stieg von ihnen auf.

Auf der linken Seite gab es eine ähnliche Kugel. Sie enthielt 75⁰/₀igen Alkohol. Die Alkoholleitung gabelte sich in zwei Äste, die zu zwei Anschlüssen am wulstigen Rande der Brennkammerdüse führten. Dünne Klaviersaitendrähte gingen von den Tanks über Rollen durch die Betonwand zu Tintenschreibern, die uns während des Brennens die Kurven des Treibstoffverbrauches aufzeichnen sollten.

Der Raketenofen selbst war doppelwandig. Zwischen seinen Wänden stieg Spiritus, den Verbrennungsofen umspülend, mit großer Durchflußgeschwindigkeit kühlend von unten nach oben und trat, auf 70° C erwärmt, durch kleine siebartige Düsen im Ofenkopf in das Innere ein. Ihm entgegen spritzte aus einer zentral angeordneten, wie ein umgekehrter Pilz aussehenden, mit vielen kleinen Öffnungen versehenen Messingdüse gleichzeitig flüssiger Sauerstoff. Die unter einem Überdruck von mehreren Atmosphären stehenden Flüssigkeitsstrahlen prallten mit großer Wucht aufeinander, zerstäubten und vermischten sich, hierdurch die Verbrennung erleichternd und beschleunigend.

Unter der Düsenmündung gähnte in dem mit Eisenplatten bedeckten Fußboden eine schwarze Öffnung, in die der Gasstrahl hineinschießen sollte. Er sollte auf eine mit feuerfesten Steinen ausgelegte, nach zwei Seiten gekrümmte Schurre auftreffen und, um 90° umgelenkt, durch gemauerte Kanäle nach zwei senkrecht an der Außenwand des Prüfstandes hochgehenden Schächten ins Freie geführt werden.

Im Schaltraum, auf einem schmalen Holzrost, stand Ingenieur Riedel, die Hände an den zwei großen Steuerrädern. Nachdem der errechnete Tankdruck in den Kugelbehältern erreicht war, würde er die Handräder drehen und durch Öffnen der beiden Hauptventile die Treibstoffe in den Verbrennungsofen eintreten lassen. Sein Blick glitt prüfend von Meßgerät zu Meßgerät. Neben ihm regelte der Schlosser Grünow durch Verstellen der Handräder der Reduzierventile den Durchfluß des Stickstoffs aus den Druckflaschen in die Tanks. Dabei beobachtete er unverwandt die zitternden Nadeln der den Tankdruck anzeigenden Manometer.

Außen, am großen Tor des Prüfstandes, trat von Braun frierend von einem Bein auf das andere. Er hielt eine fast 4 m lange Stange, an deren Ende ein Becher mit Benzin befestigt war. Riedel brüllte hinter der Wand, daß der Druck nun stimme. Von Braun zündete sein Riesenzündholz an und hielt die Flamme unter die Strahldüse.

Plötzlich erschien unter der Düse weißes, balliges Gewölk, das langsam zu Boden sank. Eine helle Flüssigkeit tröpfelte nach – Alkohol. Riedel öffnete die Ventile. Von Braun bewegte seine Stange, um die Flamme in die Gasschwaden zu bringen.

Rrrummms – Zischen – Knall!

Rauchwolken. Eine Flamme leckte kurz hoch und verschwand. Kabel, Bretter, Blech, Stahltrümmer und Aluminium wirbelten pfeifend durch die Luft. Die Scheinwerfer verlöschten.

Stille!

In der Grube des plötzlich dunklen Versuchsraumes brannte mit zuckenden Flammen und Flämmchen, die zuweilen wie Feuerwerk krachten und knallten, eine milchige und schleimige Mischung aus Alkohol und Sauerstoff. Dampf zischte. Kabel brannten an hundert Stellen. Schwarzer stechender Qualm von brennendem Gummi füllte die Luft.

Von Braun und ich blickten uns groß an. Uns war nichts geschehen.

Die Einrichtung des Prüfstandes war zerstört. Stahlträger und Ständer waren verbogen und verdreht. Das Blechtor hatte es aus den Angeln gehoben. Unmittelbar über unseren Köpfen steckten scharfe, gezackte Stahlsplitter in der braunen Rinde der Bäume.

Riedel und Grünow kamen gerannt. Sie waren aufgeregt und machten besorgte Gesichter.

Dann mußten wir lachen. Was für Narren waren wir doch! Wie konnten wir nur einen so fundamentalen Fehler machen! Wir hatten begriffen.

In jener klaren Winternacht 1932 konnten wir freilich noch nicht ahnen, welche grundsätzlichen Fehler wir in der Zukunft noch machen würden, ehe uns viele Jahre später schrittweise Erfolge beschieden sein sollten.

Der neunzehnjährige „Student" Wernher von Braun hatte damals seine Tätigkeit auf dem Raketenflugplatz Berlin-Reinickendorf aufgegeben. Das Unternehmen siechte an chronischem Geldmangel langsam dahin, und so war er am 1. Oktober 1932 als Angestellter in das Heereswaffenamt eingetreten. Er gehörte zu meinem Hilfsreferat.

Dieser junge, hochgewachsene, blonde Student mit dem breiten, massigen Kinn war mir bei meinen unauffälligen Besuchen in Reinickendorf durch sein tatkräftiges, geschicktes Zupacken und durch sein erstaunliches theoretisches Wissen aufgefallen. Es schien mir, als ob er die Probleme besser erfaßte und als ob es ihm vor allem daran läge, die Schwierigkeiten klar herauszustellen. Darin unterschied er sich wohltuend von der Mehrzahl der auf dem „Raketenflugplatz" führenden Männer. Als General Becker sich dann entschloß, eine heereseigene Entwicklungsstelle für Flüssigkeitsraketen zu bewilligen, brachte ich als ersten Sachbearbeiter Wernher von Braun in Vorschlag.

Aus Lust und Neigung hatte er sich schon als Schüler in einem Internat auf einer der friesischen Inseln mit Astronomie beschäftigt. Als er dann in Berlin sein Studium an der Technischen Hochschule aufnahm, fand er bald Anschluß an den „Raketenflugplatz". In den dortigen Arbeiten glaubte er eine entfernte Möglichkeit zu erblicken, eines Tages zu seinen geliebten Sternen selbst vorstoßen zu können. Seine Freizeit, vielmehr die „geschwänzten" Vorlesungsstunden, verbrachte er als Hilfsarbeiter, Konstrukteur, Theoretiker und schließlich sogar als Vorstandsmitglied in diesem Kreise. Er entstammte einem alten deutschen Adelsgeschlecht und war mit seinen technischen Neigungen zunächst das Entsetzen seiner seit Jahrhunderten eigenen Grund und Boden bewirtschaftenden Familie. Als sein Vater uns 1933 in Kummersdorf besuchte, sagte er immer wieder kopfschüttelnd zu mir, er wisse nicht, woher sein Sohn diese ihm fremde technische Veranlagung habe.

Der erste, sehr eifrige und geschickte Gehilfe war der Schlosser Heinrich Grünow. Dann gelang es am 1. November 1932, einen dritten Mann für unsere Arbeiten zu gewinnen: Ingenieur Walter Riedel der Heylandt-Werke, Berlin-Brietz. In den Heylandt-Werken hatte in den Jahren 1929/30 Max Vallier als einer der ersten an einem Flüssigkeitsraketentriebwerk für einen kleinen Rennwagen gearbeitet und dort am 17. Mai 1930 den Erfindertod gefunden.

Riedel, ein kleiner, gesetzter Mann mit stets würdigem, ernstem Gesicht und leicht phlegmatischer Veranlagung war ein vielseitiger Konstrukteur. Er schien mir das richtige Gegengewicht zu dem allzu temperamentvollen technischen Autodidakten von Braun zu sein. Seine Ruhe und Bedächtigkeit, seine reichen Kenntnisse und seine Erfahrungen im Umgang mit flüssigem Sauerstoff vermochten es immer wieder, den übersprudelnden Ideenreichtum von Brauns in ruhige Bahnen zu lenken. Er nahm von Braun in die Lehre und brachte ihm das für die Arbeit erforderliche technische Rüstzeug bei.

Riedel hatte die Stellung eines Versuchsingenieurs und Konstrukteurs bei uns inne.

Drei Wochen nach dem vorstehend geschilderten ersten, mißglückten Versuch brannte auf unserem wiederhergestellten Prüfstand der erste Raketenofen. Leider brannte er buchstäblich. Er hatte wenige Sekunden einwandfrei gearbeitet, dann erschien im bläulichroten, Sauerstoffüberschuß anzeigenden Gasstrahl ein grelles weißes Licht, das immer heller wurde. Verbrennendes Aluminium. Der Ofen brannte durch. Die ersten Kühlungsschwierigkeiten machten uns zu schaffen.

Neue Öfen, neue Einspritzdüsen wurden entworfen und in der kleinen Werkstatt zusammengeschweißt. Wochenlang ging alles gut, und wir kamen vorwärts. Dann wieder gab es Rückschläge. Kein Ofen wollte mehr halten.

Wir pendelten von Erfolgen zu tiefster Niedergeschlagenheit, von Verzweiflung zu hoffnungsfrohestem Optimismus.

Nach Monaten hatten wir endlich diejenige Form des 300-kg-Ofens gefunden, die gleichbleibende Leistung ergab. Dieser Ofen war freilich noch sehr schlecht. 1700 m/sec Ausströmungsgeschwindigkeit. Wir maßen die Flammentemperatur, entnahmen Proben aus dem Gasstrahl, machten Gasanalysen, änderten das Mischungsverhältnis und kamen doch nur auf 1800 bis 1900 m/sec. Dann versuchten wir andere Treibstoffe.

Zur Erlangung der ersten Grundlagen hatten wir schon 1931 der Firma Heylandt einen Auftrag auf Entwicklung eines kleinen Flüssigkeitsraketenofens erteilt. Dieser kleine, 20 kg Schub liefernde, zu Kühlungszwecken doppelwandige, zylindrische eiserne Ofen wurde nun der Forschungsabteilung des Heereswaffenamtes zur Grundlagenforschung und Untersuchung von Treibstoffkombinationen übergeben. In Kummersdorf war in wenigen Wochen neben dem großen ein kleiner, nur aus panzerplattenbeschlagenen Bohlen und Brettern errichteter Prüfstand gebaut worden; Versuchsleiter Dr. Wahmke, der Oberfeuerwerker Voellmecke und einige Studenten der Forschungsabteilung stellten dort Versuche mit diesem Ofen an.

Dr. Wahmke machte damals Versuche mit 90%igem Wasserstoffsuperoxyd und Spiritus. Jeder der beiden Treibstoffe war für sich allein bei sachgemäßer Behandlung ungefährlich. In einem verhängnisvollen Augenblick, an einem Märzabend des Jahres 1934, entschloß er sich, beide Treibstoffe in einem Stahltank zu mischen, sie durch ein einziges Ventil in den Raketenofen eintreten zu lassen und dann zu zünden. Dr. Wahmke war sich der Gefährlichkeit seines Unternehmens bewußt. In der Rohrleitung, die zu dem dicht über dem Raketenofen aufgehängten Behälter führte, waren keine Sicherungen eingebaut. Dr. Wahmke war von dem Gedanken besessen, auszuprobieren, ob die Verwendung vor der Zündung gemischter Treibstoffe gefährlich sei. Er rief das Kasino an, wo er zu so später Stunde nach Dienstschluß noch Menschen wußte, und bat, falls eine Explosion erfolgen sollte, Hilfe zu schicken. Dann forderte er seine Mitarbeiter auf, den Prüfstand zu verlassen. Da sie sich weigerten, rauchten sie noch zusammen eine Zigarette.

Dann zündeten sie.

Die kleine Zündeinsatzexplosion im Ofen übertrug sich durch die Rohrleitung in den Behälter.

Als wenige Minuten später Hilfe kam, stand vom Prüfstand nur noch das Bleirohr der Wasserleitung. Von vier Teilnehmern an dem Versuch waren drei tot, darunter Dr. Wahmke. Sie waren die ersten, aber auch für alle Zukunft einzigen Opfer der Raketenentwicklung des Heereswaffenamtes.

In diesen ersten Jahren der Entwicklung beschäftigten sich neben dem Heereswaffenamt eine Unzahl von Einzelerfindern mit Raketenproblemen. Meist kamen sie zu uns und boten uns ihre Ideen an. Es war unsere Aufgabe, die Spreu vom Weizen zu trennen. Eine nicht leichte Aufgabe auf diesem mit Angebern, Scharlatanen und Semiwissenschaftlern so reich und mit wirklichen Könnern so dünn gesegneten Arbeitsgebiet.

Ein früher bei Heylandt beschäftigter Ingenieur Pietsch bot dem Heereswaffenamt ein vollautomatisches Flüssigkeitsraketentriebwerk mit 300 kg Schub und 60 Sekunden Brennzeit an. Wir prüf=

ten den Vorschlag und fanden ihn brauchbar. Ingenieur Pietsch erhielt Vorschüsse zur Beschaffung der Materialien und wiederholt Zuwendungen zu seinen Arbeiten. Eines Tages war er verschwunden.

Zurückgelassen hatte er seinen Mitarbeiter, einen schmächtigen, verhungert aussehenden, rotblonden Ingenieur, Arthur Rudolph. Es stellte sich heraus, daß er der Erfinder des Triebwerkes war. Wir steckten noch einmal Geld in die Sache, halfen ihm mit unseren Einrichtungen, und nach wenigen Wochen führte er uns sein Triebwerk in Kummersdorf vor. Es bestand völlig aus Kupfer, oben der Sauerstofftank, darunter, im Spiritustank, und durch diesen gekühlt, der Verbrennungsofen. Die Tanks waren kugelförmig. Die Bedingungen waren erfüllt. Wir konnten Rudolph brauchen, er trat bei uns ein und wurde einer unserer besten Fachleute.

Durch Zeitungssensationsmeldungen und Empfehlungsschreiben wurden wir auf einen angeblichen Ingenieur Wilhelm Belz aufmerksam, der eine Flüssigkeitsrakete gebaut und schon mit großer, allerdings nicht genau festgestellter Reichweite verschossen haben sollte. Ansichtspostkarten mit Namensunterschrift zeigten den Erfinder neben seiner hohen, silbergrau angestrichenen Rakete. Das Bild war imponierend. Eingehende Nachprüfungen ergaben jedoch, daß der Mann keinerlei Ahnung von Flüssigkeitsraketen hatte. Einen großen Kreis angeblicher „Fachleute" hatte er mit einer simplen, in eine Riesenblechattrappe eingebauten Schwarzpulverrakete monatelang an der Nase herumgeführt.

In Hannover arbeitete unter kümmerlichsten Verhältnissen mit einer Begeisterung, die nur noch durch den Mangel an Mitteln überboten werden konnte, Albert Püllenberg. Ein kurzer Besuch dort überzeugte mich, daß er auf dem eingeschlagenen Wege nicht weiterkommen werde. Ich machte ihm den Vorschlag, erst einmal sein Ingenieurexamen abzuschließen und später, wenn er sich das Goethewort: „Kannst du ein Ganzes nicht sein, schließe als dienendes Glied an ein Ganzes dich an", in seiner vollen Bedeutung überlegt habe, zu mir zu kommen. Nach Jahren kam er und schloß sich uns an.

Wir hatten in Kummersdorf sowohl für Pulver- als auch für Flüssigkeitsraketen die besten Prüfeinrichtungen und -methoden geschaffen. Bei einer Reihe von Erfindern stellte es sich dann heraus, daß sie im Vertrauen auf das Nichtwissenkönnen des Heereswaffenamtes und auf die schwierige Nachprüfungsmöglichkeit ihrer Behauptungen mit Übertreibungen und Phantasieangaben operierten, die wir dann doch sehr bald als falsch nachweisen konnten.

Wir gewannen jedoch auf diesem Wege auch ganz hervorragend tüchtige Mitarbeiter.

Die Arbeit ging weiter.

Wir konstruierten die verschiedensten Einspritzsysteme und erprobten sie. Die Leistung stieg nicht. Der spezifische, auf den Impuls bezogene Brennstoffverbrauch sank nicht. Schließlich gelang es wenigstens, das Durchbrennen des Ofens und das Anbrennen der Einspritzdüsen zu vermeiden. Bei gleicher Leistung konnten wir mit einem Ofen 3 bis 4 Brennversuche fahren.

Nach einem Jahr härtester Entwicklungsarbeit hatten wir die erste schwache Grundlage, auf der wir nun aufbauen konnten. Nun brauchten wir die Anerkennung unseres Schaffens durch die vorgesetzten Dienststellen und damit Geld, viel Geld und Hilfskräfte für die Weiterarbeit. Vorher aber mußten wir den unwiderlegbaren Nachweis erbringen, daß eine Flüssigkeitsrakete die vorgeschriebene Flugbahn einhalten kann.

Jetzt erst beschäftigten wir uns eingehender mit all denjenigen Problemen, die gelöst werden mußten, wenn wir ein solches Geschoß zum Fliegen bringen wollten. Wir besaßen nur Erfahrungen mit Pulverraketen. Wir kannten die Stabilisierungsschwierigkeiten. Wir wußten, welchen Einfluß der Wind, der Abgangswinkel, der Gasstrahl, die durch den verbrennenden Treibstoff hervorgerufene Schwerpunktsverschiebung und eine Reihe kleiner Widrigkeiten auf ein solches Geschoß haben konnten.

Schließlich entschlossen wir uns, das erste komplette Gerät, das Aggregat 1 (A 1) zu projektieren.

Wir wollten unserer Rakete eine Form geben, die hohe Geschwindigkeiten ermöglichte. Wir wollten nicht, wie der Raketenflugplatz Berlin, eine Zugrakete bauen, d. h. den Raketenofen an die Spitze des Flugkörpers setzen, so daß der Gasstrahl die da= hinter angeordneten Treibstofftanks umspült und erwärmt. Unser 300=kg=Triebwerk hätte in wenigen Sekunden die Tanks zum Plat= zen gebracht, oder es müßte soweit vorn angebracht werden, daß jede Art von Stabilisierung ausgeschlossen wäre. Auch der Luft= widerstand hätte sich erheblich vergrößert.

Ich erinnerte mich an die große Enttäuschung, als im August 1932 bei einer Vorführung in Kummersdorf ein solches Gerät des Raketenflugplatzes Berlin nach wenigen zwanzig Metern senk= rechten Aufstieges scharf in die Horizontale umlenkte und im nahen Wald zu Bruch ging. Diese fast 3,5 m lange und 10 cm im Durchmesser messende Einröhrenrakete hatte an ihrer Spitze in einem mit Kühlwasser gefüllten, eiförmigen Behälter einen unge= fähr 60 kg Schub liefernden Raketenofen aus Leichtmetall. Der Gasstrahl war direkt auf einen an der Spitze des dahinterliegenden Sauerstofftanks angeschweißten Blechkegel gerichtet, der die Gase von der Umspülung des Tanks abhalten sollte. Je eine dünne, nach außen gebogene Sauerstoff= und Spiritusleitung hielt den Raketen= ofen in dem gewünschten Abstand von den Tanks und übertrug die beim Brennen entstehenden Zugkräfte auf den Raketenkörper. Die beiden Tanks waren hintereinander angeordnet und durch ein Rohrstück miteinander verbunden. In diesem war ein Hohlraum für zwei Manometer. Durch Öffnungen konnte man die Tank= drucke ablesen. Die Förderung erfolgte durch Steigrohre. Im Sauer= stofftank entstand der Förderdruck durch den bei geschlossenen Ventilen erzeugten Verdampfungsdruck; der Spiritus wurde durch Druckstickstoff gefördert. Am Ende der Stabrakete enthielt ein Behälter Fallschirm und Leuchtsatz. Vier kleine Stabilisierungs= flossen aus Aluminium waren dem Heck angeschweißt. Diese Ra= kete hatte ein Startgewicht von ungefähr 20 kg bei einem Leer= gewicht von rund 10 kg. Die Ausströmgeschwindigkeit war mit über 2000 m/sec angegeben worden, betrug aber bestimmt nicht mehr als 1700 m/sec.

Gerade durch diese mißglückte Vorführung war uns im Heeres= waffenamt klar gewoden, welche Fülle von grundlegenden Fragen erst wissenschaftlich und technisch einwandfrei beantwortet werden mußten, ehe man an die Konstruktion von flugfähigen Geräten herangehen konnte. Wir hatten uns noch viel zu wenig mit den Problemen der Stabilisierung und Steuerung beschäftigt. Immer noch waren wir zu sehr durch die traditionsgebundenen Gedankengänge des ballistischen Referates des Heereswaffenamtes beeinflußt. Wir konnten uns noch nicht ganz von der Vorstellung befreien, daß das, was für Geschosse gilt, auch für die Rakete gelten müsse.

Die Rakete sollte durch Rotation um ihre Längsachse stabilisiert werden. Das war unser Gedanke. Aber wie konnten wir ihn verwirklichen? Die Rakete sollte rotieren, die Treibstofftanks nicht. Der Treibstoff würde durch die auftretenden Zentrifugalkräfte an den Tankwänden hochsteigen. Das gäbe Förderschwierigkeiten.

Ich schlug vor, einen mit einer Achse in Kugellagern laufenden, schweren, als Nutzlastträger ausgebildeten Stahlkörper, eine Art Stabilisierungskreisel, allein rotieren zu lassen und die Rakete dadurch zu stabilisieren.

Wir entwarfen A 1. An der Spitze des rund 1,40 m langen und 30 cm dicken Flugkörpers befand sich der 40 kg schwere Rotationskörper. Die rund 40 kg Treibstoff sollten durch Stickstoff aus den Drucktanks in den 300 kg Schub liefernden Verbrennungsofen, der im Brennstofftank am hinteren Ende des Gerätes eingebaut war, gepreßt werden. Der als Achse eines Drehstrommotors ausgebildete Rotationskörper war vor dem Start auf höchste Tourenzahl zu bringen. A 1 sollte aus einer mehrere Meter langen Abschußrinne senkrecht nach oben abgefeuert werden. Bei einem Startgewicht von rund 150 kg war die Anfangsbeschleunigung ungefähr gleich der einfachen Erdbeschleunigung, 1 g.

Das Triebwerk wurde gebaut, erlitt einige Pannen, die überwunden wurden, und arbeitete dann einwandfrei.

Aber noch ehe das A 1 in seiner äußeren Form fertig war, entschlossen wir uns bereits zu einem nächsten Schritt in der Entwicklung der Triebwerke. Bald darauf entstand der erste Entwurf eines 1000 kg Schub liefernden neuen Raketenofens aus Duraluminium.

Wir wollten größere Raketen bauen. Es kam nun darauf an, festzustellen, ob die bisher gemachten Erfahrungen auch für sie Gültigkeit hatten.

Unser einziger Prüfstand reichte nun nicht mehr aus. Er war durch die Versuche mit dem 300-kg-Triebwerk voll besetzt. So entstand 1934 ein neuer Prüfstand für hohe Leistung. Ihm kamen alle unsere Erfahrungen zugute. Wir planten auch bereits einen dritten Prüfstand, auf dem wir vollständig zusammengebaute Aggregate durch Brennversuche erproben konnten.

Wieder und wieder harte, von Rückschlägen verzögerte Entwicklungsarbeit! Wir lernten erkennen, daß gewonnene Erfahrungswerte sich nicht ohne weiteres von einem kleinen Raketenofen auf einen größeren übertragen lassen. Immer wieder gab es Durchbrennen des Triebwerkes an den gefährlichsten Punkten, im engsten Teil der Düse, im Übergang vom zylindrischen Teil des Ofens zur Düse, am Ofenkopf und an den Einspritzdüsen.

Außerdem hatten wir beschlossen, bei einem neuen Gerät von der für A 1 vorgesehenen Brennzeit von 16 Sekunden auf 45 Sekunden überzugehen. Neue Kühlprobleme tauchten auf. Monate vergingen, und wir kamen nicht vorwärts.

Gleichzeitig beschäftigten uns eine ganze Reihe anderer wichtigster Probleme.

Das war zum Beispiel die Frage der Stabilisierung größerer Geräte. Von Braun nahm mit der Kreiselgeräte GmbH in Berlin-Brietz Verbindung auf. Direktor Boykow, ein ehemaliger österreichischer Marineoffizier, ein großer, starker Mann mit klaren Augen in einem von einer Riesennase beherrschten klugen Gesicht, war dort der führende Kopf. Er war der ideenreiche, seiner Zeit weit vorauseilende Fachmann für alle Kreiselfragen.

Als von Braun ihm unser Anliegen schilderte, sagte er lächelnd: „Einen solchen Besuch habe ich seit Jahren erwartet und mich entsprechend vorbereitet."

Es zeigte sich, daß er, neben gedanklicher Vorarbeit, auch schon einige Muster- und Detailkonstruktionen in der Praxis vorbereitet hatte. Ein enger Gedankenaustausch entwickelte sich. Dieser klar denkende Wissenschaftler und Praktiker war die beste Hilfe, die wir uns denken konnten. Wir lernten, daß es nicht darauf ankam, Abweichungen der Raketenachse von der Kreiselachse während des Fluges zu korrigieren, sondern schon die Tendenz zur Abweichung im Entstehen zu erfassen. Nur wenn wir schon zu diesem Zeitpunkt die Gegenbewegung einleiteten, würde es gelingen, ein Aufschaukeln der Schwingungen zu vermeiden. Die Stabilisierungseinrichtung mußte beschleunigungsempfindlich sein.

So sahen wir allmählich, wie sich unsere unbestimmte Hoffnung verwirklichte, daß es uns gelingen möchte, größere Raketen mit einem in drei Achsen arbeitenden Kreiselsystem einwandfrei während der Brennzeit des Triebwerkes zu stabilisieren.

Völlig ungeklärt war noch die Form der großen Rakete. Wir waren uns darüber klar, daß sie pfeilstabil sein mußte, d. h. der Schwerpunkt mußte vor dem Punkt liegen, an dem alle während des Fluges auftretenden Luftkräfte theoretisch vereinigt angreifen, dem Luftangriffs- oder Druckpunkt. Um diesen Luftangriffspunkt nach hinten zu verlegen, mußte der Flugkörper Schwanzflossen haben. Nach dem für die Geschoßballistik maßgebenden „Lehrbuch der Ballistik" von Geheimrat Kranz war es auf Grund gewonnener Erfahrungen unmöglich, pfeilstabile Körper im Überschallgeschwindigkeitsbereich einwandfrei fliegen zu lassen. Um in den Weltraum vorzustoßen, brauchten wir jedoch Überschallgeschwindigkeit. Doch nicht genug damit. Wir mußten uns darauf vorbereiten, die ganze Geschwindigkeitsskala von Null bis zur mehrfachen Schallgeschwindigkeit mit einer Geschoßform stabil zu durchlaufen.

Diese Geschoßform galt es zu finden. Sie mußte so sein, daß keine allzu großen Luftwiderstände auftraten und nicht allzu große Rudermomente aufzubringen waren. Eine solche Form zu finden, würde schwierig und langwierig sein, das wußten wir. Wir brauchten dazu Messungen in Windkanälen.

Die nächste große Frage war die Steuerung. Sollten wir durch Rudermaschinen angetriebene Luftruder zur Steuerung verwenden? Am Anfang der Flugbahn würde das unmöglich sein. Bei der geringen Anfangsgeschwindigkeit würden die Luftruder noch nicht „fassen". Der ständige Wechsel der während der Fluggeschwindigkeitsskala auf die Luftruder wirkenden Luftkräfte mußte ebenfalls bedacht werden. Die zur Steuerung erforderlichen Ruderkräfte würden also entsprechend der Geschwindigkeit ständig veränderlich sein müssen. Das würde das Verfahren wesentlich komplizieren.

Wir erwogen die Möglichkeit, den Raketenofen schwenkbar anzuordnen und dadurch die erforderlichen Steuermomente zu gewinnen. Das war technisch denkbar. Dazu mußte der Raketenofen jedoch hinter den Tanks angebracht werden. Das Gerät würde dann aber zu lang werden. Unsere Öfen waren noch sehr groß. Auch bei unserem nächsten Projekt war vorgesehen, den Raketenofen in den Spiritustank einzubauen.

Wir konnten vier kleine, kreuzweise angeordnete Steuerraketenöfen entwickeln und hiermit Großraketen selbst im freien Raum steuern. Aber auch das erschien uns als erster Schritt zu gewagt.

Die Lösung dieser Schwierigkeit war einfach und bot sich ganz von selbst an. Die Ausströmgeschwindigkeit der Verbrennungsgase war fast während der ganzen Brennzeit gleich. Konnten wir nicht im Gasstrahl steuern? Gab es ein Material, das die Temperatur des Gasstrahls während der ganzen Brennzeit aushielt? Das eine so hohe Wärmefestigkeit besaß, daß es bei der fast 2000 m/sec betragenden Gasgeschwindigkeit nicht wie Butter an der Sonne zerschmolz?

Es hätte uns damals vor der Vielfalt der zu lösenden Aufgaben bange werden können. Zum Glück waren uns die Schwierigkeiten, die wir zu überwinden haben würden, zum großen Teil noch gar nicht bewußt. Wir gingen mit dem Mut der Unerfahrenen an die Probleme heran. Darüber, wie lange es dauern würde, bis wir sie gelöst hätten, machten wir uns keine Gedanken.

Die allererste uns gestellte Aufgabe glaubten wir mit A 1 gelöst zu haben. Prüfung und Nachrechnung ergab jedoch, daß A 1 zu vorderlastig war. Der Schwerpunkt lag zu weit vor dem Luftangriffspunkt. A 1 konnte darum nicht einwandfrei fliegen.

Wir konstruierten neu. Das Gerät A 2 entstand.

A 2 war triebwerksmäßig genau wie A 1 gebaut. Jedoch wurde der Kreisel von der Spitze nach der Mitte des Flugkörpers zwischen Sauerstoff- und Spiritustank verlegt.

Als ich am 1. Oktober 1934 das letzte, kurze militärische Truppenkommando meines Lebens, als Batteriechef in Königsbrück, zur Truppenerprobung der von mir maßgeblich mitkonstruierten und entwickelten ersten Pulverraketenwurfgeräte, antreten mußte, waren die Prüfstands- und Zusammenbauarbeiten abgeschlossen. Damals konnte ich noch nicht ahnen, daß auch diese Pulverraketen in wenigen Jahren auf den Schlachtfeldern Rußlands, Frankreichs, Norwegens und Afrikas eine solch große Bedeutung erlangen würden. Besonders aber nicht, daß mit ihrem Erscheinen an der Front, zu Beginn des Rußlandfeldzuges Juni 1941, ein neues Zeitalter auch der Pulverrakete anbrechen würde.

Mein letzter Tag in Kummersdorf galt einer eingehenden Aussprache über die in alter Geschoßtradition 4,5 Kaliber lange Rakete A 2. Anfang Dezember 1934 wurden von der Nordseeinsel Borkum aus die ersten zwei Exemplare der A 2, dieser vom Heer entwickelten Flüssigkeitsrakete, mit einer Gesamtsteighöhe von 2,2 km erfolgreich verschossen.

Der schwierige Anfang war gemacht.

ERST KAMPF MIT DEM RECHNUNGSHOF – DANN „WIEVIEL GELD BRAUCHEN SIE?"

Kämpfen, kämpfen, mitten im Frieden, mußten wir immer. Gut, daß wir damals noch keine Ahnung davon hatten, gegen welche Mächte wir im Laufe der Entwicklung noch zu bestehen haben würden! Im Vergleich zu später waren diese frühen Auseinandersetzungen wahrlich ein Kinderspiel.

Der damals noch im Dienstrang eines Obersten stehende Professor Dr. Becker stellte uns zunächst eine kleine Summe des Etats seiner Ballistischen und Munitionsabteilung zur Verfügung. Nachdem er Chef der Amtsgruppe für Entwicklung im Heereswaffenamt geworden war, mußten die übrigen Entwicklungsabteilungen ebenfalls einen kleinen Prozentsatz ihres Etats für uns abzweigen.

Es war nun keineswegs so, daß uns von nun an Geldmittel, Personal und Material in unbegrenztem Ausmaße zur Verfügung gestanden hätten. Im Gegenteil. Der Rechnungshof sah uns scharf auf die Finger. Wir durften weder Werkzeugmaschinen noch Büroeinrichtungsgegenstände bestellen. Nur Versuchsanlagen und Versuchsgeräte konnten angeschafft werden.

Doch wir waren jung und erfinderisch und fanden bald Mittel und Wege, dem bürokratischen Paragraphengeschling zu entgehen. Wir lernten in harter Schule, alles zu erreichen, was uns notwendig schien. Wir beschafften „nach Muster".

Das war so: Selbst der geschickteste Beamte des Rechnungshofes konnte hinter einer „Vorrichtung zum Fräsen von Holzstäben bis 10 mm Durchmesser nach Muster" keine Bleistiftspitzmaschine, hinter einer „Einrichtung zum Aufschreiben von Versuchsergebnissen mit drehbarer Walze nach Muster" keine Schreibmaschine vermuten. Umschreibung war alles. Und wenn es gar nicht anders ging, verschanzten wir uns hinter der „Geheimhaltung". Da war der Rechnungshof machtlos.

So kauften wir einmal im Sommer 1933 zwei Schachteln „Wunderkerzen" für den Weihnachtsbaum. Wir wollten diese sprühenden Dinger innerhalb des Raketenofens zur Zündung der ersten Tropfen Sauerstoff und Spiritus verwenden. Nach einem Jahr fragte der Rechnungshof, für welche Zwecke im Hochsommer Weihnachtswunderkerzen verwendet würden. Wir antworteten lakonisch: „Für Versuche." Damit gab sich aber der Rechnungshof nicht zufrieden. Nach acht Wochen kam die Frage nach der Art dieser Versuche. Wir antworteten: „Für geheime Versuche." Der Rechnungshof gab auf.

Im Dezember 1934 waren uns die ersten Abschüsse von Flüssigkeitsraketen gelungen. Mit dem Fortschreiten der Entwicklung wuchs unser Bedarf an Geldmitteln und Fachkräften, und wir waren immer von neuem gezwungen, hohe und höchste Stellen auf uns aufmerksam zu machen und ihnen die Ergebnisse unserer Forschung vorzuführen, um entsprechende Förderung zu erfahren.

Wir hatten große Wünsche.

Unser Platz in Kummersdorf war längst zu klein geworden. Schon beim Abschuß unserer Pulverraketen war uns nie ganz geheuer zumute, wir schwebten immer in der Gefahr, daß gerade im

Anfang der Entwicklung, manche unserer flammenden Boten ihre eigenen unvorhersehbaren Wege gehen würden. Und bei Flüssigkeitsraketen war die Gefahr noch größer. Wir brauchten einen neuen Versuchsplatz. Wir wollten bauen. Und zwar großzügig und schön. Wir hatten weder Neigung noch Sehnsucht, unsere neuen, für alle Entwicklungsphasen ausreichend geplanten Anlagen etwa in den Ausführungen des „Einheitsmodell 78, alter Typ" der Heeresbauleitung aufgeführt zu sehen. Die schlichte Schönheit der neuen Luftwaffengebäude hatte es uns und den mit unseren Plänen beschäftigten Architekten angetan.

Wo, wo, vor allen Dingen, sollten wir bauen?

Und woher sollten wir das Geld nehmen?

Immer wieder versuchten wir es mit dem alten, in der Waffenentwicklung fast unfehlbar zum Erfolg führenden Kniff: Vorführung vor Persönlichkeiten, die auf den Geldtruhen saßen.

Im März 1936 gelang es uns, Generaloberst von Fritsch zu einem Besuch unserer Kummersdorfer Versuchsstation zu bewegen.

Nach einigen kurzen, aber erschöpfenden Vorträgen, unterstützt durch farbige Zeichnungen und eine Unzahl Diagramme, insbesondere aber nach einer Vorführung unserer donnernden, 300, 1000 und 1500 kg Schubleistung erzeugenden Raketentriebwerke, sagte uns der Generaloberst, kaum daß das Echo der Triebwerke über den Wäldern verhallt war, seine ganze Unterstützung zu, unter der Bedingung, daß wir das Geld dazu benutzten, aus dem Raketenantrieb eine brauchbare Waffe zu machen.

Er stellte uns kurzerhand und nüchtern die entscheidende Frage: „Wieviel Geld brauchen Sie?"

Diese Frage, die schon von anderer Seite an uns gestellt worden war, machte uns immer Unbehagen. Wir benötigten eine uns damals unglaublich hoch erscheinende Summe mit sechs Nullen.

Damals, bei unsern Überlegungen über die Form und das Einsatzverfahren einer militärischen Großrakete, hatte uns erstmalig in der Geschichte der Waffenentwicklung eine Idee gepackt, die uns nicht mehr losließ. Wir wollten an einer Stelle alles das erforschen und entwickeln, was zum wirkungsvollen Einsatz einer solchen Großwaffe notwendig schien, d. h. neben der eigentlichen

Rakete auch alle in die verschiedensten Zweige der Technik und Wissenschaft greifenden Boden= und Prüfanlagen. Wir wollten mit Zweckforschung auf allen in Frage kommenden Gebieten beginnen und mit der Erstellung der Fertigungsunterlagen enden. Mit einem Wort, wir wollten ein ganzes Waffenprogramm bei uns durchführen. Wir brauchten eine Forschungs= und Entwicklungsstelle, umfassend eingerichtet nach dem neuesten Stande von Wissenschaft und Technik. Und das kostete Geld.

Der Besuch des Generaloberst von Fritsch hatte zur Folge, daß wir von nun an eigene Geldmittel anfordern durften.

Kurz darauf erregten wir das Interesse des Chefs der Entwicklungsabteilung des Luftfahrtministeriums, Oberstleutnant von Richthofen. Wir schilderten ihm in glühenden Farben die Möglichkeit, den Raketenantrieb auch als Starthilfe für schwere Bomber oder mit Raketenwaffen ausgerüstete Jagdflugzeuge verwenden zu können, und schlugen ihm den Bau einer gemeinschaftlichen Anlage vor.

Richthofen war einverstanden und versprach uns, die Wichtigkeit unserer Pläne in einem Bericht an den Chef der Luftzeugmeisterei, General Kesselring, zu betonen.

Endlich, im April 1936, fand eine für uns wichtige, aber gleichzeitig auch kritische Besprechung bei General Kesselring statt. General Becker, von Braun, Oberstleutnant Richthofen und ich selbst erklärten unter Vorlage von Karten, Plänen und Diagrammen den ersten Entwurf der „Heeresversuchsstelle Peenemünde". Als wir in bewegten, ja in dramatischen und schillernden Ausführungen die in naher und ferner Zukunft zu erwartenden Möglichkeiten schilderten, mußte Kesselring lächeln. Schließlich gab er seine Zustimmung. Er sagte uns zu, durch seine Baudienststellen Peenemünde errichten zu lassen. Unter einer gemeinsamen Verwaltungsspitze sollte es einen Luftwaffen= und einen Heeresteil geben. Die Verwaltung sollte für beide Teile das Heer übernehmen. In die Auslagen sollten sich Luftwaffe und Heer hälftig teilen. Nach Abschluß der Bauarbeiten sollte das ganze Gelände in die Hände des Heeres übergeführt werden.

Ein abgelegener Ort für unsere Versuche war auch aus Gründen der Geheimhaltung notwendig geworden. Die charakteristischen Geräusche unserer Triebwerke sollten in abgelegenster Einsamkeit ertönen. Wir konnten mit unserem Versuchsschießen an der See nicht warten, bis die Sommer= und Badegäste nach Hause gefahren waren. Wir mußten unabhängig von Jahreszeiten und Umgebung arbeiten können. Aus Sicherheitsgründen mußten wir über See schießen und die Flugbahnen so legen, daß wir auf der ganzen Strecke vom Land aus Beobachtungsmöglichkeiten hatten.

Wernher von Braun war schon Mitte Dezember 1935 auf der Suche nach einem solchen Platz unterwegs gewesen. In der Nähe von Binz auf Rügen glaubte er einen geeigneten Ort gefunden zu haben. Es stellte sich aber bald heraus, daß die Deutsche Arbeits=front diese Küste für ein „Kraft=durch=Freude"=Erholungsheim wenige Tage vorher beschlagnahmt hatte.

Während der Weihnachtsfeiertage, die von Braun bei Verwand=ten in der Nähe von Anklam verbrachte, wurde er auf Peenemünde aufmerksam gemacht. Von Braun fuhr hin und fand das große Waldgelände im Nordteil der Insel Usedom für unsere Zwecke geeignet.

Als ich wenige Tage später das Gelände besuchte, begann das Projekt Peenemünde erste Form anzunehmen. Weitab von allen größeren Städten und sonstigem Verkehr lag dieses mit alten Eichen und Kiefern bestandene Dünen= und Poldergelände, hinter einem weit in die flache See hinausreichenden Schilfvorland, in noch unberührter Einsamkeit. Große, dunkelstangige pommersche Hirsche zogen durch das Heidekraut in die Heidelbeerbüsche der Wälder bis an den Sand der flachen Küste. Schwärme von Enten, Tauchern, Wasserhühnern und Schwänen bevölkerten das seit Jahren durch keinen Schuß eines Jägers gestörte Idyll dieses ver=lassenen, in seiner Naturschönheit überwältigenden Platzes. Der Trubel der wie Perlen an der Schnur die Küste besetzenden Bade=orte reichte nicht bis in die Einsamkeit des Peenemünder Hakens.

Es mußte, so schätzte ich, ohne Schwierigkeiten möglich sein, Bahn und Straßen zu bauen und die eigentlich wichtigen Anlagen im Waldgelände verschwinden zu lassen. Gegenüber Rügen hatten wir den unschätzbaren Vorteil einer der Peenemündung vorge=

lagerten kleinen Insel, der Greifswalder Oie. Von hier aus konnten wir während des ganzen Jahres unbemerkt unsere Versuche durchführen. Wir hatten entlang der pommerschen Küste nach Osten über 400 km Schußfeld.

Noch hatten wir nur einen kleinen Etat und wenig Menschen und wußten auch noch nicht, wie unsere große Rakete einmal aussehen würde und welche Aufgaben unser sonst noch harrten. Um nach Fertigstellung der Anlagen die Unruhe des Bauens für längere Zeit zu vermeiden, mußten wir die Laboratorien, Werkhallen und Prüfstände so planen, daß sie während der nächsten Jahre keiner Ergänzung bedurften.

Nach der Besprechung bei Kesselring und mit der Bereitwilligkeit des Luftfahrtministeriums, sich an den Kosten des Vorhabens hälftig zu beteiligen, konnten wir nunmehr hoffen, unsere weitreichenden Pläne verwirklicht zu sehen. Das Projekt Peenemünde gewann Gestalt. Gleich von Anfang an nahm es ein geradezu atemberaubendes Tempo an, ein Tempo, das ich als Anfall von Freigebigkeit bezeichnen möchte.

Noch am Abend des Konferenztages meldete ein Ministerialrat des Luftfahrtministeriums durch Fernspruch den Ankauf des Geländes zum Preise von 750 000 Mark. Er war mit dem Kraftwagen sofort nach Wolgast entsandt worden, der Besitzerin des Peenemünder Geländes.

Das war ein Tempo, das man sich gefallen lassen konnte.

DIE GREIFSWALDER OIE – BEGINN IN PEENEMÜNDE

Anfang Dezember 1937 machten wir die ersten Abschußversuche von der Greifswalder Oie aus. Diese kleine schmale Insel nördlich der Insel Usedom glich nun schon seit Wochen einem wimmelnden Ameisenhaufen. Sie war 1 km lang, an der breitesten Stelle etwa 300 m breit, vom Nordrand Usedom 8 km und von Rügen 12 km entfernt. Die lehmige, von Winterstürmen und Brandung zerfressene Steilküste erhebt sich bis zu 20 m über die Ostsee. Ein winziger Fischereihafen an der Südwestküste ist durch einen schmalen, sandigen Fahrweg mit dem Oberland verbunden. Der südliche Teil der Insel mit dem Gasthof und den wenigen Häusern diente uns als Unterkunft. Durch die Mitte der Insel zum Leuchtturm an der Nordspitze führte ein ausgefahrener Feldweg. Der Besitzer jenes Gasthofes und Gutspächter der Insel, Halliger, sorgte mit nie ermüdendem Humor für unser leibliches Wohl und für die in dieser kalten Jahreszeit so bitter nötige äußerliche und innerliche Wärme.

Im Frühjahr dieses Jahres war die kleine Insel aus ihrer Ruhe gestört worden. Eines Tages hatten mehrere kleine Motorboote mit Baufachleuten, Bauarbeitern und Vermessungsingenieuren im kleinen Hafen angelegt. Dann lief ein größeres Schiff von ungewöhnlichem Aussehen ein, das in diesem Teil der Ostsee noch nie erblickt worden war. Es brachte Baumaterial und Baumaschinen. Halliger entsann sich, daß er diesem vorsintflutlichen Fahrzeug schon früher einmal in Stralsund begegnet war. Dort war es als Wagen= und Personenfähre eingesetzt gewesen. Es war ein Musterbeispiel der Schiffsbaukunst um die Mitte des vorigen Jahrhunderts, besaß große Kabinen, rote abgesessene Plüschmöbel, viel blitzende Messingarmaturen und =beschläge, mächtige Aufbauten und einen hohen Schornstein. Da es sich durch geringen Tiefgang und große Ladefläche auszeichnete, diente es uns nun als Transportschiff vom Festland zur Oie.

Dann kamen die Hafenbagger und Schleppkähne.

Eine der Insel völlig ungewohnte Geschäftigkeit begann. Der Hafen wurde ausgebaggert. Anlege= und Landungsmöglichkeit für schwere Fahrzeuge und Lasten mußte geschaffen werden. Der Feldweg zum Oberland erhielt einen festen Bohlenbelag. Vor dem östlich dieses Weges liegenden sturmzerzausten Wäldchen entstand eine viereckige Betonplattform. Ihr gegenüber, am Waldrand, wurde eine Grube ausgehoben. Ein Unterstand wurde gebaut.

Die Baufachleute und Bauarbeiter fuhren wieder ab. Es kamen Ingenieure und Handwerker. Dann wieder Bauarbeiter. Leitungen wurden gelegt und Kabel um Kabel vom Bunker zum Mittelpunkt der Plattform gezogen. Unterstand, Leuchtturm und Gasthof verband man durch eine Telefonleitung. Aus dem Unterstand wurde ein mit Sehschlitzen versehener Beobachtungsraum mit Meß=

geräten aller Art an den Wänden. Dünne, kupferne Rohrleitungen wurden ausgelegt. Die Bauarbeiter errichteten vier kleine Betonpyramiden für die Fototheodolitstationen. Diese Betonpyramiden erhielten Holzplattformen, und im Wäldchen, unmittelbar hinter dem Bunker, wurden zwei große, freie Plätze vorbereitet und eingeebnet.

Die Bauarbeiter verschwanden und machten einer neuen Welle geschäftiger Menschen Platz. Sie brachten ein Riesenzelt, das sie auf einem der im Wäldchen freigemachten Plätze aufstellten, auf dem zweiten bauten sie einen Bretterschuppen für Dieselöl und Spiritus. Im Hafen wurden Stromaggregate ausgeladen und in das Wäldchen geschafft. Lichtleitungen wurden gelegt. Schiffe brachten Betriebsstoffe, Materialien und Handwerkszeug.

Wochen eifriger Tätigkeit vergingen.

Eines Tages, Ende November, brachte die Fähre zwei große, dunkelgrau angestrichene Kisten von über 7 m Länge und 1,50 m Höhe und Breite. Diese Riesensärge lud man behutsam aus und brachte sie vorsichtig mit einem Lastkraftwagen zum Zelt. Von nun an stand dort Tag und Nacht ein Wachtposten. Einige Tage später wurden wiederum zwei solcher Kisten ausgeladen und im Zelt untergestellt.

Und dann regnete es. Es regnete und stürmte. Der Nordwind pfiff über die Insel, peitschte die kahlen Äste der verkrüppelten Bäume, blies durch die Fensterritzen der Häuser. Er riß das Zelt auf. Er jagte riesige Wellen gegen die Insel, die donnernden Wogen stürzten über die Steinmauern des Hafens. Es wurde bitter kalt.

Dieses Wetter zwang uns zu warten. Doch so schnell, wie es gekommen war, schlug es um. Der Himmel wurde klar. Der Wind blies stetig und ruhig von Osten. Die Wettervorhersage lautete günstig. Wir trafen die letzten Vorbereitungen. Motorboote brachten alle für die Abhaltung des Versuchsschießens eingeteilten Leute auf die Insel.

Schließlich waren fast 120 Akademiker und Ingenieure versammelt. Wer nur irgendwie am Rande mit der Entwicklung unserer Geräte zu tun hatte, wollte dabei sein. Wir mußten die Zahl der Teilnehmer beschränken. Aber es war schwer, sich all den

Wünschen zu verschließen. Wer beim Schießen eine Aufgabe hatte, durfte dabei sein. Als ich dann endlich die Liste der Teilnehmer kontrollierte, stellte es sich heraus, daß die Fernsprecher Doktoren der Physik und Mathematik, die Kraftfahrer Diplomingenieure waren und das Küchenpersonal aus Aerodynamikern und Konstrukteuren bestand. Jeder noch so bescheidene Posten war durch einen Fachmann oder einen begeisterten höheren Angestellten besetzt. Sie nahmen die Unbill eines Lebens auf dieser Insel gern in Kauf. Es war zu vermuten, daß diese Begeisterung bald abebben würde, und sicherlich würden diese „Fachleute" später kaum noch einen Blick auf die fliegende Rakete werfen. Sie würden dann wohl gern die grobe Arbeit, das Schleppen schwerer Lasten und das Flottmachen im Dreck steckengebliebener Fahrzeuge berufeneren Kräften überlassen.

Wir mußten uns nun beeilen. Wir mußten schießen, bevor die Winterstürme einsetzten und die Ostsee zwischen der Insel und dem Festland zufror. Die Geräte tauften wir mit flüssigem Sauerstoff. Und dann endlich war es soweit.

Eine der Kisten wurde vorsichtig aus dem Zelt auf die Plattform getragen. Nachdem der Deckel und die Bodenwand abgenommen worden waren, wurde sie gegen den umgekippten, vierbeinigen Abschußtisch geschoben und zusammen mit diesem durch einen Flaschenzug aufgestellt. Der Abschußtisch war mit einer den Gasstrahl um 90° umlenkenden Blechschurre versehen.

Eine mit Zeltplanen umkleidete Arbeitsbühne gestattete den Zugang zu den Teilen der Rakete, an denen für das Schußfertigmachen gearbeitet werden mußte. Es begann die Prüfung des Gerätes. Immer wieder wurden wir durch Kurzschlüsse, Isolationsschwierigkeiten, Störungen im Steuerungsteil, im Reduzierventil und in den Treibstoffventilen aufgehalten. Erst mußte sich ja alles noch einspielen.

Während die Fachingenieure sich plagten, fehlende Ersatzteile vom Festland holten und immer und immer wieder die Anschlüsse überprüften, vertrieben von Braun und ich uns die nervenaufreibende Zeit des Wartens mit Jagen. Es gab erstaunlich viele Fasanen auf der kleinen Insel. Sie konnten ja nicht wegfliegen. Kilometerweit erstreckte sich ringsum Meer. Auch gab es viele Arten von Kaninchen. Wir schossen blaue, rote, graue und scheckige Karnickel, wohl Kreuzungsprodukte aus wilden und ausgerissenen Hauskaninchen. Bald trugen alle auf der Insel Tätigen ein Abzeichen: die lange Fasanenfeder am Hut.

Endlich konnten wir die Stunde für den ersten Abschuß bestimmen. Die Fähre brachte flüssigen Sauerstoff. Die Rakete wurde getankt, die Steuermaschine unter Strom gesetzt. Die Arbeitsbühne kippte man um. Mit einem Kleinflugzeug, das glatt auf einem abgemähten Kleefeld landete, trafen vom Festland die letzten Zuschauer ein.

Und nun stand die Rakete senkrecht auf dem Abschußtisch.

Der schlanke, metallisch glänzende Flugkörper mit seiner Aluminiumschale war etwa 6,50 m lang und maß im Durchmesser 70 cm. Ganz oben unter der schlanken Spitze waren die Akkus untergebracht, darunter die Steuermaschine mit den kardanisch aufgehängten 3 Lagen- und 3 Dämpfungskreiseln. Ferner die Boykowschen beschleunigungsempfindlichen, federgefesselten Wägelchen, die nach zweimaliger Integration der auftretenden Beschleunigungen die seitliche Versetzung der Rakete, die etwa der Wind verursachte, messen und die Rückführung des Körpers in die Flugbahn veranlassen sollten. In einem wasserdichten Kasten befanden sich ein Barograph und ein Thermograph und eine diese beiden Instrumente während des Fluges filmende Kleinkamera. Es waren auch Einrichtungen zum Messen der Hauttemperatur und des Ofendruckes eingebaut. Zur Ausrüstung gehörte ferner ein Funkkommandoempfänger, der bei seitlichem Ausbrechen der Rakete auf Kommando vom Boden aus Notbrennschluß auslösen sollte.

Unter dem Geräteraum lag der Sauerstofftank. Unter diesem der Brennstofftank mit dem eingebauten, fast 2 m langen Raketenofen aus Duraluminium. Der im Sauerstofftank eingebaute Flüssigstickstoffbehälter war, um den nötigen Förderdruck in den Tanks zu erzeugen, mit einem Heizdraht versehen. Der Behälter für den Fallschirm befand sich zwischen den beiden Tanks. Er sollte im

Kulminationspunkt, d. h. bei Neigung der Rakete um 90° gegenüber der Senkrechten automatisch ausgestoßen werden.

Bei 30° Schräglage würde der Antrieb automatisch abschalten.

Die 450 kg fassenden Leichtmetalltanks waren so starkwandig, daß sie einen Förderdruck von 20 Atmosphären aushalten konnten. Das Startgewicht betrug 750 kg. Während 45 Sekunden sollte das Triebwerk bei einer Ausströmgeschwindigkeit der Gase von etwa 1900 m/sec einen Schub von 1,5 t geben.

Um die unteren Enden der vier langen, schlanken, den Durchmesser der Rakete nur um 20 cm überschreitenden Luftflossen lag ein etwa 25 cm breiter Preßstoffring. Er sollte das Flattern der Flossen verhindern und die pfeilstabile Lage des Gerätes während des Fluges verstärken. In ihm waren die kupfernen Drahtwicklungen der Empfangsantenne der Notbrennschlußlage eingebaut. Die vier Flossen standen fest auf den Preßstofflagerplatten des mit einem Drehkranz versehenen Abschußtisches. Dieser war mit in Reihen angeordneten Steckkontakten versehen, die für Stromzuführungs- und Meßzwecke vor dem Abschuß die Verbindung herstellten zwischen Meß- und Beobachtungsbunker und der Rakete, und zwar durch die Flossen zu den Steuerungsteilen und Ventilen. Beim Abheben lösten sich diese Kontakte, und von diesem Augenblick an würde die Rakete vollautomatisch ihren Weg suchen.

In diesen Augenblicken vor dem ersten Abschuß auf der Greifswalder Oie gingen meine Gedanken noch einmal den weiten Weg von der ersten Planung der Heeresversuchsstelle Peenemünde bis zu dieser Stunde der ersten Erprobung unserer Arbeit. Wie hatten wir uns damals gefreut, als wir die Nachricht empfingen, daß das von Braun entdeckte Gelände von Peenemünde angekauft worden war! Der große Sprung aus den beschränkten Verhältnissen, den immer knappen Geldmitteln, zur großen, ja ganz großen Planung und damit zum Erfolg war getan.

Schon Anfang August 1936 geschah auf dem Gelände der späteren Versuchsstellen des Heeres und der Luftwaffe in Peenemünde der erste Spatenstich. Die Bauarbeiten für Straße und Bahnanschluß wurden begonnen.

Wenige Tage nach jenem Besuch des Generalobersten von Fritsch im März 1936 saß ich mit von Braun und Riedel in Kummersdorf über Plänen des Peenemünder Projektes. Wir besprachen die Anlage von Prüfständen an der Ostküste, in Peenemünde-Ost. Damals tauchte auch der Plan auf, im Norden des Geländes einen Prüfstand für ganz große Triebwerke und Gesamtgeräte zu errichten.

Die Rakete A 3, die wir damals entwickelten, war nicht dazu eingerichtet, Nutzlast mitzunehmen. Sie war ein reines Versuchsgerät. Da wir immer und immer wieder den Chef der Heeresleitung um Geld für die Weiterentwicklung angingen, erhielten wir die Antwort, nur für eine Entwicklung von Raketen, die große Nutzlasten mit guter Treffsicherheit auf weite Entfernungen zu schleudern in der Lage sind, könnten die erforderlichen Geldmittel zur Verfügung gestellt werden. In jugendlichem Eifer versprachen wir alles und ahnten nicht, welche Schwierigkeiten sich dadurch vor uns auftürmen würden.

Wir besprachen, für welche Triebwerksgröße der Prüfstand angelegt werden sollte. Von Braun und Riedel hatten sich schon Gedanken über eine Großrakete gemacht. Auch ich hatte mir alles wieder und wieder durch den Kopf gehen lassen. Ich war „alter" schwerer Artillerist. Der Höhepunkt der bisherigen Waffentechnik war mit der Pariser Kanone des ersten Weltkrieges erreicht worden. Sie schoß auf eine Entfernung von rund 125 km eine Granate von 21 cm Kaliber mit einer Sprengstoffmenge von rund 10 kg. Ich hatte mir als erstes Ziel für eine Großrakete ein Geschoß vorgestellt, das 1 t Sprengstoff auf die doppelte Entfernung der Pariser Kanone, also 250 km, schleudern konnte. Wenn ich die Riesenlasten der Pariser Kanone, die Schwierigkeiten ihres Eisenbahntransportes und ihres Einbaues mit dem geringen Gewicht der für den Abschuß von Großraketen nötigen Einrichtungen verglich, die Menge des Sprengstoffes und damit die Wirkungssteigerung berücksichtigte und wenn wir eine Genauigkeit erzielten, die jene der Kanone übertraf – dann war eine aussichtsreiche militärische Verwendungsmöglichkeit gegeben.

Die Unterhaltung ging hin und her. Über die Nutzlast von 1 t waren wir uns bald einig. Eine rohe Überschlagsrechnung ergab, daß bei einer 45°-Erhöhung beim Eintritt in den fast luftleeren Raum und bei einer maximalen Geschwindigkeit der Rakete von 1500 m/sec eine Reichweite von 275 km möglich sein könnte.

Wir beschlossen, den ersten Projektentwurf zu wagen. Neben einer Reihe von militärischen Forderungen verlangte ich, daß die 50%ige Längen- und Breitenstreuung nur 2—3 pro mille der Entfernung betragen solle. Dies war eine wesentliche Verbesserung gegenüber der bei normalen Geschützen üblichen 50%igen Streuung von 4 bis 5% der Reichweite. Die äußeren Maße beschränkte ich dahin, daß das Gerät unzerlegt zum Transport auf Straßen geeignet sei und die für Straßenfahrzeuge vorgeschriebene maximale lichte Weite nicht überschreiten dürfe. Beim Transport auf der Bahn sollte die Rakete durch alle Tunnels gefahren werden können. Durch diese Forderung waren die Hauptabmessungen der Rakete festgelegt. Von allem Anfang an waren wir uns klar darüber, daß ein schlankerer Flugkörper weniger Luftwiderstand haben und uns größere Reichweite geben würde. Praktische Gesichtspunkte jedoch bewogen mich, die Höchstmaße ein für allemal für dieses Gerät festzulegen. Es mußte die Aufgabe der Ingenieure sein, die ideale Flugform für ein Gerät dieser Abmaße zu finden. Wir rechneten mit einem Schub des Triebwerkes von 25 bis 30 t. Für diese Schubgröße hätten wir den Prüfstand I anlegen können. Da wir jedoch keine Lust hatten, alle paar Jahre neue, größere Prüfstände zu bauen, entschlossen wir uns, ihn so zu bauen, daß er für alle Triebwerke bis 100 t Schub genügen würde. Das erschien uns für die nächsten Entwicklungen ausreichend.

Das Konstruktionsbüro unter Riedel begann die Projektierung unserer ersten Großrakete. Schon nach wenigen Wochen war das A 4 in den Grundzügen festgelegt. Wir planten ein Startgewicht von ungefähr 12 t. Zur Erreichung eines während einer Brennzeit von 65 Sekunden anhaltenden Schubes von 25 t bei einer Ausströmgeschwindigkeit der Gase von etwa 2100 m/sec waren mindestens 8 t Treibstoff nötig, damit die gewünschte maximale Fluggeschwindigkeit erreicht würde. Bei dieser hohen Geschwindigkeit mußten wir den Brennschluß auf den Bruchteil einer Sekunde genau einhalten können. Auch mußten wir Mittel und Wege finden, die

Seitenrichtung des Gerätes im Rahmen der erlaubten Streuung zu halten. Die Rakete mußte bei einem Durchmesser von mehr als 1,60 m eine Länge von über 14 m haben. Der über das Leitwerk gemessene Durchmesser durfte 3,50 m nicht überschreiten.

Ich besprach mit Braun und Riedel die ersten Projektskizzen. Es war uns nicht ganz wohl dabei, denn wir standen vor einer Fülle von neuen Problemen und erkannten ganz klar, daß der Schritt, den wir vorhatten, doch wohl etwas zu groß war. Wir ahnten, daß Jahre vergehen würden, ehe die beste Form für diesen Flugkörper gefunden wäre. Er mußte ja alle bisher im Flugzeug- und Geschoßbau üblichen Geschwindigkeiten übertreffen. Wir brauchten Untersuchungen in Unter- und Überschallgeschwindigkeitskanälen. Bis dahin gab es überhaupt keinen Windkanal, der solche Geschwindigkeiten auch nur annähernd erreichte. Ferner mußten wir von der Druckförderung zur Pumpenförderung übergehen. Das Gewicht von starken, den hohen Förderdruck aushaltenden Tanks wäre zu groß gewesen. Es gab jedoch noch keine Förderpumpe, die bei der von ihr geforderten Leistung wiederum so leicht war, daß wir sie ohne große Erhöhung des Raketenleergewichts übernehmen konnten. Auch gab es keine Pumpe, die flüssigen Sauerstoff von minus 185° verarbeiten konnte. Und wie sollten die Pumpen angetrieben werden? Durch eine Gasturbine? Sollte diese mit Abgasen aus dem Verbrennungsofen oder mit Fremdgas gespeist werden? Noch gab es nirgends eine Einrichtung, die es uns gestatten würde, Fluggeschwindigkeiten so genau zu ermitteln, daß wir rechtzeitig abschalten konnten. Im Sumpf der vielen ungeklärten Fragen mußte die Planung zunächst rettungslos stecken bleiben.

Im Juli 1936 brachte uns Dr. Hermann das ungünstige Meßergebnis des Windkanals Aachen über die Stabilität des ersten Modells des A 3 und schilderte uns eingehend die Schwierigkeiten, die der Ermittlung der richtigen Flossenform für pfeilstabilisierte Flugkörper im Überschallgeschwindigkeitsbereich entgegenstanden. Daraufhin entschlossen wir uns, sehr behutsam und schrittweise vorzugehen. Bevor wir in der Entwicklung des A 4 fortfuhren, wollten wir die Ergebnisse beim Schießen des A 3 abwarten. Auch bei der Entwicklung des A 4 wollten wir denselben Weg gehen, der schon bei der Entwicklung kleinerer Raketen zum Erfolg ge= führt hatte. Zuerst mußte ein Triebwerk geschaffen werden. Wir mußten erst wissen, ob es überhaupt möglich ist, einen Trieb= werkofen für so gewaltige Schubkräfte bauen und für längere Zeit im Betrieb halten zu können. Auch mußten wir ganz allgemein die Leistung unserer Triebwerke zu verbessern versuchen.

So stellten wir also das Gesamtprojekt A 4 zurück. Jedoch ent= schlossen wir uns, alle für das große Projekt erforderlichen Ein= richtungen voranzutreiben. Daneben sollte die Entwicklung der Steuergeräte und Einzelteile weiterlaufen, und diese sollten aus Ersparnisgründen in einem kleineren Gerät erprobt werden. Dieses Gerät, möglichst das A 3, hätte alle Erfahrungen, die bisher ge= wonnen worden waren und die wir bei den kommenden Versuchs= schießen mit dem A 3 zu erhalten hofften, in sich zu vereinigen.

Um jedoch bei der Fertigstellung des Prüfstandes I in Peene= münde sogleich mit der Entwicklung des großen 25=t=Ofens be= ginnen zu können, gaben wir, besonders auch mit Rücksicht auf die langen Lieferfristen und die Schwierigkeiten der Herstellung, schon jetzt die ersten Musterausströmdüsen für einen 25=t=Ofen in Auftrag. Als sie dann nach eineinhalb Jahren endlich geliefert wurden, war die Entwicklung des Triebwerkes in der Zwischenzeit so weit fortgeschritten, daß der ganze Raketenofen für A 4 nur noch halb so hoch war wie die im Herbst 1936 bestellte Düse.

Diesen Fortschritt in der Triebwerksentwicklung verdankten wir neben den Überlegungen von Brauns und Riedels hauptsächlich den Arbeiten des seit Herbst 1936 der Versuchsstelle West angehören= den Dr. Walter Thiel. Er hatte als Nachfolger Dr. Wahmkes in der Forschungsabteilung des Heereswaffenamtes die Grundlagen= forschung weitergeführt. Wichtige Entscheidungen über das beste Mischungsverhältnis, über den Einfluß unvollständiger Verbren= nung, Formgebung des Raketenofens und die Wahl der Treibstoffe fußen auf seinen Arbeiten.

Dieser blasse, mittelgroße Mann mit den dunklen Augen hinter der schwarzumränderten Hornbrille, dem zurückgekämmten dun=

kelblonden Haar und dem energischen Kinn war ein überaus fleißiger, gewissenhafter und systematisch vorgehender Forscher.

Bei gelegentlichen Besuchen an seiner Arbeitsstelle lernte ich ihn und seine Arbeitsweise kennen und schätzen. Unser Angebot, bei uns weiterzuarbeiten und von der Grundlagenforschung zur Zweckforschung und Entwicklung überzugehen, nahm er gerne an. Er erhielt als Arbeitsgebiet alle Antriebsfragen zugewiesen, mit dem Endziel, ein 25=t=Triebwerk zu schaffen.

Um eine restlose Verbrennung der Gase vor dem Eintritt in die Ausströmdüse zu erreichen, hatten wir die Raketenöfen bisher in die Länge gebaut und versucht, die Verweilzeit der Tröpfchen im Ofen möglichst lange zu halten. Die Gasanalyse im Strahl schien uns recht zu geben. Die Leistung stieg jedoch nicht. Bisher hatten wir verhältnismäßig starke Treibstoffstrahlen unter Druck gegeneinander gespritzt. Beim Aufeinanderprallen waren sie zerstäubt, der Verbrennungsvorgang spielte sich dann in der Länge des Raketenofens mit mehr oder weniger Anreicherung des einen oder anderen Treibstoffes in wechselnden Zonen ab. Der Verbrennungsvorgang war also nicht homogen, das Durchbrennen der Öfen war nicht zu verhindern gewesen. Bei jeder neuen Ofenkonstruktion gab es diese Schwierigkeit.

Ich regte damals an, statt des Aufeinanderprallens der Flüssigkeitsstrahlen eine feinste Vernebelung der einzelnen Treibstoffe durch geeignete Zentrifugal=Einspritzdüsen zu erreichen und diesen aus den beiden Treibstoffen gebildeten Nebel nach dem Mischen zum Verbrennen zu bringen. Das mußte den Verbrennungsvorgang beschleunigen, den Ofen verkürzen und – bei Erreichen des richtigen Mischungsverhältnisses – die Leistung steigern.

Dr. Thiel machte sich daran, diesen Vorschlag zu verwirklichen. Er fand in den Kreiseldüsen das geeignete Mittel dazu. Als er wenige Tage später ein aus diesen Düsen zusammengesetztes Einspritzsystem an die Wasserleitung anschloß, schien mir die Lösung der Einspritzfrage gefunden zu sein. Dr. Thiel ließ dieses Einspritzverfahren durch Hochschulen und Institute erforschen und untersuchen. Er selbst ging daran, den 1,5=t=Ofen mit jenen neuen Einspritzdüsen zu versehen. Nach einem Jahr hatte er die

Länge dieses Raketenofens von fast 2 m auf etwa 30 cm verkürzt. Die Ausströmgeschwindigkeit war auf 2000 m/sec, ja sogar auf 2100 m/sec gestiegen. Die theoretisch mögliche größte Ausström=geschwindigkeit war 2280 m/sec. Der spezifische Verbrauch sank auf 4,5 g/kg/sec. So hatten wir also einen wesentlichen Fortschritt in der Entwicklung der Raketenöfen erzielt.

Eines allerdings machte uns noch Kopfzerbrechen. Durch die bessere Verbrennung stieg die Temperatur und die Kühlfläche war kleiner geworden. Es gab also wieder die bekannten Kühlungs=schwierigkeiten. Daher schlug ich vor, den Übergang vom zylindri=schen Teil des Ofens in den Düsenmund konisch zu gestalten. Die durchbrennenden Beutel wurden dadurch abgeschnitten. Wir hatten Erfolg, das Durchbrennen der Ofenwand an dieser Stelle hörte auf. Dr. Thiel gelang es, durch Absetzen des Einspritzkopfes von der Verbrennungskammer eine Art Mischkammer zu bilden und dadurch die Flammenfront von den Messingeinspritzdüsen entfernt zu halten. Damit wurde das Anbrennen der Düsen ab=solut vermieden.

Die Konstruktion des 1,5=t=Ofens war bis zu einer maximalen Leistung, die wir billigerweise bei einem Verbrennungsdruck von 15 Atmosphären erwarten konnten, gelungen. Über diesen Be=triebsdruck wollten wir nicht hinausgehen. Wir wußten, daß bis 50 Atm. Verbrennungsdruck die Leistung zwar ansteigen, daß bei noch höheren Drücken der Gewinn jedoch nur gering sein würde. Demgegenüber stand jedoch eine wesentliche Gewichtsvermehrung des Triebwerkes und der Tanks. Die Nachteile hoben die Vorteile auf. So blieben wir bei 15 Atm. Ofendruck.

Dr. Thiel entwickelte kurz darauf ein 4,5=t=Triebwerk. Er setzte drei Einspritzköpfe des 1,5=t=Ofens in verschiedenen Anordnungen über den eigentlichen Verbrennungsraum. Die Konstruktion be=währte sich, die hohe Leistung blieb.

Aber immer noch brannten hin und wieder die Öfen an der Wand oder an der engsten Stelle der Düse durch. Dr. Thiels Mit=arbeiter, Dipl.=Ing. Pöhlmann, machte einen brauchbaren Vor=schlag. Wie, wenn es gelänge, zwischen der heißen Verbrennungs=flamme und der Wand eine Art Isolationsschicht zu bilden? Wenn wir die Innenwand des Ofens mit Spiritus berieselten, dann würde zwar der Spiritus verdampfen und verbrennen, die Temperatur dieser Schicht konnte jedoch nie die Temperatur im Innern des Ofens erreichen. So entstand die Film= oder Schleierkühlung. Durch viele kleine Bohrungen an den gefährdeten Querschnitten trat mit geringem Überdruck Spiritus in den Ofen ein. Die Eintritts=öffnungen in der Ofenwand wurden nach dem Bohren mit Wood=Metall, das bei Bildung der Flamme schmolz und den Weg für den Kühlspiritus freigab, verschlossen.

Jetzt erst hatten wir eine volle Betriebssicherheit erreicht.

Als dann die Konstruktion und das Einspritzverfahren des 25=t=Triebwerkes für das A 4 besprochen wurden, regte von Braun an, 18 Einheitseinspritzköpfe auf dem Deckel des Raketenofens an=zubringen. In zwei parallelen Kreisen wurden 18 von Dr. Thiel für den 1,5=t=Ofen entwickelte Einspritzköpfe und Mischkammern angeordnet. Damit hatten wir das Einspritzsystem für den großen Raketenofen, das uns bei unseren ersten Überlegungen so viel Kopfzerbrechen gemacht hatte.

Die ersten großen Öfen, die im Frühjahr 1939 in Peenemünde auf Prüfstand I brannten, besaßen dieses System. Dr. Thiel war der erste gewesen, der schon in Kummersdorf die Verwendung von geschweißten Eisenblechöfen mit einer Wandstärke von 3 mm (an Stelle des bisher allein verwendeten Leichtmetalls) für die größeren Öfen wagte und Versuche mit einem höheren Brenn=kammerdruck und in Unterdruckkammern anstellte.

Er hatte in seinem Referat einige ausgezeichnete Ingenieure wie Schluricke und Pöhlmann, die ihn durch die Abnahme der kon=struktiven Arbeit und mit eigenen praktischen Vorschlägen unter=stützten.

Mit Dr. Thiel zu arbeiten, war nicht leicht. Er setzte sich voll ein, war aber ungeheuer ehrgeizig, selbstbewußt und überlegen und verlangte von seinen Mitarbeitern die gleiche Hingabe. Ich mußte viele Reibereien schlichten.

Im Mai 1937 konnte der größte Teil der inzwischen auf über 90 Mann angewachsenen Belegschaft der Versuchsstelle Kummers=dorf=West nach Peenemünde verlegt werden. Doch waren die dortigen Prüfstände noch nicht arbeitsfähig. So blieb Dr. Thiel mit 5 Mann und einigen Schlossern als Triebwerksreferent in Kummersdorf und kam erst im Sommer 1940 als Leiter des Versuchsfeldes nach Peenemünde.

Inzwischen war es uns gelungen, eine weitere hervorragende Kraft für unser Vorhaben zu gewinnen. Von Braun hatte mir immer wieder die Bedeutung eines eigenen Windkanals für Überschallgeschwindigkeiten, wie er von Dr. Hermann projektiert worden war, geschildert. Ich gab ihm recht, scheute jedoch die Kosten. Der Voranschlag lautete auf 300 000 Mark. Ich hatte in meinem Leben genug gebaut, um zu wissen, daß es auf keinen Fall und besonders bei von Braun bei dieser Summe bleiben würde. Der Überschallkanal würde ein Millionenprojekt werden.

Als Dr. Hermann uns Ende September 1936 endlich die Meßergebnisse des Windkanals Aachen über das dritte Modell der Schwanzflossen für das A 3 brachte – den Beweis der Stabilität dieser Konstruktion –, war ich entschlossen, koste es, was es wolle, selbst einen Windkanal zu bauen.

Ich ging zu Becker und schilderte ihm unsere Absicht und die Notwendigkeit. Er fragte nach dem Preis. Als ich ihm die Summe nannte, wurde er zurückhaltender. Schließlich gab er sein Einverständnis unter einer Bedingung: es sollte auch eine andere der 12 Abteilungen der Amtsgruppe für Entwicklung und Prüfung im Heereswaffenamt Interesse an der Errichtung eines Überschallkanals zeigen und sich bereit erklären, in ihm Messungen durchzuführen. Diese Bedingung zu erfüllen, erschien mir leicht. Ich war der felsenfesten Überzeugung, daß uns mit einem Überschallwindkanal ein Mittel in die Hand gegeben wäre, um die Dauer der rein empirischen Entwicklungszeit auf ein Mindestmaß herabzudrücken. Dies mußte auch für die Geschoßentwicklung zutreffen. Die Luftwaffe hatte mit Windkanälen die besten Erfahrungen gemacht.

Ich ging zu den verschiedenen Abteilungschefs, schilderte die Möglichkeiten, die der Kanal bot, bat um Unterstützung. Nur Absagen wurden erteilt. Selbst die ballistische und Munitionsabteilung hatte kein Interesse an einem eigenen Windkanal des

Heereswaffenamtes. Nicht einmal dann, als ich versprach, daß es uns mit dem Kanal gelingen werde, durch Umgestaltung der Geschoßformen die Schußweite der normalen Artillerie um mindestens 20% für jede Geschütztype zu steigern.

Schließlich blieb mir nur noch die Flakabteilung. Ich kannte den Abteilungschef. Von ihm bekam ich endlich die gewünschte Bescheinigung. Becker stimmte zu, und das Projekt des Peenemünder Überschallkanals, des nach den vorgesehenen Geschwindigkeiten und dem Meßquerschnitt leistungsfähigsten der ganzen Welt, ging in den Wäldern der Insel Usedom seiner Verwirklichung entgegen. Als Leiter des Windkanals gelang es uns, Dr. Hermann zu gewinnen. Er trat am 1. April 1937 bei uns ein.

Obwohl die von ihm Ende September 1936 überbrachten Werte es ermöglichten, Konstruktion und Entwicklung des A 3 zu beschleunigen, mußte noch ein Jahr vergehen, ehe wir praktische Schießversuche unternehmen konnten. Prüfstandversuche des Triebwerkes, Umkonstruktion und Erprobung der Ventile, Prüfung der zusammengebauten Rakete mit und ohne Steuermaschine, Erprobung des Fallschirmes, Entwicklung der Molybdänstrahlruder und Konstruktion der Abschußeinrichtung, alle diese Dinge und die Vorbereitungen auf der Oie nahmen unsere Zeit voll in Anspruch.

Und nun waren wir soweit. Wir schossen. Das Ergebnis dieser jahrelangen Arbeit war: völliges Versagen.

Was war schuld? Die Aussagen der beobachtenden Angehörigen der Heeresversuchsstelle Peenemünde gingen weit auseinander. Jeder wollte etwas anderes gesehen haben.

Wir beschlossen, einen zweiten Abschuß zu wagen. Vom Leuchtturm aus beobachtete ich, wie die zweite Rakete sich vom Boden erhob. Wieder der gleiche Vorgang. Die Rakete führte kurz nach dem Start fast eine Viertelsdrehung um die Längsachse aus, neigte sich gegen den Wind, und nach wenigen hundert Metern Steighöhe wurde der Fallschirm ausgestoßen. Die Rakete verlöschte, sie fiel an der östlichen Steilküste der Insel ins Meer.

Weder beim ersten noch beim zweiten Schuß konnten wir aus den geborgenen Trümmern auf die Ursache des Versagens schließen. Wir konnten nur vermuten. War der Fallschirm die Ursache? Arbeitete seine Auslösung falsch?

Wir einigten uns, bei den beiden nächsten Raketen den Fall= schirm wegzulassen. Da brach schlagartig Nebel über die Insel herein. Man konnte keine zwei Schritte weit sehen. Tagelang blieb der Nebel. Im Gasthof gab es stundenlange Debatten. Jeder hatte seine eigene Theorie. Schließlich entschied ich, daß wir die Fehler= quelle durch schrittweise Änderung der Inneneinrichtung langsam einengen und finden mußten. Die nächsten Abschüsse also ohne Fallschirm. Damit war dann schon eine Fehlerquelle ausgeschaltet worden.

Endlich verjagte ein auffrischender Wind den Nebel. Nach der Wettervorhersage waren für die nächsten Tage Regen, Schnee Sturm und Kälteeinbruch zu erwarten.

Wir mußten uns beeilen. Aber auch diese beiden Abschüsse brachten kein besseres Ergebnis. Unmittelbar nach dem Abheben drehte sich die Rakete bis zur Lage des geringsten Widerstandes, neigte sich gegen den Wind, und in ungefähr 800 bis 1000 m Höhe kippte sie um und fiel ins Meer.

Wir erkannten, daß die Kraft der Steuermaschine nicht aus= reichte, die Windkräfte auszuschalten. Wir hatten bei durchschnitt= lich 8 m/sec Wind aus Nordosten geschossen, und die Steuerein= richtung war schon beim Start nicht imstande gewesen, das Drehen der Rakete zu verhindern.

Wir rechneten und prüften nach. Es ergab sich, daß schon bei 4 m/sec Seitenwind die Steuermaschine zu schwach war, um das Drehen der Rakete um die Längsachse auszugleichen. Auch die Ruderlaufgeschwindigkeit war zu gering. Das Steuergerät lieferte im höchsten Falle 25 m/kg Ruderleistung, während einer Dauer von 2,8 Sekunden. Wir mußten also möglichst die zehnfache Ruderleistung aufbringen, auch mußte die Winkelgeschwindigkeit der Ruder wesentlich erhöht werden.

Als wir am späten Nachmittag – es dunkelte schon – mit den Motorbooten bei stürmischer See in die Mündung der Peene einliefen, peitschte der eiskalte Nordweststurm die hohen, schwar= zen Wellen über das Vordeck hinauf bis über die Aufbauten.

Regen und Schnee erschwerten die Sicht. Unsere Stimmung war gedämpft, fast verzagt. Aber wir waren nicht hoffnungslos. Wir waren trotz allen Versagens überzeugt, daß wir es schaffen würden.

Die folgenden Tage und Wochen waren durch Besprechungen im Sitzungszimmer des Konstruktionsgebäudes der Heeresversuchs= stelle ausgefüllt. Wir mußten uns über die weiteren Schritte klar werden.

Schließlich entschlossen wir uns, das A 3 aufzugeben und vor die Entwicklung des A 4 ein neues Gerät, das A 5, einzuschieben. Dieses A 5 sollte das bewährte Triebwerk des A 3 erhalten. Der Durchmesser der Rakete sollte um 10 cm vergrößert, jedoch die Gesamtlänge beibehalten werden. Vor allem sollte die Leistung der Steuermaschine erhöht werden. Es war vorauszusehen, daß die Kreiselgeräte=GmbH nicht in absehbarer Zeit mit dem Umbau der Steuermaschine fertig werden würde. Wir entschlossen uns da= her, zunächst die stärkere Steuermaschine der vor wenigen Mona= ten in die Entwicklung eingeschalteten Firma Siemens einzubauen. Die Rakete erhielt außerdem einen Kommandoempfänger für Brennschluß und Fallschirmauslösung. Das Leitwerk der Rakete sollte nach den neuesten Überlegungen und Berechnungen, den Messungen im Windkanal entsprechend, geändert und verkürzt werden.

Dieses neue Leitwerk, das keinen Antennenring besaß, hatte breitere Flossen, deren Innenkante unterhalb der Düsenmündung nach außen ausbog. Folgende Überlegungen führten zu dieser Kon= struktion: Bei A 3 und A 5 wurden entsprechend dem Luftdruck in Meereshöhe die Verbrennungsgase in der Düse bis auf eine Atmo= sphäre entspannt. Wir wollten jedoch in größere Höhen vordrin= gen. Bei dem dort vorhandenen wesentlich geringeren Luftdruck würde der Überdruck im Gasstrahl diesen glockenförmig nach außen erweitern. Dadurch hätte das alte unveränderte Leitwerk des A 3 anbrennen können.

Der Luftwiderstand des neuen Leitwerks versprach wesentlich geringer zu werden als der des alten Leitwerks des A 3 mit dem Ring. Vielleicht erreichten wir dadurch noch den Durchgang durch die Schallgeschwindigkeit.

Zunächst wurden nun die Stabilitätseigenschaften des A 5 mit dem neuen Leitwerk im Unterschallkanal der „Luftschiffbau Zeppelin", Friedrichshafen, unter Dr. Schirmer und im Überschallkanal in Aachen erprobt. Dann begann die Konstruktion des A 5, und wenige Wochen darauf wurden in den Werkstätten in Peenemünde die ersten Versuchsgeräte gebaut.

Es lag mir vor allem daran, den Zeitraum zwischen den einzelnen Schießversuchen abzukürzen und Versuchsreihen schießen zu können. Ich befahl daher, die Produktion des A 5 auf 10 Geräte im Monat zu steigern.

Immer noch hofften wir, daß diese Rakete durch die Schallgeschwindigkeit hindurchginge. Die große Frage war: würden infolge des dabei auftretenden erhöhten Luftwiderstandes und der Veränderlichkeit der Lage des Schwerpunktes stärkere Pendelungen um die Flugbahntangente auftreten, die das Zerbrechen der Rakete verursachen konnten?

Damals konnten noch in keinem Windkanal bei Schallgeschwindigkeit selbst Messungen vorgenommen werden. Und kein pfeilstabilisierter Körper war im Überschallgeschwindigkeitsbereich stabil geflogen, ohne zu zerbrechen. Es blieb uns nichts anderes übrig, als Modelle des A 5 aus großer Höhe vom Flugzeug aus abzuwerfen und zu beobachten, was geschähe.

Wir bauten mehrere massiv eiserne Flugmodelle von ca. 20 cm Durchmesser und 1,60 m Länge. Diese Flugkörper hatten ein Gewicht von etwa 250 kg und waren mit verschiedenen Leitwerkmodellen ausgerüstet. Wir bauten Rauch- und Leuchtsätze ein. Im September 1938 begannen wir, diese Körper von einer He 111 aus 7000 m Höhe abzuwerfen. Die Flugbahn wurde durch Photo- und Kinotheodoliten aufgenommen. Diese Bomben erreichten in etwa 1000 m Höhe eine maximale Geschwindigkeit von 360 m/sec. Sie gingen also über die Schallgeschwindigkeit hinaus.

Das Ergebnis befriedigte uns. Die Pendelungen, die wir beobachtet hatten, betrugen in keinem Falle mehr als 5 Grad.

Gleichzeitig arbeiteten wir daran, einen Bremsfallschirm zu entwickeln, der sich bei einer Geschwindigkeit der Rakete im Kulminationspunkt der Flugbahn bis zu 100 m/sec öffnete und ohne zu zerreißen die Geschwindigkeit auf etwa 20 m/sec abbremsen konnte. Die Luftfahrt=Forschungsanstalt Graf Zeppelin in Stutt=gart entwickelte für uns den Bänderfallschirm. Das A 5 erhielt zwei Fallschirme, einen Bänderfallschirm zum Bremsen und einen großen Tragfallschirm, der die Rakete nach dem Abbremsen mit einer Sinkgeschwindigkeit von 5 m/sec sicher zu Boden brachte. Wir mußten verhindern, daß die Rakete beim Aufschlag auf den Boden oder auf das Wasser zerbrach. Wir mußten die Geräte un=beschädigt wieder in die Hand bekommen, damit wir bei einem Versagen die Ursache feststellen konnten.

Wieder wurden Versuche mit abgeworfenen Flugkörpern, dies=mal nach Einbau der Fallschirme, durchgeführt.

Ein in Kummersdorf neu eingestellter technischer Zeichner machte den Vorschlag, statt der teuren Molybdänruder Grafitruder zu verwenden. Dr. Thiel griff den Vorschlag auf und machte Ver=suche, die erfolgreich verliefen. Dadurch sank der Preis eines Ru=derpaares von 150 Mark auf 1,50 Mark. Die Rakete A 5 erhielt also Grafitruder.

Die Entwicklung verzögerte sich immer wieder dadurch, daß die Steuermaschinen nicht fertig wurden. Auf dem Prüfstand VI in Peenemünde, der dem großen Kummersdorfer Prüfstand genau nachgebaut war, erprobte man ununterbrochen die Einzelteile der Steuermaschine während des Brennens des Triebwerkes. Verbes=serungsvorschläge gingen zu den Firmen, Änderungen wurden durchgeführt, erprobt und die Maschine wiederholt umgebaut.

Im Sommer 1938 entschlossen wir uns, den Abschluß der Ent=wicklung der Steuermaschinen nicht abzuwarten und im Herbst vier Raketen A 5 von der Greifswalder Oie aus abzuschießen. Wir wollten die Eigenstabilität während des Fluges erproben. Steuer=maschine und Fallschirm ließen wir weg.

Bei diesen Versuchen war der Seitenwind wesentlich schwächer. Die Raketen neigten sich zwar mählich schwach gegen den Wind, erreichten jedoch fast Schallgeschwindigkeit und 8 km Steighöhe.

Auch diese Geräte fielen ins Meer und waren verloren. Wir wa=ren jedoch im großen und ganzen mit der Eigenstabilität des A 5 zufrieden.

Immer neue Ideen über angeblich bessere Leitwerke tauchten auf. Unser Windkanal war noch nicht fertig, er konnte wohl nicht vor Ende des Jahres 1939 in Gebrauch genommen werden. Wir hielten es jedoch für nötig, die auf Grund der bisherigen Windkanalversuche berechneten Flugbahnen im Freiflug nachzuprüfen. Es war ja möglich, daß beim Freiflug Erscheinungen auftraten, die wir bei den Windkanalversuchen nicht beobachten konnten. Ein großes abschließendes Schießen von Modellgeräten sollte daher mit den verschiedenen Leitwerkarten in Peenemünde veranstaltet werden.

Bei Walter-Kiel ließen wir eine große Anzahl kleiner Flugkörper mit der Außenform und der Schwerpunktlage des A 5 anfertigen und brachten daran die verschiedenen Flossenformen an. Diese kleinen Raketen erhielten ein Wasserstoffsuperoxydtriebwerk. Sie waren 20 cm stark, 1,60 m lang, hatten ein Leergewicht von 27 kg und konnten 20 kg Treibstoff tanken. Die Brenndauer des Triebwerkes betrug 15 Sekunden, der Schub 120 kg.

Zum Start wurde der Treibstoff unter Druck über eine als Katalysator wirkende Kaliumpermanganatpaste geleitet. 85prozentiges Wasserstoffsuperoxyd zersetzt sich in hochgespannten Wasserdampf und Sauerstoff. Durch den Rückstoß dieser mit ungefähr 1000 m/sec aus einer Düse ausströmenden Gase erhielt der Flugkörper seinen Antrieb.

Im März 1939 begannen am Peenemünder Haken und später auf der Greifswalder Oie diese Versuche, die ein packendes Bild von den Flugeigenschaften der mit den verschiedenen Leitwerken versehenen Modellkörper gaben.

Wir schossen aus einem mehrere Meter langen Abschußgestell. Einige Geräte verschossen wir, damit ihre gute Eigenstabilität offenbar wurde, ohne Abschußgestell einfach von einem Tisch aus. Das Ergebnis war fast gleich.

Das Walter-Triebwerk ermöglichte es uns, trotz seiner geringen spezifischen Leistung, durch die Einfachheit des Aufbaues und der Handhabung, Modellgeräte in großen Versuchsreihen mit geringsten Kosten im Freiflug zu erproben.

Es ergab sich aus diesen Versuchen, daß das vom Windkanal für A 5 vorgeschlagene Leitwerk das beste war. Im Vergleich mit dem

Leitwerk des A 3 war es wesentlich kürzer und breiter. Verglich man es jedoch mit den konventionellen Tragflügelleitwerken im Flugzeugbau, so war es wesentlich dünner als diese. Hätten wir die Leitwerksform der Flugzeuge einfach übernommen, so wäre bei den bei uns auftretenden hohen Geschwindigkeiten und großem Anstellwinkel die Luftströmung abgerissen und die Steuerfähigkeit verschwunden. Wir mußten daher in der Konstruktion unserer Leitwerke eigene Wege gehen.

Alle Versuchsgeräte neigten sich gegen den Wind, und alle drallten mehr oder weniger.

Bei fast allen Geräten war die gleiche Erscheinung zu beobachten: nach längerem, einwandfrei stabilem Geradeausflug begannen sie zu taumeln, und zwar immer um ein und dieselbe Steuerflosse. Als Ursache dafür mußten wir annehmen, daß die Drehung des Gerätes um seine Längsachse in Resonanz mit der Eigenschwingung des Körpers um seine Querachse geriet.

Dies zu verhindern gab es nur zwei Möglichkeiten: entweder Aussteuern der Tendenz des Drehens um die Längsachse durch geeignete Steuermaßnahmen, oder bei kleinen, unkomplizierten Geräten eine über der Eigenschwingungszahl liegende hohe Drehzahl um die Längsachse.

Von Anfang an hatten wir bei der Entwicklung unserer Steuereinrichtungen für die großen Raketen die erste Möglichkeit im Auge. Wir mußten mit allen Mitteln vermeiden, daß das Gerät sich während des Antriebsteiles der Flugbahn um die Längsachse drehte. Beim A 4 reichten im zweiten Drittel des angetriebenen Teiles der Flugbahn die Gasstrahlruder hierzu nicht aus. Wir mußten zusätzlich Luftruder mit den Gasstrahlrudern koppeln und so eine größere Steuerfläche gewinnen.

Ende Oktober 1939 begannen auf der Oie neue Abschußserien. Die Insel hatte sich inzwischen sehr verändert. Es waren Unterkunftsbaracken gebaut worden. Mit der Front nach Norden in Richtung auf die Abschußstelle erhob sich das in der Sonne blendend weiß leuchtende, langgestreckte, massive Meßhaus mit Werkstatt, Oszillographenraum, Büros und flachem, durch Treppen an der Außenseite des Hauses erreichbarem Dach. Ferner gab es Betonstraßen, Betonbeobachtungsbunker und eine wesentlich verbreiterte Startplattform. Die von Zeltplanen bedeckte Arbeitsbühne hatte einem mit Blechplatten beschlagenen, völlig schließbaren, zum Start umkippbaren Arbeitsturm weichen müssen. Die hellgelb und rot gestrichene Rakete wurde, um sie auf den Abschußtisch zu bringen, in das abnehmbare Dach des umgekippten Turmes geschoben und mit diesem zusammen durch eine Seilwinde senkrecht aufgestellt. Dann wurde sie durch einen Flaschenzug auf den genau unter dem Mittelpunkt des Turmes stehenden Abschußtisch hinabgelassen.

Die Fototheodolitpivots waren durch Kinotheodolittürme ergänzt worden. Ein Netz von Licht-, Telefon-, Meß- und Kraftstromleitungen zog sich über alle wichtigen Punkte der Insel. Das Lagerzelt war durch eine große Wellblechbaracke ersetzt worden. Unterwasserkabel verbanden die Insel mit den Meßstellen auf Rügen, dem Süden und dem Nordteil der Insel Usedom.

So war also die Improvisation der ersten Jahre der überlegten Zweckmäßigkeit stabiler und massiver Anlagen gewichen.

Diesmal sollten nun drei Geräte abgeschossen werden, zwei senkrecht, das dritte im Schrägschuß. Sie waren mit Siemens-Steuermaschinen versehen.

An einem klaren, schönen Spätherbsttag mit glatter, ruhiger, blauer See erhob sich die erste Rakete vom Abschußtisch. Senkrecht stieg sie in den blauen Himmel. Sie drehte sich nicht um die Längsachse und neigte sich nicht gegen den Wind. Immer höher und höher stieg der Flugkörper, immer schneller und schneller beschrieb er seine Bahn.

Mit schmerzendem Genick blickten wir nach oben, um die Flugbahn verfolgen zu können. 3, 4, 5 km und immer höher stieg die Rakete. In fast 7 km Höhe und nach 45 Sekunden Brennzeit bewirkte das Leerlaufen der Tanks Brennschluß. Infolge ihrer Geschwindigkeit stieg die Rakete auch ohne Antrieb noch immer höher.

Endlich hatte sie den Gipfelpunkt erreicht und kippte langsam um. In diesem Augenblick drückte von Braun auf den Knopf, der das Funkkommando zur Rakete auslöste – und neben dem in der

Sonne blitzenden Raketenkörper erschien ein kleiner, weißer Punkt, der Bremsfallschirm; ein, zwei Sekunden später drückte von Braun einen zweiten Knopf und löste damit den großen Trag=fallschirm aus.

Die Rakete, die nach all den Änderungen nunmehr fast 900 kg wog, glitt langsam, ruhig an den Gurten hängend, zu Boden. Der schwache Ostwind trieb sie gegen den Hafen, wo sie nach wenigen Minuten Fallzeit außerhalb der Hafenmauer auf dem Wasser nie=derging. Aufspritzendes Wasser glitzerte in der Sonne. Die Rakete tauchte unter und kam dann, mit dem Heck nach oben gekehrt, an die Oberfläche. Die leeren Tanks konnten die Rakete ungefähr zwei Stunden auf dem Wasser schwimmend halten.

Sofort verließ unser Motorboot den Hafen, und nach wenig mehr als einer halben Stunde war der Flugkörper, der sich durch seinen Farbanstrich von den dunklen Wellen sichtbar abhob, an Bord des Bootes geborgen.

Der zweite Abschuß am nächsten Tag bot fast genau das gleiche Bild. Auch die zweite Rakete wurde, nur wenige hundert Meter von dem Ort der ersten, aus dem Wasser gefischt.

Wir wagten es noch nicht, uns zu freuen. Erst der nächste Schuß konnte uns darüber Gewißheit bringen, ob die Hauptaufgabe des diesmaligen Schießens, die Umlenkung der fliegenden Rakete in eine vorgeschriebene Richtung, gelöst war.

Durch ein nach einem bestimmten Zeitplan arbeitenden Räder=werk sollte die Achse des Kreisels, der bisher den senkrechten Auf=stieg bewirkt hatte, langsam in Schußrichtung gekippt werden. Die Steuereinrichtung war so angelegt, daß sie beim Geradeausflug alle Absichten des Raketenkörpers, von der Richtung der im Raum feststehenden Kreiselachse abzuweichen, rechtzeitig ausgleichen konnte, indem sie Gegenruder gab.

Man könnte sich den Vorgang beim Umlenken folgendermaßen klar machen. Die eine Kreiselachse wird durch ein elektrisches oder mechanisches Mittel in Schußrichtung geneigt. Nun sucht die Ra=kete durch Ruderbewegung die ihr vorgeschriebene Lage parallel zur Kreiselachse beizubehalten. So wird erreicht, daß die Rakete nicht mehr senkrecht fliegt, sondern in der Richtung, die von der sich langsam neigenden Kreiselachse in jedem Augenblick angezeigt wird. Die Rakete beschreibt also einen Bogen.

Bei diesem dritten Schuß starteten wir senkrecht, die Umlenkung begann jedoch nach wenigen Sekunden senkrechten Aufstiegs mit kleinen Winkeländerungen.

Diesen Vorgang, den wir nun zum erstenmal im Freiflug beobachten konnten, hatten wir oft an der brennenden Rakete auf Prüfständen erprobt und gemessen. Nun sahen wir voll Spannung dem Abschuß entgegen.

Auch dieser Versuch brachte uns vollen Erfolg. Nach vier Sekunden senkrechten Aufstieges begann die Rakete sich langsam mit der Spitze nach Osten zu neigen. Mit zunehmender Geschwindigkeit überquerte sie die Oie und flog in hohem Bogen hinaus über das Meer. Auf dem Gipfelpunkt der Flugbahn, etwa 6 km von der Startstelle entfernt, in 4 km Höhe, wurden die Fallschirme ausgestoßen. Wieder sank der Flugkörper langsam aus dem Himmel in die bewegten Wasser der Ostsee. Auch diese Rakete wurde geborgen.

Endlich war uns ein großer Erfolg beschieden. Wir hatten zwar noch nicht die Schallgeschwindigkeit erreicht, aber unsere Überlegungen hatten sich als richtig erwiesen. Wir hatten bewiesen, daß die Flüssigkeitsrakete die ihr gestellten Aufgaben erfüllen kann.

Sieben Jahre nach Beginn unserer Arbeit war es uns also gelungen, das A 5 zu schaffen, ein Gerät, das uns durch die Erhaltung des Flugkörpers ermöglichte, in praktischem Schießen die Vielfalt der für die Großrakete nötigen Inneneinrichtungen zu erproben. Nun konnten wir diese Inneneinrichtungen soweit entwickeln, daß wir sie in das A 4 einbauen konnten.

Bei späteren Schießversuchen erreichten wir mit diesem Gerät eine Reichweite von 18 km und eine Steighöhe von 12 km.

Jetzt erst konnte ich wieder aufatmen. Als ich am 5. September 1939 mit General Becker bei dem Chef der Heeresleitung, Generaloberst von Brauchitsch, in seinem Hauptquartier im Lager Zossen zum Vortrag gewesen war, ihm den Stand der Entwicklung geschildert und um eine Bescheinigung der Kriegswichtigkeit des Vor=

habens A 4 gebeten hatte, war mir doch etwas unheimlich zumute gewesen. Wie, wenn alle unsere Hoffnungen sich nicht erfüllten? Wenn es uns nicht gelänge, die Aufgabe, die wir uns gestellt hat=ten, zu lösen?

Jetzt aber sah ich das Ziel klar vor mir, sah den Weg, der zu ihm führte. Jetzt wußte ich, daß es uns gelingen würde, eine Waffe zu schaffen, die die Reichweite der Artillerie weit überträfe.

Was uns mit dem A 5 gelungen war, mußte in verbesserter Form auch für das A 4 zutreffen.

HITLER UND DIE RAKETE

Im März 1939 sah Hitler zum erstenmal unsere Arbeiten auf dem Flüssigkeitsraketengebiet. An einem naßkalten, wolkenver=hangenen Tag, während noch das Wasser aus den regengetränkten Kiefern tropfte, war Hitler in Begleitung von Brauchitschs und Beckers zu einer Raketenvorführung auf der Versuchsstelle Kum=mersdorf=West erschienen. Als ich ihm vor der großen Holzbaracke am Eingang der Versuchsstelle Meldung erstattete, hatte ich so=gleich den Eindruck, als ob er mit seinen Gedanken nicht bei der Sache wäre. Seine Augen schienen, als er mir die Hand reichte, durch mich hindurchzublicken. Sein erstaunlich gebräuntes Gesicht mit der unschön breiten Nase, dem schwarzen Schnurrbärtchen und den sehr schmalen Lippen verriet keinerlei Anteilnahme an dem, was wir ihm vorführen sollten.

Während meines Vortrages hielt er seine Augen unverwandt auf mich gerichtet. Ich weiß heute noch nicht, ob ich von ihm ver=standen wurde; jedenfalls war er der einzige Besucher, der sich bisher meinen Vortrag, ohne eine Frage zu stellen, angehört hatte.

Wir begaben uns zu unserem alten Prüfstand, um einen Brenn=versuch mit einem 300 kg Schub leistenden Raketentriebwerk bei=zuwohnen. Das waagrecht aufgehängte Triebwerk wurde gezündet. Als das grelle Dröhnen des blaßblauen, eng zusammengefaßten Gasstrahles mit den sich klar abzeichnenden, in unterschiedlich hellen Farben erstrahlenden Überschallstoßwellen die Trommel=

felle trotz der in die Ohren gesteckten dicken Wattebausche schmerzhaft mitschwingen ließ, verzog er keine Miene. Auch der anschließende Brennversuch eines senkrecht aufgehängten, 1000 kg Schubkraft leistenden Triebwerkes auf dem nächsten Prüfstand, den er hinter einer Schutzwand stehend aus nur 10 m Entfernung beobachten konnte, vermochte ihm kein Wort zu entlocken.

Auf dem Wege zu einem der Montagetürme des dritten Prüfstandes erzählte ich ihm von unserer Arbeit in Peenemünde, den Schießversuchen und den dabei erreichten Ergebnissen. Der Führer des deutschen Volkes ging, vor sich hinsehend, neben mir her und — schwieg.

Im Montageturm hatten wir ein Schnittmodell des A 3 auf niedrigen Holzböcken waagrecht aufgelegt. Durch Schlitze und Öffnungen der dünnen, aus Leichtmetallblechen bestehenden Außenhaut konnte man im Innern die Leichtmetallrohrleitungen, Ventile, Behälter, das Triebwerk und die ganze Innenkonstruktion betrachten und den Treibstofffluß sowie auch die Steuerungsvorgänge studieren. Um das Verständnis eines Betrachters zu erhöhen, waren die zusammengehörenden Teile mit der gleichen Farbe versehen worden. Während Hitler in die Rakete blickte, gab von Braun die nötigen technischen Erklärungen und erläuterte das Arbeiten des ganzen Systems. Hitler betrachtete das Gerät von allen Seiten sehr eingehend und wandte sich schließlich kopfschüttelnd ab.

Ich wies darauf hin, daß die Aggregate 3 und 5 nur Versuchsaggregate und nicht für den Kriegseinsatz vorgesehen oder zur Mitnahme irgendwelcher Nutzlasten eingerichtet seien.

In einem dritten Brennversuch auf dem großen Prüfstand zeigten wir eine senkrecht aufgehängte A 5-Rakete mit arbeitender Steuermaschine, jedoch ohne Blechmantel und ohne Leitwerk. Dann begaben wir uns in die anschließende große Lagerbaracke, wo ich Hitler im allerengsten Kreis noch einen Vortrag über das Aggregat 4 hielt. Auch hier hörte er anscheinend interessiert, aber schweigend zu.

Während des Mittagstisches im Kasino saß ich Hitler schräg gegenüber. Er unterhielt sich, wähend er sein gemischtes Gemüse zu sich nahm und sein übliches Glas Fachinger trank, mit Becker über das Gesehene. Viel war aus dem Gespräch nicht zu entnehmen. Sein Interesse schien doch um ein weniges mehr geweckt worden zu sein, als er während der Vorführungen selbst oder unmittelbar danach bekundet hatte. Er fragte leichthin nach den Entwicklungszeiten und der Reichweite des A 4. Als ich ihm die friedensmäßig langen Zeiten nannte, antwortete er mit kurzem Nicken. Schließlich wollte er noch wissen, ob wir statt Leichtmetall auch Eisenblech verwenden könnten. Als ich die Möglichkeit solchen Baustoffwechsels nicht von der Hand wies, jedoch den durch einen solchen Wechsel bedingten Zeitverlust hervorhob, blickte er abwesend lächelnd an mir vorbei und sagte dann das einzige Wort der Anerkennung, mit dem wir uns zu bescheiden hatten:

„Es war doch gewaltig!"

Dann sprach Hitler von Max Vallier und erzählte, daß er ihn in München näher kennengelernt habe und von ihm über die Zukunftshoffnungen der Raketenentwicklung unterrichtet worden sei. Er nannte Vallier einen Phantasten.

Widerspruch war unangebracht, weil Hitler solchen nicht vertrug, außerdem aber hätte ich durch Widerspruch Brauchitsch und Becker Verlegenheit bereitet. So blieb mir nichts anders übrig, als zu erklären, daß wir ja ganz am Anfang der Entwicklung stünden und daß die Gegenwart der Raketenentwicklung mit den ersten Anfängen der Fliegerei zu vergleichen sei. Vallier, Oberth, Goddard und andere seien auf dem Gebiete der Raumschiffahrt nichts anderes als Lilienthal für die Fliegerei und Zeppelin für die Luftschiffahrt. Beide Arten der Luftfahrt seien ja auch erst im Laufe einer langen Entwicklung zu dem geworden, was sie heute seien.

Hitler ließ das Luftschiff als große Erfindung nicht gelten. Ich fragte ihn, ob er jemals an Bord eines Luftschiffes gefahren sei.

„Nein", antwortete er nach kurzem Bedenken, „ich werde mich auch niemals in ein Luftschiff setzen. Die ganze Sache kommt mir immer so vor", erklärte Hitler, „als ob ein Erfinder behaupte, er habe einen billigen Stoff für ein ganz neues, fabelhaft aussehendes und ewig spiegelblankes, sich nicht abnützendes Parkett erfunden. Dieser Boden habe nur einen Nachteil, man dürfe ihn nicht mit genagelten Schuhen betreten und keinen harten Gegenstand darauf fallen lassen. Das Material bestehe leider aus einem hochexplosiven Sprengstoff. Nein, ich werde mich nie in ein Luftschiff setzen."

Als er sich vor seinem Wagen von mir verabschiedete, reichte er mir die Hand und dankte in knappen Worten. Ich wußte nicht, ob ich mich freuen sollte. Es kam mir alles merkwürdig unwahrscheinlich, ja überhaupt unmöglich vor. In den vielen Jahren meiner Tätigkeit in der Raketenentwicklung begegnete es mir zum ersten Male, daß ein Mensch beim Anblick der mit ungeheurer Geschwindigkeit in leuchtenden Farben aus den Raketendüsen schießenden Gasmassen, dem grollenden Donnern der sichtbar gemachten Energien weder begeistert noch gepackt oder mitgerissen worden war.

Aber wir konnten wenigstens darüber froh sein, daß alles, was wir vorgeführt hatten, in Ordnung gewesen war. Das mußte uns genügen. Generaloberst von Brauchitsch und die wenigen Begleiter, die Zeugen der Vorführung gewesen waren, hatten ihrer Bewunderung und Zufriedenheit über das, was wir in den wenigen Jahren entwickelt hatten, ehrlich und uneingeschränkt Ausdruck gegeben. Hitlers Interesse zu wecken, schien uns jedoch nicht gelungen zu sein.

Ich konnte es mir einfach nicht erklären, warum dieser Mann, der an allen neu entwickelten Waffen immer das allergrößte Interesse zeigte, dem keine Kanone und kein Panzer zu schwierig sein konnte, um von ihm verstanden zu werden, der sonst bei Vorführungen neuer Geschütze kaum wegzubringen war und sich alle technischen Einzelheiten immer wieder erklären ließ, bei uns nicht Feuer gefangen hatte. Aus welchem Grunde dieses in allen Waffenfragen mit einem geradezu unfaßbar guten Zahlengedächtnis ausgestattete Gehirn unsere Rakete nicht einordnen konnte, blieb mir verborgen.

Ich war mir klar darüber, daß Hitler die Neuheit an sich erkannte, aber ihre Bedeutung für die Zukunft nicht verstand. Er konnte die Rakete nicht in seine Pläne einbeziehen, und, was für uns damals schlimmer war, er glaubte ihre Zeit noch nicht gekommen. Ihm fehlte doch das Gefühl für den Fortschritt der Tech=

nik, der die Voraussetzungen für unsere Arbeiten lieferte. Das technische Schauspiel hat – wenn man aus seinen Äußerungen schließen darf, daß es „gewaltig" gewesen sei – Hitler wohl etwas gefesselt. Darauf mag es auch zurückzuführen sein, daß er uns weiterarbeiten ließ. Eine Möglichkeit zur Verwirklichung unserer Pläne, ja auch eine Verwendungsmöglichkeit der Großrakete schien Hitler damals noch nicht zu sehen.

Wie anders war doch dieser impulsive, leicht zu begeisternde, optimistische, immer alles in den rosigsten Farben erblickende und dabei stets über das Ziel hinausschießende Göring! Als dieser wenige Wochen später in Kummersdorf einer ähnlichen Vorführung beigewohnt hatte, schlug er sich lachend und strahlend auf die Schenkel und geriet ins Phantasieren. Sogleich sah er alle Zukunftsmöglichkeiten für die Luftfahrt und den Schiffbau, die Eisenbahn und den Kraftwagenverkehr, Möglichkeiten, die nie und nimmer verwirklicht werden konnten.

Es hatte mir Mühe gekostet, ihn unter Hinweis auf den spezifischen Treibstoffverbrauch von der Unwirtschaftlichkeit derartiger Pläne zu überzeugen. Als ich ihm erklärte, daß nur bei einer die Schallgeschwindigkeit mehrfach überschreitenden Fluggeschwindigkeit und nur im praktisch luftleeren Raum, wo es keinen Luftwiderstand gäbe, Wirtschaftlichkeit zu erreichen sei, hörte bei ihm das Verständnis auf. Sein sonst so phantasievoller Geist reichte nicht über die Luftschicht hinaus.

EIN MANN NAMENS DEGENKOLB …

Mit dem Ausscheiden des Oberbefehlshabers des Heeres, Generalfeldmarschall von Brauchitsch, hatten wir eine unserer besten Stützen verloren. In weiser Voraussicht und in klarem Erkennen der taktischen Möglichkeiten unserer Waffe hatte von Brauchitsch uns im September 1939 in die höchste Dringlichkeitsstufe des Heeres eingruppiert. Als Hitler uns im Frühjahr 1940 aus der Dringlichkeitsliste strich, hatte er immer wieder in vielen Vorträgen vor dem Führer auf die militärische Bedeutung unserer Ent=

wicklung hingewiesen. Jedoch vergeblich. Als unsere besten Kräfte in den folgenden Monaten zur Wehrmacht eingezogen wurden und wir vor der Frage der Stillegung unserer Arbeiten standen, hatte er ohne Wissen Hitlers, auf Grund meines Vorschlages, die Genehmigung erteilt, aus seinen Fronttruppen 4000 Soldaten mit technischer Vorbildung, Ingenieure und Arbeiter, auszusuchen und als Arbeitskräfte in Peenemünde einzusetzen. So schufen wir das Versuchskommando-Nord, eine Fronttruppe, zum vorübergehenden Einsatz ins Heimatgebiet kommandiert. Im Werk wurden diese Soldaten nur entsprechend ihrer Vorbildung verwendet. Als Fronttruppe, selbst außerhalb des Werkes, waren sie dem Zugriff der Heimatbehörden entzogen. Durch diese verantwortungsbewußte, großzügige Handlungsweise hatte von Brauchitsch entscheidenden Anteil an dem Fortgang unserer Arbeiten.

Seit dem 27. März 1942 und besonders nach dem glänzend gelungenen Versuch vom 3. Oktober 1942, auf den hin nichts erfolgte, sandten wir an die obersten Stellen des Reiches und der Wehrmacht eine Denkschrift nach der andern und jedesmal in achtfacher Ausfertigung.

Wenn das A 4 um die Jahreswende 1943/44 zum Einsatz kommen sollte, durfte keine Minute für die Vorbereitung der Fertigung, die Aufstellung und Ausbildung der Truppe und den Bau der Einsatzanlagen verloren gehen. Dazu war es nötig, daß wir in der Liste der dringlichen Vorhaben des Reiches an erster Stelle eingestuft wurden.

Über alle möglichen, in jeder Armee bestehenden Flüsterwege erfuhr ich, daß an hoher und höchster Stelle die allgemeine Meinung über unsere Pläne nicht gut sei. Selbst meine unmittelbaren militärischen Vorgesetzten fingen an, die Durchführbarkeit unserer Ideen in großem Maßstabe zu bezweifeln. Sogar der Chef des Heereswaffenamtes, General Becker, äußerte sich noch zwei Tage vor seinem durch einen Zusammenstoß mit Hitler ausgelösten Freitode in resigniertem Tone: „Ich hoffe nur, daß ich mich in Ihnen und Ihrer Arbeit nicht getäuscht habe." Diese Worte waren bei meinem unerschütterlichen Glauben und der Zuversicht, die ich hegte, schwer zu ertragen, besonders schwer aber im Hinblick auf die Dutzende von Vorträgen, Denkschriften und Anträgen, mit denen wir vergeblich um die Erfüllung unserer Forderungen gebeten hatten. Solange wir nicht an erster Stelle der Dringlichkeitsliste standen, war nicht daran zu denken, die erforderlichen Rohstoffkontingente und Fachkräfte zu erhalten. Wir benötigten Fertigungsvorbereiter, Statiker, Konstrukteure und Ingenieure, und zwar sofort.

Unsere Forderungen gingen weit über das hinaus, was uns die militärischen Vorgesetzten im Bereich des Heimatheeres gewähren konnten. Sie griffen über in den Arbeitsbereich des Munitionsministeriums und verlangten den Entscheid Adolf Hitlers.

Man betrieb uns gegenüber von seiten der obersten Führung eine Taktik des abwartenden Hinhaltens. Seit Kriegsbeginn hatte man uns nach harten Vorstellungen immer nur gerade soviel zugeteilt, daß wir mühsam leben konnten. Ich drängte auf Entscheidung. Entweder entschloß man sich endlich, das Vorhaben A 4 ernstlich durchzuführen, dann mußte man an uns glauben und uns helfen, oder man sollte die Arbeiten an der Fernrakete ganz einstellen und das gebundene Rüstungsvermögen von Peenemünde anderen, dringenderen Vorhaben zur Verfügung stellen.

Ein so umfangreiches Projekt wie das A 4=Programm, unablässig wies ich darauf hin, konnte nur dann erfolgreich verwirklicht werden, wenn eine gewisse Gleichmäßigkeit der Voraussetzungen aufrechterhalten wurde. Die fortgesetzte Änderung des Dringlichkeitsgrades hatte die Arbeiten bisher unendlich erschwert. Es war unmöglich, eine umfangreiche Arbeit planmäßig fortzuführen. Wichtigste, für die Entwicklung notwendige Bauvorhaben konnten nicht begonnen oder nicht beendet, Anlagen nicht oder nur verspätet in Betrieb genommen werden. Mit großem Zeitaufwand mußten, wo der gerade Weg schneller und rationeller zum Ziel geführt hätte, Behelfslösungen gesucht werden. Wichtige Anforderungen blieben unerfüllt. Der Zustand des Nicht=Leben= und nicht Sterben=Könnens der letzten Jahre mußte sich, falls unsere Fernrakete noch in diesem Kriege zur Anwendung kommen sollte, endlich ändern.

Seit den gewaltigen Verlusten von Bomberflugzeugen anläßlich der Angriffe auf England im Jahre 1940 waren ich und meine Mitarbeiter fest davon überzeugt, daß eine für uns unglückliche Luftkriegsentscheidung im Westen, wenn überhaupt, nur noch durch den Einsatz automatisch gesteuerter Flugkörper größter Reichweite und Wirkung aufgehalten werden konnte. Den fortgesetzten Verlust kostbaren fliegenden Personals konnte sich die Luftwaffe auf die Dauer nicht leisten.

Die sich immer mehr abnützende Ausrede, daß unser A 4 im Vergleich mit der Leistungsfähigkeit eines schweren Bombers zu kostspielig sei, wurde nach den Erfahrungen im Luftkrieg gegen England immer unhaltbarer. Wenn ein Bomber, wie genaue Statistik es nachgewiesen hat, nach durchschnittlich fünf bis sechs Englandflügen abgeschossen wurde, wenn er dabei insgesamt nur eine Bombenlast von 6 bis 8 Tonnen mitnehmen konnte und wenn man den Totalverlust eines Bombers einschließlich Ausbildungskosten des Personals auf rund das Dreißigfache des Preises eines A 4 von 38 000 Mark ansetzte, dann mußte sich die Bilanz unfehlbar zu unseren Gunsten verschieben. Das mußte doch schließlich auch oben eingesehen werden.

Stündlich wartete ich auf die Zustimmung von höchster Stelle.

Schließlich erging der hohe, mich nahezu vernichtende Entscheid, daß die Entwicklung weiter betrieben werden solle. Die Fertigung möge inzwischen auf dem Papier vorbereitet werden. Eine Erhöhung der Dringlichkeitsstufe, eine Anweisung an das Munitionsministerium, uns mit allen Kräften zu helfen, darauf warteten wir vergeblich! Das Sonderbarste an diesem hohen Bescheid war jedoch die Anweisung, daß alle Denkschriften, ja sogar die Entwürfe bis auf drei Stück, eingezogen und vernichtet werden sollten.

Kostbare Zeit ging verloren. Der Verzweiflung nahe, kehrte ich von einer dieser Betteltouren nach Peenemünde zurück. In Besprechungen mit Oberst Zanssen, Dr. v. Braun und den leitenden Angestellten der Heeresversuchsstelle erklärte ich die Lage. Ich verlangte noch einmal, wie schon so oft, daß alles eingesetzt werden müsse, damit wir bald zu neuen beweiskräftigen Ergebnissen des praktischen Schießens gelangen konnten. Vielleicht, wenn wir wirkliche, überzeugende Erfolge aufweisen konnten, würde ich noch eine Möglichkeit finden, die fatale und lahme letzte Entscheidung zu unseren Gunsten zu ändern.

Darüber hinaus mußten wir auf alle Fälle Mittel und Wege finden, um den nun einmal für jede neue Waffe unvermeidlichen Zeitverzug vom Abschluß der Entwicklung bis zum Anlauf der Fertigung nach Möglichkeit zu verkürzen. Ich sah den Zeitpunkt kommen, wo die ins Ungemessene verstärkte Abwehr ein Überfliegen der englischen Insel unmöglich machen würde. Dann natürlich würde die Fertigung unserer Fernwaffe nicht nur nicht schnell genug anlaufen, sondern auch die Stückzahl nicht hoch genug sein können. Wir mußten also mit den Fertigungsvorbereitungen schon jetzt, vor Beginn der Schießversuche, anfangen und damit so weit vorankommen, wie es nur irgendwie ging. Dazu war es nötig, Fertigungsmöglichkeiten zu erkunden, mit der beteiligten Industrie jetzt schon Fühlung aufzunehmen, ihr Interesse zu wecken und sie zur sofortigen großzügigsten Mitarbeit im Hinblick auf den möglichen späteren Anlauf der Großfertigung zu bewegen.

Ich kannte die Stärken und Schwächen meiner Mitarbeiter und die der Organisation der Heeresversuchsstelle Peenemünde zur Genüge. Peenemünde war Forschungs- und Entwicklungsstätte, den jungen und hingebend gläubigen Entwicklungsleitern fehlte noch jede Erfahrung, wie ein so kompliziertes und neuartiges, in seiner Vielfalt auch einmaliges Ding wie ein A 4 mit allen dazugehörigen Bodenanlagen zweckmäßig in Serienbau übergeführt wird.

Das Überleiten eines Versuchsmusters in die Serienfertigung verlangt das Walten eines erfahrenen Produktionsingenieurs der Industrie, der dann die Ausarbeitung der Fertigungsunterlagen, die Planung und Organisation des Fertigungsanlaufes, die weiteren industriellen Vorbereitungen und das Vergeben von Aufträgen nach außen mit den zuständigen Dienststellen des Heereswaffenamtes übernimmt.

Dr. v. Braun schlug die Einrichtung einer Nachbauleitung vor. Es gelang mir, für diese Aufgabe Dipl.-Ing. Stahlknecht, einen nach Erfüllung seines letzten Auftrages gerade freien Sonderbeauftragten des Munitionsministeriums, der in der Vorbereitung der

Fließbandfertigung von Flugzeugen hinreichend Erfahrung hatte, zu gewinnen. Die große Halle unseres Versuchsserienwerkes wurde als Montagewerk für die Serienherstellung bestimmt. Endlich gelang es mir auch, Dr. Eckener vom Luftschiffbau Zeppelin zu interessieren, so daß er sein Friedrichshafener Werk als zweites Montagewerk zur Verfügung zu stellen bereit war.

Ich atmete auf. Aber schon nach wenigen Wochen mußte ich einsehen, daß ohne Gewährung einer höheren Dringlichkeits=einstufung nichts erreicht werden konnte. Ohne die tatkräftige Unterstützung des Munitionsministeriums war nicht voranzukom=men. Die weitreichenden Planungen mußten schon nach den ersten Schritten zu einer Verwirklichung stecken bleiben. Der Versuch, die „papierene" Planung durch praktische Vorbereitung der Fer=tigung in den Werken zu ergänzen, scheiterte aus Mangel an Kon=tingenten und an den langen, in den niedrigen Dringlichkeitsstufen untragbaren Lieferfristen. Besonders hemmend war die Unmög=lichkeit, Fachkräfte zu bekommen.

Antrag auf Antrag ging nach oben.

Anfang Dezember 1942 entschloß ich mich zu einem energischen mündlichen Vorstoß bei Reichsminister Speer, gestützt auf unseren Erfolg vom 3. Oktober, durch den der Beweis für die Richtigkeit unserer Arbeit erbracht worden war. Ich erwartete, daß dieser von Hitler besonders begünstigte Mann den Führer zu einer Entschei=dung bringen würde.

In Übereinstimmung mit meinen Mitarbeitern wollte ich für das Gesamtvorhaben die Genehmigung der Planung vom 27. März 1942, die Eingruppierung in eine höhere Dringlichkeitsstufe, die Genehmigung zum Baubeginn eines längst versprochenen Einsatz=großbunkers an der Kanalküste (Bauzeit 1 Jahr!) und die Schaffung eines Fertigungssonderausschusses unter Dipl.=Ing. Stahlknecht im Rahmen des Munitionsministeriums und damit ministerielle Hilfe gegenüber der deutschen Rüstungsindustrie fordern.

Während meines Weihnachtsurlaubes erfuhr ich vom Leiter der technischen Gruppe meines Abteilungsstabes, Major Thom, daß er plötzlich von Minister Speer an die Kanalküste beordert worden sei, um dort zusammen mit Dr. Steinhoff in der Nähe von Watten eine Stelle zu erkunden, wo dann der Großbunker durch die Orga=nisation Todt gebaut werden sollte. Für Anfang Januar war eine Besprechung in Berlin im Munitionsministerium anberaumt wor=den. Voll Hoffnung und mit Argumenten reich versehen, fuhr ich nach Berlin.

Am 8. Januar hielt ich Reichsminister Speer zusammen mit von Braun erneut Vortrag über den Stand der Entwicklung und der Vorbereitungen für den Einsatz. Wir hatten in Peenemünde im Maßstab 1 : 100 ein Holzmodell des Großbunkers anfertigen und gleichzeitig auch Modelle der für den motorisierten Einsatz der Großrakete benötigten Fahrzeuge einer Abteilung bauen lassen, so daß wir mühelos ein plastisches Bild des Arbeitsumfanges der für die Bodenorganisation nötigen Anlagen und eine Beschreibung des Einsatzverfahrens geben konnten. Immer noch wartete ich auf die Entscheidung Hitlers auf meinen Antrag vom Dezember.

„Der Führer kann sich noch nicht entschließen", eröffnete mir Speer, „dem Vorhaben eine höhere Dringlichkeitsstufe zu geben. Es fehlt ihm der Glaube an das Gelingen Ihres Planes ..."

Ich war erschlagen. Wiederum war alle Mühe umsonst gewesen! Ich war versucht, vor Wut mit der Faust auf den Tisch zu schlagen. Warum um Himmels willen läßt man mich nicht zum Vortrag! Soll denn noch mehr Zeit verloren gehen! Ich wollte und konnte es nicht glauben. Speer sprach weiter:

„... als Leiter der OT nehme ich es auf meine Kappe, mit dem Bau des Einsatzbunkers an der Kanalküste jetzt schon zu beginnen. Ich hoffe", fuhr Speer fort, „daß der Führer nach einiger Zeit doch zustimmen wird. Die erste Erkundung hat ja bereits stattgefunden – die OT ist unterrichtet, weitere Verhandlungen sind unmittelbar zwischen Ihnen und der OT=Zentrale Berlin zu führen."

Ich unternahm einen letzten Angriff.

„Herr Minister, hat denn der Führer unsere Denkschrift vom März vorigen Jahres überhaupt gelesen? Stimmt er der Planung über den Umfang des Vorhabens zu?"

Speer antwortete, daß Hitler die Denkschrift gelesen habe, sie hätte ihn jedoch noch nicht überzeugt. Soweit der Bereich des Heimatheeres betroffen sei, könne es für mich doch keine Schwie=

rigkeiten geben, „... auf dem militärischen Sektor dürfte Ihre Planung jedenfalls zu befriedigen sein ... – industriell müssen Sie versuchen, mit Hilfe der Persönlichkeit durchzukommen, die ich Ihnen vorstellen werde: Direktor Degenkolb, Leiter des Sonderausschusses Lokomotiven!"

Was ging mich dieser Degenkolb an und seine Lokomotiven! Ich war entschlossen, nicht locker zu lassen.

„Herr Minister, ich kann an dieser Stelle vor Ihnen nur noch einmal betonen, daß das ganze Vorhaben zum Untergang verurteilt ist, wenn wir nicht sofort mit allen erforderlichen Rohstoffen, Industriekapazitäten, Baumaterialien versorgt werden und vor allen Dingen Fachkräfte zugeteilt erhalten. Alle diese Dinge können wir nach unseren nun leider schon jahrelangen Erfahrungen nur bei Einstufung in höhere Dringlichkeit erhalten."

Meine Vorhaltungen machten auf Speer keinen Eindruck. Er kam wieder nur mit diesem Degenkolb.

„Das besprechen Sie am besten alles mit Degenkolb. Er soll einen Fertigungsausschuß für A 4 aufziehen. Die nötige Energie und Rücksichtslosigkeit hat er bewiesen, um auch ohne höchste Dringlichkeitsstufe, allein auf Grund seines Namens und seiner Persönlichkeit, das unmöglich Scheinende zu schaffen."

Ich antwortete Speer, daß niemand sich über einen Erfolg mehr freuen würde als ich, aber ich vermäße mir doch zu sagen, daß ich die Schwierigkeiten aus eigener Erfahrung kenne. Speer zuckte mit den Schultern: „Haben Sie Vertrauen zu Degenkolb, er hat einen guten Namen zu verlieren."

„Ich auch, Herr Minister, ich habe auch einen guten Namen zu verlieren, ich sehe jedoch schwarz ..."

Bei diesen Worten verließ der Minister das Zimmer.

Vor mir erschien ein mittelgroßer, gut genährter Mann mittleren Alters. In seinem runden, gelblich bleichen Gesicht gingen schräggestellte scharfe blaue Augen lebhaft hin und her, stark hervortretende Wülste über den Augenbrauen und scharf gezeichnete Schläfenadern verrieten Jähzorn. Dies war Degenkolb, ein Mann aus dem engsten Kreise unseres größten Gegners im Munitionsministerium, des hochvermögenden Herrn Hauptamtsleiters Saur.

Degenkolbs völlig kahler, runder Schädel, seine weichen, schlaffen Wangen, der kräftige Hals und die fleischigen Lippen verrieten Neigung zu Lebensgenuß und Sinnenfreude, die Unruhe seiner starken, blassen, gedrungenen Hände, die Lebhaftigkeit seiner Bewegungen legten Zeugnis ab von Vitalität und innerer Gespanntheit. Der Mann war voll Unruhe. Degenkolb hatte einen guten Namen als Schöpfer der Kriegslokomotive. Ob jedoch dieser trotz aller Energie und technischen Könnens im Grunde primitive Tatmensch der geeignete Partner für mich und meine mehr intellektuellen Mitarbeiter sein würde, mußte die Zukunft lehren. Zunächst sah ich mich mit ihm zusammengekoppelt.

Während der ganzen Zeit, da ich ihm von unseren Plänen, von der von mir aufgezogenen Organisation und dem A 4-Programm berichtete, machte mir der Name Degenkolb zu schaffen. Degenkolb, Degenkolb ... Ich verband den Namen mit irgend etwas Unangenehmem, doch kam ich nicht darauf, um was es sich handle. Ich schilderte ihm die Aufgabe Stahlknechts als Sonderbeauftragten des Munitionsministeriums für die Fertigung, ich fügte hinzu, daß ich es für zweckmäßig hielte, die gegenseitigen Befugnisse genau abzugrenzen. Aus irgendeinem warnenden Gefühl heraus erklärte ich, daß Reibungen unter allen Umständen vermieden werden müßten. Am Ende meiner Darlegungen bat ich um seine tatkräftige Hilfe und formulierte unsere sattsam bekannten Wünsche. „Wenn Sie uns helfen wollen und helfen können, dann werden wir ohne große organisatorische Änderungen bald zu einem sichtbaren Erfolge kommen."

Ich merkte, daß Degenkolb, während ich sprach, mit seinen Gedanken abirrte und teilweise gar nicht zuhörte. Er gab sich jedoch sehr freundlich. Er glaube nicht, erklärte er, daß es auf irgendeinem Gebiet zu Schwierigkeiten mit Stahlknecht oder meiner Organisation kommen werde. (Degenkolb — Degenkolb — Degenkolb ...) Er würde, erklärte er, alles ganz anders aufziehen. Er beabsichtige, ähnlich wie beim Lokomotivausschuß, einen A 4-Ausschuß mit Arbeitsausschüssen für Entwicklung, Rohstoffe, Betriebe, Einzelteile, Bodenorganisation, Bauvorhaben, Arbeitseinsatz usw. zu bilden. Zu Leitern dieser Arbeitsausschüsse solle ein Teil meiner leitenden Angestellten bestimmt werden.

Ich machte Degenkolb darauf aufmerksam, daß es vielleicht erst einmal zweckmäßig wäre, sich das A 4 anzusehen und Kontakt mit den Leitern meiner Sachgebiete zu suchen, um deren Wünsche kennenzulernen. Ich betonte, daß wir über eine straff gegliederte, eingespielte und arbeitsfähige Organisation verfügten, die viele seiner vorgeschlagenen Arbeitsgebiete bereits umfasse. Mit festem Blick in sein fleischiges Gesicht erklärte ich, daß, wenn wir zusammenarbeiten müßten, dann auch bestimmte Spielregeln unbedingt einzuhalten seien. Im übrigen, betonte ich, hätte ich nur um materielle und nicht persönliche Hilfe gebeten. Das Aufziehen einer neuen ministeriellen Dienststelle mit gleichen Aufgaben oder ein Parallelarbeiten würde völliges Versagen im Gefolge haben, dies aber besonders dann, wenn in den beiden Spitzengliederungen die gleichen Persönlichkeiten verwendet würden. Bekanntlich könne niemand zwei Herren dienen. Das führe nur zu Reibereien. Nur dann, wenn wir beide uns verstünden und keine Mißstimmung und keinen Krach zwischen uns aufkommen ließen, wäre vielleicht eine Möglichkeit weiterzukommen gegeben. Ich fühlte mich dann noch veranlaßt, ihm etwas Angenehmes zu sagen.

„Ich vertraue auf Ihre Durchschlagskraft als Ausschußleiter im Munitionsministerium, auf Ihren Ruf und Ihre reichen industriellen Erfahrungen." Das, fügte ich hinzu, sei just das einzige, was wir sonst noch dringend gebrauchten.

Daraufhin reichte mir Degenkolb die Hand und versprach, aufs engste mit mir zusammenzuarbeiten. Dann aber hub er an, mir von seinen großen Erfolgen als Leiter des Fertigungsausschusses Lokomotiven zu erzählen.

Während er sprach, begann ich seine Tatkraft, seine Leistungen und Pläne zu bewundern; der Mann verstand mitzureißen. Wenn nur nicht diese aufdringlichen Äußerungen von Selbstbewußtsein und seine unangenehme Selbstzufriedenheit allzu deutlich geworden wären! Seine Energie kam mir zu gewollt, zu wuchtig und zu drohend vor. Die in manchen Redewendungen zuweilen wiederkehrende kalte, zynische Ablehnung jeder nicht von ihm stam=

menden Organisation und Planung, diese grob betonte Ausschließlichkeitsforderung ließ mich aufhorchen und machte mich wachsam. Degenkolb schien zu jener Sorte menschlicher Industrieprodukte zu gehören, die alles, was Uniform trug, von vornherein als rückständig, beschränkt und belehrenswert ansah. Ich sah jetzt schon harte Kämpfe, besonders mit meinen starrköpfigen jungen Mitarbeitern, voraus. Und plötzlich hatte ich es...

Unvermittelt entsann ich mich, den Namen Degenkolb im Zusammenhang mit dem Freitod des von mir hoch verehrten früheren Chefs des Heereswaffenamtes, des Generals der Artillerie Professor Dr. Dr. Becker, im Frühjahr 1940 erstmalig gehört zu haben. Degenkolb – war es nicht Degenkolb gewesen, der nach der plötzlichen Ernennung Todts zum Munitionsminister in einer vor Vertretern der Wehrmacht und Industrie gehaltenen Rede seinem tiefen Haß gegenüber dem Heereswaffenamt und seinen Offizieren kurz vor Beckers Tod lauten und beredten Ausdruck gegeben und aus seiner Ablehnung jeder von militärischer Seite vorbereiteten und geleiteten industriellen Arbeit kein Hehl gemacht hatte? War nicht er es gewesen, der auf die angebliche Unfähigkeit der bisherigen Organisation nachdrücklich hingewiesen hatte?

Die neuen Leitsätze von der „Selbstverantwortung der Industrie" und der „Steuerung der Industrie durch die Industrie" waren in jener Zeit in die Tat umgesetzt worden und hatten eine entscheidende Änderung der Organisation der bisher vom Heereswaffenamt gelenkten Rüstungsindustrie veranlaßt. Das Munitionsministerium war neben den Waffenämtern der drei Wehrmachtsteile und des Rüstungsamtes des Oberkommandos der Wehrmacht als selbständige Reichsbehörde entstanden.

Dieses Ministerium war zunächst nur mit Männern des technischen Amtes der Partei und einigen Vertretern aus der Industrie besetzt worden. Die Reibungen zwischen Munitionsministerium und den Waffenämtern hatten sich von Tag zu Tag vergrößert. Ich entsann mich nun plötzlich, welche erstaunlichen diplomatischen Fähigkeiten besonders in der ersten Zeit der Umorganisation von seiten des Amtschefs des Heereswaffenamtes entwickelt werden mußten, damit es neben dem mit Sondervollmachten in reichstem

Maße ausgestatteten Munitionsministerium seine gegenüber der Rüstungsindustrie entscheidende und führende Stellung schließlich noch dem Scheine nach behaupten konnte. Es ist mir damals vollkommen unverständlich geblieben, weshalb man dieses neue Ministerium, dem nur das Heereswaffenamt als einziger Partner gegenüberstand, überhaupt neben diesem aufgezogen hatte. Wenn man die Abteilungen des Heereswaffenamtes durch Hinzunahme von Männern der Industrie und Wissenschaft zu Arbeitsstäben verstärkt hätte, dann wäre das gewünschte Ergebnis sicher billiger, schneller und besser zu erreichen gewesen. Der Totalitätsanspruch des „technischen Amtes" der Partei und die grundsätzliche Ablehnung militärischen Einflusses in der Industrie – ich kann die Industrie nicht freisprechen – ließ diese einfache Regelung nicht zu.

So saß mir also nun just der Mann gegenüber, dessen tatkräftiger Unterstützung es Todt und Saur verdankten, daß es ihnen gelungen war, trotz schärfster Opposition der Waffenämter und ihrer technisch geschulten Offiziere, diesen grundlegenden Umbruch in der Organisation der deutschen Rüstungsindustrie herbeizuführen.

Degenkolb redete und redete. In unbestimmtem Licht glaubte ich einen gangbaren Pfad vor mir zu sehen. Ich war mir der Geschlossenheit der mir unterstellten Dienststellen, ihres festen Vertrauens in mich, meiner eigenen Sachkenntnis und Erfahrung auf unserem Arbeitsgebiet bewußt. Das alles zusammen mußte ein Gewicht ergeben, mit dem ich bei gegenseitiger Aufrichtigkeit und gegenseitigem Verständnis Degenkolb das Gleichgewicht halten konnte.

Wir verabredeten für den folgenden Tag einen gemeinsamen Besuch in Peenemünde. Als ich im Begriff war, zu meinem Wagen zu gehen, trat mir Saur in den Weg und begrüßte mich mit den Worten: „Sie glauben wohl heute der glücklichste Mensch zu sein, weil Sie endlich Ihren Sonderausschuß bekommen haben. Aber warten Sie ab, noch wachsen die Bäume nicht in den Himmel. Ich bin ebenso wie der Führer noch nicht überzeugt und gewonnen!"

Mit solchen Leuten also hatte ich zusammenzuarbeiten, um aus dem A 4 eine Waffe zu machen.

Degenkolb hatte Peenemünde besichtigt. Er hatte eine A 4 kurz vor dem Start und im Fluge gesehen. Die Wirkung auf ihn war die gleiche wie auf jeden anderen Sterblichen auch, er war durch den ersten Eindruck überwältigt, die anschließenden Besprechungen liefen förmlich über von Optimismus und Bereitschaft zur Zusammenarbeit. Er hatte die Montagehalle der Versuchsgeräte besichtigt und die vielen Werkstätten begangen, hatte da und dort knappe Ratschläge zur Verbesserung des Arbeitsverfahrens und kühne Vorschläge zu Konstruktionsvereinfachungen verlauten lassen. Wir hatten ihm als einem alten erfahrenen Betriebsleiter schweigend zugehört. Braun und Thiel hatten ihm erzählt, das, was er gesehen habe, sei ein erstes, mühsam und sorgfältig zum Arbeiten gebrachtes Versuchsmuster gewesen und als solches noch viel zu kompliziert, um in laufende Fertigung zu gehen. Das vereinfachte, für die Fertigung vorgesehene Gerät, so wurde Degenkolb mit viel Aufmerksamkeit unterrichtet, sei in wenigen Monaten versuchsklar. Bei einer solchen vollautomatischen Rakete müsse jede Änderung der Konstruktion vor Einführung erst erprobt werden. Wir belehrten ihn, daß die kleinste nicht erprobte Änderung zur Explosion und zum Versagen der Rakete während des Fluges führen müsse. Mit Änderungen aber könne man nur schrittweise vorgehen, und das aus dem höchst einfachen Grunde, weil jedes Versagen das Gerät derartig völlig zerstöre, so daß eine Fehlersuche nahezu unmöglich sei.

Direktor Stahlknecht trug Degenkolb sein Fertigungsprogramm vor, wonach er zunächst monatlich 300 A 4, beginnend im Januar 1944, liefern wolle. Innerhalb der nächsten sechs Monate könne diese Leistung dann auf 600 A 4 gesteigert werden. Stahlknecht schmeichelte Degenkolb sehr geschickt und sprach von dem Gewinn, den wir durch dessen persönliche Hilfe erwarten durften.

Nach wenigen Stunden Aufenthalt fuhr Degenkolb nach Berlin zurück, um dort seinen Sonderausschuß A 4 ins Leben zu rufen. Er stützte sich dabei auf seine bewährten Kräfte des Lokomotivbaues. Trotz meiner Bedenken nahm er einzelne Männer meiner

Dienststellen in seine Organisation auf. Nach einigen Tagen verkündete er sein Programm: schon ab Oktober 1943 beginnend, 300 A 4 pro Monat, steigernd bis Dezember auf monatlich 900 Stück. Das war eine atemberaubende Steigerung, über die wir nur die Köpfe schütteln konnten. Das Schlimmste aber war, daß das A 4 genau so in Fertigung gehen sollte, wie Herr Degenkolb es bei seinem Besuch in Peenemünde gesehen hatte. Selbst wenn wir jetzt sofort alle bisher vergeblich geforderte personelle Hilfe bekommen hätten, wäre dieses Programm nur eine trügerische Hoffnung geblieben.

Anfang Februar 1943 wurde ich eingeladen, ins Munitionsministerium nach Berlin zu kommen, um mit Professor Hettlage, dem Amtschef für alle Finanzierungs- und Organisationsfragen der deutschen Rüstungsindustrie, zusammenzutreffen. Ich konnte mir aus dieser dringend gehaltenen Einladung nicht sogleich einen Vers machen. Als ich am 3. Februar 1943 mit wohl etwas fragender Miene dem Amtschef Professor Hettlage gegenübersaß, wurden auch noch der Wehrkreisbeauftragte für Stettin, Mackels, und der Vertreter Degenkolbs, Direktor Kunze, hinzugerufen. Hettlage, der noch jugendliche, aus der Zentrumspartei hervorgegangene ehemalige Stadtkämmerer von Berlin, war zur Zeit meines Besuches wohl der mächtigste Mann im Ministerium. Er blickte mich eine Weile mit seinen übergroßen, hellblauen, glänzenden Augen an und eröffnete mir mit verbindlichem Lächeln ein Thema, das ich am allerwenigsten, ich darf sagen, niemals von seiten des Munitionsministeriums erwartet hatte.

„Herr Oberst", begann Hettlage, „ich habe Sie hierher gebeten, um mit Ihnen die Art und Weise der Überführung der Heeresanstalt Peenemünde in eine private Aktiengesellschaft zu besprechen."

Ich war erschlagen. Ich erkannte sofort, daß der Kampf um Peenemünde dank Degenkolbs Aktivitäten in ein neues und entscheidendes Stadium getreten war. Solange die Entwicklung der A 4 ein Wagnis gewesen war, hatte man über uns nur gelächelt, man hatte uns weltfremde Utopisten genannt; weil man nicht den Mut gefunden hatte, mit uns Schluß zu machen, hatte man uns gnädigst geduldet. Nun aber schien es den Herren doch, daß „an unserer A 4 etwas sei". Man konnte ja nicht wissen..., das Ding hatte Aussichten. Und nun schien es ihnen an der Zeit zu sein, daß man Peenemünde einsacken konnte. Es ging doch nicht an, daß eine Schöpfung wie das A 4, das aller Voraussicht nach eine neue technische Epoche eröffnete, daß diese glänzende Erfindung von einem Werk in den Händen des Heeres geleitet wurde. Das Unternehmen brauchte jetzt einen anderen Firmenstempel. Jetzt kamen der Ruhm und der Gewinn. Ich sah klar: die Interessen des technischen Amtes der NSDAP und der Industrie waren geweckt worden. Bis jetzt hatten sie nur abwartend auf der Lauer gelegen. Nun waren sie bereit zuzufassen. Ich war entschlossen, unser Peenemünde zu verteidigen. Es durfte nicht allzu schwer sein, die Hintermänner und ihre Gründe und Absichten zu erfahren. Ich faßte mich kurz.

„Darf ich fragen, in welchem Auftrage Sie sprechen?"

„Dieser Plan", antwortete mir Hettlage, „verdankt sein Entstehen einer Anregung von Herrn Direktor Degenkolb." Das hatte ich mir gedacht.

„Darf ich erfahren, wie eine solche Umwandlung gedacht ist?"

„Wir machen aus Peenemünde eine GmbH., das gesamte Gesellschaftskapital bleibt vorläufig in den Händen des Reiches, die Firma wird dann treuhänderisch von einer Großfirma, sagen wir AEG, Siemens, Lorenz oder Rheinmetall geführt mit der Absicht, die Anlage nach Amortisation der hineingesteckten Kapitalien in den Besitz der Firma überzuführen."

Wahrlich ein ungeheurer Plan!

„Ist Ihnen bekannt", fragte ich harmlos zurück, „daß die Anlagekosten von Peenemünde mit allem, was bis jetzt dafür ausgegeben worden ist, sich auf mehrere hundert Millionen Mark belaufen? Der Zinsendienst und die Amortisationsquote dürften für die Industrie nicht gerade ein Anreiz sein!"

„Wir haben schon geeignete Bewerber", erklärte Hettlage, „wir machen einen Kapitalschnitt und setzen das Vermögen auf 1 bis 2 Millionen fest. Den Rest geben wir verloren!"

Das war ja ein ganz reizender Plan. Aus einer Investierung, die sich auf mehrere hundert Millionen Mark beläuft, macht man auf dem Wege eines Kuhhandels durch „Kapitalschnitt" eine Sache von 1 bis 2 Millionen. Das sind Geschäfte!

„Glauben Sie denn", entgegnete ich, „daß dieses reine Entwicklungswerk, das bisher nur Geld gekostet hat und das ohne jede Fertigungsmöglichkeit im Großen dasteht, jemals irgendeinen Gewinn abwerfen oder sich selbst tragen wird?"

„Wenn man es mit einem entsprechend großen Konzern verknüpft, der die Fertigung auch noch an anderer Stelle übernimmt, halte ich das für durchaus möglich. Die Entwicklungskosten werden dann bei der Kalkulation der Seriengeräte mitberücksichtigt und in Rechnung gestellt."

Es war einfach nicht vorzustellen, daß man es mit Beamten und nicht mit Staatsbetrügern zu tun hatte. Öffentliche Gelder spielen keine Rolle, wenn es darum ging, dem Staat bzw. dem Volk einen Betrieb abzuschwindeln.

„Bei einem Jahresetat von 150 Millionen Mark", gab ich zu bedenken, „würde sich der Stückpreis aber beträchtlich erhöhen. Peenemünde wird immer ein Betrieb bleiben, der von staatlichen Zuschüssen lebt."

„Das überlassen Sie dann bitte mir", antwortete Hettlage kurz.

„Darf ich fragen, aus welchem Grunde gerade jetzt die Umwandlung erfolgen soll?" erkundigte ich mich.

„Der Grund ist der", entgegnete Hettlage, „daß das Werk nicht den Anforderungen genügt, die an einen modernen, gut durchorganisierten und wirtschaftlich arbeitenden Fabrikbetrieb zu stellen sind. Die Führung des Werkes hat versagt." Dieser Professor wagte es, angesichts seiner Vorschläge das Wort wirtschaftlich auszusprechen.

Und außerdem, woher hatte er denn die Weisheit, daß die Führung des Werkes versagt habe?

„Herr Professor, darf ich noch einmal betonen, daß es sich hier um ein reines Entwicklungswerk handelt, bei dem vielleicht von hundert begonnenen Vorhaben und Einzelentwicklungen eine zum Erfolg führt, während der Rest sich als unbrauchbar herausstellt. Das kostet Geld."

„Nein, das meine ich nicht", beeilte sich Hettlage zu entgegnen,

„die dem Werk zur Verfügung gestellten und eingestellten Fachkräfte sind nicht ausgelastet und werden nicht ihrer Vorbildung und Eignung entsprechend beschäftigt. Das können wir uns jetzt im Kriege bei dem Fachkräftemangel nicht leisten."

Dieser Antwort Hettlages hätte es nicht bedurft, damit ich das ganze Spiel durchschauen konnte. Anstatt klar zu sagen, daß man dem Heer Peenemünde abnehmen wolle, wußte dieser Professor Hettlage keinen anderen Weg als den einer insolenten Behauptung. Die ganze Fadenscheinigkeit wurde erbärmlich offenbar. Wollte sich Degenkolb etwa, weil es auch ihm unmöglich war, uns die geforderten Fachkräfte zu stellen, von vornherein auf unsere Kosten ein Alibi schaffen? Ich wundere mich heute noch, daß es mir möglich war, Hettlage ruhig zu antworten.

„Sie erheben da gegen die Werksleitung einen schweren Vorwurf. Selbstverständlich kann es vorkommen, daß irgendein bestimmter Fachingenieur, wenn die Aufgabe, für die er bestimmt ist, im Rahmen der Gesamtplanung nicht den erwarteten Erfolg verspricht, vorübergehend da eingesetzt wird, wo Not am Manne ist. Es kann auch vorkommen, daß ein für irgendeine Aufgabe bestimmter Fachmann eher eintrifft, als seine unter Materialmangel leidende Abteilung anlaufen kann, da muß er eben sonst irgendwo helfen. Das kommt in jedem Betrieb vor. Darf ich fragen, von wem diese Klagen kommen?"

„Das wird Ihnen Herr Mackels sagen."

Damit hatte Herr Mackels sein Stichwort empfangen.

„Von Angehörigen der Gefolgschaft in Peenemünde", begann Herr Mackels zu meckern, „gehen bei mir als Wehrkreisbeauftragten seit Monaten Klagen darüber ein, daß sie nicht voll ausgelastet seien und anders eingesetzt werden, als es ihrer Vorbildung entspräche."

Ich wandte mich nun voll dem Herrn Wehrkreisbeauftragten Mackels zu.

„Sie sagen, Herr Mackels, daß diese Klagen Ihnen seit Monaten zu Ohren kommen. Warum höre ich heute zum ersten Male davon?" Mit erhobener Stimme fuhr ich zornig fort: „Herr Mackels, ich kann Ihr Vorgehen nur höchst sonderbar finden. Als Rüstungsbeauftragter wäre es Ihre verdammte Pflicht und Schuldigkeit gewesen, mit dem ersten Schreibebrief dieser Art sich an den Betriebsführer von Peenemünde zu wenden und ihn unter voller Namensnennung des Schreibers um Abstellung zu bitten. Ich bin überzeugt, daß diese Klagen sich dann bestimmt nicht wiederholt hätten. Ein Verfahren wie das von Ihnen hier eingeschlagene muß ich mir auf das entschiedenste verbitten."

Hettlage fiel ein:

„Herr Oberst, Sie haben sich hier gar nichts zu verbitten. Herr Mackels ist Beauftragter des Munitionsministeriums, ich verbitte mir Ihren Ton. Wenn Sie meine Vorschläge nicht annehmen wollen, schließe ich die Besprechung. Ich werde dann die Umwandlung durch den Minister einfach befehlen lassen." Ruhig fragte ich weiter:

„Ehe ich darauf eingehe, was Sie einen Minister einfach befehlen lassen, bitte ich noch um eine Auskunft: Welchen Persönlichkeiten soll die Leitung des Werkes anvertraut werden?"

„Es ist selbstverständlich", antwortete Hettlage, „daß mit der Leitung des Werkes Direktoren beauftragt werden, die von der Treuhänderfirma gestellt werden. Die Auswahl geeigneter Persönlichkeiten geschieht auf Grund von Vereinbarungen zwischen Sonderausschuß Degenkolb und der Treuhänderfirma."

Das hatte ich mir gedacht.

„Danke, ich bin jetzt im Bilde. Ich habe noch eine Frage: Und die bisherigen Direktoren und Leiter der ganzen Entwicklung?"

„Soweit als möglich werden sie in führender Stellung weiterverwendet werden. Sind Sie nun bereit zuzustimmen?"

„Herr Professor", schnappte ich, „ich denke nicht daran! Ich habe da überhaupt nicht zuzustimmen. Peenemünde ist eine Heeresversuchsanstalt genau wie jede andere Versuchsanstalt des Heeres, wie z. B. Kummersdorf oder Hillersleben oder jeder x-beliebige Truppenübungsplatz. Peenemünde ist eine militärische Dienststelle. Sie können vielleicht in der Rüstungsindustrie jede Ihnen genehme Organisationsänderung durchführen, Sie können aber niemals eine militärische Dienststelle in eine GmbH umwandeln. Sie könnten sonst geradesogut ein Infanterieregiment in eine Aktiengesellschaft verwandeln. Auf jeden Fall bedürfen Sie zumindest der Zustimmung des Chefs der Heeresrüstung und des Befehlshabers des Ersatzheeres, Generaloberst Fromm. Was ich selbst von Ihren Vorschlägen halte, kann ich in wenige Worte fassen: Glauben Sie denn, daß ich in dem Augenblick, wo nach jahrelanger verzweifelter Arbeit der Erfolg winkt, dieser von Ihnen geplanten Änderung freiwillig zustimmen und meine engsten Mitarbeiter, die jahrelang nur verlacht wurden, im Stiche lassen werde? Niemals!"

Hettlage, Mackels und Kunze blickten mich schweigend an. Ich fuhr dann fort:

„Neben diesen persönlichen Gründen ist es während des Krieges auch wegen der für die Entwicklung entstehenden Schwierigkeiten und Zeitverluste unmöglich, Ihre Vorschläge durchzuführen. Nun mache ich Ihnen einen Vorschlag. Sie können ihn, ganz wie es Ihnen beliebt, annehmen oder ablehnen. Kommen Sie nach Peenemünde und sehen Sie sich überhaupt erst einmal alles an. Sie können sich, wenn Sie wollen, ohne daß ich dabei bin, mit der ganzen Organisation vertraut machen. Wenn Sie dann nach eingehender Besichtigung noch einen gangbaren Weg sehen, wie wir eine Trennung der militärischen von den zivilen Belangen ohne Störungen oder Reibereien durchführen können, bin ich gerne bereit, in Ihrem Sinne Generaloberst Fromm Vortrag zu halten."

Nach einigem Hin- und Herreden nahm Hettlage meine Einladung an. Kurze Zeit später erschien er in Peenemünde. Ich wußte nicht, inwieweit ich seiner mir gegenüber geäußerten angeblichen Übereinstimmung mit meiner Auffassung vertrauen durfte.

Meine Beziehungen zu Degenkolb hatten den ersten Riß bekommen. Er ließ jedoch das Projekt nicht fallen und suchte bis zum August neues Material. Da allerdings machte der erste Großangriff auf Peenemünde seine Absicht gegenstandslos.

HITLERS FOLGENSCHWERER TRAUM

Nach Professor Hettlages spekulativem Besuch mochten etwa vierzehn Tage vergangen sein, als mich ein anderer Professor, diesmal Professor Petersen, Direktor der AEG, im Auftrage von Minister Speer bat, Peenemünde besichtigen zu dürfen. Wir trafen uns im Kasino. Petersen war ein mittelgroßer alter Herr mit Klemmer, graumeliertem Haar und faltigem, runzligem, gelbfahlem Gesicht. Um seine Mundwinkel spielte ständig ein Zug offen zur Schau getragener Überheblichkeit. Auf seinen knochigen und blassen Greisenhänden standen auffällig die Adern hervor. Er hatte eine unangenehme Redeweise und unterbrach seine ständigen Wiederholungen immer durch ein lästiges nervöses Hüsteln.

Ich erkundigte mich nach seinen Wünschen. Er erklärte, im Auftrage von Minister Speer erschienen zu sein, um sich einmal eingehend alle elektrischen Geräte und Einrichtungen unseres A 4 anzusehen.

Nachdem ich ihn Steinhoff übergeben hatte, bat ich ihn, mir nach Abschluß seiner Besichtigung offen und ehrlich seinen Eindruck und seine Meinung zu sagen. Am zweiten Tage verabschiedete er sich. Zuvor speisten wir zusammen in kleinem Kreise im Kaminzimmer des Kasinos. Auf meine Abschiedsworte hielt er eine kleine Rede:

„Herr Oberst, meine Herren, jetzt, am Abschluß meines Besuches, darf ich Ihnen verraten, daß ich im Auftrage des Führers hierher geschickt wurde, um als Direktor der AEG, soweit es sich bei Ihrer Konstruktion um elektrische Einrichtungen handelt, meine Eindrücke verantwortlich zu berichten. Die mir gestellte Frage lautet sehr einfach: Besteht überhaupt eine Wahrscheinlichkeit, daß die von Ihnen aufgestellten Behauptungen verwirklicht werden können? Ist ein Kriegseinsatz überhaupt möglich und welche Treffsicherheit besteht? Wie kann zutreffenden Falles die deutsche Elektroindustrie Ihnen helfen?

Sie haben mich, Herr Oberst, zwei Tage lang alles sehen lassen, was ich wollte. Ich durfte mit jedem Ihrer Mitarbeiter sprechen. Es hat keine Geheimnisse gegeben. Ich durfte die Arbeitsweise der Herren kennenlernen und ihre Gedanken erfragen. Ich darf nun gestehen, daß ich noch niemals ein derartig organisch gewachsenes und sachverständig geführtes Entwicklungswerk gesehen habe. Was hier unter Ihrer Führung geleistet wurde, gemahnt an die großen Taten in der Geschichte der Technik. Ich habe dieses Werk mit dem festen Vorsatz betreten, Mittel und Wege zu finden, durch die Ihnen die deutsche Elektroindustrie helfen kann. Jetzt, nachdem ich sah, was hier gearbeitet worden ist und welche Probleme Sie aufgegriffen haben, bitte ich Sie: helfen Sie der deutschen Elektroindustrie! Dank mustergültig eingerichteter Laboratorien und Versuchsfelder, dank einer großen Anzahl passionierter Ingenieure haben Sie auf mehreren Arbeitsgebieten, besonders aber dem der Hochfrequenz und Steuerungstechnik, den Stand der Technik der deutschen Elektroindustrie um Jahre überholt. Ich darf Ihnen nun für die mir gewährte Besichtigungsfreiheit danken. Ich werde in meinem Bericht zum Ausdruck bringen, daß, wenn die Fernrakete überhaupt je Wirklichkeit werden soll, sie nur hier unter Ihrer Führung geschaffen werden kann."

Nach gewohnheitsgemäßem Abzug der stets üblichen schmeichelhaften Übertreibungen blieb doch noch genug übrig, was uns stolz und zufrieden machen konnte.

Einen Bericht von Professor Petersen habe ich nie gesehen.

Einen Monat später wurde im Rahmen des Munitionsministeriums eine „Entwicklungskommission für Fernschießen" ins Leben gerufen. Durch dieses Gremium sollte die Entwicklung aller automatischen oder ferngesteuerten, strahlgetriebenen Flugkörper ministeriell gelenkt werden. Es setzte sich aus leitenden Persönlichkeiten des Munitionsministeriums, der Großindustrie, des Luftfahrtministeriums und des Stabes des Chefs der Heeresrüstung und Befehlshabers des Ersatzheeres zusammen. Einige wenige Vertreter der beteiligten Entwicklungsfirmen waren auch hinzugezogen worden.

Die Leitung und den Vorsitz hatte — Professor Petersen!

So nahte der Monat März 1943. Mit bemerkenswerter Energie versuchte Degenkolb, seine Organisation zum Arbeiten zu bringen. Er wollte in drei Werken, Peenemünde, LZ Friedrichshafen und in den Raxwerken in Wiener-Neustadt ab Dezember 1943 monatlich je 300 A 4 herstellen lassen. Reisen, Sitzungen und Besprechungen rissen nicht ab.

Die Arbeitsweise Degenkolbs wurde sichtbar. Der Mann war in keinen bestimmten Rahmen zu pressen. Für ihn existierte keine

Zuständigkeit, keine andere Dienststelle und keine Abgrenzung
der Arbeitsgebiete. Er verhandelte über den Kopf der Vorgesetzten
hinweg, mit wem er gerade wollte, und bestellte jeden dorthin,
wohin er ihn haben wollte, ohne Rücksicht auf dessen derzeitige
Arbeit. Impulsiv, jähzornig und selbstüberheblich griff er rück=
sichtslos mit groben Händen da ein, wo er es für notwendig hielt,
drückte alle Tasten, die er in seinem Spiel glaubte anschlagen zu
müssen, organisierte, setzte leitende Kräfte ohne jede besondere
Vollmacht allein auf Grund seiner Stellung im Munitionsministe=
rium ab oder wechselte sie aus. Er schimpfte, fluchte, drohte und
ließ sich auf kein Detail ein. Er war voll Eitelkeit und Mißtrauen
nur darauf bedacht, seinen Namen und Ruf als Fachmann obenan
zu sehen. Er trieb auch starke Naturen zur Verzweiflung oder zum
Verzicht auf ihre Stellung. Hervorragende Industrieführer mußten
sich ihm beugen, oder sie nahmen, um nicht zerbrochen zu werden,
Zuflucht zu diplomatischen Schachzügen und zur Unaufrichtigkeit.
Er war der große, immer drohende und gefürchtete Antreiber!

Degenkolbs System konnte im Lokomotivbau, in einer seit Jah=
ren vernachlässigten, jedoch arbeitsbereit dastehenden Industrie,
zum Erfolg führen. In unserem Falle aber war noch keine Ferti=
gungsindustrie vorhanden, es stand keine geschulte Arbeiterschaft
bereit und noch viel weniger geeignete Fachingenieure. Außerdem
aber waren die einzelnen Baugruppen des A 4, besonders was die
elektrischen Einrichtungen betraf, wesentlich vielseitiger und kom=
plizierter als eine noch so große Lokomotive. Degenkolbs tech=
nischer Verstand reichte offenbar nicht aus, um zu begreifen, daß
es bei uns nicht um Lokomotivradsätze, sondern um feinste Poten=
tiometerabgriffe durch haarfeine Drähtchen, Fliegenbeine genannt,
ging. Dazu war er zu grob.

Um eine Fertigung anlaufen zu lassen, hatte Peenemünde zu
wenig Leute. Nun begannen sich die Sünden der Nichtanerkennung
zu rächen. Umorganisieren und Antreiben nützten jetzt nichts.
Degenkolbs seitheriges Verfahren mußte versagen. Es gelang
Degenkolb ebensowenig, wie es uns gelungen war, Rohstoffkon=
tingente, Konstrukteure und Fachingenieure blitzartig herbeizuzau=
bern. Degenkolb brauchte genau das, was wir alten Peenemünder

seit je und je gefordert hatten: Eingruppierung in eine höhere Dringlichkeitsstufe!

Sein Dickkopf weigerte sich, diese Dinge einzusehen. Da es ihm an Fingerspitzengefühl und auf unserem hochwissenschaftlichem Gebiet auch an Erfahrung fehlte, ersetzte er den Mangel durch anmaßendes Auftreten. Er verschloß sich allen noch so berechtigten Forderungen und Vorstellungen. Er glaubte wahrhaftig, daß die Zeit für ihn Lösungen berge, er sah nicht ein, daß wir keine Zeit mehr hatten, er brauchte Fertigungsunterlagen, die Peenemünde einfach nicht liefern konnte. Sein Programm schwebte in der Luft, denn der Boden, auf dem er aufbauen sollte, war überhaupt noch nicht vorhanden. Wir, die wir alle Hindernisse kommen sahen, haben immer wieder vergeblich auf die Ursachen der Schwierigkeiten hingewiesen. Wir hätten geradesogut auf eine Mauer einreden können. Streitigkeiten, Angriffe, Vorwürfe und Zerwürfnisse zwischen den Angehörigen meiner Dienststellen und Degenkolb waren die Folge. Degenkolb, zerfressen von Mißtrauen, überschüttete mich mit Klagen. Alles drängte, falls er nicht auf mich hören wollte, einer Katastrophe entgegen.

Schließlich sah ich nur noch eine einzige Möglichkeit, den Streit zwischen Peenemünde und Degenkolb mit seinem Sonderausschuß aus der Welt zu schaffen: Degenkolb mußte sich in den Rahmen der bestehenden Organisation einfügen und mir unterordnen.

Der Minister lehnte aus grundsätzlichen Erwägungen ab. Er könne, erklärte er, keine Dienststelle seines Ministeriums einem Heeresoffizier unterstellen. Anderseits könne er mich auch nicht zu seinem Beauftragten ernennen und mir ministerielle Vollmachten geben.

Es mußten erst noch einmal 18 Monate vergehen, die Not mußte noch akuter werden, ehe es Speer über sich brachte, diese Bedenken über den Haufen zu werfen. Alles, was Speer sofort zu unternehmen versprach, war, in einer anschließenden Besprechung meine Stellung Degenkolb gegenüber unmißverständlich und klar festzulegen.

Speer eröffnete die Sitzung mit einer Ansprache: „Meine Herren, ich möchte einleitend ein für allemal die Stellung des Oberst Dorn=

berger als Beauftragten des Heeres für das ganze A 4-Programm Ihnen gegenüber folgendermaßen festlegen: Wenn ich als Architekt und Künstler einen Bau, sagen wir die Reichskanzlei, in allen künstlerischen und technischen Einzelheiten erdacht, geplant und entworfen habe, und ein Bauunternehmer, der, sagen wir, den Mosaiksaal fertigzustellen hat, entschließt sich, selbständig statt rotem Marmor weißgekalkte Wände zu nehmen, dann, meine Herren, nehmen Sie es mir bitte nicht übel, dann habe ich das Recht, ihm die Faust in das Gesicht zu schlagen. Ebenso wie diese meine Stellung gegenüber dem Bauunternehmer ist die Stellung des Oberst Dornberger Ihnen gegenüber."

Ich glaubte kaum, daß dieser hübsche Vergleich auf Degenkolb sonderlichen Eindruck machen würde. Das war so gut, als schösse man mit einem Blasrohr auf ein Nilpferd. Degenkolb erkannte nur den an, den er fürchten mußte. Noch war seine Stellung stark.

Während der Sitzung entschloß sich Speer zu einem erneuten Vorstoß bei Adolf Hitler. Meine Hoffnungen stiegen wieder etwas. Wir schrieben März 1943, und an der Kanalküste wurde an den Einsatzbunkern gebaut.

Nach einigen Tagen kam aus dem Hauptquartier die Entscheidung: „Der Führer hat geträumt, daß kein A 4 jemals England erreichen könne."

Wiederum war alles vergeblich gewesen. Wir hatten nicht nur gegen die mangelnde Voraussicht der maßgebenden Stellen und Zuständigkeitshändel zu kämpfen, wir hatten es nun auch noch mit den Träumen unseres obersten Kriegsherrn zu tun. Die Spannungen zwischen Degenkolb einerseits, meinen leitenden Direktoren und mir andererseits, nahmen zu. Langsam, nur allzu langsam schien Degenkolb einzusehen, daß er ohne Zuführung von Fachkräften keine Fertigungsunterlagen, Vorrichtungsbauzeichnungen und sonstige Grundlagen bekommen konnte. Je mehr Montagestätten er einrichtete, je mehr Industriewerke er für die Teilefertigung heranzog, um so mehr ausgebildete Ingenieure und Fachhandwerker mußte Peenemünde haben. Ein Versuch, den Beauftragten des Führers für Arbeitseinsatz, Gauleiter Sauckel, Anfang Mai durch einen Besuch in Peenemünde zu veranlassen,

Arbeitskräfte zur Verfügung zu stellen, scheiterte. Aus Geheimhaltungsgründen durften in Peenemünde keine Ausländer beschäftigt werden. Deutsche Kräfte konnten wegen der geringen Dringlichkeit nicht zugeteilt werden. Das Bauprogramm scheiterte an der Personalfrage!

Degenkolb verschlimmerte die Lage noch dadurch, daß er aus Peenemünde Fachkräfte abzog, um sie in seinen Montagewerken und unterirdischen Sauerstofferzeugungsanlagen einzusetzen.

Die Lage wurde verzweifelt.

V 1 ODER V 2

Noch einmal kam es für Peenemünde zu einer entscheidenden Stunde: Adolf Hitler hatte befohlen, daß, um Rohstoffverbrauch und Kosten zu vermindern, von der Kommission für Fernschießen eine Entscheidung gefällt werden solle, welche der beiden automatischen Fernwaffen am meisten fortgeschritten sei und welche die größten Aussichten auf Erfolg habe. Über eine rein militärische Frage sollte also nun eine Industriekommission entscheiden.

Um die Mitte des Jahres 1942 hatten wir Raketenleute nämlich Konkurrenz bekommen. Unter der Oberleitung von Fliegerstabsingenieur Brée hatte die Luftwaffe einen strahlangetriebenen, von einer schrägen, betonierten Startbahn in Schußrichtung zu katapultierenden Lufttorpedo, das Muster Fi 103, rasch fortschreitend entwickelt. Dieses geflügelte Geschoß, die spätere V 1, war im Grunde ein kleiner Tiefdecker mit wenigen Metern Spannweite. Der Antrieb hatte sich angeblich auf ein altes französisches Patent aus dem Ende des vorigen Jahrhunderts gestützt.

Im Triebwerk bzw. Verbrennungsofen unserer Fernrakete verbrannten Spiritus und Sauerstoff. Beim Muster Fi 103 wurde minderwertiges Treiböl mit dem aus der Luft entnommenen Sauerstoff vermischt und gezündet, wodurch ein Rückstrahl entstand. Dieser geflügelte Torpedo mußte stets mit gleichbleibender Geschwindigkeit fliegen. Er war also während des Fluges an eine bestimmte spezifische Luftdichte, damit also Flughöhe, die wegen des mit der Höhe abnehmenden Sauerstoffgehaltes der Luft nicht sehr groß sein konnte, gebunden. Seine Flugbahn entsprach daher jener eines Kleinflugzeuges und keineswegs der eines Geschosses. Beim A 4 hatten wir einen kontinuierlichen Antrieb, d. h. der Verbrennungsvorgang wurde während der ganzen Brennzeit nicht unterbrochen. Beim Argusrohr hingegen, dem Triebwerk des Fi 103, fand eine intermittierende Verbrennung mit bis zu 500 Explosionen in der Minute statt. Durch ein an der Spitze des Rohres angebrachtes, mit vielen Reihen sich nach innen öffnender einfacher Blechklappen versehenes Ventilgitter wurde Luft angesaugt und verdichtet. In die verdichtete Luft wurde Treiböl eingespritzt und schlagartig gezündet bzw. zur Verbrennung gebracht. Der entstehende Verbrennungsdruck schloß vorne die Ventilklappen des Gitters und drückte die Verbrennungsgase und die im Rohr befindliche Luft unter gleichzeitiger starker Ausdehnung der Verbrennungsgase nach hinten. Es entstand der gewünschte Rückstoß. Durch das Austreiben der Luft aber bildete sich im ganzen System ein Unterdruck, die Ventilklappen öffneten sich wieder, frische Luft wurde angesaugt, und der Verbrennungsvorgang begann von neuem. Das war das Grundprinzip des Antriebes der V 1.

Ein an der Spitze des Flugkörpers der V 1 angebrachtes kleines Propellerchen war mit einem einstellbaren Zählwerk gekoppelt. Über eine bestimmte Entfernung war bei gleichbleibender Geschwindigkeit und Flughöhe die Drehzahl des Propellerchens bekannt. Im Zeitpunkt der Ankunft der V 1 über dem Ziel schaltete das auf diese Entfernung eingestellte Zählwerk ein Auslösewerk ein, das das Höhenruder zum Ausschlag brachte. Das Gerät stürzte dann senkrecht zur Erde.

Die Entwicklung schien Erfolg zu versprechen. Der Aufwand dafür betrug ungefähr ein Zehntel der Kosten unserer Fernrakete. Die mitgeführte Sprengstoffmenge entsprach ungefähr der unseres A 4.

In engster kameradschaftlicher Verbundenheit mit Peenemünde-West waren wir im Laufe des letzten Jahres Zeuge des Fortschreitens der Arbeiten gewesen. Ich selbst hatte seit 1933 von meiner Dienststelle aus an der Entwicklung des Antriebes durch Dipl.-Ing.

Paul Schmidt in München durch finanzielle Unterstützung lebhaften Anteil genommen. Um jedoch unsere Kräfte mehr auf den Antrieb im praktisch luftleeren Raum zu konzentrieren, hatte ich im Frühjahr 1940 die weitere Förderung dieses Verfahrens an das dafür besser zuständige Reichsluftfahrtministerium abgegeben. Die den Sauerstoff der Luft zur Verbrennung des Treibstoffes verwendenden Strahltriebwerke sind technisch letzte Vollendungen luftbedingter Antriebsverfahren zur Erreichung höchster Geschwindigkeiten in der Erdatmosphäre. Unsere Aufgabe lag jedoch demgegenüber im praktisch luftleeren Raum, im Weltraum. Wir rechneten ja auch schon mit ganz anderen Maßen. Wir sprachen von Machschen Zahlen, d. h. von Überschallgeschwindigkeiten, von Fluggeschwindigkeiten in km/sec und nicht, wie bei Luftfahrzeugen üblich, mit km/st.

Am 26. Mai 1943 fand in Peenemünde eine mit Fernschießen verbundene Tagung der Kommission statt. Den Höhepunkt bildete eine Vergleichsvorführung beider Entwicklungen vor einem großen Besucherkreis. Neben Minister Speer nahmen Generalfeldmarschall Milch, Großadmiral Dönitz, Generaloberst Fromm und ein Schwarm leitender Persönlichkeiten aus den beteiligten Ministerien und den Oberkommandos teil. Vor dem Vergleichsschießen wurde im Kasino das Für und Wider beider Waffen gegeneinander abgewogen.

Das Muster Fi 103 war wesentlich billiger. Es bot ob seiner geringen Größe die Vorteile einfachster Handhabung, leichten Nachschubs auf handelsüblichen Fahrzeugen und geringen Treibstoffverbrauches. Damit war die Möglichkeit des Masseneinsatzes gegeben. Als Nachteile wurden aufgezählt: erstens umfangreiche ortsfeste Startstellen, die bei feindlicher Luftüberlegenheit ausfallen können, zweitens die durch die Betonstartbahn – sie bestand aus einer festen Rampe – festliegende Schußrichtung und dadurch Erleichterung der Abwehr. Drittens die zu geringe Geschwindigkeit von nur 160 m/sek bei zu geringer Höhe von 200 bis 2000 m, so daß der Abschuß durch Jäger, leichte und mittlere Flak auf den Einflugschneisen begünstigt wurde. Viertens noch der Nachteil der Ankündigung des nahenden Torpedos durch die charakteristischen

Geräusche des Triebwerkes und damit die Möglichkeit der Vor=warnung. Außerdem ließ sich fünftens die V 1 leicht durch Kurz=wellenpeilgeräte erkunden. Was aber die Wirkung anbelangt, so konnte sie infolge der geringen Auftreffgeschwindigkeit jene einer 1=t=Luftmine nicht übertreffen.

Dem gegenüber stand das A 4: Die Rakete hat bei geringstem Aufwand in der Feuerstellung der motorisierten Einheiten freien Schußbereich nach allen Seiten, Abwehr oder Beeinflussung der Rakete ist vom Augenblick des Abschusses bis zum Einschlag aus=geschlossen, die Streuung ist bei ordnungsgemäßer Bedienung und Prüfung vor dem Schuß geringer als die des Musters Fi 103. In=folge der hohen Auftreffgeschwindigkeit ist bei Verwendung emp=findlicher Bodenabstandszünder die Wirkung bei gleicher Spreng=ladung größer. Der Einschlag erfolgt wegen der hohen Überschall=geschwindigkeit völlig überraschend. Die Feuerstellung selbst ist aus der Luft schwer oder überhaupt nicht zu erkennen. Ein Luft=angriff muß, um Erfolg zu haben, sich auf die Nachschubeinrich=tungen beschränken. Stellungswechsel ist jederzeit und kurzfristig möglich. Die Nachteile sind, neben größerem Aufwande, empfind=liche Prüf= und Nachschubeinrichtungen und die Notwendigkeit bombensicherer Flüssigkeitsauerstoffanlagen. Ferner, infolge des hohen Spiritusverbrauches bei nur beschränkt verfügbarer Menge von Sprit, eine niedrigere Stückzahl. Schließlich, bei der Kom=pliziertheit und Empfindlichkeit der Inneneinrichtung der sich selbst steuernden Rakete, ein ziemlich umfangreicher Ersatzteile=Nachschub.

Die Kommission stellte fest, daß der Entwicklungsstand beider Waffen ungefähr der gleiche sei.

In der Aussprache vertrat ich den Standpunkt, daß unter Berück=sichtigung der Verschiedenartigkeit beider Waffen und ihrer tak=tischen Einsatzbedingungen eine Bevorzugung der einen auf Kosten der anderen unzweckmäßig sei. Die Nachteile der einen würden durch die Vorteile der anderen ausgeglichen. Wenn man sich aber nunmehr endlich dazu entschlösse, diese Fernwaffen einzusetzen, dann könne man nicht stark genug sein.

Die Kommission beschloß, dem Führer zu berichten, daß die

beste Lösung die sei, beide Geräte möglichst bald mit höchster Dringlichkeit und möglichst großer Stückzahl in Massenherstellung gehen zu lassen. Zur Verstärkung der Wirkung werde gemeinsamer Einsatz befürwortet.

Dieser Beschluß der Kommission lag zu Beginn des Vergleichsschießens bereits vor. Die Veranstaltung konnte also keinen Einfluß mehr auf den Adolf Hitler vorzulegenden Bericht haben.

Es gelang uns im Laufe dieses schönen Sommertages, zwei musterhafte Abschüsse bei einer Schußweite von rund 250 km zu zeigen. Die Konkurrenz hatte mit ihrem Muster Fi 103 infolge technischer Störungen Pech. Es kam nach kurzer Flugstrecke zu einem Absturz. Als wir am Nachmittag nach einem nochmals mißglückten Abschuß eines Fi 103 das Meßhäuschen der Luftwaffe am Peenemünder Haken verließen, klopfte mir Generalfeldmarschall Milch auf die Schulter und äußerte mit etwas schmerzlichem Lächeln: „Gratuliere, 2 : 0 für Sie!"

Im Kasino hatte ich etwas später Gelegenheit, mit Minister Speer allein zu sprechen. Ich scheute mich nicht, ihm in bitteren Worten darüber Vorhaltungen zu machen, daß er nach seiner Ernennung zum Munitionsminister seine frühere Anhänglichkeit an Peenemünde aufgegeben und seinem Glauben an uns untreu geworden sei.

„Was sollte ich machen", antwortete Speer, „ich war vom ersten Augenblick an, als ich hier oben zu tun bekam, begeistert, ich habe immer die Großartigkeit der Peenemünder Projekte und den großen Wurf, den Sie und Ihre Herren wagten, bewundert. Sie wissen, daß ich früher mehr als ein Auge zugedrückt habe, um Ihnen zu helfen. Ich war überzeugt, daß es Ihnen gelingen wird." Das war ja alles sehr schmeichelhaft, im Grunde aber war nichts damit gesagt.

„Herr Minister", fragte ich weiter, „warum haben Sie dann nicht, als Sie Minister wurden, die negative Einstellung Ihres Ministeriums geändert und uns die wiederholt so dringend erbetene Hilfe geleistet? Wir hätten das, was wir heute gezeigt haben, schon vor eineinhalb Jahren vorführen können. Diese Zeit, Herr Minister, haben wir verloren."

Speer versuchte mich zu beruhigen.

„Es ist etwas anderes, ob ich Ihnen als Generalbauinspektor in einer für die Kriegführung nicht verantwortlichen Stellung mit den mir zugeteilten Mitteln helfe oder ob ich das als für die deutsche Rüstung verantwortlicher Minister nach eingehender Kenntnis des vielfältigen Bedarfes der Wehrmacht tue."

Ich konnte das nicht so recht glauben.

„Herr Minister, wenn Sie nicht selbst innerlich an uns gezweifelt hätten", wandte ich ein, „dann hätten Sie bestimmt Wege gefunden, um uns zu helfen."

Speer antwortete: „Seit ich im Ministerium bin, habe ich allerdings meine Ansicht über Ihre Arbeit und die Möglichkeit der Verwirklichung Ihrer Ideen geändert. Ist das aber ein Wunder? Ich mußte doch vom Augenblick meiner Ernennung an die Sachbearbeiter hören. Ich bin überzeugt, daß auch Sie weich geworden wären. Über die skeptische Einstellung des Führers hinaus waren es meine Hauptmitarbeiter, die als Techniker mit großer Industrieerfahrung und Übung in Entwicklung und Fertigung Ihren Plänen immer ungläubig und zweifelnd gegenüber gestanden sind. Auf Ablehnung bin ich nicht nur einmal, sondern bei jeder Gelegenheit gestoßen. Wem sollte ich denn schließlich noch glauben, Ihnen als dem Soldaten, dem eigentlich dieses Arbeitsgebiet fernliegen sollte, oder den Fachingenieuren aus meinem Ministerium? Dazu kommt noch, daß für uns Außenstehende die Entwicklung nicht recht voranzugehen schien. Ich mußte daran zweifeln, daß der Abschluß Ihrer Arbeiten noch in diesem Kriege möglich sein werde. Heute bin ich voller Zuversicht, daß das Vorhaben gelingen wird."

Ich hatte noch eine Frage.

„Warum haben Sie mir, Herr Minister, als Leiter des Sonderausschusses A 4 ausgerechnet Degenkolb beigegeben? Streitigkeiten waren von vornherein zu erwarten und sie scheinen auch nicht mehr aufzuhören ..."

Es sei ihm klar gewesen, entgegnete Speer, daß Degenkolb in seiner Rücksichtslosigkeit und Primitivität eine harte Nuß für meine Mitarbeiter und mich sein würde, es sei ihm aber einfach nicht gelungen, für Peenemünde eine höhere Dringlichkeitsstufe zu erreichen. So sei eben als einzige Lösung die starke Persönlichkeit Degenkolbs übrig geblieben, er habe nun einmal im Lokomotivbau seine Tüchtigkeit bewiesen. „... Sie mußten miteinander fertig werden", schloß Speer seine Antwort.

„Die seelische Belastung ist kaum mehr zu ertragen", erklärte ich.

„Sie müssen sich aneinander abschleifen", erklärte Speer, „Sie sind ja jetzt über den Berg, Sie haben es geschafft, es geht vorwärts. Ich werde mich darum bemühen, daß Sie in nächster Zeit zum Führer zum Vortrag kommen. Dann werden Sie nach Herzenslust arbeiten können. Wenn Sie dann noch glauben, mit Degenkolb wirklich nicht fertig werden zu können, sagen Sie es mir. Ich werde ihn dann ablösen." Das Gespräch war beendet, ich durfte hoffen, daß die Fertigung nun beginnen würde.

Ich konnte noch einen weiteren Erfolg für Peenemünde buchen. Auf dem Weg ins Kaminzimmer stieß ich auf Saur. Er drückte mir die Hand.

„Das habe ich gar nicht gewußt und geahnt, daß Sie schon so weit sind. Ich sehe ein, daß das Gerät nun doch noch zum Einsatz kommen wird. Sie haben mich überzeugt. Von nun an haben Sie mich hundertprozentig hinter sich. Ich werde Ihnen helfen, wo ich kann. Kommen Sie mit Ihren Wünschen zu mir, allein oder mit Degenkolb."

Und Saur hielt tatsächlich Wort.

Als die Besucher uns verlassen hatten, beschloß ich auch diesen Tag im engsten Kameradenkreis mit einer kleinen Feier. Zwei Tage später erfuhr ich durch einen Anruf Speers aus dem Hauptquartier, daß ich Generalmajor geworden war.

HITLER GENEHMIGT

Doch noch einmal versuchte Degenkolb ein zweifelhaftes Spiel. Eines Tages erschienen im Werk vier von ihm nach Peenemünde geschickte Ingenieure. Alsbald wurden mir merkwürdige Gerüchte hinterbracht. Sie veranlaßten mich, Degenkolb anzurufen und nach seiner Absicht zu fragen. Er erklärte, daß die vier Herren sich einarbeiten sollten, um später in der Leitung seiner Fertigungswerke verwendet zu werden. Während einer Besprechung in meinem Dienstzimmer mußte ich neuerlich an der Ehrlichkeit von Degenkolbs Absichten zweifeln. Einer der Ingenieure, Dipl.-Ing. Sawatzki, erklärte mir vertraulich, daß er und seine Kollegen von Degenkolb den klaren Auftrag erhalten hätten, sich in Peenemünde aufmerksam umzusehen und ihm möglichst bald Vorschläge für eine Umorganisation des Peenemünder Betriebs vorzulegen. Es fehlte auch nicht am Anreiz. Degenkolb hatte allen vieren erklärt, daß sie als Direktoren des Versuchsserienwerkes vorgesehen seien. Damit hatte ich also den klaren Beweis, daß Degenkolb die Hoffnung, Peenemünde in eine ihm unterstehende Privatfirma zu verwandeln, noch nicht aufgegeben hatte. Da er sich weigerte, die Herren abzurufen, schickte ich sie, bis auf Sawatzki, dahin zurück, woher sie gekommen waren.

Zum ersten Male ahnte ich das „Zu spät". Der Bedarf an Eisen- und Baukontingenten stieg ebenso wie der Bedarf an Fach- und Bauarbeitern ins Ungemessene. Ähnlich erging es uns bei der Beschaffung der notwendigsten Einrichtungen und Maschinen. Der Mangel an Fachingenieuren wurde geradezu peinlich.

Die Lage war wieder kritisch geworden.

Endlich, am 7. Juli 1943, entschied Hitler, daß Peenemünde an die Spitze der Dringlichkeitsleiter des deutschen Rüstungsprogrammes gesetzt werde. Der große Kampf um Anerkennung schien zu Ende zu sein. Die Lage begann sich für uns geradezu ruckweise zu bessern. Menschen und Material strömten in das Programm. In Wochen wurde das geschafft, wozu wir sonst Monate und Jahre gebraucht hatten. Man beeilte sich, uns überreichlich zu helfen. Alle mehr oder weniger beteiligten Ministerien und Dienststellen boten uns ihre Unterstützung an. Ja, man fragte gar nicht mehr, was wir haben wollten. Man schickte einfach. Man wollte Anschluß an uns behalten und jetzt, nachdem die Entscheidung gefallen, dabei sein. Das Pendel schlug zur anderen Seite durch.

Am 7. Juli waren meine Mitarbeiter von Braun und Steinhoff mit mir ins Führerhauptquartier zum Vortrag befohlen worden.

Wir starteten mit unserer Heinkel 111 im dicken Nebel. Dr. Steinhoff führte die Maschine. Der Bordfunker bemühte sich, mit den auf unserem Kurse liegenden Flugplätzen bzw. Wetterdiensten Verbindung aufzunehmen, um die Ausdehnung des sich nach Osten erstreckenden Nebels zu erfahren. Unser Abruf ins Führerhauptquartier war etwas plötzlich erfolgt. Um 11 Uhr 30 hatte ich von Speer den Auftrag empfangen, mich im Führerhauptquartier zu melden, und die Auflage, den am 3. Oktober 1942 aufgenommenen Film und alles Vortragsmaterial ins Führerhauptquartier mitzubringen. Wie weit lag der 3. Oktober 1942 nun zurück! Fast neun Monate!

Wir hatten alles zusammengepackt. Den Film, das Modell des Großbunkers an der Kanalküste, die holzgeschnitzten kleinen Modellfahrzeuge, bunte Schnittzeichnungen, Organisationspläne, Lehrtafeln für die Einsatztruppe und Flugbahnkurven.

Seit März 1939 hatte ich Hitler nicht mehr gesehen. Er war nie in Peenemünde gewesen. Ich konnte mir das nie anders erklären als mit seiner Angst vor den eigenen Soldaten. Bis jetzt hatte er unseren Plänen gegenüber, wenn nicht Ablehnung, so doch Skepsis gezeigt. Er hatte ja nie, nicht einmal im Bilde, den Aufstieg einer Großrakete gesehen. Nie den packenden Eindruck des Fluges eines so großen Geschosses aufgenommen und nie die Einschlagstelle eines solchen Riesen gesehen. Wir mußten ihm also nun gewissermaßen „im Saale" zeigen und beweisen, was wir konnten. Wir beschlossen, unser übliches Programm aufzuziehen. Zuerst Vorführung des Films vom 3. Oktober 1942, begleitet von dem schon zur Gewohnheit gewordenen Vortrag Dr. v. Brauns. Erst wenn Hitler Feuer gefangen haben würde, wenn er die Möglichkeit eines Einsatzes im bewegten Bilde gesehen hätte, wollten wir die übrigen Fragen berühren.

Als wir die Weichsel überflogen, hörte der Nebel plötzlich, wie abgeschnitten, auf. Unter uns dehnten sich in unabsehbarer Weite die dunklen Wälder Ostpreußens, geschmückt mit der Fülle blitzender Seen und da und dort mit blühenden Feldern. Eine halbe Stunde später landeten wir in Rastenburg.

Ein Wagen des Hauptquartiers brachte uns und unser umfang=

reiches Gepäck nach dem Gästehaus des Heeres, der Jägerhöhe. Das erste, was wir dort erfuhren, war, daß der Vortrag verschoben sei. Wir sollten erst am Nachmittag gegen 17 Uhr kommen. Ich hatte schon Schlimmeres erwartet: die Absage.

Eine Stunde vor der angesetzten Zeit fuhren wir, ausgerüstet mit den Ausweisen für die verschiedenen Sperrzonen, hinein in den lichten Eichenwald, in dem das ausgedehnte Barackenlager und die vielen Betonbunker des Führerhauptquartiers verborgen lagen. Der Kinovorführungsraum lag im engsten Sperrbezirk. Dort hingen wir unsere Pläne auf und veranstalteten eine Art kleiner Ausstellung. Die Zeit verrann, es war längst 17 Uhr vorbei. Es wurde später und später.

Plötzlich öffnete sich die Türe, wir vernahmen den Ruf „Der Führer!" Hitler erschien in der Begleitung von Keitel, Jodl, Buhle, Speer und deren persönlichen Adjutanten. Es waren keine Gäste zugelassen. Ich erschrak über Hitlers Anblick. Ein schwarzer weiter Umhang verhüllte seine vornübergebeugten hängenden Schultern und seinen krummen Rücken. Er trug einen feldgrauen Rock und schwarze Beinkleider. Er machte den Eindruck eines müden Mannes. Nur die Augen waren lebendig geblieben. Sie blickten aus einem durch Baracken- und Bunkerleben ungesund blassen Gesicht und schienen nur noch aus Pupillen zu bestehen.

Nach kurzer Begrüßung nahm er zwischen Speer und Keitel in der vordersten Reihe des rückwärts ansteigenden kleinen Parketts Platz. Nach wenigen einleitenden Sätzen von mir wurde es langsam dunkel im Raum.

Auf der Leinwand spielte sich der historische Aufstieg jenes A 4 vom 3. Oktober 1942 ab, wie er uns damals und seitdem alle Betrachter begeistert hat. Von Braun gab dazu die Erklärungen. Es waren packende Bilder. Die fast 30 m hohen Falltore des großen Montagehauses des Prüfstandes VII in Peenemünde öffnen sich. Langsam rollt die schwere Stahlkonstruktion des für Brennversuche mit einem komplett zusammengebauten A 4 versehenen fahrbaren Versuchsstandes aus der Halle und über die große, in die Erde eingelassene Kühlschurre. Neben der riesigen, an ein auf Rädern fahrendes Haus gemahnenden Versuchsbühne verschwinden fast die

Menschen. Es folgen Brennversuche mit der kardanisch aufgehängten Rakete. In Nahaufnahmen kann man die Wirkungsweise der Strahlruder beobachten. Nach dem Brennversuch wird die Rakete auf das für die Truppe vorgesehene Transportfahrzeug, einen Meiller-Wagen, verladen. Fahrversuche auf der Straße und in Kurven beweisen die hervorragenden Fahreigenschaften.

Soldaten bedienen eine hydraulische Aufrichtevorrichtung und stellen die Rakete senkrecht auf den durch seine Unkompliziertheit verblüffenden Abschußtisch. Spielend handhabt die Hydraulik des Meiller-Wagens das 14 m lange, 4,5 t wiegende Stück. Die Darstellungen des Betankens und die Vorbereitungen zum Abschuß beweisen die Einsatzfähigkeit des Geschosses, und schließlich erfolgt der Start.

Aus nächster Nähe aufgenommen, zeigt der Film den Vorgang des Abhebens und den senkrechten Aufstieg der Rakete, die Umlenkbewegung in die Schußrichtung, und schließlich sind einzelne Vorgänge in Zeitlupenaufnahmen festgehalten.

Diesen Kameraeinstellungen folgen die Trickbildaufnahmen der Flugbahn vom 3. Oktober mit graphischen Darstellungen der an diesem Tage erreichten Geschwindigkeiten, der Steighöhe und der Schußweite.

Die letzten Meter des Filmes zeigen noch einmal in zügiger Zusammenraffung alle wichtigen Phasen der Gesamtdarstellung: die Ankunft der Belegschaft, die Brennversuche auf dem Prüfstand, die Arbeiten in den Konstruktionsbüros und schließlich den Abschuß. Das Ende des Filmes zeigte sich in einer das ganze Blickfeld einnehmenden Schrift an:

„Wir haben es doch geschafft!"

Der Film war abgelaufen. Von Braun schwieg. Stille …

Niemand wagte ein Wort zu sprechen.

Hitler war sichtlich gepackt und erregt. In Gedanken verloren, lehnte er düster vor sich hinblickend in seinem Stuhl. Als ich nach einer Weile zu längeren Ausführungen ausholte, schrak er förmlich aus seinen Grübeleien auf. Er hörte aufmerksam zu. Er zeigte Interesse. Es schien mir, daß er mir die Worte, schon ehe ich sie ausgesprochen hatte, vom Gesicht und von den Lippen ablas. Zuweilen schüttelte er den Kopf oder nickte eifrige Zustimmung.

Ich erwähnte noch einmal kurz den Stand der Entwicklung und die bisher erreichten Ergebnisse. Ich erklärte unsere Einsatzmöglichkeiten und die hierzu nötigen Vorbereitungen. Sodann erklärte ich das Schießverfahren vom Großbunker und von Stellungen der motorisierten Batterien aus. Über industrielle Planung mit Angaben von Stückzahlen und Lieferfristen lenkte ich über zur Truppe, ihrer Aufstellung und Ausbildung. An Hand der Modelle, Zeichnungen und Karten versuchte ich, ein eindrucksvolles Bild der uns nun schon seit Jahren in Atem haltenden Entwicklungsarbeiten zu geben.

Während dieser Ausführungen sprang Hitler auf und trat an den Tisch, auf dem wir unsere Modellschau aufgestellt hatten. Seine Augen glitten unaufhörlich zwischen mir und dem Anschauungsmaterial hin und her. Schließlich war nichts mehr zu sagen. Ich schwieg und erwartete Fragen.

Hitler trat rasch auf mich zu und drückte mir die Hand. Ich vernahm seine fast nur geflüsterten Worte:

„Ich danke Ihnen. Warum habe ich nicht an den Erfolg Ihrer Arbeiten glauben können? – Wenn wir diese Raketen schon 1939 gehabt hätten, dann wäre es nicht zum Kriege gekommen ..."

Sein Blick schien ins Leere zu gehen, er sah mich nicht mehr, nur sein Mund sprach weiter: „... jetzt und in aller Zukunft ist Europa und die Welt für einen Krieg zu klein. Mit diesen Waffen wird ein Krieg für die Menschheit untragbar werden ..."

Nach diesen Worten wandte er sich wieder dem Modell des Bunkers zu. Noch einmal mußten wir es auseinandernehmen und ihm alles erläutern. Wir mußten zeigen, wie die Raketen angefahren, gelagert, geprüft und schußfertig gemacht werden; wie sie, aufgerichtet, eine Minute vor dem Abschuß mit den im Innern laufenden Kreiseln aus den schmalen Türschlitzen ins Freie gefahren und, senkrecht auf der Abschußrampe stehend, in rascher Folge verschossen werden können.

Ich machte aus meiner Abneigung gegen das Aus-dem-Bunker-Schießen kein Hehl. Ich bin für Beweglichkeit, für Ausnützung der

Motorisierung, für feldmäßig rasches Arbeiten und Schießen. Bei großer Luftüberlegenheit eines Gegners würde der Bunker nicht viel zum Schießen kommen ...

Hitler unterbrach mich lebhaft und rief Speer heran, um ihm zu erklären, daß gerade diese Bunkergroßbauten an der Kanalküste für die U-Boote sich vorzüglich bewährt hätten. Er wünschte für uns nicht nur einen, er wollte zwei, ja, möglichst drei Bunker errichtet haben. Die motorisierten Raketenbatterien, meinte er, würden von der gegnerischen Aufklärung doch bald erkannt und bekämpft werden. Die Zukunft sollte ihn eines Besseren belehren.

Obwohl ich wußte, daß Hitler keinen Widerspruch vertrug, zögerte ich nicht, seine Ansicht zu bestreiten. Ich erwähnte, daß es für einen Flieger nach dem Abschuß einer Rakete höchst schwierig sein würde, den Abschußort einer motorisierten und beweglichen Batterie festzustellen. Es verblieben doch nur der leichte Abschußtisch und die wenigen Fahrzeuge in der Feuerstellung, die spielend leicht zu tarnen seien. Nach jedem Schuß könne mühelos Stellungswechsel vorgenommen werden, — es bleibe eigentlich kein lohnendes Bombenziel mehr übrig.

Vergeblich. Bunker waren Hitlers Lieblingsbauten, er ließ die Bunkeridee nicht mehr fallen. Und damit erhielt Speer den Auftrag, die Decke des Bunkers in einer Mächtigkeit von 7 m ausführen zu lassen. Dazu gab er folgende Erklärung:

„... diese Bunker müssen die feindlichen Flieger anlocken wie Honig die Fliegen. Jede Bombe, die hier fällt, fällt nicht in Deutschland."

Nachdem ich ihm zwei Aufnahmen von Raketeneinschlägen auf Land gezeigt hatte, fragte er nach längerem, schweigendem Betrachten, ob wir die Nutzlast nicht auf 10 t und die monatliche Stückzahl auf 2000 erhöhen könnten.

Ich antwortete, daß es dazu einer völlig neuen Rakete bedürfe, einer ganz gewaltig viel größeren Rakete, und daß, falls die Schußweite beibehalten werden solle, diese Gewichte nicht mehr mit den bisherigen Mitteln zu handhaben seien. Um eine derartige Riesenrakete zu entwickeln, brauchte man mindestens vier bis fünf Jahre!

„... und die Stückzahl?" warf Hitler ungeduldig ein.

„Auch die ist unmöglich", erklärte ich, „dazu mangelt es an Spiritus —, die in meinem Vortrage genannten Zahlen sind das Äußerste, was Planungsstellen und andere Amtsstellen zubilligen konnten. Ein neuer Treibstoff anderer Herkunft und Zusammensetzung", erklärte ich weiter, „würde ebenfalls eine Neukonstruktion erforderlich machen —, die Rakete würde nicht vor einigen Jahren fertig sein."

In Hitlers Augen flackerte ein seltsames fanatisches Licht. Schon fürchtete ich einen seiner Wutausbrüche.

„Aber ich will vernichtende —, ich will vernichtende Wirkung!"

Wie konnte ich auf diese trotzig herausgeschrienen Worte antworten! Speer, Keitel, Jodl, Buhle und die anderen Herren standen schweigend, mit aufmerksam auf mich gerichteten Blicken abseits.

Ich antwortete kurz:

„Wir können —, man kann mit einer Tonne Sprengstoff nicht mehr leisten, als eine Tonne hergibt. Vielleicht können wir durch einen besonders empfindlichen Zünder die Wirkung noch etwas erhöhen. Wir haben das noch nicht ausprobiert, bis jetzt hat uns auch noch kein Fachmann das voraussichtliche Ergebnis theoretisch beweisen können."

Hitler wandte sich wieder den Schaubildern zu, ich sprach von der Seite her weiter auf ihn ein. Ich ahnte seine Gedanken.

„... hindern Sie bitte die jetzt schon einsetzende Propaganda, die von kriegsentscheidender, alles vernichtender Wirkung dieser ‚Wunderwaffen' spricht. Die Bevölkerung würde nur enttäuscht sein. Wir haben versucht, mit neuen Mitteln eine unwahrscheinliche Steigerung der Schußweite der Fernkampfartillerie zu erreichen. Das ist gelungen. Wir haben weiter das untragbar hohe Gewicht der schwersten Geschütze in der Feuerstellung durch unsere Rakete auf ein Mindestmaß herabgedrückt. Wir verschießen bei durchaus noch zu rechtfertigender Streuung etwa eine Tonne Sprengstoff auf 250 km und dringen damit in den bisher den Bombern vorbehaltenen Raum ein —, und das, ohne Flugzeug und Besatzung aufs Spiel zu setzen. Gegen die Rakete gibt es keine Abwehr ..."

Da Hitler schweigend und aufmerksam zuhörte, fuhr ich mit besonderer Deutlichkeit fort, „... wir haben diese Waffe entwickelt, wir können sie bedienen und zum Einsatz bringen. Die Beurteilung der psychologischen Wirkung, der Zweckmäßigkeit unter den heutigen Verhältnissen sowie ihrer strategischen Bedeutung im Rahmen der Gesamtlage, war nicht unsere Aufgabe ..."

Während ich sprach, wurde es mir plötzlich zur vollen Gewißheit, daß Hitler nach all den Jahren des Zögerns nun auf einmal eine entscheidende Wendung des Krieges durch den Einsatz dieser neuen Waffe erwartete. Die vor wenigen Minuten von ihm geforderten 10 Tonnen Nutzlast deuteten schon darauf hin. Aber auch diese unsinnige Forderung konnte, wenn sie erfüllbar gewesen wäre, den Krieg nicht entscheiden. Dazu brauchten wir andere Zerstörungsmittel, andere Energiequellen. Atomenergie? Nicht daran zu denken. Ich wußte, welch geringe Fortschritte auf diesem Gebiet durch die Forschungsabteilung des Heereswaffenamts in den letzten Jahren gemacht worden waren. Ich wußte, wie alle Arbeiten durch die Zerstörung der norwegischen Fabrikationsstätten für „schweres Wasser" empfindlich gestört worden waren. Es hätte Jahre und eines mit größten Mitteln unter höchster Dringlichkeit durchgeführten Programmes bedurft, um zu einem ersten Ergebnis zu kommen.

Als nüchterne Techniker hatten wir beim ersten Entwurf unserer Rakete im Jahre 1936 nicht an so fernliegende, unbestimmte Möglichkeiten gedacht. Ich mußte es ihm noch einmal ganz klar machen, was er billigerweise erwarten konnte. Wunschträume konnten nur Träume bleiben. Ich begann daher wieder:

„Als wir die Entwicklung begannen, haben wir nicht an eine alles zerstörende Wirkung gedacht. Wir ..."

Wütend drehte sich Hitler zu mir um und brüllte ...

„Sie! Freilich, Sie haben das nicht beabsichtigt, aber ich!"

Von dieser Explosion betroffen, beschloß ich zu schweigen. Keitel beeilte sich sogleich, das Gespräch auf die Schutzbedürftigkeit der Peenemünder Anlagen zu bringen. Sofort wurde Peenemünde Flakschutz zugesichert. Die Stimmung beruhigte sich wieder.

Als Gnadenbeweis versprach Hitler, daß wir fortan an höchster Stelle der Dringlichkeitsleiter stehen sollten.

HITLER LEISTET ABBITTE

Der merkwürdigste Augenblick aber stand mir noch bevor.

Ich war etwas zur Seite getreten und überließ es von Braun, Hitler noch einige technische Fragen zu erklären. Nebenbei erinnerte ich Speer an sein mir in Peenemünde gegebenes Versprechen, von Braun zum Professor vorzuschlagen.

Als sich Hitler nach einigen allgemeinen Gesprächen verabschiedete, beglückwünschte er von Braun zur Ernennung zum Professor.

Ehe er aber den Raum verließ, er war schon halb auf dem Wege zur Türe, wandte er sich plötzlich nach mir um und trat auf mich zu. Was ich nun zu hören bekam, betrachte ich als den von Schicksalsironie umwitterten Höhepunkt der ganzen bisherigen Entwicklungsarbeit, einschließlich aller Intrigen und sonstigen Kümmernisse.

„Ich habe in meinem Leben nur zwei Männern Abbitte zu leisten. Der eine ist Feldmarschall von Brauchitsch. Ich habe nicht auf ihn gehört, als er immer und immer wieder auf die Bedeutung der von Ihnen betriebenen Entwicklung hingewiesen hat. – Und der zweite sind Sie. Ich habe nicht geglaubt, daß Ihre Arbeiten Erfolg haben könnten."

Hitler und sein Gefolge verließen den Raum. Wir standen allein.

Ich konnte mich nicht recht freuen. Ich sah mich der gefährlichen Dynamik dieses unberechenbaren Mannes gegenüber, seinen vielleicht übertriebenen Hoffnungen. Versprach er sich nun von unserer Rakete nicht zuviel? Wir hatten keine Waffe geschaffen, mit deren Hilfe man diesen Krieg rasch beenden konnte. Das hatten wir weder gewollt noch gekonnt. Schon während des Fluges nach Rastenburg hatte von Braun und mich diese Sorge beunruhigt. Die Propaganda hatte uns verstimmt. Sie sprach von „Wunderwaffen", und überall konnten wir hören, wie dieses Schlagwort übertriebene Hoffnungen entzündete. Außerdem war aus unserem A 4, dem werksmäßig schlicht „Aggregat Nr. 4" genannten Ferngeschoß, eine V 2 geworden, die Vergeltungswaffe Nr. 2! Wir hatten vor Hitler nicht übertrieben. Von Braun hatte mich während des Fluges immer wieder gebeten, die Grenzen unseres Könnens deutlich darzustellen. Was war denn die V 2?

Keineswegs eine Wunderwaffe. Das Wort allein schon war eine den Tatsachen nicht gerecht werdende Übertreibung.

Die militärische Lage war um die Mitte des Jahres 1943 längst nicht mehr so, daß man durch Verschießen von monatlich 900 mit je einer Tonne Sprengstoff geladenen V 2 auf eine Entfernung von 250 km einen Weltkrieg des damals erreichten Ausmaßes hätte beenden können.

Es beschlichen mich Ahnungen ...

DIE NACHT IM FÜHRERHAUPTQUARTIER

Am Abend waren wir Gäste Speers in dem sehr einfach und geschmackvoll eingerichteten Teehaus des Hauptquartiers. Weitere Gäste waren Wirtschaftsminister Funk, Ernährungsminister Backe, Kohlendiktator Pleiger, Dr. Morell, Dr. Brand und einige Herren aus dem persönlichen Stabe Hitlers.

Hitler aß, wie immer in den letzten Jahren, allein.

Es gab Suppe, Fisch und Pudding. Dazu ein Glas Wein.

Die Unterhaltung bei Tisch bestritten Funk und Pleiger mit rheinischen und Hamburger Witzen. Wir schwiegen.

Nach dem Essen gab es in den Nebenräumen Kaffee, Cognac, Steinhäger und Zigarren. Man saß in bequemen Lehnstühlen.

Ich hielt mich sehr zurück, um mit klarem Kopf alles zu sehen, zu hören und zu beobachten. Der von Tabakrauch erfüllte Raum wurde schließlich mehr und mehr von einem erregten Gespräch zwischen Speer und Funk beherrscht. Speer war völlig nüchtern und dem andern durch seine Ruhe überlegen. Erstaunt und interessiert hörte ich, wie hier, in dieser alkoholerfüllten Atmosphäre, ein seit Monaten tobender Machtkampf zwischen Wirtschafts- und Munitionsministerium zugunsten Speers entschieden wurde.

Schließlich saß Funk, stark angetrunken, in einer Ecke und schlief ein.

Aber dem Wirtschaftsminister stand in dieser Nacht noch etwas bevor, er sollte schon seit dem Nachmittag zum Vortrag zu Hitler. Der Termin war von Stunde zu Stunde verschoben worden. Hitler arbeitete, hielt Besprechungen ab, schlief ein paar Stunden, hielt erneut Besprechungen, schlief wieder. Man mußte Tag und Nacht für ihn bereit sein.

Endlich, um 4 Uhr morgens, sollte Funk hinübergehen. Er wurde geweckt und mit starkem schwarzem Kaffee auf die Beine gestellt. Er kam erstaunlich schnell zu sich. Nach einer halben Stunde kehrte er völlig klar und nüchtern zurück. Aber kurze Zeit darauf war er wieder eingeschlafen.

Inzwischen ereignete sich in unserem Kreise Neues. Pleiger ärgerte sich über uns. Er behauptete, wir gehörten nicht in diesen Kreis. Schließlich fragte er Speer mit einem Blick auf von Braun und Steinhoff:

„Was machen eigentlich diese jungen Marschierer hier?"

Speer zwinkerte mir zu und antwortete:

„Ach, die waren heute abend beim Führer und haben ihm über eine neue Raketenerfindung einen Vorschlag gemacht."

Pleiger war höchst erstaunt und entrüstet.

„Was heißt das, die haben einen Vorschlag über Raketen gemacht! Ich bin der Mann in Deutschland, der die Raketenentwicklungen betreibt. Wenn diese jungen Leute was werden wollen, sollen sie zu mir kommen!"

Da war also noch einer, der in Deutschland die Raketenentwicklung gepachtet hatte.

„Das wird nicht so leicht sein", lächelte Speer, „der General hier möchte sie gerne für sich haben."

Pleiger polterte los.

„Unsinn, dort gibt's doch nur Büroarbeit. Schicken Sie sie zu mir!"

Speer riet ihm vergnügt:

„Wenden Sie sich an den General, vielleicht gibt er sie ab!"

Speer und ich erlaubten uns nun einen kleinen Scherz, um den lauten, selbstbewußten Westfalen ein wenig hochzunehmen. Ich sagte zu Pleiger:

„Können Sie denn das, was die Herren fordern, auch geben? Beide sind Diplom=Ingenieure. Sie kommen gerade von der Hoch=schule und fangen an. Ich glaube, sie können etwas. Können Sie ihre finanziellen Forderungen erfüllen? Wenn Sie ihnen sichere Arbeitsmöglichkeit geben und ihre Gehaltsforderungen befriedigen können, lasse ich mit mir reden. Ich habe immer die Schwierig=keiten mit den Gehältern. Machen Sie mir doch ein Angebot!"

Pleiger wollte nun wissen, wie hoch die Gehaltsforderungen seien.

Ich sprach von 250 Mark monatlich, für den Anfang.

Aus dieser nächtlichen Unterhaltung entwickelte sich ein langer Schriftwechsel zwischen Pleiger und mir. Sogar ein Anstellungs=vertrag wurde von Pleiger unterschrieben und nach Peenemünde geschickt.

Endlich machte ich dann nach Rücksprache mit Speer dem Spaß ein Ende, ging zu Pleiger und klärte ihn auf. Er war natürlich zu=erst wütend, es gelang mir aber, ihn durch den Vorschlag zu be=sänftigen, er solle behaupten, daß er alles gewußt habe und uns nur den Spaß nicht verderben wollte.

Diese kleine unbedeutende Anekdote erzähle ich nur, um zu zeigen, bis zu welchem Grade noch Mitte 1943 die Geheimhaltung über Peenemünde gewahrt worden ist. Keiner der Teilnehmer der nächtlichen Unterhaltung im Führerhauptquartier, außer Speer, hatte eine Ahnung, daß in Deutschland eine Großraketenentwick=lung überhaupt betrieben wurde. Keiner wußte etwas vom Stand der Entwicklung.

Um sieben Uhr morgens fuhren wir endlich mit dem Wagen ins Gästehaus zurück.

Um 8 Uhr 30 starteten wir in Richtung Peenemünde.

Wir flogen über die Swinemünder Bucht und kamen in großer Höhe bei Zinnowitz über die Küste.

Noch einmal, zum letztenmal freute ich mich an dem Anblick Peenemündes aus der Luft, an der Weiträumigkeit und Schönheit der in ihrer Waldeinsamkeit verborgen liegenden Einrichtungen des Heeres und der Luftwaffe in Peenemünde.

Als ich die Anlagen das nächstemal aus der Luft sah, hatte sich das Bild gründlich gewandelt; Qualm, Brandwolken, brennende Gebäude, brennender Wald, die Folgen des schweren Luftangriffes in der Nacht vorher. Peenemünde hatte seinen ersten Treffer be= kommen, einen Treffer, der es hätte vernichten können, wenn uns das Schicksal nicht gnädig gewesen wäre.

„IHRE SCHWIERIGKEITEN INTERESSIEREN MICH NICHT..."

Es beschlichen mich Ahnungen, und sie betrogen mich nicht.

Anfang Juli 1943 lud Hauptamtsleiter Saur vom Munitions= ministerium die Betriebsführer der im Programm eingesetzten größeren Firmen, ihre ersten Sachbearbeiter und die Arbeitsaus= schußleiter des Programms zu einer großen Besprechung in den Sitzungssaal des Munitionsministeriums in den Baracken am Zoo ein.

Als ich den Saal betrat und an der linken Seite Saurs am Ministeriumstisch Platz nahm, erfüllte lebhaftes Stimmengewirr von 250 aufgeregt durcheinandersprechenden Menschen den wei= ten Saal.

Saur hatte vor wenigen Minuten die von ihm geplante Erweite= rung des Degenkolb=Programms von 900 auf 2000 Geräte pro Monat ab Dezember bekanntgegeben.

Die Sitzung war noch nicht eröffnet.

Degenkolb drückte mir strahlenden Gesichtes die Hand.

Professor von Braun, der links von mir an einem langen Tisch saß, warf mir hilfeflehende, verzweifelte Blicke zu und schüttelte immer wieder in ungläubigem Erstaunen den Kopf.

Wer hatte Saur diese Wahnsinnsidee eingegeben, fragte ich mich. War dieses neue Programm zwischen Saur und Degenkolb verabredet worden?

Die diesem Programm zugrunde liegende Rechnung wurde mir schnell klar: je 300 Geräte sollten in drei schon länger vorgesehe=

nen Werken monatlich gefertigt werden. Nun schlug man einfach die für das im Bau befindliche Mittelwerk bei Nordhausen, als Ersatz für Ausfälle, aufgestellte Planung von 900 Geräten im Monat dazu und rundete die Gesamtzahl nach oben ab.

Zwei entscheidende Punkte machten dieses Programm unmöglich: Die Bodenanlagen und die Treibstoffmenge. Ich versuchte sofort, Saur dies klarzumachen. Die Ausrüstung der Batteriefahrzeuge mit den nötigen Spezialanlagen konnte nicht beschleunigt werden. Unterirdische Sauerstofferzeugungsanlagen ließen sich nicht aus dem Boden stampfen. Die Spiritusmenge, die uns zur Verfügung stand, hing vom Ausfall der Kartoffelernte ab. Schon die Sicherstellung des Treibstoffes für 900 Geräte pro Monat war unmöglich.

Meine Argumente verfingen nicht. Aus Wut über diesen Mangel an Einsicht hätte ich am liebsten die Sitzung verlassen. Mühsam beherrschte ich mich und blieb. Ich wollte zum mindesten wissen, wie die Industrie sich zu dieser unmöglichen Terminforderung stellen würde. Bis jetzt kannte ich nur das Verfahren Degenkolb. Noch nie hatte ich einer so großen Sitzung im Munitionsministerium beigewohnt.

Endlich wurde die Sitzung eröffnet. Degenkolb führte den Vorsitz in der Verhandlung, Saur unterstützte ihn in entscheidenden Punkten.

Saur begann mit anerkennenden Worten für meine Mitarbeiter und mich. Er schilderte, wie er an unserer Arbeit gezweifelt hatte und schließlich überzeugt worden war. Er erklärte, daß er nun mit allen dem Munitionsministerium zu Gebote stehenden Mitteln das Vorhaben unterstützen wolle. Die Entscheidung Adolf Hitlers, die Wichtigkeit des Vorhabens, die Notwendigkeit, alles daranzusetzen, um zum Erfolg zu kommen, das waren die Punkte, um die sich seine Worte drehten. Schließlich bat er mich als Vertreter der Wehrmacht und der Entwicklung, einige Worte zu sprechen.

Ich benützte die Gelegenheit, die Schwierigkeiten der Fertigung zu schildern, und schloß mit den Worten:

„...Meine Herren, Sie wissen nun, welche Pannen eintreten können, wenn die Güte der von Ihnen zu liefernden Einzelteile nicht den Anforderungen genügt. Ich bin ein Gegner jedes Zahlen=rausches. Lieber weniger Geräte, aber diese von einwandfreier Be=schaffenheit, als mangelhafte Massen, die unbrauchbar sind und nur als Schrott verwendet werden können. Ich bitte nachdrück=lichst, zu den vorgesehenen Terminen nur diejenigen Mengen als lieferbar zu nennen, für deren einwandfreie Qualität Sie einstehen können."

Meine Worte verhallten ohne Echo. Es war, als hätte ich sie nicht gesprochen.

Man ging zur Erörterung der Einzelheiten über.

Degenkolb ergriff das Wort. Er sagte:

„Wir kommen zur Treibstofffrage. Herr Direktor Heylandt, können Sie die erforderlichen Mengen Flüssigsauerstoff=Aggregate liefern?"

Direktor Heylandt erhob sich. Er versuchte vergeblich, seinen Worten Nachdruck zu verleihen:

„Ich habe Ihnen mehrmals auseinandergesetzt, welche Schwie=rigkeiten sich der Erfüllung des Programms entgegenstellen ...", begann er.

Degenkolb unterbrach ihn.

„Ihre Schwierigkeiten interessieren mich nicht. Meine Frage lautet, ob Sie für die angegebenen Termine die erforderliche Anzahl von Maschinenaggregaten liefern können."

Heylandt wandte sich verstört an seine Sachbearbeiter und beriet sich mit ihnen.

Saur verlor sofort die Geduld. Er erhob sich und rief laut und mit scharfer Stimme in den Saal:

„Sie sind gefragt, Herr Direktor Heylandt."

Heylandt richtete sich auf und sagte mit fester Stimme:

„Ich kann nur wiederholen, wenn ich rechtzeitig in den Besitz der Eisenscheine komme, wenn die Unterlieferanten ..."

Diesmal unterbrach ihn Saur:

„Von welchem Programm sprechen Sie eigentlich?"

„Vom Programm Degenkolb", erwiderte Heylandt erstaunt.

Saur antwortete mit der scharfen Frage:

„Wissen Sie nicht, daß es seit heute vormittag kein Programm

Degenkolb mehr gibt? Es gibt nur noch mein Programm mit 2000 Geräten pro Monat."

„Um dazu Stellung nehmen zu können, muß ich erst mit meinen Sachbearbeitern sprechen", versuchte Heylandt Zeit zu gewinnen.

Saur fuhr dazwischen:

„Herr Direktor Heylandt, entweder Sie sind Betriebsführer der Heylandt AG und sind über alles im Bilde, oder Sie sind für die Führung Ihres Betriebes nicht geeignet. Ich muß Sie dann mit sofortiger Wirkung als Betriebsführer absetzen und mir vorbehalten, durch einen geeigneten Treuhänder Ihren Betrieb weiterführen zu lassen. Ich habe nichts mehr für Sie. Degenkolb, die nächste Firma!"

So ging es jedem Firmenleiter, der nicht vorbehaltlos zustimmte.

Die Folge war, daß Opposition und Einwände schwächer und schwächer wurden und die Firmenleiter schließlich auf die Frage nach der Erfüllungsmöglichkeit des Programmes nur noch ein resigniertes Kopfnicken wagten.

Mangel an Zivilcourage, an Verantwortungsbewußtsein? Vermutlich waren alle Industrieführer von der Unmöglichkeit, Saurs Forderung zu erfüllen, so sehr überzeugt, daß sie glaubten, ruhig zustimmen zu können, da das Programm einfach an der unabwendbaren Unmöglichkeit scheitern würde. Jeder hoffte natürlich, daß ein anderer als erster das Versagen eingestehen würde. Sie hofften auf diese Weise Zeit zu gewinnen. Selbstverständlich versuchte jeder einzelne Betrieb, sein Möglichstes zu tun. Ich wußte aber, daß es keinem gelingen würde, das Programm zu erfüllen.

Die Absicht, die Saur und Degenkolb mit diesem Verhandlungsverfahren verfolgten, war mir klar. Sie wollten damit die Betriebsführer unter Druck setzen und eine möglichst hohe Stückzahl herauspressen.

Zutiefst bekümmert verließ ich mit von Braun den Sitzungssaal.

Der Luftangriff auf Peenemünde am 17. August 1943 und die Angriffe auf LZ Friedrichshafen und die Rax-Werke in Wiener-Neustadt brachten dann das Programm Saur zu Fall. Höhere Gewalt!

Das Programm Degenkolb wurde wieder eingesetzt.

So begann ein Peenemünder Tag:

Dr. Hermann hatte mich gebeten, ihn zu besuchen. Er müsse mir etwas zeigen.

Ich bestellte meinen Wagen auf 10.30 Uhr zum Überschallwind=kanal und ging kurz nach Dienstbeginn die wenigen hundert Meter vom Stabsgebäude der Heeresversuchsanstalt Peenemünde durch das innere Tor, vorbei am Materialuntersuchungsgebäude und der Vorrichtungswerkstatt, zu dem niedrigen, langgestreck=ten, dreiteiligen, roten Backsteinbau.

Dieses durch Aussehen und Zweckmäßigkeit hervorragende Schmuckstück unserer Anlagen erhob sich in gepflegtem Garten=gelände unter lichten, mittelhohen Kiefern. Das Gebäude erhielt durch den hohen Mittelteil seinen besonderen Charakter.

Über den breiten hellen Plattenweg gehend, betrat ich den lichten Vorraum, wo mich Dr. Hermann unter dem in die Wand eingemeißelten Spruch „Die Techniker, Physiker und Ingenieure gehören zu den Bahnbrechern auf dieser Welt" erwartete.

Dieser junge, schlanke, überaus gewissenhafte, erfahrungs= und kenntnisreiche Wissenschaftler mit der hohen Stirn, dem langen Schädel und dem nach hinten gekämmten, dunkelblonden, welligen Haar, den klugen Augen und den sprechenden Gesten war der Leiter und der führende Kopf dieses in der Welt einmaligen Überschallwindkanals. Bereits an der Planung und Errichtung hatte er den entscheidenden Anteil gehabt.

Der Kanal war schon seit November 1939 in Betrieb. Seit Jahren mischte sich nun schon in das die Peenemünder Waldungen erfüllende Rauschen der Raketentriebwerke das charakteristische helle Zischen der mit hoher Geschwindigkeit durch die Meßstrecken strömenden Luft.

Seit Monaten wurde in zwei und drei Schichten gearbeitet. 500 Windkanalstunden im Monat, das war der Durchschnitt. Von 7 Uhr morgens bis 2 Uhr nachts wurde in zwei sich gegenseitig ablösenden Meßstrecken durch große Trockenfilter und Trichter die Außenluft angesaugt, durch Blechkäfige gleichgerichtet und je nach Form der eingebauten Lavaldüse bis zu einer bestimmten Überschallgeschwindigkeit beschleunigt. Sie umspülte dann, parallel gerichtet und mit gleichmäßigem Druck, das im Meßraum aufgehängte Raketenmodell. So konnten die bei dieser Geschwindigkeit auftretenden Luftkräfte ermittelt werden. In einem anschließenden Verstelldiffusor wurde durch Veränderung des Querschnittes der Druck in der Meßkammer den verschiedenen Stromgeschwindigkeiten entsprechend eingestellt und diese Geschwindigkeit in der Meßstrecke für die Zeit der Messung konstant gehalten.

Durch einen nach Beendigung der Messung die Strömung abschließenden Schnellschlußschieber und ein Erweiterungsstück trat die angesaugte Luft in den durch drei Zwillingspumpenaggregate mit einer Gesamtleistung von 1000 PS bis auf 98% leergepumpten, 1000 cbm fassenden Vakuumkessel ein, der bei einer Wandstärke von 17 mm im Durchmesser 12,5 m maß. Der Kanal war an einer Seite offen und arbeitete intermittierend, d. h. zwischen den einzelnen, etwa 20 Sekunden währenden Meßzeiten dauerte es 3 bis 5 Minuten, bis der Kanal leergepumpt war.

Ich hatte bei der Planung der Peenemünder Anlagen weder einen Kanal für Grundlagenforschung, noch einen Versuchskanal, sondern einen Zweckkanal gefordert. Er sollte in kürzester Zeit für eine Menge von praktisch schon in der Entwicklung befindlichen Geschossen und Flugkörpern durch gewissenhaft durchgeführte große Meßreihen die benötigten Werte liefern.

Zur Durchführung dieser Versuche war natürlich auch Grundlagenforschung nötig, und ich hatte 30% der Kanalarbeit dafür zur Verfügung gestellt.

Von Anfang an jedoch hatte ich gefordert, daß die vom Windkanal zu den Konstrukteuren, Flugbahnrechnern und Steuerungsleuten gehenden Berichte auch dem Nichtaerodynamiker verständlich sein sollten.

Ich legte keinen Wert auf überkluge Ausarbeitungen und dem normalen Sterblichen unverständliche, mit einer Fülle von Rechenmaterial belastete Überlegungen. Wir wollten nicht die wissenschaftliche Welt in Aufruhr versetzen. Wir brauchten Unterlagen für unsere Arbeit. Nicht auf das „Warum“ kam es uns an, sondern auf das besonders im Kriege zunächst allein entscheidende „Wie". Die sich aus solchen Berichten ergebenden Theorien konnten uns immer nur am Rande beschäftigen. Was wir brauchten, waren klar herausgestellte Tatsachen.

Die Windkanalanlage war wie die Peenemünder Anlagen überhaupt ganz auf die Persönlichkeit der leitenden Wissenschaftler eingestellt. Ich forderte ihre alleinige Verantwortlichkeit. Sie mußten in ihrem Aufgabengebiet wissenschaftlich, technisch und verwaltungsmäßig unter voller Anerkennung ihrer Mitarbeiter ihre führenden Aufgaben erfüllen. So erreichte ich, daß die geforderte Leistung durch die Zusammenarbeit aller Fachkräfte eines bestimmten Gebietes vollbracht wurde, von den betreffenden Vorgesetzten maßgeblich beeinflußt und geleitet. Vorgesetzte, die nur ihren Namen gaben, blieben nicht lange bei mir.

Durch den schalldichten Gang, der die Pumpen, den großen Vakuumkessel und den Meßstreckenraum von den Konstruktions- und Verwaltungsräumen trennte, ging ich mit Dr. Hermann in den eigentlichen Versuchsraum.

Dort begrüßten mich Dr. Kurzweg, der Leiter des Forschungslabors, Oberingenieur Geßner, der Konstrukteur des Windkanals, der Waagen und Modelle, und der mit der Entwicklung aller Meßeinrichtungen beauftragte Dipl.-Ing. Ramm.

Dr. Hermann wollte mir heute Stabilitätseigenschaften eines neuen Modells des A 9-Projektes (A 4 mit Flügeln) bei der Machschen Zahl 4,4 (4,4fache Schallgeschwindigkeit), d. h. bei einer ungefähren Fluggeschwindigkeit des Körpers von 1500 m/sec zeigen.

Unter der vordersten Meßstrecke hindurchgehend, trat ich mit Dr. Hermann vor die dicken, den Blick auf die Lavaldüse und die Meßkammer freigebenden planparallelen Glasscheiben, von denen die Meßkammer auf beiden Seiten umschlossen war.

Auf unserer Seite waren die Glasscheiben zurückgeschoben worden.

Der die Lavaldüse verlassende Luftstrom maß 40×40 cm im Querschnitt. In einem rhombusförmigen Raumbezirk, dessen Größe von der Windgeschwindigkeit abhing, d. h. dessen Kantenlänge durch die an der Strahlgrenze erfolgende Reflektion der bei Überschallgeschwindigkeit auftretenden Stoßwellen klar bestimmt war, herrschte eine ähnliche Luftströmung wie an dem in der freien Atmosphäre fliegenden Original=Flugkörper. Nur in diesem Raum konnten die für unsere Entwicklungen entscheidenden Messungen durchgeführt werden. Hier hing, drehbar an einer durch seinen Schwerpunkt gehenden Achse, der Modellkörper, ein kleiner, in seiner Form dem A 4 ähnelnder, jedoch mit zwei pfeilförmig nach hinten geneigten, messerscharfen und sehr dünnen Flügeln versehener Flugkörper, der beim leisesten Antippen rotierte.

Nun schloß Dr. Hermann die innere, eine Seitenwand der Lavaldüse bildende Glasscheibe und schob auch die äußere zu, so daß die Meßkammer abgeschlossen war.

Wir wollten heute Schwingungsmessungen ausführen und sehen, ob der Flugkörper mit den im Windkanal getrimmten Flügelprofilen bei dieser hohen Überschallgeschwindigkeit stabil war, d. h. sich mit der Nase in die Flugrichtung drehte, ferner, ob seine Pendelungen um diese Richtung nach wenigen Schwingungen abklingen und er damit anzeigen würde, daß er auch die notwendige aerodynamische Dämpfung besaß.

Unsere Meßeinrichtungen und die Lavaldüsen waren im ersten mühseligen und arbeitsreichen Jahr nach Vollendung des Windkanals entwickelt worden. Damals hatten wir die erste Dreikomponentenwaage, die uns die Widerstands=, Auftriebs= und Quermomentenbeiwerte lieferte, fertiggestellt. Ende 1940 besaßen wir einen Satz von Düsen, die Geschwindigkeiten entsprechend den Machschen Zahlen 1,2 bis 4,4 hervorbrachten. Außerdem war uns die Arbeit dadurch wesentlich erleichtert, daß das Auswechseln der Düsen nur noch 10 bis 15 Minuten dauerte.

Da die Genauigkeit der Quermomentenmessungen mit der Dreikomponentenwaage für die Messungen an gesteuerten Flugkörpern nicht ausreichte, entwickelten wir Vorrichtungen, mit denen Schwingungsmessungen an frei schwingenden Modellkörpern durchgeführt werden konnten. Durch Auswertung dieser auf Oszillogramme aufgenommenen Schwingungen konnten wir die ge=

naue, für die Stabilisierung entscheidende Lage des Druckpunktes bestimmen und Auftrieb und Luftdämpfung ermitteln.

Wir konstruierten außerdem zur Ermittlung der Rollmomente und für Stabilitätsmessungen in den Modellkörper eingebaute Innenwaagen.

Bei den für endgültige Entwicklung vorgesehenen Flugkörpermodellen wie A 4, A 9 und der Flakrakete „Wasserfall" wurden Druckverteilungsmessungen bei den verschiedensten Geschwindigkeiten und Anstellwinkeln durchgeführt. Die 4 bis 5 cm im Durchmesser starken und 30 bis 40 cm langen Modelle wurden zu diesem Zweck, der Länge nach halbiert, auf eine Platte montiert. Dann wurde der Druckverlauf an bis zu 110 verschiedenen Meßstellen über Rumpf, Flügel und Leitwerkflossen dieses kleinen Modells gleichzeitig gemessen. Dieses Meßverfahren wurde allmählich so vervollkommnet, daß ein Modell in einem Zeitraum von 14 Tagen von einer Doppelschicht von je 35 Mann bei allen Machzahlen und Anstellwinkeln zweimal durchgemessen werden konnte. Dadurch erhielt der Konstrukteur die Grundlagen für seine Arbeit.

Durch Rudermomentenmessungen wurden die Form und Wirksamkeit der Ruder ermittelt. Messungen der Expansion des Raketenstrahls in großen Höhen ergaben die Unterlagen für die Formgebung des Leitwerkes. Untersuchungen über den Einfluß des Strahls auf Stabilität und Widerstand des Gerätes A 4 führten zu der Erkenntnis, daß bei Unterschallgeschwindigkeit der Widerstandsbeiwert um 70% steigt und der Druckpunkt um eine halbe Kaliberlänge nach hinten rutscht. Bei Überschallgeschwindigkeit dagegen tritt eine Widerstandsbeiwertverringerung bis zu 30% ein.

Für alle diese Untersuchungen mußten besondere Meßapparate und -einrichtungen entwickelt werden.

Dr. Hermann begann nun mit den Erläuterungen zu den Stabilitätsversuchen, die er uns vorführen wollte:

„Eine der Hauptforderungen der Raketenkonstruktion besteht darin, daß die Geräte im ganzen Geschwindigkeits- und Anstellwinkelbereich zwar sicher stabil, aber nicht zu stark stabil sein dürfen. Je größer die Stabilität ist, desto größer muß auch das durch die Ruder aufzubringende Moment, um so größer das Ruder und um so stärker und leistungsfähiger die Rudermaschine sein."

Ich bestätigte:

„Richtig, Doktor, die Gesetze der Raketenflugtechnik lassen sich eben nicht umgehen. Die Fluggeschwindigkeit ist ja direkt abhängig von der Ausströmungsgeschwindigkeit der Gase und dem Massenverhältnis der vollgetankten zur leeren Rakete. Wir müssen das Leergewicht daher unbedingt möglichst niedrig halten. Die Anforderungen an die Rudermaschine müssen so weit als möglich herabgesetzt werden."

„Deshalb sehe ich es als meine Aufgabe an", fuhr Dr. Hermann fort, „für die Rakete eine aerodynamische Form zu finden, die es erlaubt, sie mit dem geringsten Aufwand an Rudergröße und Rudermaschine zu steuern. Für die ferngesteuerte Flugzeugabwehrrakete ist dieser Punkt sogar lebensnotwendig. Die Höhe der Widerstandsbeiwerte ist demgegenüber erst von zweiter Bedeutung. Wichtig ist dabei, daß die Lage des Druckpunktes für alle Anstellwinkel und im ganzen Geschwindigkeitsbereich von 0 über Schallgeschwindigkeit zur Überschallgeschwindigkeit möglichst konstant bleibt. Sie wissen, Herr General, daß diese Bedingung bei der Wasserfallrakete nach ausgedehnten Untersuchungen in unserem Kanal durch geeignete Formgebung und Anordnung von Flügeln und Leitwerkflossen erfüllt wurde."

„Ganz recht", stimmte ich zu, „und heute, Doktor, will ich nun sehen, was Sie beim A 9 fertig gebracht haben."

Während durch Druckknopfauslösung die über 10 m lange Traverse der die Dichteunterschiede der Luft im Meßraum sichtbar machenden Schlierenoptik so über die Meßkammer rollte, daß auf der Mattscheibe das Modell mit seiner Halterung als Schattenriß klar zu sehen war, fiel mir eine Frage ein, die ich an Dr. Hermann stellen wollte.

„Was haben eigentlich die Versuche über die Möglichkeit der Konstruktion eines Schallabstandszünders ergeben? Diesen ewigen Zweiflern, die behaupten, daß der mit Überschall fliegende Körper keine normalen Schallwellen aufnehmen kann, muß doch endlich der Mund gestopft werden!"

„Die Versuche sind abgeschlossen und positiv ausgefallen. Die bei Überschallgeschwindigkeit auftretenden Stoßwellen der Luft hindern bei geeigneter Ausbildung des Empfangskopfes den Durchgang der Schallwellen nicht."

„Wie war die Meßanordnung?"

„Wir hatten das Empfangsmikrophon im Kopf des Modells und bauten auf Ramms Vorschlag in einen um den Geschoßkopf gehenden Schlitz ein feinmaschiges, mehrschichtiges und ringförmiges Drahtgitter ein. Die Überschallströmung ging über dieses Gitter glatt und ungestört hinweg, ohne „Eigenlärm", d. h. eigene störende Schallwellen zu erzeugen, was bei allen anderen untersuchten Empfängerköpfen der Fall war. Die Schallwellen der im Ansaugtrichter der Meßstrecke betätigten Heulsirene sind durch die bei den Machzahlen 1,22 bis 4,4 entstandenen Stoßwellen im ganzen hörbaren Frequenzbereich anstandslos hindurchgegangen."

„Das ist gut. Dann wird es wohl darüber keinen Zweifel mehr geben. Wann bekomme ich die Berichte? Die Amtsgruppe Flak des Reichsluftfahrtministeriums fragt immer wieder nach den Ergebnissen."

„Ich hoffe, in wenigen Tagen."

Inzwischen waren die Vorbereitungen beendet, wir konnten blasen. Klar hob sich der Schattenriß des Flugkörpers, mit der Spitze fast senkrecht nach oben zeigend, von dem auf der Scheibe wie ein leuchtendes Dampfbad aussehenden hellen Hintergrund ab.

Diese Schlierenanlage war nach langwierigen, im Windkanal vorgenommenen Untersuchungen und Berechnungen von Zeiß/Jena gebaut worden. Sie hatte uns schon hervorragende Dienste geleistet und sich von all unseren Meßeinrichtungen bis jetzt am besten bewährt. Das Schlierengerät läßt alle durch Druck oder Wärme entstehenden Dichteunterschiede der Luft als helle oder dunkle Linien auf der Mattscheibe erscheinen. Unzählige Versuche und Messungen über die Dicke und den Verlauf der Grenzschicht, ihre Ablöseerscheinungen, Aufbau, Richtung und Verhalten der Stoßwellen, über die Expansion des Gasstrahles nach dem Verlassen der Düsenmündung in großen Höhen usw. sind mit dieser Apparatur durchgeführt worden.

Nun drückte ein Versuchsingenieur den Knopf, durch den der Schnellschlußschieber geöffnet wird, und zischend stürzte die Luft durch die Meßkammer in die Vakuumkugel.

Der Modellkörper drehte sich mit scharfem Ruck mit der Spitze in die Richtung des ankommenden Luftstromes. Nach einigen wenigen abklingenden Schwingungen geringer Amplitude lag er ruhig und stabil in der mit 4,4facher Schallgeschwindigkeit an ihm vorbeizischenden Luft. An der Spitze, den Kanten der Tragflügel und des Leitwerkes waren deutlich die entstehenden Stoßwellen zu sehen, die im spitzen Winkel schräg nach hinten gingen und das schwarzweiße Bild mit ihren charakteristischen unterschiedlich hell getönten Linien durchzogen. Die den Flugkörper einhüllende Grenzschicht hob sich, oben hell und an der unteren Kante dunkler, klar ab. Man sah, wie sie nach hinten zu sich an dem konischen Teil des Rumpfes verbreiternd ablösen wollte.

Dann, nach 20 Sekunden, die unendlich lang erschienen, änderte sich das Bild schlagartig. Der Versuchsingenieur schloß das Schnellschlußventil. Die klaren stehenden Linien des Bilder kamen in Unruhe, ihr Öffnungswinkel wurde größer, sie bewegten sich nach vorne, eine Art Wirbel entstand, und sie verschwanden ganz. Im hellen Hintergrund der Mattscheibe stieg es wie Qualm auf. Der Modellkörper hatte seine stabile Lage verloren. Er führte einige Umdrehungen um den Schwerpunkt aus und stand nun, mit der Spitze nach unten, still.

Der Versuch, den mir Dr. Hermann zeigen wollte, war einwandfrei gelungen. Dieser Flugkörper mit der Form eines Flugzeuges war im Überschallgeschwindigkeitsbereich von fast 1500 m/sec einwandfrei stabil.

„Gut, Doktor", lobte ich, „das geht in Ordnung. Wo steckt aber nun der Haken an der Geschichte?"

„Wir haben durch die verschiedensten Flügelformen, vom Pfeilflügel über das Trapez, vom Stufen- zum Stummelflügel versucht, neben einem annehmbaren Verhältnis des Auftriebes zum Widerstand, d. h. einer guten Gleitzahl, den Flugkörper im ganzen Geschwindigkeitsbereich stabil und steuerbar zu machen. Das ist uns bis jetzt nicht ganz gelungen."

„Glauben Sie, daß es Ihnen noch gelingen wird?"

„Ja. Der Haken ist der, daß wir bestimmte Forderungen zu erfüllen hatten. Wir sollten als Rumpf des Flugkörpers das alte A 4 nehmen und durften nur Tragflügel und neue Luftruder anbringen. Wir sind dadurch in der Formgebung eingeengt gewesen. Die auftriebsfördernden Pfeilflügel geben uns zwar die beste Gleitzahl, aber die Stabilität ist dicht unter Schallgeschwindigkeit bei kleinem Anstellwinkel bis $\pm$ 2° ungenügend."

„Warum?"

„Das Leitwerk liegt im Wirbelstrom der Flügel. Außerdem hat der Pfeilflügel den Nachteil, daß eine verhältnismäßig große Druckpunktwanderung zwischen Unter- und Überschall eintritt. Damit wären wir jedoch fertig geworden, wenn uns nicht außerdem auferlegt worden wäre, daß das A 9 mit den vorhandenen Steuer- und Rudermaschinen ausgerüstet bleiben soll. Ich hoffe jedoch trotzdem, daß wir bald zu einer Lösung kommen."

„Wie wollen Sie den Wirbelstrom hinter den Flügeln vermeiden? Es ist schade, daß mein Vorschlag, den Tragflügel in das Leitwerk nach hinten übergehen zu lassen, nicht zum Erfolg geführt hat."

„Bei dieser Konstruktion war der Auftrieb nicht groß genug. Wir haben dann noch versucht, durch Anbringen von Absätzen und Stufen, die sich bei den Leitwerkflossen so gut bewährt haben, die Gleitzahl zu erhöhen. Aber auch das ist nicht ganz gelungen. Die Gleitzahl wurde zwar um 12% verbessert, blieb aber immer noch um 12% schlechter als beim Pfeilflügel. 12% – das sind 60 km Verlust an Reichweite."

„Versuchen Sie es doch noch einmal mit dem Trapezflügel. Es ist doch bei der Flakrakete gelungen, die Druckpunktwanderung zu vermeiden, weshalb soll es hier nicht auch gehen? Hauptsache ist gute Stabilität und Steuerbarkeit, meinethalben auch auf Kosten der Gleitzahl."

Dr. Hermann machte ein überlegendes, nachdenkliches Gesicht und sah mich nicht ganz zukunftsfreudig an. Ich mußte lachen.

„Doktor, Menschenskind, wenn ich wie Sie ein Flugzeugmodell

dahin gebracht hätte, daß es bei 1500 m/sec Fluggeschwindigkeit stabil in der Luft liegt, dann würde ich lachen."

Während die Versuche weitergingen, wollte mir Geßner noch seine neuen Konstruktionen der Peenemünder Pfeilgeschosse zeigen. Ich hatte noch fünf Minuten Zeit, dann mußte ich zum Prüfstand VII, dort sollte um 10.30 Uhr ein Brennversuch mit dem A 4 stattfinden.

Geßner führte mich zu seinen Zeichenbrettern und Berechnungen. Die Arbeiten Geßners an den Pfeilgeschossen gingen darauf zurück, daß ich behauptet hatte, es sei möglich, die Schußweite der Artillerie ohne Änderung der vorhandenen Geschütze zu steigern. Deshalb hatte ich Dr. Hermann gebeten, unterkalibrige, pfeilstabile Geschosse, die aus normalen Geschützrohren verschossen werden konnten, konstruieren zu lassen und im Windkanal durchzumessen.

Geßner hatte sich der konstruktiven Durchbildung mit viel Eifer und Erfolg angenommen. Um die Stabilisierung dieser überschlanken Geschosse mit schmalen Flossen bei geringstem Widerstand und bei Fluggeschwindigkeiten von 1400 bis 1500 m/sec zu erreichen, waren unzählige Windkanalversuche gemacht worden. Der Widerstand der Pfeilgeschosse war auf 35% des Widerstandes einer Normalgranate gesenkt worden. Das war die Grundlage für eine bedeutende Schußweitensteigerung. Obwohl wir zuerst natürlich von der eigentlich zuständigen ballistischen und Munitionsabteilung belächelt und abgelehnt wurden, hatten wir doch schon sehr schöne Erfolge mit unseren Peenemünder Pfeilgeschossen.

Geßner entwickelte Geschosse für die 10,5=cm=Flak und die auf 59 km schießende schwere 28=cm=Kanone K 5. Mit einem Pfeilgeschoß, dessen Pulvergase beim Abschuß auf eine hinter den dickwandigen Flossen angebrachte Treibscheibe wirkten, gelang es bei einer Verminderung des Sprengstoffes um nur 6 kg und gleichbleibender Eisenmenge die Schußweite auf 90 km zu erhöhen. Mit einer neuen, leichteren Granate, die statt einer Treibscheibe einen um die Mitte des Körpers angeordneten Treibring hatte, kamen wir sogar auf 135 bis 150 km. Damit schlugen wir alle bisherigen Rekorde der Geschoßballistik. Die Seitenstreuung betrug nur etwa 2 pro Mille der Entfernung und war damit besser als bei der K 5. Die Längenstreuung betrug jedoch noch fast das Doppelte der Normalgranate. Es gab da noch gewisse Funktionsstörungen, die sich in der Weiterentwicklung bestimmt beheben ließen.

Diese von reinen Aerodynamikern begonnene Entwicklung konnte der Waffenentwicklung neue Richtungen weisen und in Verbindung mit Geschoßkonstrukteuren und Ballistikern die Reichweite der Artillerie erhöhen.

Nun mußte ich endlich aufbrechen. Wenn ich mich erst verlocken ließ, mit Dr. Hermann in sein Dienstzimmer zu gehen und dort das gerade fertig gewordene Modell des großen Machzahl-10-Kanals mit einem Meßquerschnitt von 1×1 m zu besprechen, dann würde ich nicht so bald wieder loskommen. Schon im Dezember 1941 hatten wir für unsere größte Fernrakete, das kombinierte A 9/A 10, das Projekt eines Superüberschallkanals für zehnfache Schallgeschwindigkeit in Angriff genommen. Der Bau hatte nur bis jetzt aus mangelnder Dringlichkeit des Vorhabens nicht begonnen werden können.

Bevor ich mich von Dr. Hermann verabschiedete, mußte ich ihm noch eine Enttäuschung bereiten. Ich mußte die Weiterarbeit an dem A 9 bis auf weiteres verbieten. Erst mußte das A 4 in der Entwicklung abgeschlossen werden. Nur wenn das A 4 keiner Entwicklungsarbeit mehr bedurfte, konnten kostbare Arbeitsstunden Zukunftsprojekten gewidmet werden.

Während ich in meinen Wagen stieg, um über die lange Betonstraße zum Prüfstand VII zu fahren, hörte ich über mir ein Triebwerk rauschen. Ich sah im klaren Himmel ein kleines strahlangetriebenes Flugzeug, die Me 163, in rasendem Fluge, eine bräunlich-weiße Rauchfahne hinter sich lassend, fast senkrecht emporsteigen. Mit dem Glase beobachtete ich diesen Interzeptor, wie er mit abgestelltem Triebwerk und pfeifendem Geräusch wie ein kleiner schwanzloser Vogel große Bogen und Kurven über Peenemünde zog. Im Niedergleiten beschrieb er einen Looping nach dem anderen. Zwei-, drei-, viermal. Dann, immer mehr an

Höhe verlierend, setzte die Maschine ruhig einschwebend über dem Wald zur Landung an.

Ich mußte an unsere Entwicklungsarbeiten an Raketentrieb=werken für Flugzeuge denken. Wir hatten schon 1935 damit an=gefangen. Vielerlei Bilder und Ereignisse fielen mir ein.

Wir hatten damals nicht deshalb das Interesse des Luftfahrt=ministeriums gesucht, um Geld und Personal für unsere eigenen Arbeiten zu bekommen. Wir waren uns schon damals der Bedeu=tung des Raketenantriebes für die Entwicklung schneller Flugzeuge bewußt. Er hatte trotz des hohen Treibstoffverbrauches und bei nur geringer Antriebsdauer für kurze Beschleunigungen, für Start=hilfen schwerer Bomber und als Antriebsmittel für sehr schnelle, fast senkrecht steigende Jäger, sogenannte Interzeptoren, unleug=bare Vorteile.

Unser erstes Triebwerk, der 300=kg=Ofen, war bereits voll=kommen betriebssicher, als uns Junkers ein Kleinflugzeug, den „Junior", zur Verfügung stellte. Noch sehe ich deutlich das Bild vor mir, als im Frühjahr 1936 von Braun, nachdem wir den Ofen unter dem Rumpf des uns ohne Tragflügel gelieferten Flugzeuges angebaut hatten, in der kleinen Arena des großen Prüfstandes in Kummersdorf den ersten Brennversuch selbst fuhr. Sein Gesicht war blaß gewesen, aber seine Augen hatten gestrahlt. Zum ersten=mal ein Flüssigkeitsraketentriebwerk an einem Flugzeug! Das mußte er selbst erproben. Die Kugeltanks waren im leeren Rumpf und die Bedienungshebel und Schaltknöpfe an der Seitenwand neben dem Führersitz angebracht worden.

Damals war an eine Verwendung noch nicht gedacht worden.

Da wir stärkere Triebwerke entwickeln und in Flugzeuge ein=bauen wollten, mußte die Frage der Beschleunigung und des Ver=haltens der Triebwerkseinrichtungen im Kurvenflug untersucht werden. Dazu bauten wir ein großes Karussell.

Am einen Ende eines in der Mitte drehbar gelagerten, etwa 16 m langen, aus Eisenschienen bestehenden Gestells wurde ein Führersitz angebracht, eine Bremsvorrichtung eingebaut und ein neu entwickeltes, regelbares 1000=kg=Triebwerk anmontiert. Das andere Ende des Gestells erhielt ein Ausgleichsgewicht. Von Braun machte seine rasenden Kreisfahrten. Das Triebwerk arbeitete einwandfrei. Beschleunigungen bis maximal 5 g wurden gemessen. Glücklich, doch von der sausenden Rundfahrt etwas benommen, beendete von Braun den Versuch.

Kurz darauf bauten wir dieses mit Drucktanks versehene, 90 Sekunden brennende Triebwerk als Zusatztriebwerk in eine einmotorige Heinkel 112 ein. Hier war der Raketenofen zum ersten Male im Heck des Flugzeuges angebracht.

Die Prüfstandversuche waren Ende 1936 soweit abgeschlossen, daß Flugversuche unternommen werden konnten.

Das Triebwerk sollte der zusätzlichen Beschleunigung von Jägern in bestimmten Kampfmomenten dienen.

Im Frühjahr 1937 fanden auf dem kleinen Ausweichflugplatz Neuhardenberg nordostwärts Berlin die ersten Flugversuche statt. Der Führer des Flugzeuges war Flugkapitän Warsitz. Zwei oder drei Flugversuche waren ihm bereits gelungen. Als bei einem neuen Versuch Warsitz den Antrieb wieder abschaltete, sahen wir bestürzt, wie er plötzlich in Sturzflug überging und, ohne das Fahrwerk auszufahren, die Maschine mit einer splitternden Bauchlandung auf die Heide setzte.

Erschrocken eilten wir hin.

Unmittelbar nach dem Abschalten hatte er Brandgeruch im Führersitz gespürt und sich, in der Annahme, daß das Leitwerk brenne, zur Notlandung entschlossen. Die Untersuchung ergab, daß der während des Fluges im Rumpf auftretende Sog die beim Abschalten des Triebwerkes noch wenige Sekunden ohne Kraft aus der Düsenmündung züngelnde Flamme in das Innere des Flugzeuges gezogen hatte und einige Kabel angebrannt waren. Die Abdichtung zwischen Düsenmund und dem Innern des Rumpfendes war nicht ausreichend gewesen. Das Flugzeug hatte bei der Landung leider solchen Schaden erlitten, daß die Versuche zunächst nicht weitergeführt werden konnten.

Nach dem Umzug nach Peenemünde gingen die Entwicklungen für die Luftwaffe weiter.

Auf dem Prüfstand IV entwickelten wir unter der Leitung von Dipl.-Ing. Dellmeier Starthilfen für schwere Bomber. In zwei, nach

Brennschluß abwerfbaren, durch Fallschirme zu landenden Gondeln waren 30 Sekunden lang arbeitende Triebwerke von je 1000 kg Schub untergebracht. Rechts und links unter den Tragflügeln hängend, sollten sie dem Bomber das Mitnehmen größerer Lasten oder die Verkürzung der Startstrecke ermöglichen.

1939/40 fanden in Peenemünde=West an einer Heinkel 111 mit diesen Starthilfen laufend Versuchsflüge statt. Nur wegen der schwierigen Transport= und Nachschubverhältnisse für flüssigen Sauerstoff mußte dann schließlich doch von der Einführung dieser in ihrer Leistung durchaus befriedigenden Anlage abgesehen werden. Statt dessen kamen Starthilfen der Firma Walther=Kiel, die Wasserstoffsuperoxyd als Treibmittel verwendeten, zur Einführung in größtem Maßstabe. Die dazu nötigen Versuche hatten zu gleicher Zeit in Peenemünde=West stattgefunden.

Ebenso erging es uns mit der Entwicklung eines neuen 300 Sekunden brennenden, regelbaren 1000=kg=Triebwerkes mit Pumpenförderung für einen Raketenjäger, der in 2 Minuten auf 12 000 m steigen sollte. Das Triebwerk der Firma Walther war schneller fertig, einfacher in der Konstruktion, jedoch in der Leistung wesentlich schlechter.

Im Sommer 1938 flog in Peenemünde=West der erste Raketenjäger, die He 176, noch etwas unsicher und wackelig, seine ersten rasend schnellen Kurven um das Rollfeld.

Das von uns entwickelte Triebwerk wurde dann für eine Brennzeit von 120 Sekunden in eine neue Heinkel 112 eingebaut und mehrmals mit Erfolg geflogen. Durch irgendein unglückliches Verhängnis versagte bei einem der Erprobungsflüge, nachdem das Raketentriebwerk bereits längere Zeit abgeschaltet war, die Steuerung, und die Maschine stürzte ab.

Als der Krieg ausbrach, mußten wir uns auf die Großrakete A 4 konzentrieren. Wir mußten daher die Weiterarbeit an diesen Projekten aufgeben.

Noch klang mir das Pfeifen der Me 163 im Ohr, als ich vor der großen Montagehalle des Prüfstandes VII aus dem Wagen stieg. Dort erwarteten mich Dr. Thiel und Prüfstandsingenieur Schwarz.

Durch das kleine Tor betraten wir die fast 30 m hohe und 50 m tiefe, aus Eisenbeton und Backsteinen errichtete Halle.

Während ich mich mit Dr. Thiel unterhielt und seinen mir zur Gewohnheit gewordenen Klagen über das Nichtfunktionierenkönnen der vollautomatisch arbeitenden 45 verschiedenen Ventile unseres Aggregates nur mit halbem Ohr lauschte, beobachtete ich die Montage eines unserer Geräte in einem der beiden, die rechte Hälfte des weiten Raumes einnehmenden, großen, fahrbaren Versuchsstände. Da seit Monaten täglich Brennversuche stattgefunden hatten, war das Bedienungspersonal so geschult, daß alles glatt und reibungslos verlief. Jeder Griff saß. Mühelos hing der große Kran die Rakete mit dem bereits anmontierten Kardanring in die geöffneten Lagerschalen.

Dr. Thiel zeigte auf die links an der Wand in drei Reihen hintereinander auf ihren Flossen senkrecht stehenden Großraketen. Ich freute mich wieder an ihrer vollendet schönen Form. Dr. Thiel erklärte mir verzweifelt, wie viele Pannen seine Versuchsabteilung bei den vom Betrieb gelieferten Raketen im Triebwerk, an den Ventilen oder den Steuerungsorganen festgestellt hatte. Die Fertigung von Versuchsgeräten müsse gestoppt werden. Man müsse erst diese Geräte instandsetzen und verschießen. Ich ließ ihn ruhig reden. Bekam er keine Geräte in sein Versuchsfeld, dann beklagte er sich, bekam er jedoch Geräte, dann beklagte er sich auch. Es war immer gut, wenn er sich seinen Zorn vom Herzen reden konnte. Wie wir alle, war er von seiner Aufgabe gepackt. Er würde schon einen Weg finden, die Schwierigkeiten zu überwinden. Bei meinem nächsten Besuch würde er bestimmt über eine neue Schwierigkeit klagen. Am Schluß lief dann doch alles.

Auf den Schwingtischen in der äußersten Ecke der Halle standen noch zwei Geräte in ihren mit verschiedenen Plattformen und Treppen versehenen Holzgerüsten. Unzählige Kabel und Meßleitungen führten durch die Hallenwand zu den Prüflabors der elektrotechnischen Abteilung, die in einem Anbau eingerichtet waren.

Wir verließen die Halle und kamen an den erst jüngst vollendeten Spritzständen vorbei. In ihnen wurden nach der Fertigmontage der Geräte unter normalen, beim Brennen auftretenden Betriebs-verhältnissen kalte Spritzversuche ausgeführt. Wir ermittelten dadurch mit Hilfe von Durchflußmengenmeßgeräten die jeder Rakete eigene Treibstofffördermenge, sowie ihre sonstigen charakteristischen Eigenarten. Die bei diesen Versuchen gewonnenen Werte wurden zum Nutzen des Schießtrupps in die zu jedem Gerät gehörenden Begleitpapiere eingetragen.

Es lag uns bei diesen Versuchen daran, von langen Versuchsreihen die Mittelwerte zu finden und die Ausreißer von der Untersuchung auszuschließen. Unser Ziel war, durch Verbesserungen der Güte einen mittleren Leistungswert zu erreichen und die vielen bisher vorgesehenen Prüfungen der angelieferten Einzelteile und des ganzen Gerätes im Interesse einer schnellen Fertigung und Abnahme möglichst zu vermindern.

Durch den großen Durchbruch in der Umwallung, die Versuchsstand und Abschußstelle gegen starken Seewind und Flugsand schützte, kamen wir in die weite Arena. Vor uns stand auf Schienen der gewaltige, fahrbare Versuchsstand, der genau über der Mitte der großen, tief in den Boden eingelassenen und an der Auftreffstelle des Feuerstrahles mit einem eisernen Kühlrohrsystem versehenen Gasableitungsschurre gefahren worden war. Die fast 7 m breite Betonschurre fiel nach der einen Seite mählich bis zu einer Tiefe von 6 m ab, um auf der anderen Seite ebenso anzusteigen.

Die Mündung der senkrecht und nach allen Seiten schwenkbar in ihrem Kardanring aufgehängten, fertigmontierten Rakete befand sich 8 m über der oberen Kante der Kühlrohre. Ein Aufzug brachte uns zu den verschiedenen Arbeitsbühnen, auf denen durch erfahrene Prüfstandshandwerker und Ingenieure letzte Vorbereitungen für den Brennversuch getroffen wurden.

Die Rakete war getankt. Wir hatten noch ungefähr 10 Minuten Zeit.

Ich ging mit Dr. Thiel zu dem 150 m entfernten, an der südlichen Schmalseite der Arena in die Umwallung eingebauten Beobachtungs- und Meßbunker. Überall in der Arena sah ich die hier zur Erprobung bereitgestellten Transportfahrzeuge für die Rakete, den großen Meillerwagen mit dem Aufrichtearm, den schlanken kleinen Vidalwagen für lange Transportstrecken auf der Straße. Daneben standen Abschußtische in den verschiedensten Typen, neu eingetroffene Kabelmasten und Sonderfahrzeuge.

Ich fühlte die beglückende Überzeugung, daß uns unser Vor=haben gelingen würde. Nur noch ein bis zwei Monate, dann wür=den wir aus den ärgsten Schwierigkeiten heraus sein.

Ich stand mit Dr. Thiel hinter der mit Panzerglas versehenen Türe des Beobachtungsbunkers und blickte nach dem für den Brennversuch vom Bedienungspersonal geräumten Versuchsstand. Die Arbeitsbühnen waren hochgeklappt. Frei fiel mein Blick auf die mit einem Reifgürtel umgebene, schwarzweiß angestrichene Rakete. Die am Sauerstoffentlüftungsrohr sich bildenden kleinen weißen Dampfwölkchen verwehten rasch in der leichten, aus der Richtung der Peenemündung wehenden Brise.

Unsere Flugkörper arbeiteten vollautomatisch, und wir schossen über See. Jedes ausfallende Ventil, jedes fallende Relais, jedes Ver=sagen auch des kleinsten Einzelteiles in dieser komplizierten Ma=schine konnte das Gerät aus der vorgeschriebenen Bahn werfen, konnte ein Nachlassen des Schubes, kurzzeitigen Brennschluß oder sogar Explosion hervorrufen.

Immer aber waren die Raketen, wenn sie erst den Starttisch ver=lassen hatten, verloren. Wir konnten nicht mehr feststellen, was die Ursache der Panne gewesen war. Fast immer lag der schuldige Teil auf dem Grunde der blaugrauen Ostsee.

Ich hatte daher schon bei Beginn der Entwicklung angeordnet, daß der Prüfung der Rakete vor der Freigabe zum Schuß die größte Bedeutung beizumessen sei. Alle Einzelteile wie das ganze Gerät waren immer und immer wieder zu überprüfen. Zur Prüfung der Betriebssicherheit, der Leistung und der Steuerfähigkeit mußten auf geeigneten Versuchsständen selbst Brennversuche mit zusam=mengebautem Gerät ausgeführt werden. Ich wollte damit errei=chen, daß alle Vorkommnisse, die während des Fluges in der Luft eintreten konnten, vorher am Boden nachgeahmt und das Verhal=ten der Raketen dabei erforscht würden. So zog sich wie ein roter Faden der Bau von Prüfständen und Prüfanlagen durch die Jahre der Entwicklung. Erst wenn wir die Kinderkrankheiten überwunden hätten, würden wir Prüfungen streichen können.

Darüber hinaus hatte ich angeordnet, daß die Standversuche ebenso wie die Vorbereitungen zum Abschuß bei allen Wetterlagen im Freien ausgeführt werden sollten. Ich hielt es für falsch, die Geräte nach den Wünschen der Entwicklungsingenieure in gut geheizten und windgeschützten Räumen fertig zu machen und sie erst unmittelbar vor der Zündung ins Freie zu fahren. Wir wollten ja schließlich das Verhalten der Rakete bei allen Temperaturen und Windverhältnissen ermitteln, die Verdampfungsverluste feststellen, durch Kondenswasser entstehende Pannen rechtzeitig erkennen, Einrichtungen zur Beheizung bestimmter, durch die Kälte des flüssigen Sauerstoffs in ihrer Funktion gestörter Apparateteile entwickeln und überhaupt erst die zweckmäßigen Anlagen schaffen, die für einen Fronteinsatz benötigt wurden.

Diese vorausschauenden Maßnahmen hatten letzten Endes bewirkt, daß zu Beginn des Einsatzes nur 17% der angelieferten Raketen nicht zum Abschuß zu bringen waren oder Steuerungsversager nach dem Abheben und Pannen im aufsteigenden Ast der Flugbahn auftraten. Nachdem später sich dann alles noch mehr eingespielt hatte, gelang es sogar, die Versager auf 4% herabzudrücken, eine bei einem so komplizierten, vollautomatischen Gerät überraschend niedrige Zahl, besonders wenn man demgegenüber die Ausfälle bei der in ihrem ganzen Aufbau wesentlich einfacheren Fi 103 (V 1) mit fast 28% zum Vergleich heranzieht.

Der Brennversuch gelang ohne irgendwelche Beanstandungen. Die Flammenbildung schien einwandfrei. Das Gerät folgte den Kommandos, die seinem Steuerungssystem durch Fernlenkung aufgegeben wurden, ohne jede Schwierigkeit. Das Schwenken nach allen Seiten, das Drehen um die Längsachse und schließlich das Umlenken, alles ging programmgemäß vor sich.

Danach sah ich mir im Meßbunker die mit Tintenschreibern aufgenommenen Diagramme des Schubes und des Druckverlaufes an den etwa 15 Meßstellen im Inneren der Rakete an. Die Schubkraft auf dem Stand betrug bei einem Verhältnis des Sauerstoffes zum Brennstoff von 1 : 0,85 etwas mehr als 25 t. Ideal wäre es gewesen, wenn die Form unserer Düse, dem verschiedenen Druck in verschiedenen Höhen entsprechend, hätte veränderlich sein können. Das war jedoch nicht möglich. Wir einigten uns daher auf einen Mittelwert, der die Expansion der Gase bis auf einen Druck von 0,85 Atmosphären an der Düsenmündung ermöglichte. Trotzdem stieg mit der Abnahme des Außendruckes während des Fluges der Schub beträchtlich und erreichte schließlich 29 t.

Die Diagramme zeigten die ruhige Stetigkeit des Verlaufes und waren auf der gewünschten Leistungshöhe.

Mit Schwarz ging ich dann durch den langen unterirdischen Gang, der vom Meßraum unter der Umwallung zum Brennstand führte. An den beiden Seiten dieses Ganges liefen, die ganze Höhe der Wand einnehmend, doppelte und dreifache Reihen von schweren, dicken Meßkabeln. Wir gingen die Treppe hinunter und gelangten in einen großen, langgestreckten Raum neben der Schurre. Hier lag der Anschluß der fast 1,20 m dicken und 500 Liter in der Sekunde fördernden Kühlwasserrohre an das aus Molybdänstahl bestehende Kühlrohrsystem der Strahlableitungsschurre. Die dazwischen liegende 1 m starke Betonwand strahlte jetzt nach dem Brennversuch nur geringe Wärme aus.

Durch einen zweiten, mählich ansteigenden Gang gingen wir weiter und traten durch das große Pumpenhaus ins Freie. Dort standen die großen Holztürme für die Rückkühlung des Wassers und die fast 8 m hohen, in die Sandumwallung eingebauten Wasserbehälter.

Nur noch eine letzte, niedrige, kiefernbewachsene Düne trennte mich nun von der weiten, aufgeschwemmten und mit schwarzer Schlacke bedeckten Fläche des Prüfstandes X. Seine dunkle ebene Aschenbahn wurde da und dort von einem Grasfleck, einer kleinen hellen Betonfläche, einer Holzbettung oder einer aus gestampftem Lehm bestehenden kleinen Rundfläche unterbrochen. Von hier aus machten wir Abschußversuche zur Erprobung der verschiedenen Bodenverhältnisse. Überall standen Meillerwagen mit verlasteten Flugkörpern, Raketen auf Abschußtischen. In bestimmten Abständen hielten Spezial- und Betankungsfahrzeuge, Betankungsleitungen führten zu den Anschlüssen in der Rakete, Kabelleitungen waren ausgelegt, die angenommenen Wegränder waren durch ausgelegte weiße Bänder bezeichnet.

Unter der Oberleitung von Ingenieur Riedel II wurden hier gerade durch praktischen Versuch die Unterlagen für die Bedienungsvorschriften ermittelt.

Mein Wagen erwartete mich. Wir fuhren am hohen Prüfstand I vorbei und bogen in die unmittelbar am Waldrand angelegte schmale Betonstraße ein, die von Norden nach Süden an der langen Reihe unserer vielen Prüfstände entlangführte.

Auf dem kleinen Prüfstand VIII sah ich mir noch kurz einen Abnahmeversuch an. Hier wurden die vom Werk oder von auswärtigen Firmen gelieferten 25-t-Öfen einem Brennversuch zur Leistungsermittlung unterzogen. Der bläulich-rote Gasstrahl wurde durch ein weites, doppelwandiges, eisernes Rohr gejagt. Viele kleine Bohrungen in der inneren Rohrwandung spritzten riesige Wassermengen in die leuchtende Stichflamme. Während des 60 Sekunden dauernden Versuches quollen ungeheure, dichte, weiße Wasserdampfwolken aus der um 90° umgelenkten Austrittsöffnung des betonierten Ableitungskanals.

Wir waren mit der Konstruktion unseres 25-t-Ofens nicht zufrieden. Wir hatten zum erstenmal einen Raketenofen mit 25 t Schub und einer minutenlangen Brennzeit entwickelt. Die Konstruktion litt jedoch darunter, daß sie zu sehr nur empirisch gefunden, aus früher für andere Öfen entwickelten Einheiten zusammengestoppelt und fabrikatorisch zu kompliziert war. Wir verlangten zu viel von der Handfertigkeit der Schweißer. Selbst wenn die neuen Schweißvorrichtungen und automatischen Schweißgeräte voll entsprachen, blieb die Arbeitsstundenzahl für die Herstellung dieser Öfen unverantwortlich hoch. Zur Erzeugung der gewünschten Treibstoffvernebelung und der Spiritusschleierkühlung gab es Tausende von kleinen Einspritzdüsen und Bohrungen in den Ofentöpfen und Wandungen.

Dr. Thiel hatte schon früher mit einem einfacheren Einspritzsystem Versuche gemacht. Er hatte versucht, die gewünschte Wirkung durch Reihen einfacher Bohrungen in einer flachen Kopfplatte zu erreichen. Bei großen Öfen hatten wir jedoch damit nicht die mit der bisherigen Konstruktion erzielten guten Leistungen er=reicht.

Schon seit etwa zwei Jahren arbeitete Professor Beck von der Technischen Hochschule Dresden an der Entwicklung einer Ring=spaltdüse. Sie war in der Fertigung wesentlich einfacher, bisher war es uns jedoch nur gelungen, sie an kleinen Öfen bis 1000 kg Schub einwandfrei und bei fast gleicher Leistung zum Arbeiten zu bringen. Beim 25=t=Triebwerk gab es immer wieder heftige, sich aufschaukelnde Brummerscheinungen, Leistungsabfall und schwere Vibrationen des Ofens bei Standversuchen. Wir waren daher gezwungen, trotz aller Herstellungsschwierigkeiten für die Fertigung, zunächst beim 18=Topf=Ofen zu bleiben.

Der weiter südlich liegende Prüfstand IX für die große, mit Überschallgeschwindigkeit fliegende, ferngesteuerte Flakrakete „Wasserfall" näherte sich seiner Vollendung. Ich fuhr um ihn herum und kam zum Prüfstand II, in dem die Brennversuche mit Salpetersäure und Visol als Treibstoffe gemacht wurden, zum Prüfstand IV, auf dem wir Triebwerkseinbauten in Flugzeuge erprobt hatten, und zu dem kleinen, für das Waagrechtbrennen von Öfen bis 1000 kg Schub eingerichteten Prüfstand III. Von da gelangte ich zum Pumpen= und Dampfanlageprüfstand.

Hier fanden die Abnahmeversuche für unsere großen Förder=pumpen und für die Wasserstoffsuperoxyddampfanlage statt. Ein mit flüssigem Sauerstoff zu kühlender Kälteraum ermöglichte die Erprobung bei tiefsten Temperaturen.

Schließlich fuhr ich am Prüfstand VI vorbei, der unserem großen Kummersdorfer Prüfstand nachgebaut war. In ihm hatten bis vor Jahresfrist die Standversuche der Versuchsrakete A 5 stattgefun=den, die in Hunderten von Exemplaren schon von der Greifswalder Oie aus verschossen worden war. Er war nun bis zur Vollendung des Prüfstandes IX für die Entwicklung des „Wasserfalls" frei=gegeben. Dann kam ich bei der großen Zusammenbau=Werkstatt des Entwicklungswerkes wieder in den Betrieb und zu meinem Ziel, dem Meßhaus, d. h. dem Labor der elektrotechnischen Ab=teilung.

Seit Tagen schon bat mich Dr. Steinhoff um einen Besuch. Ich hatte meinerseits die Absicht, verschiedene Untersuchungsergebnisse mit ihm zu besprechen.

Es handelte sich hier um die Verringerung der Breitenstreuung des A 4. Wir waren uns von Anfang an darüber klar gewesen, daß ein Einsatz des A 4 bei seiner Kostspieligkeit nur dann lohnend sein würde, wenn es uns gelang, neben der Längsstreuung besonders die Breitenstreuung auf ein Mindestmaß herabzudrücken. Bisher hatten wir eine 50%ige Breitenstreuung von fast 4,5 km gehabt, d. h. die Gesamtbreitenstreuung hatte rund 18 km betragen.

Das war viel zu viel. Dr. Steinhoffs Aufgabe war es, ein Verfahren zu entwickeln, mit dem wir die Breitenstreuung unter 1 km drücken konnten. Die große Streuung war durch Fehler beim Einrichten, Toleranzen in der Steuermaschine, mangelnde Standfestigkeit der Kreisel, selbst bei kleinsten Reibungskoeffizienten in den Lagern, sowie durch eine Fülle anderer kleiner Einflüsse entstanden.

Es gab nur ein Mittel dagegen. Wir mußten die Rakete während der Brennzeit, d. h. im steuerfähigen Teil der Flugbahn, auf einem Leitstrahl fliegen lassen, ein Verfahren, das bei der Blindlandung der Flugzeuge schon lange gebräuchlich war. Dieser Leitstrahl mußte jedoch viel empfindlicher sein als bei den bisher in der Luftfahrt eingeführten Verfahren. Wir durften keinen mit der Entfernung vom Sender immer unschärfer werdenden „Leitstrahl" verwenden, sondern mußten möglichst eine senkrecht stehende „Leitebene" ohne Breitenausdehnung, am besten eine „Leitlinie" anwenden. Schon bei der kleinsten Abweichung von dieser Linie mußte die Rakete zurückgesteuert werden. Um der Feindstörung zu begegnen, mußten wir zu Dezimeter- und später zu Zentimeterwellen übergehen. Der dazu nötige Aufwand am Boden und an Bord der Rakete sollte auf ein Minimum beschränkt werden.

Seit Jahren lag die Entwicklung entsprechender Geräte in den Händen einer auf dem Funkmeßgebiet führenden Firma. Sie kam jedoch nicht vorwärts. Immer wieder waren Termine genannt und nicht eingehalten worden. Was an dieser Verzögerung schuld war, unsere niedrige Dringlichkeitseinstufung, die Überlastung der Firma mit der Fertigung normaler Funkmeßgeräte oder der geringe Anreiz der von uns benötigten kleinen Anzahl von Geräten, das wußte ich nicht. Jedenfalls hatte ich den Eindruck, daß wir systematisch hingehalten wurden. Die vielen, vielen Besprechungen brachten uns nicht einen Schritt weiter.

Mir war dieses Vorgehen unverständlich. Was für uns galt, mußte doch auch für die anderen Entwicklungen auf dem Funkmeßgebiet gelten. Schließlich blieb mir nur noch ein Ausweg: ich mußte versuchen, die Entwicklung unserer Leitstrahlgeräte in einem der dringlichsten Rüstungsvorhaben des Reiches, im Funkmeßprogramm unterzubringen. Das gelang schließlich auch. Ich hatte jedoch den Einfluß des Heeres in diesem Programm überschätzt. Der Leiter des Funkmeßprogramms war gleichzeitig der maßgebende Mann für die Entwicklung unserer Leitstrahlgeräte. Wir kamen und kamen mit der Entwicklung nicht voran. Wir mußten bis Kriegsende mit unserem ersten Leitstrahlgerät, einem von uns verbesserten Luftwaffengerät, auskommen.

Aber auch hier hatten wir Schwierigkeiten über Schwierigkeiten. Es gelang uns nicht, die 50%ige Breitenstreuung des A 4 unter 2 km zu senken. Das Ergebnis war zwar wesentlich besser als beim Flug ohne Leitstrahl, entsprach aber keinesfalls den technischen Möglichkeiten, die wir bei rechtzeitigem Abschluß unserer Entwicklungsvorhaben gehabt hätten.

Genau vor zwei Jahren, im Juni 1941, hatte mich Steinhoff einmal gebeten, einen Probeflug in einem von seiner Abteilung verbesserten Leitstrahl mitzumachen. Wir hatten zur Erprobung unserer Steuerungsgeräte von der Luftwaffe zwei Maschinen zur Verfügung gestellt bekommen. Im Frühjahr 1940 hatten wir in eine Do 17 M eine vollautomatische Flugzeugsteuerung der Firma Siemens eingebaut. Auf diesen Autopiloten konnten wir den mit einer Frequenz von 50 Mega-Hertz arbeitenden Leitstrahl aufschalten. Die 3-KW-Sendeanlage stand im Norden der Insel am Peenemünder Haken. Der mittlere der sternförmig vom Sender ausgehenden Leitstrahlen zeigte nordostwärts nach der dänischen Insel Bornholm. Nach Steinhoffs Behauptung war es ausreichend, wenn das Flugzeug in einer Entfernung von 2 km vom Sender mit einer Genauigkeit von 1° in der Richtung des Leitstrahls flog, um nach einem Flugweg von 140 km immer zu der gleichen Stelle der Insel, mit höchstens 20 m Differenz, zu kommen. Die Reichweite des Senders sollte 200 km betragen.

Voll Freude über diese erfolgversprechenden Aussichten war ich mit von Braun und Dr. Steinhoff zu einem Leitstrahlflug über die Ostsee gestartet. Nachdem das Flugzeug in die Leitstrahlrichtung eingestellt worden war, hatte Steinhoff den Führersitz verlassen und sich mit uns unterhalten. Die Maschine flog vollautomatisch mit aufgeschaltetem Leitstrahl sehr niedrig über dem Wasser ihren geraden Kurs. Steinhoff nannte ein charakteristisches kleines Haus mit rotem Dach unmittelbar am Strand als den Punkt der Küste von Bornholm, den das Flugzeug, auf dem Leitstrahl gehalten, überfliegen werde. Nach dreiviertel Stunden sahen wir Bornholm im Dunst vor uns auftauchen. Wenig später überflogen wir das kleine Haus. Der Vermessungstrupp in Bornholm bestätigte unser exaktes Ankommen.

Nachdem ich nun heute Dr. Steinhoff in seinem Zimmer begrüßt hatte, fragte ich ihn zuerst nach den letzten Untersuchungsergebnissen des Darmstädter Professors Vieweg über die elektrostatische Aufladung der Rakete beim Durchgang durch die Luftschicht der Erde. In seiner vorsichtigen Art, die jede klare Auskunft über bestimmte Zahlenwerte und Termine vermied, beantwortete er meine Fragen. Er wollte sich nicht festlegen lassen.

„Dr. Vieweg glaubt, daß die elektrostatische Aufladung des Gerätes weniger als 20 000 Volt beträgt."

„Das scheint mir sehr hoch. Gibt es da noch keine sichtbaren Entladungserscheinungen?"

„Ich glaube nicht. Sonst hätten wir dies bei unseren Feldstärkemessungen mit dem Meßwertsender während des Fluges irgendwann merken müssen. Dr. Vieweg glaubt, daß diese Aufladung ohne Einfluß auf die elektrischen Einrichtungen der Rakete ist."

„Was haben die Versuche vor dem Prüfstand III in dieser Hinsicht ergeben?"

„Das Ergebnis entspricht etwa den Überlegungen Dr. Viewegs.

Wir hatten allerdings verschiedentlich Fälschungen der Meßergeb=nisse durch den beim Brennversuch aufgewirbelten Staub."

„Staub in der Luft und Unreinigkeiten im Gasstrahl scheinen überhaupt einen ziemlich großen Einfluß zu haben. Bei der Ioni=sation im Strahl haben wir die gleiche Erscheinung. Jedenfalls, wir brauchen uns also wegen der Aufladung keine Sorgen zu machen?"

„Das kann man nicht klar sagen. Ich glaube jedoch, nicht unter allen Umständen."

„Inwieweit wird nun durch die Ionisation im Gasstrahl die Übermittlung unserer Steuerkommandos beeinflußt?"

„Die maximale Dichte will Dr. Vieweg mit 10^6 Ionen im Kubik=zentimeter gemessen haben."

„Darunter kann ich mir nichts vorstellen. Ich fragte, welchen Einfluß hat diese Ionisation auf die Übertragung unserer Kom=mandos?"

„Die Feldstärke der Kommandos nimmt beträchtlich ab. Bei unseren derzeitigen 50=Mega=Hertz=Geräten haben wir eine Ab=nahme bis zu 90% in der Brennschlußentfernung gemessen. Unsere Kommandos kommen bis jetzt jedenfalls noch gerade durch."

„Und wie ist es mit dem 500=Mega=Hertz=Gerät, diesem unglück=lichen motorisierten Würzburg=Riesen, dem ‚Nashorn'?"

„Da scheint die Abnahme nur 10% zu betragen."

„Doktor, das ‚Nashorn' ist aber unmöglich. Dieser Unflat ist für einen Einsatz nicht zu gebrauchen. Waren Sie einmal wieder bei Telefunken? Kommt die Entwicklung unseres Leitlinien=, des Zentimetergerätes vorwärts?"

„Ich habe viel Neues gesehen."

„Doktor, Menschenskind, kommt die Firma mit der Entwick=lung vorwärts?"

„Ich glaube . . ."

„Ich sehe schon. Anscheinend muß ich doch selbst wieder hin=fahren. Was soll mir der ganze Einsatz des A 4, wenn wir mit 18 km in der Gegend herumstreuen? Wenn Telefunken sich dahinter geklemmt hätte, könnten wir noch in diesem Jahr mit einer 100%igen Breitenstreuung von unter 1000 m auf 250 km schießen. Es ist zum Verzweifeln. Aber, was wollten Sie mir zeigen?"

„Sie müssen unbedingt unsere neuen Schwingtische zur Prüfung der verschiedenen Steuer= und Rudermaschinen und das Flug= bahnmodell sehen, an dem wir nachweisen können, wie bei der Leitstrahlenaufschaltung nach der 43. Bahnsekunde im letzten Teil der Brennzeit die Schwingungsamplitude der Rakete in der dünnen Luft untragbar zunimmt."

„Das haben Sie mir schon ein paarmal erzählt. Ich bekomme allmählich kalte Füße. Was sagt Dr. Hermann dazu? Reicht denn in der dünnen Luft die aerodynamische Dämpfung nicht mehr aus?"

„Durch die rasch abnehmende Luftdichte gegen Brennschluß wird auch der Staudruck rasch kleiner und die natürliche aerody= namische Eigenschwingungszahl nimmt rasch ab. Die dem Aggre= gat innewohnende Schwingungsenergie bleibt jedoch nahezu kon= stant. Bei zusätzlichen Kommandos durch den Leitstrahl nimmt die Schwingungsamplitude noch mehr zu. Die Streuung vergrößert sich, statt abzunehmen."

„Lieber Doktor, da bin ich noch nicht ganz überzeugt. Sie sollen die Rakete doch nicht plötzlich in eine andere als die für sie vor= gesehene gerade Flugrichtung bringen und den Leitstrahl auch nicht erst am Ende der Brennzeit einschalten. Wenn das Gerät von Anfang an scharf im Leitstrahl geführt und schon die ge= ringste Abweichung im Entstehen korrigiert wird, dann sind doch beim Rücksteuern keine großen Einschwingkurven um die Flug= bahn zu erwarten."

„Das möchte ich nicht unbedingt sagen. Ich kann den Einfluß jedenfalls nachweisen."

„Gut, kommen Sie, Doktor, zeigen Sie mir, was Sie Neues haben!"

In dieser oder ähnlicher Art wickelten sich die meisten Ge= spräche mit Steinhoff ab. Am Anfang war er ein überschäumender Optimist gewesen, hatte die phantastischsten Zahlen und Termine genannt. Dann war die bittere Praxis gekommen und mit ihr die Enttäuschungen. Von da an wurde er vorsichtig. Allzu vorsichtig. Aber sein Können stand außer jedem Zweifel. Seine Abteilung war ausgezeichnet geführt und hatte in den wenigen Jahren ihres Bestehens dank ihrer hervorragend guten Fachkräfte glänzende Arbeit geleistet.

Wir begaben uns in eines der vielen Labors. Dort war eine Reihe von Schwingtischen verschiedenster Ausführungen mit aufmontierten Steuer- und Rudermaschinen aufgebaut. Viele Kabel führten zu den daneben aufgestellten elektrischen Mischgeräten, in denen die verschiedenen äußeren und inneren Einflüsse, die während der Brennzeit der Rakete auftraten, gemischt und in ein einziges Kommando an die Rudermaschinen umgewandelt wurden.

Auch hier bei der Konstruktion unserer Schwingtische war die Aufgabe gestellt, kostspielige und zeitraubende Prüfstandsversuche zur Steuerungserprobung durch Modellversuche zu ersetzen, die während des Fluges auftretenden Steuerverhältnisse im Labor zu untersuchen, die Werte zu messen, zu prüfen und die Steueranlage durch Verbesserungen so zu entwickeln, daß sie allen Anforderungen gerecht wurde.

Bei der Rakete griffen in das für die Steuerung geltende Gesetz das Trägheitsmoment des Körpers um die jeweils zu steuernde Achse, die Luftkraftmomente, das Luftdämpfungsmoment und das Rudermoment ein. Daneben in erster Linie die Eigenschaften der Rudermaschine, die Meßwerte für die Lagenabweichung und deren zeitliche Ableitungen. Unter Lagenabweichung verstanden wir die Abweichung der Körperachse von ihrer Sollage, die durch die Kreisel oder den Leitstrahl bestimmt war.

Das Zusammenwirken dieser vielen Faktoren, die sich auch noch teilweise der Flugzeit entsprechend änderten, war theoretisch mit Hilfe von Stabilitätsrechnungen untersucht worden. Es galt nun, die Richtigkeit dieser Rechnungen im praktischen Laborversuch nachzuprüfen, den Rechenvorgang abzukürzen und den Einfluß der verschiedenen Faktoren zu untersuchen.

Im Laufe der Jahre hatte sich eine ganz spezielle Schwingtischtechnik herausgebildet. In der ersten Entwicklungsstufe waren die mechanischen Eigenschaften des Flugkörpers durch proportionale, mechanisch nachgebildete Größen wie Gewichte und Federn ersetzt worden. Als Steuergeräte wurden die auch für den Freiflug vorgesehenen Geräte verwendet.

In der zweiten Entwicklungsstufe, die mir Steinhoff heute zeigte, waren, an Stelle der mechanischen, teilweise elektrische Nachbildungen der mechanischen Flugkörpereigenschaften gewählt worden.

Ein Programmgeber änderte in Abhängigkeit von der Zeit die einzelnen äußeren und inneren Faktoren entsprechend ihren Veränderungen im Fluge.

Mit diesen Schwingtischen war es möglich, den Einfluß der verschiedenen Steuerfaktoren in kurzer Zeit zu untersuchen. Das Verhalten des Körpers in verschiedenen Flugzuständen und bei Aufschalten bestimmter Kommandos, etwa eines Leitstrahles, wurde an Meßinstrumenten angezeigt und auf Oszillographenstreifen aufgenommen.

Während Steinhoff und die Entwicklungsingenieure mir die notwendigen Erklärungen gaben, beobachtete ich das Arbeiten der Schwingtische und damit unserer Steuermaschinen. Die sonst an der Drehachse der Rudermaschinen befestigten Strahlruder waren durch lange, vor Skalen sich bewegende Zeiger ersetzt. Ich verfolgte die Beschleunigungsempfindlichkeit unserer Steuereinrichtung. Eine Ablenkung, ein Schwenken des Tisches, vom Auge noch nicht erfaßt, hatte kaum begonnen, als auch schon die Zeiger der Rudermaschine „gegenliefen". Der Schwingtisch mit den aufgebauten Apparateteilen führte wenige abklingende Schwingungen aus und stand dann wieder in der durch die Kreisel gegebenen Richtung.

Am Flugbahnmodell konnte ich das Arbeiten der Steuermaschine während der ganzen „Brennzeit" genau verfolgen, ich sah das Aufschaukeln der Schwingungen um die Flugbahn, als am Ende der Brennzeit ein Leitstrahlkommando gegeben wurde.

Darüber mußte ich mit von Braun und Dr. Hermann sprechen.

Dann verabschiedete ich mich.

Es war fast Mittag, als ich zum Stabsgebäude zurückkam, wo der unvermeidliche Papierkrieg auf mich wartete.

Nach dem Mittagessen ging ich mit von Braun durch die Kon=

struktionsbüros von Zeichenbrett zu Zeichenbrett. Von Braun hatte wie immer viele Fragen und noch viel mehr Wünsche. Wir besprachen die Schwierigkeiten, die sich der Erstellung der Fertigungsunterlagen entgegenstellten, und suchten gemeinsam nach Wegen, die uns weiterführen konnten.

Bei unserem Rundgang landeten wir dann wie von einem Magnet angezogen an einer bestimmten Stelle. Wir kamen zur Projektengruppe, wo unter Leitung von Dipl.-Ing Roth und Ing. Patt unsere geheimsten Zukunftswünsche und -hoffnungen der ersten rechnerischen Durchprüfung standhalten mußten und zum erstenmal auf großen weißen Bogen Gestalt annahmen.

Die Phantasie von Braun kannte keine Grenzen. Oft sah er schon als Tatsache an, was er in seinem ständig arbeitenden Geist wahrhaben wollte. Er träumte und schwelgte im Großen, Gewaltigen, Unermeßlichen, weit in der Zukunft Liegenden. Ich mußte ihn bremsen, mußte Wasser in seinen schäumenden Wein gießen. Immer wieder mußte ich ihn auf den Boden der harten Tatsachen, in den Alltag zurückführen. Ich mußte ihn zwingen, sich eingehender, konzentrierter auch mit allen Detailfragen zu beschäftigen.

Ich wußte, wenn er sich erst wirklich intensiv mit allen technischen Fragen auseinandersetzte, würde sein unbestreitbares Genie die richtige Lösung finden. Er hatte eine fast unglaubliche Gabe, aus einer Fülle von Wissenschaft, Literatur, Besprechungen und Firmenbesuchen das für unsere Aufgaben allein Wichtige zu behalten, zu erfassen, durchzuarbeiten, gedanklich weiterzuentwickeln und an der richtigen Stelle einzusetzen. Alles andere vergaß er, warf es als unnützen Ballast über Bord.

Er war zunächst sprunghaft, nicht hundertprozentig konsequent. Er pendelte von einem zum anderen. So lange, bis er eine klare Vorstellung von dem hatte, was er erreichen wollte. Dann war er hartnäckig. Es gab dann für ihn keine Hindernisse und keine Ablenkungen. Mit unendlicher Schlauheit, alle Register ziehend, verfolgte er den ihm richtig erscheinenden Weg.

Es war für mich eine immerwährende Freude, an der Entwicklung dieses großen Könners auf dem Raketengebiet von seiner Jugend an durch die Jahre unserer Zusammenarbeit formend teilzuhaben. Ich hatte den großen Vorteil, daß ich ihn durch und durch kannte – seine Stärken und seine offensichtlichen Schwächen, seine Arbeitsmethoden, seine Art des Vorgehens und selbst seine Absichten. Getrieben allein von dem festen Vorsatz, zu helfen, konnte ich unendlich viel tun, den Weg für unser gemeinsames Ziel zu ebnen. Nie hatte irgendein Krach, eine unüberbrückbare Meinungsverschiedenheit unser Verhältnis getrübt. Wir anerkannten uns beide und halfen einander.

Hier in der Projektengruppe konnte er sich austoben. Hier entstanden die Pläne für unsere Zukunftsprojekte.

Wir wollten von Anfang an den Weltraum erreichen, die unendliche Weite, und wir brauchten dazu unvorstellbare Geschwindigkeiten. Reichweite und Geschwindigkeit waren die großen Marksteine unseres Denkens und Handelns.

Das Endziel war klar. Die Voraussetzungen dafür zu schaffen, war unsere erste Aufgabe. Das A 4 war nur eine Zwischenstufe. Es hatte, wie alle erreichten Ziele emsigen Schaffens, im Augenblick der Erfüllung nicht mehr unser ganzes Interesse für sich. Wir wollten mehr. Die Verhältnisse im Kriege zwangen jedoch zu kleinen Schritten.

Es war nicht schwer nachzurechnen, daß bei einstufigen Raketen, d. h. beim Mitschleppenmüssen des ganzen nach Brennschluß nutzlosen Totgewichtes der leeren Tanks und des schweren Triebwerkes, eine wesentliche Reichweitensteigerung nicht mehr zu erwarten war. Wenn wir neben dem schon aufs äußerste herabgesetzten Leergewicht der Rakete eine beträchtliche Nutzlast auf große Entfernung bringen wollten, konnte uns auch die Verwendung anderer Treibstoffe keinen wesentlichen Gewinn mehr bringen. Die einzige Ausnahme wäre eine Treibstoffkombination Wasserstoff-Sauerstoff mit einer theoretischen Ausströmungsgeschwindigkeit von 3100 m/sec gewesen. Diese kam aber wegen der Schwierigkeit der Handhabung des flüssigen Wasserstoffes zunächst nicht in Frage. Auch eine Vergrößerung der Rakete hätte nicht viel genützt. Die jahrelang an den Hochschulen und bei uns durchgeführten Forschungsarbeiten über die Verwendungsmöglichkeit der verschiedensten Treibstoffe hatten gezeigt, daß alle verwendbaren und — was entscheidend war — verfügbaren Treibstoffe nur um ca. 20% in der Leistung auseinanderlagen. Das brachte uns nicht weiter. Wir wollten ganz andere Entfernungen überbrücken.

Wir konnten mit dem A 4-Typ der Einstufenrakete nach einigen technischen Verbesserungen wie Vergrößerung der Tanks und Gewichtseinsparung vielleicht 400—500 km Reichweite erreichen. Das ging aber in erster Linie auf Kosten der Sprengladung, d. h. der Nutzlast.

Wir mußten andere Wege beschreiten. Warum sollte die Rakete mit 800 m/sec. auf dem Boden aufschlagen? Wenn wir an der Rakete Flügel anbrachten, ihren Auftrieb benutzten und nach Brennschluß in Gleitflug übergingen, konnten wir diese bisher zur Erzielung großer Löcher im Erdreich verbrauchte Energie in eine Steigerung der Reichweite umwandeln.

Nachrechnungen ergaben, daß wir mit dieser Konstruktion günstigen Falles eine Schußweite von 550 km erreichen konnten. Also mehr als das Doppelte des A 4. Aus unserer Rakete wurde dann aber ein vollautomatisch gesteuertes Überschallflugzeug. Sein Flugweg führte durch die Luftschicht der Erde und durch den fast luftleeren Raum.

Noch nie war jedoch ein Flugzeug mit Überschallgeschwindigkeit geflogen. Wir schrieben ja 1943. Seit Frühjahr 1940 arbeitete unser Windkanal mit Erfolg an der Entwicklung geeigneter Flügel und der Ermittlung der von den Konstrukteuren und Flugbahnrechnern benötigten Unterlagen.

So entstand das A 9.

Hunderte von Berechnungen wurden durchgeführt, um die für die größte Reichweite günstigste Flugbahn zu ermitteln. Schließlich sollte das Gerät in einer Höhe von rund 20 km eine maximale Fluggeschwindigkeit von 1250 m/sec erreichen, um von hier aus in einen flach gekrümmten Gleitflug mit einer Gipfelhöhe von fast 29 km überzugehen. Über dem Ziel in einer ungefähren Höhe von 5 km angekommen, sollte es ähnlich wie die Fi 103 (V 1) zum senkrechten Absturz gebracht werden.

Vom unbemannten, vollautomatisch gesteuerten A 9 zur bemannten A 9 war nur ein kleiner Schritt. Diesem Schnellstflugzeug mit einer Tragflügelfläche von nur rund 13,5 qm kam keine militärische Bedeutung zu. Es konnte mit Hilfe von Einrichtungen, die die Landegeschwindigkeit herabsetzten, nach Überbrückung einer Entfernung von rund 600 km in 17 Minuten mit einer Geschwindigkeit von nur 160 km in der Stunde landen.

Diese Entwicklung des A 9 stillte jedoch unseren Tatendrang noch nicht. Wir wollten Tausende von Kilometern zurücklegen. Erst hinter der äußersten Reichweitengrenze der schwersten Flugzeuge begann unser eigentliches, nur uns gehörendes Betätigungsfeld.

Nur wenn wir von der Einstufenrakete zur Mehrstufenrakete übergingen, d. h. wenn wir die Totlast der ersten Stufen, nachdem sie ihren Zweck erfüllt hatten, abwarfen und damit das Verhältnis Startgewicht zum Leergewicht des weiterfliegenden Raketenteils wesentlich verbesserten, konnten wir mit fast unglaublicher Reichweitensteigerung rechnen.

Das A 9/A 10-Projekt entstand.

Hier handelte es sich darum, den Antrieb des A 9 als zweite Stufe erst dann einsetzen zu lassen, wenn der Flugkörper durch seine als eine Art Starthilfe ausgebildete erste Stufe schon eine hohe Geschwindigkeit erreicht hatte.

Man hätte eine hohe Anfangsgeschwindigkeit für das A 9 auch dadurch erreichen können, daß man es mittels eines Katapultes startete. Berechnungen und bisher mit der Startbahn der Fi 103 gemachte Erfahrungen hatten zu dem Konstruktionsentwurf eines langen, geneigten Katapultes geführt, der dem A 9 eine Abschußgeschwindigkeit von 350 m/sec gegeben hätte. Eine Geschwindigkeit, die zum reibungslosen Weiterflug der vollgetankten Rakete nach Verlassen der Startbahn ausreichend gewesen wäre.

Besser und die Reichweite wesentlich steigernd war jedoch die Konstruktion des A 10 als 87 t wiegende und mit 62 t Treibstoff vollgetankte erste Stufe der kombinierten A 9/A 10.

Das A 9 war auf das A 10 aufgesteckt.

A 10 hatte während einer Brennzeit von 50—60 Sekunden einen Schub von 200 t und gab der Rakete eine Geschwindigkeit von

1200 m/sec. Nach Leerbrennen der ersten Stufe sollte das A 9 aus dem A 10 gestartet werden. Nach der Zündung sollte es seinen Weg zunächst auf einem steilen Umlenkbogen bis zu einer Höhe von 55 km fortsetzen und dann in Gleitflug übergehen. A 10 war mit Luftbremsklappen und Fallschirm ausgerüstet und konnte nach dem Niedergleiten auf Wasser zur weiteren Verwendung geborgen werden.

Das A 9 allein, in großer Höhe nach Brennschluß der ersten Stufe gestartet, erreichte eine zusätzliche Geschwindigkeit von rund 1600 m/sec. Es ergab sich also eine maximale Geschwindigkeit des A 9 von rund 2800 m/sec am Ende seiner Brennzeit. Hiermit war eine Entfernung von 4100 km in rund 35 Minuten zu überbrücken.

Auch diese Kombination sollte wie das A 4 senkrecht gestartet werden, um größere Abschußanlagen überflüssig zu machen.

Unzählige Flugbahnen waren durch unseren hervorragenden Flugmechaniker und Ballistiker Dr. Steuding durchgerechnet und alle in Frage kommenden Faktoren wie Erdkrümmung und Erddrehung berücksichtigt worden. Die Steuerungsverfahren waren untersucht und die Entwicklung der Geräte begonnen worden.

Seit Monaten war nun ein Stop in dieser Projektarbeit, die große Teile des Werkes voll mit Beschlag belegt hatte, eingetreten. Ich hatte wegen des dringenden Abschlusses der Entwicklung des A 4 jede Weiterarbeit daran im Betrieb verboten. Nur die Projektengruppe durfte sich weiter mit diesen Aufgaben beschäftigen.

Bei unseren vielen Besuchen in dieser Abteilung hatten wir immer wieder diese Pläne, die in nächster Zukunft verwirklicht werden sollten, und die voraussichtlich beste Flugbahn der Rakete durchgesprochen. Wir hatten Verwendungsmöglichkeiten im Frieden vorgesehen und geplant. Schnellste, mit hoher Überschallgeschwindigkeit fliegende Stratosphärenraketenflugzeuge waren im Entwurf entstanden, sie konnten in 40 Minuten die Entfernung Europa—Amerika zurücklegen.

Wenn wir erst an diesem Punkt angelangt waren, dann gingen die Pferde mit uns durch. Mit unseren Antriebsmitteln und Stufenraketen konnten wir Raumschiffe bauen, die mit einer Geschwindigkeit von 8000 m/sec in 500 km Höhe wie Monde die Erde umkreisten. Raumstationen und Glaskugeln mit den einbalsamierten Leichen der um die Raketenentwicklung und die Raumschiffahrt verdienten Männer sollten auf die nimmer ermüdende Fahrt um die Erde geschickt werden. Auch die Fahrt zum Mond war ein beliebtes Thema.

Und dann träumten wir von der Atomenergie, die uns endlich den Antrieb für den Flug in die Unendlichkeit des Raumes, zu den Sternen geben sollte.

Vier Uhr nachmittags. Ich war auf der hohen Betonplattform des Prüfstandes I angelangt. Vor mir in der Arena des Prüfstandes VII, 250 m von mir entfernt, fielen gerade die ersten Funken des pyrotechnischen Zünders aus der Düsenmündung einer Versuchsrakete, die heute abgeschossen werden sollte.

Wie immer schossen wir mit unserem A 4 von Peenemünde aus über die See. Nur mit den kleinen Raketen, dem A 3 und A 5 fuhren wir zum Abschuß zur Oie. Das Risiko war groß. Wir wußten es. Wir mußten Glück haben, und wir hatten es auch. Es war oft vorgekommen, daß die Rakete Steuerungsversager hatte, nicht die vorgeschriebene Richtung einhielt und nach irgend einer Seite ausbrach. Wir hatten ein Gerät eingebaut, das es uns erlaubte, bei derartigen Fehlern kurzzeitig „Brennschluß" zur fliegenden Rakete zu funken. Es war Aufgabe der Schießleitung auf dem hohen Dach der Zusammenbauwerkstatt, das Kommando so auszulösen, daß kein Schaden entstand und die Rakete im Walde, auf der Weite des Flugfeldes oder in der Peenemündung abstürzte, bevor sie das Festland mit seinen bewohnten Dörfern und Städten erreichte. Bis jetzt war alles gut gegangen.

Die vom wolkenfreien blauen Himmel strahlende Nachmittagssonne hatte mich weit über die leichte Dünung der grauen Ostsee hinweg alle Einzelheiten der Greifswalder Oie, den Leuchtturm, den Wald, die Häuser und die Steilküste klar erkennen lassen. Morgen würde es regnen. Wenn die Sicht so klar war, gab es immer einen Wetterumschlag.

Mit dem Glas beobachtete ich die vielen Enten vor dem grünen Schilfvorland des Hakens, sah dem Fluge der Seeadler zu und freute mich an der Farbenpracht dieses Vorsommernachmittags.

Ich hatte Zeit. Die „Peenemünder Minute" hatte wieder einmal rund 11 Minuten gedauert. Es schien etwas nicht in Ordnung gewesen zu sein. Die Ingenieure im Beobachtungsbunker vor mir hatten gezögert, die Startschalter umzulegen. Schließlich war es aber doch soweit.

Die kleine Stufe setzte ein. Der Gasstrahl bildete sich.

Drei, vier Sekunden lang jagte der Flammenstrahl den trockenen Staub der Betonplattform nach allen Seiten.

Dann die große Stufe. Die Abwurfkabel fielen. Die Rakete hob ab.

Aber sie hob langsam ab, sehr langsam. Der 12,5 t schwere Flugkörper mit dem zwischen zwei Flossen aufgemalten Glückszeichen stieg nur 4,5 Meter hoch über den Starttisch und – blieb stehen. Sie stand senkrecht in der Luft, ohne Neigung zum Umkippen, ohne Drehung um die Längsachse.

Ein unfaßlicher Anblick.

Jeden Augenblick mußte sie sich zur Seite neigen oder zurückfallen, zu Bruch gehen und explodieren. Unwillkürlich trat ich einen Schritt zur Seite, um hinter einem der schweren Eisenpfeiler des Prüfstandgerüstes wenigstens etwas Deckung zu haben. Ich behielt die Rakete jedoch im Blickfeld des Glases. Immer noch stand sie in der gleichen Höhe über dem Abschußtisch.

Es mußte eine Störung in der Erzeugung des Dampfes, der die Förderpumpenturbine beaufschlagt, eingetreten sein. Die Pumpe arbeitete nicht mit Vollkraft. Sie förderte gerade nur soviel Treibstoff in den Ofen, daß der entstehende Schub dem Gewicht der Rakete die Waage hielt.

Vor mir auf dem Wall des Prüfstandes hatte der Filmoperateur Kühn seinen Stand. Mußte der Mann Nerven haben! Die Rakete stand genau 100 m vor ihm in der Luft. Unbeirrt richtete er das Objektiv seiner Kamera auf das Geschoß. Er mußte doch aus Erfahrung wissen, daß er im Augenblick des Zurückfallens des Gerätes in höchster Lebensgefahr war. Er kurbelte weiter. Ihn zu rufen war zwecklos. Der ungeheure Lärm des Triebwerkes übertönte jeden Laut.

Unsere Steuermaschine arbeitete wunderbar. Bolzengerade stand die Rakete frei in der Luft.

Es waren erst vier Sekunden vergangen. Vier unfaßlich lang erscheinende Sekunden. Jetzt mußte das Gerät kippen. Nach dieser Zeit setzte der Umlenkbogen ein. Die Rakete mußte stürzen.

Der Schub blieb gleich. Das Gerät wurde durch den ständig verbrauchten Treibstoff leichter. Ganz wenig, Meter um Meter, hob sich die Rakete. Die Spitze neigte sich sehr langsam und allmählich nach Osten. Der Flugkörper kam in Bewegung. In 10, 12 m Höhe bewegte er sich, fast senkrecht stehend, langsam auf den Kameramann zu. Er kurbelte weiter.

Mir verschlug es den Atem. Wenn die Rakete sich noch ein wenig neigte, wenn der Umlenkbogen größer wurde, dann mußte sie umkippen, mußte in dem weiten Rund des Prüfstandes oder auf dem Wall explodieren.

Nur wenig steigend näherte sie sich immer mehr dem Standpunkt des wagemutigen Mannes hinter der Kamera. Sie war jetzt ungefähr 20 bis 22 m hoch und lag mit erheblicher Neigung in der Luft.

Jetzt war sie über dem Wall. Kühn kniete und richtete seinen Filmapparat fast senkrecht nach oben. Herrgott, würde das ein Film werden!

Vor Aufregung verließ ich die Deckung des Eisenpfeilers. Am liebsten wäre ich hingesprungen und hätte den Mann in Deckung gerissen. Es mußte ja jeden Augenblick krachen!

Die Rakete war mir jetzt gleichgültig. Ich wußte, was kommen mußte. Ich sah nur den Mann. Sah, wie er sich langsam aufrichtete. Er kurbelte und kurbelte. Seine Kamera stand fast waagrecht. Jetzt hatte er sie vom hohen Wall schräg nach unten gerichtet.

Das war doch unmöglich! Ich hätte schreien mögen, laut schreien!

Rumms!

Qualm, Flammen, Blechteile, Äste und Sand wirbelten durch die Luft. 40 m hinter dem Wall war die Rakete in die Randdüne gestürzt und explodiert.

Und immer noch kurbelte der Kameramann!

Aufatmend ließ ich das Glas sinken. Mein Herz klopfte jetzt

verdammt schnell. Aber dann erfüllte mich Stolz, unbändiger Stolz.

So, nur so und nur mit solchen Mitarbeitern konnten wir die vor uns liegenden Aufgaben lösen!

SCHWARZER TAG

Am Dienstag, den 17. August 1943, nachmittags, saßen am langen Tisch meines Dienstzimmers im Stabsgebäude der Heeresanstalt Peenemünde Oberst Stegmaier, der Leiter des Versuchsserienwerkes, Ministerialrat Schubert mit seinem Betriebsleiter, Oberingenieur Rudolph, der Direktor der Nachbauleitung, Dipl.-Ing. Stahlknecht und die Direktoren des Entwicklungswerkes, Professor von Braun, Dr. Steinhoff, Dr. Thiel und der Betriebsdirektor Rees.

Hinter den mit stilisierten roten Greifen und norddeutschen Domen in Backsteingotik bunt bedruckten Vorhängen waren die großen, nach Westen gehenden Fenster weit geöffnet. Das gedämpfte Licht unterstrich die klaren Linien und freundlichen Farben des mit hellen, schönen Möbeln, viel Blumen, Teppichen und Bildern ausgestatteten repräsentativen Raumes.

Die Polstertüren zum Nebenzimmer waren geschlossen. Telefonanrufe wurden von meinem Adjutanten abgefangen.

Wir waren unter uns.

Seit Tagen sandte die Sonne ihre glühenden Strahlen auf den nach Regen und Kühlung lechzenden dürren Sandboden der Insel Usedom. Wir warteten sehnlich auf ein abkühlendes und reinigendes Gewitter. Die noch vor wenigen Tagen saftig grünen und farbig leuchtenden Gartenanlagen vor meinen Fenstern wurden langsam gelb, grau und welk.

In dieser drückenden, gewitterschwülen, mit elektrischer Spannung geladenen Atmosphäre war seit Stunden eine erregte Aussprache im Gange. Hart und rücksichtslos prallten die Meinungen aufeinander. Es ging um die ständig wachsenden Gegensätze und Schwierigkeiten zwischen Entwicklungswerk und Fertigung.

Dipl.-Ing. Stahlknecht hatte noch einmal seine Beschwerden über das Entwicklungswerk, über die schleppende Lieferung der Fertigungsunterlagen in sehr ernstem Ton vorgetragen und auf die für unser A 4-Programm entstehenden Folgen hingewiesen.

Immer wieder hatten von Braun, Thiel und Rees jegliche Schuld abgestritten und den Mangel an eingearbeiteten Fachkräften in der Fertigungsvorbereitung, den Konstruktions- und Vorrichtungsbüros hervorgehoben.

Stahlknecht führte abschließend aus:

„Ich stelle noch einmal fest, und wir sind uns wohl alle darin einig, daß das Programm Degenkolb mit dem Erreichen eines Ausstoßes von 900 Geräten pro Monat ab Januar 1944 undurchführbar ist. Auch das verminderte, von mir aufgestellte Programm kann in absehbarer Zeit nicht anlaufen, wenn ich nicht bis 1. 10. im Besitz sämtlicher Fertigungsunterlagen des Entwicklungswerkes bin. Der größte Engpaß sind die Vorrichtungskonstruktionszeichnungen, die derartig schleppend eingehen und – kaum ausgeliefert – schon wieder grundsätzlichen Änderungen unterworfen werden, so daß es unmöglich ist …"

Erregt sprang Professor von Braun auf und warf, Stahlknecht unterbrechend, ein:

„Wenn hier gegenseitig Vorwürfe erhoben werden sollen, dann will ich sie in die richtige Richtung leiten. Herr General, Sie wissen selbst, daß die Schaffung des Fertigungssonderausschusses A 4 unter Degenkolb im Januar 1943 uns keine Arbeitserleichterung gebracht hat. Im Gegenteil. Der Sonderausschuß hat uns von unserer eigentlichen Arbeit, der Entwicklung, abgehalten. Das so dringend benötigte und sofort beantragte Personal ist nicht überwiesen worden. Das jetzt, nach Monaten, nachdem wir in höchster Not sind, eintreffende wenige Fachpersonal ist nicht eingearbeitet und darum in keiner Weise eine Erleichterung. Die Fertigungsvorbereitung und die Konstruktionsbüros laufen schon mit dem in jeder Beziehung unzureichenden Personal auf höchsten Touren. Die Fülle der noch zu leistenden Arbeit ist so ungeheuer, daß wir unter keinen Umständen den Termin vom 1. Oktober halten können. Wir können doch nicht Vorrichtungs- und Spezialwerkzeuge konstruieren und fertigen lassen, wenn wir uns noch nicht selbst darüber im klaren sind, welche endgültige Form der zu fertigende Gegenstand hat. Die dauernd auf Grund der Rohstofflage sich ändernden, uns anbefohlenen Sparmaßnahmen zwingen uns zu immer neuen Konstruktionen mit neuem, angeblich leichter zu beschaffendem Material. Ich kann nur sagen, ich bin verzweifelt, daß das Programm Degenkolb Ihre Zustimmung gefunden hat. Ich bitte dringend, das Vorhaben A 4 nach oben als zur Zeit undurchführbar zu melden. Wir müssen erst einmal in Ruhe ein fertigungsreifes Gerät entwickeln und in Ruhe die notwendigen Unterlagen für die Fertigung aufstellen.

Darüber hinaus glaube ich, daß Degenkolb nicht der geeignete Mann für unser Fertigungsprogramm ist. Er mag ein guter Lokomotivbauer sein, von unserer komplizierten Maschine, von den für sie notwendigen Bodenanlagen versteht er absolut nichts. Wie kann in unserem schwierigen Fall ein Mann die Führung der Fertigung in Händen haben, der als einzige Antwort gegenüber allen Vorstellungen, dringenden Wünschen und Forderungen nur die eine Antwort weiß: ‚Ihre Schwierigkeiten interessieren mich nicht, Sie müssen sich selbst helfen!' oder der brüllt: ‚Sie schaffen den Ausstoß oder Sie verlieren Ihre Stellung!' Ich sehe die Katastrophe voraus!"

Von Braun hatte sich in immer größere Erregung hineingesteigert. Mühsam sich zur Ruhe zwingend, nahm er wieder Platz. Nun sprach Dr. Thiel:

„Ich muß es ablehnen, das Triebwerk der Rakete für fertigungsreif zu erklären. Die Industrie weigert sich, kleine Stückzahlen von Einzelteilen, die wir für die Versuchs- und Nullserie brauchen, in Fertigung zu nehmen. Sie will sofort den Massenauftrag haben. Die von der Industrie gelieferten Einzelteile entsprechen in keiner Weise den an sie zu stellenden Güteanforderungen. Das Gerät ist zu kompliziert und nicht, noch lange nicht für die Massenfertigung geeignet."

Sogleich sprang Rees ihm bei:

„Jawohl, wir haben eine Fülle von Ausschuß unter den angelieferten Einzelteilen. Dies bringt den Ausstoß von Versuchsgeräten zum völligen Stillstand. Dazu kommt der ständige Wunsch der Versuchsabteilung nach schnell noch durchzuführenden Änderungen. Fast 80% der an das Prüffeld gelieferten abgenommenen Geräte kommt mit Änderungswünschen zurück und verstopft den Fertigungsfluß. Die Fertigung der letzten Monate ist fast 90% unter dem Soll geblieben. Ich weiß im Betrieb bald selbst nicht mehr, wie das Standardgerät überhaupt aussehen soll. Auch ich halte das Degenkolbprogramm für undurchführbar und bitte, einen entsprechenden Aufschub zu erwirken."

Ich stand einer geschlossenen Front gegenüber. Waren das meine optimistischen, durch nichts zu erschütternden ersten Mitarbeiter? Verloren sie schon vor dieser Aufgabe die Nerven? Wo waren die Weltraumstürmer?

Ich blieb zu meinem eigenen Erstaunen innerlich ruhig. Ich würde schon mit ihnen fertig werden. Die Schwierigkeiten, die ihnen so unüberwindlich schienen, waren ja nur die üblichen Anlaufschwierigkeiten jeder Großserie eines so jungen Gerätes. Ich war entschlossen, ihnen kurz und gründlich meine Meinung zu sagen.

„Meine Herren, die Schwierigkeiten, mit denen Sie nicht glauben fertig werden zu können, sind auch mir bekannt. Ich habe das Programm Degenkolb nicht unterstützt, sondern um des lieben Friedens willen den Kampf dagegen verboten. Man muß in der heutigen Zeit Großes fordern, um Kleines zu erreichen. Degenkolb hat ohne Vollmachten und ohne Dringlichkeitseinstufung allerhand für uns erreicht.

Jetzt aber, und zwar erst seit ungefähr sechs Wochen, sind endlich durch die Einstufung in die höchste Dringlichkeit die Voraussetzungen für die Durchführung des Programms gegeben. Lassen Sie die daraufhin getroffenen Maßnahmen doch erst einmal ausreifen! Ich fürchte, man wird uns noch mehr helfen, als uns eines Tages lieb sein kann. Wir haben z. B. nach 24 Stunden bereits den von uns angeforderten Flakschutz bekommen. Die angeforderten Kontingente an Rohstoffen wurden zugeteilt. Die Arbeitskräfte strömen herein. Allein in den letzten vierzehn Tagen sind über 1200 Mann hier angekommen.

Ich bitte Sie, erneut zu überprüfen, ob entsprechend meinem Befehl vom Ende vorigen Jahres alle Entwicklungsarbeiten an Zukunftsprojekten jeder Art eingestellt sind.

Sie müssen endlich aufhören zu sagen, wir seien noch nicht fertig, wir können die Lieferbedingungen für die Einzelteile noch nicht aufstellen. Wir haben allein dadurch mindestens ein halbes Jahr verloren. Ich stehe auf dem Standpunkt, daß wir schon lange einen Entwicklungsstand erreicht haben, der den Anlauf einer großen Versuchs= und Nullserie gerechtfertigt erscheinen läßt.

Es sind in diesem Kriege Geräte mit noch viel geringerem Ent=wicklungsstand sogar in Großserie gegangen. Der Anlauf der Fertigung des schweren Panzertanks ‚Tiger' ist sogar zunächst nach Bleistifthandskizzen erfolgt. Sie müssen endlich mit dem Nocheinführenwollen von Verbesserungen Schluß machen.

Es ist unser Krebsschaden hier oben, daß hier zu viele kluge Köpfe mit zu vielen Ideen auf einem Haufen sitzen. Ich verbiete von jetzt ab jede Änderung am Gerät und an den Zeichnungs=sätzen, die nicht unumgänglich notwendig ist. Verbesserungen werden, wenn wir Zeit und Geräte haben, ausprobiert, sie werden gesammelt und später bei irgendeiner Stückzahl in die Serien=fertigung eingeschleust.

Ich bin damit einverstanden, daß Großaufträge gegeben werden, daß Vorrichtungen jetzt schon nach dem Stand der Entwicklung von heute bestellt werden, selbst auf die Gefahr hin, sie ändern zu müssen oder sie als unbrauchbar zu erklären.

Wir müssen vorankommen.

Meine Herren, ich halte Sie alle für hervorragende Entwicklungs=ingenieure, aber leider sind Sie keine erfahrenen Fertigungsleute. Das, was Ihnen jetzt solches Kopfzerbrechen verursacht und Sie zur Verzweiflung treibt, das sind nur die bekannten Anlauf=schwierigkeiten jeder Massenfertigung. Ich habe Ihnen das schon oft genug auseinandergesetzt.

Hat einer der Herren hierzu noch etwas zu sagen?"

Dr. Thiel meldete sich zum Wort. Er hatte mit krampfhaft verkniffenem Mund, gesenkten Kopfes und nervös mit dem Blei=stift spielend, dagesessen. Er schien nicht zugehört zu haben. Als er mich jetzt mit hinter funkelnden Brillengläsern eigentümlich leuchtenden Augen ansah, erkannte ich in seinen gespensterhaft bleichen Zügen Entschlossenheit und tiefe Trauer.

„Herr General", begann er, „ich bin verzweifelt. Wir haben seit Monaten eine Panne nach der andern. Wir haben unserem A 4 zuviel zugemutet. Die Aufgabe ist in der heutigen Zeit einfach nicht zu lösen. Unser Gerät ist ein fliegendes vollautomatisches Laboratorium. Es in Massenfertigung zu geben, ist heller Wahnsinn. Wir sind mit der Entwicklung noch lange nicht fertig. Ich halte es für gänzlich ausgeschlossen, daß auch nach jahrelanger Ausbildung die Truppe imstande sein wird, die notwendigen Arbeiten in der Feuerstellung auszuführen. Das kann der Soldat nicht.

Wenn Sie auf Ihrer Auffassung bestehen bleiben, dann lehne ich jede Weiterarbeit ab. Ich sehe keine Möglichkeit, das gesteckte Ziel in diesem Kriege noch zu erreichen. Das Vorhaben muß eingestellt werden. Ich habe mir alles reichlich überlegt und bitte um meine Entlassung. Ich beabsichtige, mich als Thermodynamiker an einer Hochschule zu habilitieren."

Das war der erste krachende Einschlag. Der Boden, auf dem wir standen, begann zu wanken. Dr. Thiel, dem Spiritus rector dieser Revolte, schlossen sich sofort der Betriebsleiter Rees und nach einigem Zögern sogar Professor von Braun an. Die kritischste Stunde unserer gemeinsamen Arbeit war gekommen.

Dr. Thiel war auf Grund seiner Überarbeitung mit seinen Nerven am Ende. Er hatte mir in den letzten Monaten mehrere Schreiben mit ähnlichen Gedankengängen geschickt.

Ich nahm die Kündigungen nicht an. Ich zeigte unbeugsame Festigkeit. Ich verlangte unermüdliche Weiterarbeit. Die Sorge, daß die Truppe mit dem Gerät nicht fertig würde, bat ich, mir zu überlassen. Noch einmal erklärte ich die Richtlinien für die Arbeit, die unbedingt eingehalten werden mußten.

„Sie, meine Herren, Ihre Prüffeldingenieure und Facharbeiter haben die Aufgabe, jedes einzelne Versuchsgerät, das in das Prüffeld kommt, trotz aller ständig wechselnden Inneneinrichtungen zu erproben und startklar zu machen.

Die Truppe hat eine andere Aufgabe. Sie bekommt nach der Planung 30 Geräte einer Fertigungstype pro Tag zugeführt. Der einzelne Mann kennt nur einen Teilausschnitt und keine Zusammenhänge. Er hat nur eine bestimmte Aufgabe, eine bestimmte Kontrolle, einen bestimmten Handgriff auszuführen. Erst wenn er seine Aufgabe aus irgendeinem Grunde nicht lösen kann, wendet er sich an den Batterieingenieur, der über die Zusammenhänge Bescheid weiß und entscheiden kann, ob das Gerät schußklar gemacht oder durch ein anderes ersetzt werden soll. Oberst Stegmaier hat die Aufgabe, in Verbindung mit dem Prüffeldpersonal und den Praktikern im Betrieb die für die Handhabung und das Schußfertigmachen des Gerätes erforderlichen Vorschriften aufzustellen.

Ihre Aufgabe ist es, meine Herren, diese Standardtype endlich einmal in ihrem Entwicklungszustand abzuschließen und durch Schießen, Schießen und nochmals Schießen von Versuchsreihen fertigungs- und einsatzreif zu machen. Ich bin überzeugt, daß die Truppe mit dem Gerät, wenn einmal ihre Begeisterung geweckt worden ist, überraschend schnell und gut fertig werden wird."

Schon während ich sprach, merkte ich, wie die Erregung meiner Mitarbeiter langsam abebbte. Ich fühlte, daß ruhige Überlegung an Stelle der pessimistischen Stimmung getreten war.

Professor von Braun lenkte als erster ein und machte brauchbare Vorschläge für die Weiterarbeit. Ich atmete auf. Es war mir in einer kritischen Stunde gelungen, unser Vorhaben und unsere Zusammenarbeit zu retten.

Aber es war merkwürdig, ich fühlte jetzt, nachdem die Gefahr vorüber war, keine Entspannung. Ich war unruhig und von unbestimmter Sorge erfüllt.

Nach Feierabend entschloß ich mich, einen Kontrollgang durch das Werk zu machen. Ich mußte versuchen, auf andere Gedanken zu kommen. Die Auseinandersetzung am Nachmittag hatte mich doch sehr erschüttert. Ich mußte mir aus dem Anblick der fortschreitenden Arbeit Zuversicht und Kraft holen.

Draußen war die fast unbewegte Luft schwül und drückend. Tief in Gedanken ging ich zu meinem Wagen und fuhr zur großen

Montagehalle des Versuchsserienwerkes, deren Bau ein Jahr lang infolge mangelnder Dringlichkeit und Materialzuteilung stillag und die nun fast fertig war. Sie sollte nun der Aufnahme der Serienfertigung eines Drittels des Degenkolbprogramms dienen. Durch eine kleine Türe im über 20 m hohen, noch durch Bretter notdürftig geschlossenen Einfahrtstor betrat ich das Innere der 30 m hohen Halle. Die weiß gekalkten Wände verliehen dem fünfteiligen Raum mit dem 60 m breiten Mittelschiff und den vier durch Pfeiler abgetrennten Seitenschiffen in dieser Abendstunde ein fast feierliches Aussehen. Ich überquerte das in die Halle führende doppelte Vollbahngleis und ging die schräge Auffahrtsrampe hinauf in die 25 m hohe eigentliche Montagehalle.

Das sich von hier oben dem Auge bietende Bild der Tiefe des über 200 m langen Mittelschiffes, an den Seiten von je 16 starken, viereckigen, hellen, sich verkürzenden Betonpfeilern begrenzt, mit der in dunstigem Blau verschwimmenden Rückwand packte mich von neuem. Ich blieb lange stehen. Eine starke Freude erfüllte mich. Diese Halle wollte ich sehen, gefüllt mit einer frohen, zufriedenen Belegschaft. Ich wollte den dröhnenden, hämmernden, pfeifenden, summenden, rauschenden, so unendlich vielfältigen Klang der Arbeit in ihr hören!

Mehr als je war ich überzeugt, daß wir es schaffen würden!

Draußen war die Dämmerung angebrochen. Langsam fuhr ich durch den abendlich stillen Wald zum Kasino ...

FLAMMENDE NACHT

Nach dem Abendessen unterhielt ich mich am runden, glasgedeckten, niedrigen Tisch des holzgetäfelten, von blitzenden Messingkronleuchtern festlich erhellten Kaminzimmers mit Professor von Braun, Dr. Steinhoff und unserem heutigen Abendgast, der Versuchsfliegerin Hanna Reitsch. Tief in den bequemen Sessel geschmiegt erzählte diese zierliche, energische, zielbewußte, mutige Frau von ihrem Leben, ihrer Arbeit und ihren Zukunftshoffnungen. An der kurzen Jacke ihres dunkelblauen Kostüms blitzten das

EK I und die Brillanten des Fliegerabzeichens. Gemeinsame Erinnerungen an ihre Segelfliegerzeit auf der kurischen Nehrung verbanden sie mit Professor von Braun, und wenn sie ihr Weg nach Peenemünde führte, war sie stets ein bei uns gern gesehener Gast.

In der Gegenwart dieser lachenden jungen Menschen, die alle Überraschungen der Technik zukunftsfroh meisterten, erschienen mir die ernsten Sorgen des heutigen Nachmittags minder schwer. Dem Professor und Steinhoff war weder Pessimismus noch Verzweiflung anzumerken. Sie waren schon wieder am Projektemachen und voll des glücklichsten Optimismus.

Als ich dann gegen 23.30 Uhr müde von der Hitze und den Sorgen und Spannungen des Tages die wenigen Schritte zu einem der Übernachtungshäuser hinüberging, heulte die Luftschutzsirene: Vorwarnung!

Das war für uns hier nichts Neues. Die englischen Flieger sammelten sich nachts meist in der mittleren Ostsee, ehe sie mit ihrer Bombenlast nach Süden, nach Berlin einflogen. Bis jetzt hatten wir das scheue Kaninchen gespielt, wir hatten uns tot gestellt. Die Flak hatte Befehl, nur auf einen erkannten Angriff hin zu schießen. Alles blieb ruhig. Die Verdunklung war einwandfrei, sie wurde ständig überwacht.

Plötzlich sah ich, wie die buntgetarnten Ziegeldächer in einem bestimmten Blickwinkel aufleuchteten und die tiefen Schatten der Häuser schwarze, scharf abgegrenzte Muster auf die silberglänzenden Rasenanlagen und Wege malten. Der Vollmond!

Wieder griff die Sorge nach mir.

In meinem Zimmer rief ich die Luftschutzbefehlsstelle an.

„Sammlung feindlicher Verbände über der mittleren Ostsee im Raume nördlich Rügen. Anflugrichtung noch nicht bekannt."

Ich legte mich zu Bett und fiel bald in ruhigen, traumlosen Schlaf ...

Ich konnte noch nicht lange geschlafen haben, als ich aufschreckte.

„Ssssit – Bumm!"

Er schoß also doch!

„Ssssit – Bumm! Ssssit – Bumm!"

Die Fensterscheiben klirrten. Ich hatte ihm doch gesagt, er solle die Zeitzünder auf lange Laufzeit stellen, damit die friedlichen Schläfer in Peenemünde nicht gestört würden!

„Ssssit – Bumm! Ssssit – Bumm! Ssssit – Bumm!"

Nanu, ich hatte ihm doch nur 5 von den noch vorhandenen 15 Schuß freigegeben! Und dann diese Feuergeschwindigkeit! Da kamen doch wieder keine anständigen Meßergebnisse zustande! Morgen würde ich ihn mir aber kaufen!

Im Halbschlaf zählte ich weiter mit.

„Ssssit – Bumm!..."

19 – 20 – 21! Was? 21? Da stimmte etwas nicht. Das konnte nicht Hauptmann Stölzel sein, der mich am Abend gebeten hatte, in der Nacht ein Versuchsschießen mit seinem Tieffliegerabwehr=panzer durchführen zu dürfen. Das waren nicht die 50 kg Spreng=stoff der 28=cm=Pulverrakete, die mich aus dem ersten tiefen Schlaf gerissen hatten und die Fenster meines Zimmers klirren ließen.

Sofort wurde ich hellwach. Da hörte ich auch schon das Schießen der Abwehr, den dröhnenden, peitschenden Doppelknall der am Kölpin=See und am Rande des Flugfeldes stehenden schweren Flakbatterien, vermischt mit den dumpfen Abschüssen der Flak=nester auf dem anderen Peeneufer und bei Karlshagen. Dazwischen bellte die leichte 2=cm=Flak von ihren den Wald überragenden Hochständen und den Dächern der höchsten Gebäude. Die 3,7 vom Hafen und Vorwerk Gaaz sandte mit ihrem „Plom, plom, plom" ihre bunten Perlenketten in den Himmel.

Angriff auf Peenemünde!

Ich schaltete die Nachttischlampe ein und griff zum Fernsprecher.

Befehlsbunker! Natürlich besetzt!

Also raus und anziehen! In kürzester Zeit hatte ich Hose und Strümpfe an. Verflixt, die Reitstiefel! Ausgerechnet heute hatte sie der Hauswart noch zu so später Stunde aus dem Vorraum zum Putzen geholt. Ich mußte die Pantoffeln anbehalten.

„Ssssit – Krach! Ssssit – Krach! Ssssit – Krach!"

Und noch dreimal!

Die ersten Fensterscheiben sind draußen, Dachziegel rutschen mit rauschendem Geklirr das schräge Dach herab und zerschellen am Boden. Es scheint zu eilen. Gut, ich verzichte darauf, das Hemd anzuziehen. Bis die Lage geklärt ist, tut es auch der Rock über der Schlafanzugjacke. Nun noch Mantel, Mütze, Handschuhe und Zigarrentasche. Licht aus und ...

„Krach!!"

Allerhand Luftdruck! Das muß eine Luftmine nicht allzuweit entfernt gewesen sein. Diesmal waren es wohl alle Fensterscheiben und der Rest der Dachziegel. Die Flurtüre ist mit dem Rahmen nach außen gedrückt und klemmt. Ich schiebe mich durch. Die Glastüre zur Diele ist aus den Angeln gerissen und liegt auf den Scherben der zertrümmerten, einst in Blei gefaßten grünen Kristallscheiben.

Mit weichen Pantoffeln geht es sich auf Glasscherben nicht gerade gut, stelle ich fest. Die große, schwere, eichene Haustüre ist herausgedrückt und liegt auf den Stufen, die zum fliesenbedeckten Gartenpfad hinabführen.

Ich bleibe gebannt stehen. Der Anblick, der sich mir bietet, ist von unheimlicher, grausiger Schönheit.

Wie durch einen rosigen Gazevorhang sehe ich in gedämpften Farben und Lichtern ein fast unwirkliches Bühnenbild. Künstliche Nebelwolken wallen, leicht zusammenfließend, an mir vorüber. Irgendwo müssen große Brände wüten. Der Mond erhellt durch diese dünnen Wattewolken hindurch die Kiefernpflanzungen, die Wege und Sträucher. Alles ist mit weißem Sand wie mit Puderzucker bestreut. Die Gebäude des Verwaltungsviertels, soweit ich sie durch den Schleier erkennen kann, das Konstruktionsgebäude des Entwicklungswerkes und die Arbeiterkantine tauchen als graue drohende Schatten in dem rosenroten Nebel auf und verschwinden wieder. Oben wird durch den dünnen Nebel der sternenübersäte Nachthimmel mit den hin und her huschenden Scheinwerferkegeln sichtbar.

Während das erschreckte Auge dieses ständig in den Farben wechselnde Bild staunend aufnimmt, wird das Ohr durch das ununterbrochene Bellen und Krachen der Flak, den Knall der krepierenden Granaten, das Einschlagen der Bomben und das summende monotone Dröhnen der feindlichen viermotorigen Bomber gemartert.

Vor dem nur wenige Schritte entfernten Betonbunker sehe ich Gestalten. Ich erkenne den Professor und Ministerialrat Schubert.

„Ihr habt mich wohl vergessen", rufe ich ihnen zu.

„Nein, wir wollten Sie gerade holen."

„Was ist denn überhaupt los?" frage ich, „ich wette, die wild=gewordene Flak hat ihr Feuer zu früh eröffnet und uns dadurch die Suppe erst eingebrockt."

„Nein, nein. Diesmal gilt es tatsächlich uns."

„Was für Meldungen liegen vor?"

„Die Leitungen zum Versuchsserienwerk, Siedlung und Lager Karlshagen sind unterbrochen. Die letzte Meldung der Wache Siedlung sagt, daß sieben Bomben in die Siedlung gefallen sind."

„Das hört sich aber verdammt anders an!"

Da, über uns plötzlich ein sich verstärkendes Rauchen und Zischen.

Blitzschnell sind wir im Eingang des Bunkers verschwunden. Drinnen, in dem langgestreckten, hell erleuchteten Raum drängt sich eine Menge aus dem Schlaf gerissener, hastig angezogener Menschen.

Dumpf nur hört man hier drinnen das „Blap, blap, blap" der in Reihen abgeworfenen, in dem dämpfenden Sand krepierenden Bomben. Das Feuer der Flak erscheint unwirklich fern. Dann und wann erzittert und schwankt der Bunker wie ein Schiff auf un=ruhiger See. Die Gesichter werden blasser, die Augen größer und fragender.

Ich rufe die Befehlsstelle an und lasse mir den Luftschutzleiter vom Dienst von draußen hereinholen.

„Bitte Meldung!"

„... kurz nach 24 Uhr ist die erste Welle über Peenemünde ohne Bombenabwurf nach Süden geflogen. Richtung Berlin. Der Flaksender gab daraufhin als vermutliches Angriffsziel die Reichs=hauptstadt an. Seit 0.15 Uhr fliegt Welle auf Welle von Rügen kommend Peenemünde an. Die ersten Bomben sind vor dem

Haken in die Peene gegangen. Prüfstände bis jetzt kein Schaden gemeldet. Soweit ich bis jetzt feststellen konnte, brennt das Meß=haus, die Zusammenbauwerkstatt steht in hellen Flammen, die Einzelbau= und die Instandsetzungswerkstatt fangen an. Weiter nach Süden bin ich noch nicht vorgedrungen. Die Leitungen zu dem Versuchsserienwerk und der Siedlung sind unmittelbar nach der ersten Meldung von sieben Bomben unterbrochen worden. Auch das Peenekraftwerk soll angegriffen sein. Verbindung auch dorthin unterbrochen. Die Werkfeuerwehr ist vor wenigen Minu=ten hier gewesen, ich habe sie an der Einzelbauwerkstatt eingesetzt. Ich warte dringend auf Verstärkungen aus Karlshagen. Mit einem Teil der Luftschutzwache habe ich soeben die großen brennenden Kabeltrommeln von der Rückseite der Vorrichtungswerkstatt weg=gerollt, die Halle scheint gerettet. Das Altmateriallager hinter der Werkstatt brennt!"

„Also Großangriff auf Peenemünde! Schicken Sie Meldegänger nach dem Versuchsserienwerk, nach der Siedlung und Lager Karls=hagen. Ich will wissen, was dort los ist und wann mit dem Ein=treffen des Arbeitsdienstes und der Kompanien des Versuchs=kommandos Nord zu rechnen ist. Ich komme gleich zu Ihnen!"

Ich schaue auf die Uhr. Es ist 0.35 Uhr.

Als ich den Bunker verlassen will, drückt mir einer meine Reit=stiefel in die Hand, die er aus dem Zimmer des Hauswartes geholt hat. Ich ziehe sie an. Braun und ich verlassen den Bunker.

Das Bild hat sich gewandelt.

Großfeuer färben den alles einhüllenden, durch beizenden Rauch verstärkten Nebel dunkelrot. Aus dem Dach des Konstruktions=gebäudes schlagen an vielen Stellen helle Flammen. Glühende Funken wirbeln inmitten dichter Qualmwolken nach oben. Die Fenster des Dachgeschosses leuchten in rotem Schein. Ein Teil des Dachstuhls des Übernachtungshauses brennt. Kasino und Kantine sind noch dunkel. Überall um uns leuchten auf Wegen und in den Anlagen grell weiß die zischend verbrennenden Elektronstab=brandbomben. Dazwischen die brennenden Spritzer der Phosphor=kanister. Ein unheimlicher Anblick!

„Braun, Sie übernehmen sofort mit sämtlichen Männern des

Bunkers — auch den Bauarbeitern der Luftwaffe — das Konstruktionsgebäude! Versuchen Sie, das Feuer auf das Dachgeschoß zu beschränken. Ziehen Sie eine Spritze aus der Feuerwache heran! Der Wachtruppführer Schütz kann Ihnen helfen. Falls Sie das Feuer nicht eindämmen können, sorgen Sie dafür, daß die Panzerschränke, Schränke, Akten und Zeichnungen herausgeholt werden. Bitte, ohne Rücksicht auf das Fortdauern des Luftangriffs!"

„Ministerialrat, Sie nehmen sich des Übernachtungshauses an. Wenn's nicht geht, räumen! Ich gehe ins Werk. Will wissen, was los ist und wo ich am zweckmäßigsten die hoffentlich bald aus Karlshagen kommende Hilfe einsetze."

Ein zehnjähriger Junge läuft auf mich zu und sagt:

„Mein Vater läßt Herrn General melden, daß eine Luftmine neben der Fernsprechvermittlung eingeschlagen hat. Seitenwand eingestürzt. Durch Brandbomben Brand im Dach. Er bittet um 2 bis 3 Mann Verstärkung. Dann glaubt Vater die Vermittlung retten zu können."

Ich bestimme zwei Mann, gebe sie dem Jungen mit und eile über den Vorplatz durch die Halle des Konstruktionsgebäudes auf den Parkplatz innerhalb des Tores. Die ehemalige Bürobaracke, in der noch die Zahlmeisterei, die Druckerei, Buchbinderei und kleinere Nebenbetriebe untergebracht sind, ist in Flammen gehüllt. Sie ist nicht mehr zu retten. Vor der Glut ausweichend, umgehe ich einen großen Bombentrichter und komme an der Nordfront des Konstruktionsgebäudes entlang zur Hauptstraße des Entwicklungswerkes.

Im Nebel tauchen vor mir zwei Männer auf, die sich vergeblich bemühen, aus der brennenden Baracke der Lehrlingswerkstatt noch Material herauszuholen. Ich sehe einen kleinen Brandherd auf dem Dach des Heizhauses. Wenn wir im nächsten Winter nicht frieren wollen, muß das Haus gerettet werden. Es darf nicht verloren gehen. Ich schicke die Leute sofort dorthin auf das Dach.

Dann eile ich die Hauptstraße entlang zum Befehlsbunker. Die Gebäude rechts und links scheinen in Ordnung zu sein. Soweit ich bis jetzt erkennen kann, ist in der Hauptsache der Ostteil des Werkes getroffen.

Der Luftschutzleiter vom Dienst gibt Bericht. Die Vorrichtungsbauhalle ist gerettet. Ich laufe mit zwei Mann der Luftschutzwache zum Meßhaus.

Ununterbrochen fliegen Bomberverbände über das Werk. Fernes, dumpfes Grollen der Bombenteppiche, Schießen der Flak. Alle Sinne sind auf das pfeifende Geräusch der in der Nähe niederfallenden Bomben gerichtet. Unter abwechselndem Hinlegen und Vorwärtsspringen kommen wir in dem hier dichten Nebel an der Westseite des Meßhauses, in der Abteilung BSM (Bordgeräte, Steuerung und Meßwesen), dem zur Zeit wertvollsten Teil des Werkes, an. Die Fenster sind dunkel. Hinter dem Gebäude scheint ein Großbrand zu wüten. Ich eile um die Ecke und sehe vor mir die an vielen Stellen brennende Zusammenbauwerkstatt. Die großen, 20 m hohen Einfahrtstore brennen. Knisternd und zischend schießen Stichflammen aus den leeren Fensteröffnungen der Anbauten. Eisenträger ragen verzerrt und rotglühend über die Außenmauern nach oben. Krachend stürzen Teile der Dachkonstruktion ins Innere. Hier kommt Hilfe zu spät. In all dem Unglück bin ich einen Augenblick froh, daß wir schon seit Monaten aus Raumgründen den Zusammenbau der Versuchsgeräte in die Instandsetzungswerkstatt des Versuchsserienwerkes verlegt haben.

Die auf der Ostseite des Meßhauses stehenden drei Baracken sind schon fast vollständig niedergebrannt. Ungeheure Hitze versperrt wie eine Mauer jedes weitere Vordringen.

Ich sehe nach den Fenstern der Ostfront des Meßhauses. An vielen erscheint ein helles Leuchten. Herrgott, die Holzfensterkreuze haben durch die Hitze der brennenden Baracken Feuer gefangen. Ich nehme meine zwei Mann mit. Wir verteilen uns auf die Flure. Vor jeder Türe fast hängt ein Feuerlöscher. In 15 Minuten ist das Meßhaus und damit für die Weiterentwicklung Unersetzliches gerettet.

Ich lasse die Leute als Brandwache zurück, laufe zur Einzelbauwerkstatt. Dort ist die Feuerwehr an der Arbeit. Aus Feuerteichen gepumpte Wasserstrahlen ergießen sich auf die mit allen grellen Lichtfarben brennenden Materiallager und Bürobauten. Gewaltige Dampfmengen mischen sich mit dem dunklen Rauch zu dicken grauen Wolken. Hier kann ich nicht viel tun. Ich muß warten, bis Verstärkung kommt, um ein Übergreifen des Feuers vom Lager zu den eigentlichen Werkstätten zu verhindern.

Das Holzlager hinter der Einzelbauwerkstatt brennt in einer alles verzehrenden Feuerlohe. Der als Materiallager umgebaute Schrottbunker steht ebenso in Flammen wie die Warenannahme. Der Kraftwagenschuppen brennt in seiner ganzen Länge. Die Tankstelle schleudert ihre leuchtende Flamme himmelhoch.

Wie ich mich umdrehe, sehe ich einen hellen Schein in einem Fenster des Diesellokschuppens und der Akkuladestation. Mit meinem Generalschlüssel öffne ich die Türe, ergreife auch hier den bereitstehenden Feuerlöscher und lösche in wenigen Sekunden den brennenden Stapel von Kisten und Leermaterial.

Dann wieder zurück zum Konstruktionsgebäude. Vom Feuer erhitzt, von Ruß und Asche geschwärzt, komme ich dort an.

Der Vorplatz füllt sich mit Schränken, Möbeln und Akten. Immer mehr werden herbeigeschleppt. Das Feuer im West= und Nord=trakt scheint gestoppt, im Osttrakt hat es auf das zweite Stockwerk übergegriffen. Dort ist die Feuerwehr eingesetzt.

Mein Blick geht zum Übernachtungshaus. Noch sind keine 45 Minuten vergangen, seit ich zum Befehlsbunker lief. Das Haus scheint verloren. Das gesamte Dachgeschoß brennt.

Wo nur die Feuerwehr und die Verstärkungen aus dem Versuchsserienwerk, den Lagern und der Siedlung bleiben! Wo ist der Arbeitsdienst, der nach dem Alarmplan mit Lkw=Transport sofort kommen sollte?

Während ich Schütz noch einmal anweise, einen Meldegänger zu schicken, kommt Frau Zanssen mit den drei Kindern am Eingang des Bunkers an. Ihr Haus hat durch Erschütterungen schwer gelitten. Die Mädchen sind etwas geduckt und verschwinden rasch im Eingang. Der fünfjährige Gerhard stellt sich vor mich hin, die Hände in den Hosentaschen, und lacht über das ganze Gesicht.

„Onkel Sepi, das brennt aber. Das ist Sache, was!"

Ahnungsloser Engel! Ich jage ihn in Deckung. Auch Steinhoff kommt mit Frau und drei Kindern. Eine Luftmine hat das Doppel=haus, in dem er wohnte, getroffen, das Haus ist bis zum Keller weggerissen. Seine Familie ist im engen Keller unversehrt geblieben.

Da fällt mir auf einmal etwas schwer auf die Seele. Ich habe ja in meinem Zimmer mein ganzes Privatgepäck aus Berlin, viele wertvolle Familienpapiere, die ich irgendwo in der Nähe auf dem Land unterbringen wollte, meine Briefmarkensammlung, meine Gewehre und meine Jagdausrüstung. Ich stürme die paar Schritte hinüber, dringe durch die Diele in mein Zimmer. In der Mitte des Flurs hat die Flamme sich schon bis zum Fußboden durchgefressen. Eiligst greife ich Koffer um Koffer, zerre sie zur Eingangstüre. Als ich das drittemal eindringen will, schlägt mir eine züngelnde Flamme entgegen. Es bleibt nur der Weg durchs Fenster. Ich schiebe mich durch das heruntergebrochene Dachgebälk, öffne das Fenster des Badezimmers und bin drin. Ich werfe alles, was ich greifen kann, ins Freie. Dann durch den Vorraum ins Wohnschlafzimmer. In der Bettnische der Schrank. Meine Jagdsachen und die Gewehre will ich wenigstens retten. Während ich, mit den Gewehren im Arm, mich umdrehe, fliegt mit lautem Krach die Türe auf. Eine gewaltige Stichflamme teilt sich im Vorraum und greift mit glühenden Zangen durch Bade- und Wohnzimmer. Sofort fangen Vorhänge und Möbel Feuer. Ich bin in der Bettnische gefangen. Verflixte Schweinerei! Ich lasse die Gewehre fallen, reiße eine Decke vom Bett und schlage sie über mich. Hell leuchten die brennenden Möbel in der zischenden, alles vernichtenden Stichflamme, die an mir vorbei durchs Fenster schlägt. Die Hitze wird unerträglich. Der Vorhang der Bettnische brennt.

Mit der einen Hand die Decke fest um mich ziehend, greife ich mit der anderen unwillkürlich nach einem noch zu rettenden Gegenstand. Ich stürze auf das Fenster zu, lasse mich inmitten der Flammen hinausfallen. Die Decke werfe ich im Fall von mir.

Gott sei Dank, ich bin draußen.

Schnell krieche ich auf Händen und Füßen aus dem Bereich des Hauses. Als ich mich aufrichte, sehe ich, daß ich den lächerlichsten Aschenbecher, den ich je besaß, gerettet hatte. Ich werfe ihn zurück.

Das Flakfeuer hat aufgehört. Ein und eine halbe Stunde sind seit den ersten Bombeneinschlägen vergangen. In Richtung des

Strandes höre ich Rattern von Maschinengewehren. Sollten unsere Jäger doch noch gekommen sein? Nur schwach und vereinzelt noch begleitet das summende Motorengeräusch zurückfliegender Bomber das Knistern, Knacken und Krachen der ringsum tobenden Brände.

Der Angriff ist vorüber.

Ermattet sitze ich einen Augenblick auf einer Aktenkiste und schaue in die Flammen.

Hatte ich nicht gestern das bestimmte Gefühl kommenden Unheils? Die scharfe Auseinandersetzung am Nachmittag war nicht das reinigende Gewitter gewesen. Mir fällt ein, daß schon am frühen Morgen der in der Nacht ohne mein Wissen geschehene Austausch der schweren gegen die mittlere Flak mich aus dem Gleichgewicht gebracht hatte.

Vor ein paar Tagen hatte mich das Reichsluftfahrtministerium gewarnt. Es sei mit einem Angriff zu rechnen. Auch die bei schönem Wetter ständig einfliegenden Aufklärungsflugzeuge hatten uns gewarnt. Wir waren vorbereitet gewesen. Die Fertigungsunterlagen, Zeichnungen und Archive waren, zumindest in einer Ausfertigung, verlagert worden. Die Verlagerung der einzelnen Abteilungen war im Gange gewesen. Alle Luftschutzmaßnahmen waren bis ins kleinste durchgeführt worden.

Der Angriff mußte gewaltig gewesen sein. Unsere genaue Planung, die für alle zu erwartenden Fälle aufgestellt und mehrmals durchgespielt worden war, hatte versagt.

Ich hatte jetzt, zwei Stunden nach Angriffsbeginn, noch immer keine Nachricht von den anderen Schwerpunkten des Angriffs. Ein Teil der Meldegänger war nicht durchgekommen. Der dicke Nebel, die zerstörten Straßen, Haustrümmer und zersplitterte Bäume machten ein Vordringen nach Süden mit Wagen oder Fahrrad unmöglich. Ich hatte sie zu Fuß noch einmal losgehen lassen.

Bis jetzt hatten wir hier im äußersten Norden des Werkes wie in einem Rausch, ohne klares Bewußtsein der ganzen Schwere des Angriffs, getan, was in unseren Kräften stand. Jeder verfügbare Mann war eingesetzt.

Selbst im Fußmarsch mußten die Verstärkungen aus den 4 km entfernten Lagern bald eintreffen.

„Herr General, ich komme aus der Siedlung. Setzen Sie mich ein, wo Sie es für notwendig halten!"

Ich sehe auf. Vor mir steht, geschwärzt und schweißgebadet, keuchend, der Obermeister aus der Zusammenbauwerkstatt, Becker.

„Gott sei Dank, daß Sie kommen. Setzen Sie sich erst einmal! Was ist in der Siedlung und in Karlshagen los?"

„Die Siedlung ist restlos vernichtet. Sie brennt an allen Ecken. Luftminen und Bombenteppiche haben sie fast vollkommen eingeebnet. Besonders nach dem Strand zu soll es ganz schlimm sein.

„Verluste?"

„Ich hoffe, daß durch die Splittergräben die Verluste nicht allzu schwer sind."

„Menschenskind, nun sagen Sie mir schon Namen!"

„Dr. Thiel und Oberingenieur Walther sind in einem Graben verschüttet worden. Als ich losging, wurde noch nach ihnen gegraben."

„Und sonst?"

„Herr General, ich bin gleich los, ich mußte sehen, was mit meiner Werkstatt ist."

„Haben Sie was vom Versuchsserienwerk gesehen?"

„Der Verwaltungsteil brennt. In den Fenstern der großen Halle habe ich Feuerschein gesehen. Die Instandsetzungswerkstatt ist dunkel. Ich bin quer durch den Wald gelaufen. Überall brennt es. Wege und Gleise sind völlig zerstört. Auf der Umgehungsstraße liegt Trichter an Trichter ... Was ist hier los? Was ist mit meiner Zusammenbauwerkstatt?"

„Die hat's ziemlich erwischt. Die Lager und Anbauten brennen. Auch ein oder zwei Bombentreffer. Aber verschnaufen Sie sich erst! Dann greifen Sie sich von nicht fest eingeteilten Leuten, was Sie auftreiben können und sehen zu, was Sie noch retten können. Haben Sie vom Arbeitsdienst und ...!"

Er ist im Nebel verschwunden.

Ein Wachmann kommt und meldet, daß in Peenemünde-West keine Bombe gefallen ist.

Der Kantinenpächter Fischer taucht auf. Ohne Hut, der Anzug zerrissen, von Phosphorbrandbomben versengt und verletzt.

Ich weise ihn an, sofort Kaffee und Suppe bereitzuhalten ...

Endlich, endlich steht der Führer der Arbeitsdienstabteilung mit seinen Männern vor mir. Er hat keine Verluste gehabt. Das Lager Karlshagen, in dem rund 4000 Menschen wohnen, hat nur einen Bombentreffer. Unglücklicherweise ist eine Unterkunftsbaracke des Versuchskommandos Nord getroffen worden. 8 Tote.

Ich nehme den Oberstfeldmeister mit ins Entwicklungswerk zur Einzelbauwerkstatt.

Immer mehr Ingenieure, Soldaten und Werkarbeiter treffen aus der Siedlung und aus Karlshagen ein. Eine Hiobsbotschaft löst die andere ab.

Die Frau und das Kind des Luftschutzleiters vom Dienst sind unter den Toten. Als man ihm die Nachricht bringt, antwortet er mit zusammengebissenen Zähnen:

„Dafür habe ich jetzt keine Zeit. Erst müssen wir das Werk retten."

Plötzlich höre ich, wie einer sagt:

„Dr. Thiel und seine ganze Familie und Oberingenieur Walther sind tot."

Ich war darauf vorbereitet. Dieser Verlust ist unersetzlich. Erst jetzt werde ich mir der Folgen des Angriffs bewußt. Gebe Gott, daß er nicht noch mehr meiner besten Leute gekostet hat! In der Siedlung wohnen unsere am längsten zum Werk gehörenden Gefolgschaftsmitglieder.

Bis jetzt waren mir hier oben im Entwicklungswerk nur ein Toter und mehrere Verletzte gemeldet worden. Ich muß zur Siedlung, muß selbst sehen. Ich suche von Braun und übergebe ihm den Befehl im Werk. Ich trage ihm auf, dafür zu sorgen, daß um 8 Uhr ein „Storch" im Werk West bereitstehe, damit ich mir aus der Luft ein Bild der Zerstörungen machen kann.

Noch ist es dunkel. In der morgendlich kühlen, durch keinen Hauch bewegten Luft liegt der Nebel, gemischt mit Qualm und Rauch, erstickend zwischen den Häusern und Bäumen.

Ich nehme ein Fahrrad und suche durchzukommen. Schon nach

wenigen Metern muß ich es im Graben liegen lassen. Durch Bombentrichter, die die Straße sperren, stolpere ich über auf=gerissene Gleisanlagen und herabhängende Oberleitungen der elektrischen Bahn in den dunklen, von ätzendem Brandgeruch erfüllten Wald.

Ich muß zunächst zum Wasserwerk. Wir brauchen heute, wenn es wieder so warm werden sollte, als Dringendstes Trink= und Kochwasser. Das Wasserwerk ist unversehrt. Ich komme zur gro=ßen Instandsetzungswerkstatt, der derzeitigen Montagehalle für die Versuchsgeräte. Unversehrt.

Je weiter ich nach Süden vordringe, um so dichter liegen die Trichter. Ich sehe jedoch, daß die Splitterwirkung der Bomben, die durch den weichen Dünensand gedämpft wurde, gering ist.

Vor mir erhebt sich im rauchenden, zerfetzten Wald die große Montagehalle des Versuchsserienwerkes. Auf den ersten Blick kann ich keine Beschädigung erkennen. Ich betrete sie durch die kleine Türe, durch die ich sie gestern abend voll Freude und Zu=versicht verlassen hatte. Das Erdgeschoß scheint unversehrt. Auf einer der vielen steilen, nach oben führenden Betontreppen komme ich in die große Werkhalle. Der dämmernde Morgen läßt den großen, raucherfüllten Raum in milchig blassem, fahlem Licht erscheinen. Neun 500=kg=Bomben, viele Phosphorkanister und Stabbrandbomben sind durch die Betonsheddächer geschlagen und in der Weite des Hallenraumes explodiert oder abgebrannt. Sie haben nicht viel Schaden anrichten können. Maschinen und Ma=terialien wurden von Bombensplittern getroffen. Zwei Treffer sind in die äußeren Seitenschiffe eingeschlagen und haben große Löcher in die gemauerten Seitenwände gerissen. Der Schaden ist jedoch nicht entscheidend.

Ich eile aus der Halle, durchquere in immer stärker werdendem Tageslicht den kleinen Waldstreifen bis zum Verwaltungsbereich des Versuchsserienwerkes.

Atemlos bleibe ich stehen. Hier, außerhalb des Waldes, auf dem großen Kahlschlag ist der Nebel verschwunden. Weit geht der Blick über ein sonderbar verändertes Landschaftsbild. Wo sind die Baracken? Wo die Feuerwache? Die Großkantine Fischer?

Nur noch ein Trichterfeld mit rauchenden Grundmauerresten ist übrig geblieben. Der im Rohbau fertige Flügel des großen Verwaltungsgebäudes erhebt sich, unwahrscheinlich hoch, über dieser plattgewalzten Landschaft. Ungehindert geht der Blick auf die rauchenden, glühenden, zum Teil noch brennenden Hausruinen der Siedlung.

Mir kommen Tränen der Verzweiflung und der Wut in die Augen, als ich dieses durch Bombenteppiche um= und umgepflügte, einst so schöne Fleckchen Erde wiedersehe.

Mühsam klettere ich durch das Trichterfeld, durch rauchende Trümmer. Bei jedem Schritt wirbele ich den von Luftminen zu feinstem Pulvermehl zermahlenen Dünensand zu atemberaubenden Wolken auf.

Endlich bin ich in der Siedlung.

Soldaten des Versuchskommandos Nord, Männer des Arbeitsdienstes und Teile der Belegschaft arbeiten fieberhaft an der Freilegung verschütteter Keller, der Öffnung eingestürzter Splittergräben, dem Bergen von Einrichtungsgegenständen aus brennenden Häusern und dem Wegräumen von umgestürzten Bäumen, Balken und Trümmern. Ich sehe die ersten Toten. Männer, Frauen und Kinder. Teilweise sind die Leichen durch Phosphorbrandbomben verbrannt und verkohlt.

Ich höre, daß die meisten Familien schon während des Angriffes an der Küste entlang nach Zinnowitz geflohen sind.

Durch die Strandstraße eile ich zur Wohnung Dr. Thiels. Das Haus ist durch Volltreffer zerstört. Der davorliegende Splittergraben ist ein großer Trichter. Man sagt mir, Dr. Thiel läge in der Schule.

Ich gehe die wenigen Schritte und stehe, im Innersten erschüttert, vor den Leichen Dr. Thiels, seiner Frau und seiner Kinder.

Armer, ruheloser, stets nach Neuem strebender, begeisterter und dann doch wieder so verzweifelter Mensch! In meinem Herzen ist heißer, brennender Dank für alles, was er der Sache und mir in all den Jahren gemeinsamer Arbeit gewesen ist. Vorgestern abend hatte er mir vorahnend im Büro des Umquartierungsbeauftragten mit geistesabwesenden Augen und blassem Gesicht gesagt:

„Ich trenne mich lebend nie mehr von meiner Frau und meinen Kindern. Sie bleiben mit mir hier in der Siedlung."

Auf der Suche nach Angehörigen der Standortverwaltung, der Gemeindeführung, komme ich in den Südostteil der Siedlung im ehemaligen Strandbad Karlshagen. Der Eindruck der grauenhaf= ten, sinnlosen Zerstörung verstärkt sich immer mehr. Die herrlichen Übernachtungsheime unserer Stabshelferinnen und weiblichen Angestellten, die Gebäude der Standortverwaltung, die Siedlungs= häuser und Gartenanlagen sind verbrannt, durch Bombentreffer zerstört und verstreut, der Boden durch Bombenteppiche um= und umgewühlt. Hier hat der Tod reiche Ernte gehalten. Überall in den Häusertrümmern, in den verwüsteten Gärten, den Dünen stoße ich auf Leichen. Viele Frauen und Mädchen sind darunter. Grau= sam und hart, untragbar hart ist dieser ins Unvorstellbare gestei= gerte Bombenkrieg. Wahllos, sinnlos vernichtete er hier, durch die in Massen abgeworfenen Luftminen, Bomben und Brand= körper, blühendes Menschenleben, Hab und Gut. Es traf alle, den leitenden Angestellten, den Beamten, den Arbeiter und Techniker, den Kraftfahrer und Schreiber, Greise, Männer, Frauen und Kinder.

Ich reiße mich zusammen. Das Wichtigste sind jetzt Hilfsmaß= nahmen für die Überlebenden. Das erschütternde, herzzerreißende Bild des Grauens vor Augen, gebe ich die ersten vorläufigen Mel= dungen nach Swinemünde, Stettin und Berlin.

Als ich wieder im Stabsgebäude eintreffe, rollen die ersten Hilfs= kolonnen aus Wolgast, Anklam, Greifswald und Swinemünde an.

Für 11 Uhr bestelle ich die führenden Offiziere, Beamten, leiten= den Angestellten und Truppführer zur ersten Besprechung.

Als ich nach einem Rundflug mit Professor von Braun um 8.45 Uhr lande, kann ich nur mühsam, zutiefst bewegt von dem ersten umfassenden Überblick, die Worte über die Lippen bringen:

„Mein armes, armes Peenemünde!"

Erst in den nächsten Tagen ist die Größe des Angriffs, seine Taktik und der angerichtete Schaden klar zu erkennen.

Es sollen 600 viermotorige englische Bomber beteiligt gewesen sein. Nach Londoner Radiomeldungen sind 1,5 Millionen Kilo= gramm Sprengbomben und eine ungeheure Menge Brandbomben abgeworfen worden. Aus erbeuteten Karten und Skizzen geht der Angriffsplan klar hervor. Die Bomber haben sich über Rügen gesammelt. Nach dem Ablenkungsmanöver der ersten Welle, die die Jagdabwehr wegziehen sollte, sind sie längs einer geraden Linie, von der Nord= über die Südspitze Rügens fliegend, genau über den Anlagen in Peenemünde erschienen. Radargeräte ermög= lichten es ihnen, die Entfernung und die Hauptziele genau zu ermitteln. Die starke örtliche Vernebelung Peenemündes kam des= halb nicht zur Auswirkung. Zum Glück verlief die Anfluglinie Rügen—Peenemünde entlang der Ostküste Usedoms. Hierdurch ging ein großer Teil der Bomben in die Dünen und ins Wasser, und nur der Ostteil wurde getroffen. Die mir übergebenen erbeute= ten Skizzen bezeichneten die Angriffszentren: die Prüfstände und das Entwicklungswerk, das Versuchsserienwerk, die Siedlung und das Bauarbeiterlager Trassenheide. Der Luftwaffenteil Peene= münde=West war ausgespart, während das Hafenviertel mit Kraft= werk und Sauerstofferzeugungsanlage als fünfter Schwerpunkt eingezeichnet war.

Am härtesten war die Siedlung betroffen worden. Die englischen Radiomeldungen zeigten, daß das beabsichtigt war. Man wußte, daß dort die Wissenschaftler und Fachkräfte des Werkes wohnten.

Flak und Nachtjäger haben 47 Bomber abgeschossen. Die ge= fangenen Besatzungen dieser britischen Bomber sollen ihr Er= staunen über die verhältnismäßig geringe Abwehr geäußert haben. Man habe sie gründlich geschult und darauf hingewiesen, daß dieser Angriff einer der wichtigsten dieses Krieges sei. Es sei mit stärkster Abwehr zu rechnen. Selbst wenn 50% der angreifenden Bomber abgeschossen würde und nur der Rest zum Bombenabwurf käme, sei der Auftrag erfüllt.

Der Sachschaden im Werk war gegenüber dem ersten Eindruck überraschend gering. Prüffelder und Sonderanlagen wie Wind= kanal und Meßhaus waren überhaupt nicht getroffen worden. Bei der uns sofort und von allen Seiten in großzügigster und aus= reichender Weise gewährten Hilfe war die Weiterarbeit mit einer Verzögerung von 4 bis 6 Wochen gesichert.

Darüber hinaus gelang es uns durch Instandsetzung nur der

notwendigsten technischen Anlagen sowie durch sofortige geeignete Tarnmaßnahmen den Eindruck eines völlig zerstörten Werkes für die nächsten neun Monate aufrechtzuerhalten und weitere feindliche Luftangriffe für diese Zeit zu vermeiden.

Der Abschluß der Entwicklung war nicht mehr aufzuhalten.

Es dauerte noch Wochen, bis die Zahl der Gefallenen einwandfrei feststand. 735 Tote hatte der Angriff gefordert, davon 178 Bewohner der von 4000 Menschen bewohnten Siedlung. Besonders schwer waren auch die Verluste unter den ausländischen Bauarbeitern der Bauleitung des Generalbauinspektors in dem völlig vernichteten Barackenlager Trassenheide.

EIN WINZIGES „T" AUF DEM LUFTBILD...

Wir waren schon nach jenem denkwürdigen 3. Oktober 1942, an dem uns zum erstenmal der Abschuß einer Großrakete gelungen war, davon überzeugt gewesen, daß es nicht mehr allzu lange dauern konnte, bis wir vom Gegner entdeckt werden würden.

An klaren Tagen war unser „gefrorener Blitz" als charakteristisches Wahrzeichen am Himmel über Peenemünde selbst von Schweden aus zu sehen. Feindagenten konnten auf uns aufmerksam machen. Und schließlich mußte uns einmal das scharfe Kameraauge irgendeines feindlichen Aufklärers finden. Was dann folgen würde, darüber gaben wir uns keinen träumerischen Vorstellungen hin.

Schon im Frühjahr 1943 hatten wir mit einem baldigen Luftangriff gerechnet, als damals einer meiner Angestellten in der Lösung eines Kreuzworträtsels einer mitteldeutschen illustrierten Zeitung die genaue Lage und Aufgabe von Peenemünde zu erkennen glaubte. Selbst die Beruhigung der Abwehrabteilung des OKW, daß es sich nur um eine bedeutungslose Angelegenheit handle, hatte unsere Wachsamkeit nicht einschläfern können.

Das Schicksal schlich jedoch mit entnervender und gefährlicher Langsamkeit gegen uns an. Es ließ sich Zeit. Ich sagte entnervend. Damit meine ich, daß wir trotz der uns nachgesagten Ölflecken am Ärmel unserer Waffenröcke immer noch Soldaten waren und genau wußten, daß unsere Versuche dem Gegner nicht verborgen geblieben sein konnten.

Also wann?

Als verantwortlicher militärischer Kommandeur durfte ich mich durch den über Peenemünde liegenden Frieden nicht täuschen lassen. Dieses Auf=der=Hut=Sein kostete Nerven — unglaublich viel Tarnmaterial und tägliche Kontrollen und Verbesserungen der Tarnung und der Luftschutzmaßnahmen.

Ich sagte auch gefährlich. Damit meinte ich die Gefahr, die darin liegt, daß sich ein großer Teil der Belegschaft in Sicherheit wiegt und nachlässig wird. Probealarme haben die gleichen fatalen Folgen, wie man sie aus der Fabel von dem Hirtenjungen und dem Wolf kennt. Unechte Alarme werden zur Gewohnheit, sie fördern ein Gefühl falscher Sicherheit — und eines Tages ...

Die Dinge hatten sich so entwickelt, daß im Spätherbst des Jahres 1942 der britische Intelligence Service mit beunruhigender Häufigkeit Meldungen über eine geheime Fernwaffe erhielt, die geeignet sei, vom europäischen Festlande aus England zu bombar=dieren. Damals geschah von der Feindseite aus — noch nichts.

Aber schon zwei Monate nach Ausbruch des Krieges, im Spät=herbst des Jahres 1939, hatte die britische Regierung aus Oslo einen anonymen, aber trotzdem zuverlässigen und ausführlichen Bericht erhalten, der anzeigte, daß auf einer einsamen Insel der Ostsee von deutscher Seite in großem Maßstabe Versuche mit Großraketen und führerlosen Flugzeugen betrieben würden.

Als sich dann während des Winters 1942/43 die Meldungen häuften, die über geheimnisvolle Tätigkeiten in der Gegend von Peenemünde berichteten, wurde es klar, daß da etwas angelaufen sein mußte, das, wenngleich es phantastisch erschien, doch sofortige Würdigung verlangte. Mr. Duncan Sandys, damals Mitglied des britischen Kriegskabinetts, heute Versorgungsminister und noch immer an Großraketen äußerst interessiert, prüfte die ihm von Untergrundorganisationen zugeleiteten Berichte auf ihren Wahr=heits= und Möglichkeitsgehalt. Nach vier Wochen „abenteuerlich=ster Vermutungen" entschloß sich Mr. Sandys, seiner Regierung anzuempfehlen, die Gerüchte über drohende deutsche Geheim=

waffen ernst zu nehmen. Die Royal Air Force unternahm sofort die Organisation einer großen Luftaufklärungsaktion über dem Festland, die sich mit der Zeit zum größten Aufklärungsunternehmen des ganzen Krieges entwickelte.

Innerhalb eines Monats fand ein der alliierten Lichtbildauswertestelle in London angehörender Offizier auf einem Luftbild die erste Spur von Peenemünde und seiner wahren Bedeutung. Bei der Untersuchung dieses über Peenemünde aufgenommenen Bildes mit Hilfe besonderer Vergrößerungsmittel entdeckte der Auswerteoffizier den winzigen Schatten einer Rampe mit einem noch winzigeren hellen „T" darauf: zum ersten Male sahen die Gegner eine V 1!

Zur gleichen Zeit verfolgten an der französischen Kanalküste alliierte Agenten in der Nähe von Watten den rasch fortschreitenden Bau einer großen und ungewöhnlichen militärischen Anlage, deren Zweck man sich nicht erklären konnte. Nachdem im Laufe des Sommers noch andere Anlagen genau gleicher oder sehr ähnlicher Art entdeckt wurden, sickerte der höchst alarmierende Verdacht durch, daß diese Anlagen etwas mit der neuen Geheimwaffe zu tun haben mußten. Um den Einsatz dieser Waffe unter allen Umständen zu verhindern, flogen britische und amerikanische Verbände schwere und oft blinde Angriffe gegen diese Ziele.

Diesen Bemühungen wurde im Dezember 1943 von Winston Churchill das Kennwort „Crossbow", Flitzbogen, gegeben. Das Wort sollte an eine veraltete, unbeholfene und ungenaue Waffe erinnern. Dieses Kennwort wurde dann später allen Aktionen gegeben, die von den anglo-amerikanischen Luftstreitkräften gegen das deutsche Fernwaffenprogramm, die Forschungs- und Versuchsbetriebe, Rüstungswerke und dergleichen unternommen wurden.

Die alliierten Crossbow-Unternehmungen begannen im späten Frühjahr 1943 ohne besonderen Plan, wurden erst im Dezember des gleichen Jahres „amtlich" und endeten kurz vor der Kapitulation im Mai 1945, als die letzte V-Waffe verschossen war.

Schon zehn Tage nach dem Angriff auf Peenemünde geschah der erste Angriff auf den Großbunker Watten an der französischen

Küste. Durch Luftaufklärung wurden jedoch bald sieben weitere Großbauten von neuartiger Konstruktion entdeckt, vier in Pas-de-Calais und drei an der Spitze der Halbinsel von Cherbourg.

Im Oktober des gleichen Jahres entdeckten die alliierten Luftaufklärer einen neuen Typ merkwürdiger Bauten an der französischen Küste. Aus Luftbildern und Berichten von Agenten ergab sich die Notwendigkeit, das ganze Gebiet aufs genaueste zu photographieren. So entdeckte man zwei merkwürdig geformte Bauten, jeder fast 100 m lang, die riesigen, verkehrt gelegten Skis ähnelten. Bis Mitte November waren 21 „Ski-Bauten" entdeckt worden.

Anhaltende und sorgfältigste Beobachtung dieses Abschnittes der französischen Küste enthüllte eine merkwürdige Verwandtschaft all dieser „Ski-Bauten": alle waren gegen London gerichtet. Der britische Intelligence Service konnte sich der Annahme nicht verschließen, daß dieses wachsende Netz von Anlagen dem Fernbeschuß Londons dienen sollte, Londons, das damals die Basis für die bevorstehende Invasion des Kontinents war.

Einige militärische und zivile Sachverständige hielten alle diese Anlagen für einen gigantischen Betrug der Deutschen. Sie glaubten, die Deutschen wollten durch diese Anlagen die Alliierten schrecken und von einer Invasion abhalten. Die Mehrzahl der Wissenschaftler und Ingenieure jedoch waren der Meinung, daß es sich bei den größeren um Startbasen für Großraketen und bei den kleineren um Abschußeinrichtungen für kleine unbemannte Flugkörper, wie sie in Peenemünde hergestellt würden, handle.

Das Geheimnisvolle dieser Anlagen rief natürlich allerlei Gerüchte hervor. Man erzählte sich, die Deutschen bereiteten sich vor, riesige, den grauenhaften „Roten Tod" enthaltende Behälter nach London zu schießen, die Deutschen würden mit Giftgasen gefüllte Tanks über den Kanal schießen, die jegliches Leben auf den britischen Inseln auslöschen sollten, ja sogar, die Deutschen würden entlang der französischen Küste mit riesigen Gefrieranlagen Eisberge im Kanal erzeugen und Eiswolken nach England schicken, die den Flug der Bombergeschwader unmöglich machen sollten.

Am 3. Dezember 1943 entschlossen sich die Alliierten, die

Crossbow=Anlagen unschädlich zu machen oder zu zerstören. Es war dies kein leichter Entschluß, denn ein so großes und ungewisses Unternehmen mußte natürlich einen Teil der gegen die deutschen Luftstreitkräfte und gegen das deutsche Industriepotential ein=gesetzten Bombengeschwader beanspruchen und diesen unerhört wichtigen Aktionen entziehen.

Schon ein paar Stunden, nachdem diese bedeutsame Entscheidung getroffen war, begann eine Luftaufklärungsaktion von einer bisher noch nie erreichten Intensität. Der ganze 220—250 km von London und Portsmouth entfernte Küstenstreifen von Ostende bis Cher=bourg wurde genauestens photographiert. Schon nach einer Woche waren 64 Ski=Bauten entdeckt.

Bereits am 5. Dezember begannen die zuerst durch schlechtes Wetter stark behinderten Angriffe. In der dritten Woche war die Zahl der entdeckten Ski=Bauten auf 75 gestiegen. Immer noch hielt das den Deutschen günstige schlechte Wetter an. Die Alliierten fürchteten, die Deutschen könnten dieses Rennen mit der Zeit gewinnen.

Endlich gelang am Weihnachtsabend 1943 der erste große Schlag gegen die „Ski=Bauten". Mehr als 1300 amerikanische Flugzeuge griffen die Anlagen längs der Küste an. Damit war es jedoch noch nicht getan. In London und Washington wurde die Crossbow=Gefahr besorgt diskutiert. Man war unter allen Umständen ent=schlossen, zu vermeiden, daß durch sie die geplante Invasion ver=schoben werden mußte oder gar ganz verhindert wurde.

Kriegsminister Henry L. Stimson bildete ein Sachverständigen=Komitee, das alle Agentenberichte und Luftbilder eingehend stu=dieren sollte. Das Komitee ließ verlauten, daß das Problem, wenn sich nicht ein unvorhersehbarer Glücksfall ergäbe, nicht gelöst werden konnte. Es wurden natürlich eine Menge Vorschläge ge=macht, der Gefahr zu begegnen darunter auch der, die „Ski=Bauten" mit Giftgasen anzugreifen. Es wurde sogar der Vorschlag gemacht, den Invasionsplan zurückzuziehen.

Schließlich machte General Arnold diesem Hin und Her durch den Vorschlag ein Ende, einfach immer schwerere und heftigere Luftangriffe gegen die geheimnisvollen Anlagen zu fliegen.

Am 12. Januar 1944 gab General Marshall dem Vorhaben, die beste Art des Angriffs auf die Crossbow=Anlagen herauszufinden, höchste Dringlichkeit. Die Hauptverantwortung für die Aufgabe wurde dem Kommandanten des amerikanischen Luftwaffen=Versuchsplatzes Eglin Field, Florida, übertragen.

In einer so drangvollen Lage konnte man nicht mit konventionellen Maßnahmen weiterkommen. Am 25. Januar telefonierte General Arnold von Washington aus mit dem Kommandanten von Eglin Field, General Grandison Gardner. General Arnold hütete sich, die Dinge, die er sagen wollte, deutlich auszusprechen. Er hoffte, trotzdem von General Gardner verstanden zu werden. 150 von denen, sagte er, die wie Skis aussehen, gäbe es an der französischen Nordküste. „Ich möchte, daß wir einige genau so aufbauen. Die will ich dann mit neuen Waffen angreifen. Die Arbeit müßte in ein paar Tagen geschehen, nicht in Wochen. Es wird eine Menge Beton draufgehen. Höchste Dringlichkeit! Und Tage, nicht Wochen!"

General Gardner mobilisierte augenblicklich die Hilfsmittel des riesigen Versuchsplatzes und die ihm unterstehenden Tausende von Männern. Bei äußerster Geheimhaltung wurde in der abgelegenen Einsamkeit der Spitze der Halbinsel Florida die an der Kanalküste so genau beobachtete Bautätigkeit wiederholt. Der Auftrag lautete genau: Reproduktion der „Ski=Bauten" bis in alle Einzelheiten und Zerstörung auf verschiedene Weise.

Baumaterial war knapp. Trotzdem gelang es Aufklärern, die das Land ringsum durchstöberten, Baumaterial aufzutreiben. Mit Flugzeug, Eisenbahn, Lastwagen und Schiff wurde es nach Eglin Field geschafft. Tausende von Zivilarbeitern und Soldaten bauten mit Beton, Stahl, Holz und Ziegelsteinen eine Reihe von Zielanlagen und „Ski=Bauten". Tarnmaterial wurde angefahren, und ein Flakbataillon zum Schutz der Anlagen sollte das genaue Spiegelbild ergänzen.

Minuten, nachdem der erste Betonbau hart geworden war, begann man, mit allen erreichbaren Waffen die Nachbildung anzugreifen. Die Wirkung jeder Art von Munition und jeder Art von Luftwaffenstreitkräften wurde von militärischen und zivilen

Sachverständigen genauestens geprüpft. General Gardner übermittelte täglich telefonisch die Ergebnisse an General Arnold.

Nachdem einwandfrei feststand, daß eine bestimmte Technik allen anderen überlegen war – nämlich Bombenangriffe aus geringster Höhe mit Flugzeugen, die imstande waren, schwerste Bomben mit höchster Treffsicherheit auf den verletzlichsten Punkt der „Ski-Bauten" abzuwerfen –, flog General Gardner mit einem Stab von Versuchsplatz-Offizieren nach England, um dort die erprobte Methode darzulegen. Die Prüfungsergebnisse wurden mit General Eisenhower und mit den führenden britischen und amerikanischen Kommandeuren der Luftstreitkräfte diskutiert. Ein von Hollywood-Sachverständigen aufgenommener Film wurde gezeigt, der den meisten den ersten Begriff vom Aussehen der massigen Bauten und ihrer möglichen Zerstörung gab.

Während die Amerikaner überzeugt waren, daß es nun möglich sei, die „Ski-Bauten" unschädlich zu machen, ohne die Aktionen der Luftstreitkräfte über Deutschland zu schwächen, waren die Engländer skeptisch. Es kam zu Differenzen. Je näher der Tag der Invasion rückte, desto heftiger wurde der Konflikt.

Dann wurde England von einem neuen alarmierenden Gerücht erschreckt. Im Februar hatten Agenten das Entstehen einer neuen Art von Anlagen gemeldet. Diese Anlagen waren augenscheinlich dazu bestimmt, Abschußbasen für die „Peenemünde-Flugkörper" zu bilden. Es waren, verglichen mit den „Ski-Bauten", ziemlich einfache Konstruktionen. Sie konnten schnell errichtet und getarnt werden und bildeten dank ihrer Kleinheit kümmerliche Ziele. Inzwischen beschäftigten die Deutschen Tausende von Arbeitern zur Wiederherstellung der durch Bomben zerstörten Großbauten und „Ski-Bauten".

Einige Wochen vor Beginn der Invasion gab General Eisenhower den Befehl, so lange, bis schwere Bomber einen letzten großen Schlag gegen die Großbauten und die „Ski-Bauten" geführt haben würden, der Crossbow-Aktion höchste Dringlichkeit zu geben. Die neuen kleinen Anlagen sollten dabei nicht berücksichtigt werden. Und ganz gleich, was Hitler vor hätte, die Invasion würde an dem vorbestimmten Tag beginnen.

So griffen also die schweren Bomber zum letzten Male vor der Invasion im Mai die geheimnisvollen Anlagen an. Und am 6. Juni begann die Invasion.

Aber am 12. Juni flogen die ersten 4 V 1 nach London, und in der Nacht des 15. Juni begann eine neue Phase des Krieges, die Schlacht der fliegenden Bomben, die erst im März 1945 endete.

General Eisenhower schrieb in seinem Bericht „Kreuzzug in Europa": „... wenn es den Deutschen gelungen wäre, diese neuen Waffen sechs Monate früher zu vervollkommnen und zum Einsatz zu bringen, als sie es konnten, so ist wahrscheinlich, daß unsere Invasion Europas auf ungeheure Schwierigkeiten gestoßen, ja unter Umständen unmöglich geworden wäre. Ich bin dessen gewiß, daß nach sechsmonatigem Einsatz das Unternehmen ‚Overland' (der Angriff auf Europa von England aus) hätte abgeschrieben werden müssen."

Im dritten Band des amerikanischen, von der Presse der Universität Chicago herausgegebenen Geschichtswerkes „Die Armeeluftmacht im zweiten Weltkrieg" ist folgende frei übersetzte Darstellung enthalten: „Für die Alliierten war das Unternehmen Crossbow eine teils von Glück begünstigte, größtenteils durch überlegene Zusammenarbeit und Entschlossenheit erreichte Eroberung. Die Deutschen hätten zu noch bedeutungsvoll später Stunde den Lauf des Krieges ändern können."

HITLER ENTSCHEIDET FALSCH

Kurz nach dem Angriff auf Peenemünde wurden auch die Werke von Friedrichshafen und Wiener-Neustadt, die für die Fertigung vorgesehen waren, angegriffen. Auch der Großbunker in Watten erhielt während eines kritischen Bauabschnittes einen schweren Bombenangriff. Ein wüster Haufen Baumaterial, Beton, Eisenarmierung, Stützhölzer und Verschalungsbretter blieb übrig. Der Beton verhärtete. Nach wenigen Tagen war der Großbunker nicht mehr zu retten. Es bestand nur noch die Möglichkeit, einen Teil des Baues unter Dach zu bringen und ihn im Rahmen unseres Programmes anderen Zwecken zuzuführen.

In weiser Voraussicht hatten wir in der Nähe von Watten einen als Ausweichstelle geeigneten Ort in einem großen Kalkbruch bei Wizernes erkundet. Dort sollte ein unterirdisches Großlager für unsere fertigen A 4 entstehen.

Der Leiter der Organisation Todt, Dorsch, bat mich zu einer Vorbesprechung. Er glaubte, einen ungefähr 100 m breiten und 50 m tiefen Teil des Bunkers noch retten zu können, und schlug dazu ein großartiges neues Verfahren vor: auf die 5 m dicken, jetzt erst ungefähr 4 m hohen Außenwände sollte die Decke in 3 m Stärke direkt aufbetoniert werden. Dann sollte diese Tausende von Tonnen schwere Decke in Etappen hydraulisch gehoben und unter ihr sollten die Seitenwände hochbetoniert werden. Wenn der Bau dann die gewünschte Höhe hätte, gedachte man die Decke bis zu ihrer von Hitler vorgeschriebenen Dicke von 7 m zu verstärken.

Als Abschußstelle fiel Watten nach dem Angriff natürlich aus. Der Bunker konnte jedoch als Sauerstofferzeugungsanlage verwendet werden. Die Pläne mußten in Peenemünde besprochen und umgezeichnet werden.

In Wizernes, das jetzt als Abschußstelle geplant wurde, wollte Dorsch ein anderes Verfahren anwenden, und zwar über den Kalkfelsen des Kalkbruches eine 6 m dicke Betonglocke auf den gewachsenen Boden aufbetonieren. Dann erst sollte der Felsen von innen heraus ausgekratzt und mit Stützpfeilern für die Betonglocke versehen werden. Da der Fels lose und bröckelig war, ein äußerst gewagtes Unternehmen. Bei der zunehmenden feindlichen Luftangriffstätigkeit an der Kanalküste sah Dorsch darin jedoch die einzige Möglichkeit, den Bau zu Ende zu bringen. Er wollte in beiden Fällen mit dem Schutzdach beginnen und unter ihm weiterarbeiten.

Da sich die Luftlage von Tag zu Tag verschlechterte, wollte jedoch Dorsch die Verantwortung für zwei so große Bauprojekte nicht allein tragen. Er führte eine Entscheidung Hitlers herbei, und ich wurde ins Führerhauptquartier gerufen.

Ich fuhr mit der Bahn.

Mein Besuch hatte noch einen zweiten Grund. Seit einigen Wochen hatten zwischen General Buhle im Hauptquartier und meiner

Dienststelle Besprechungen über die Herausgabe eines klaren Befehls hinsichtlich der mir im Rahmen des A 4-Programmes zu übertragenden Aufgaben stattgefunden. Der schließlich durch General Jodl ausgearbeitete Entwurf befaßte sich jedoch leider nur mit der rein militärischen Seite der Angelegenheit. Mein Stab war mit den Einsatzvorbereitungen in ganz Frankreich beauftragt worden. Daher mußte das Verhältnis meiner Dienststelle zu dem Oberbefehlshaber West in Paris, Generalfeldmarschall von Rundstedt, klargestellt werden. Ich sollte in Frankreich als Vertreter des Oberkommandos der Wehrmacht auftreten und meine Befehle unmittelbar von diesem empfangen. In der Heimat blieb ich jedoch nach wie vor dem Oberbefehlshaber im Heimatgebiet, Generaloberst Fromm, unterstellt.

Dieser Befehl sollte anläßlich meines Vortrages bei Hitler von ihm unterschrieben werden.

Die Besprechung fand in Hitlers Arbeitszimmer statt. Keitel, Jodl, Buhle, Dorsch und ein Stenograph waren anwesend.

Wir nahmen an dem großen runden Konferenztisch Platz. Diesmal sah ich Hitler im hellen Tageslicht und erschrak wieder über sein Aussehen. Er schien mir inzwischen noch mehr gealtert als damals am 7. Juli. Besonders fiel mir die ungesunde, gelbliche, ja fast grünlich-gelbe Farbe seines Gesichtes und seiner weichen Hände auf. Tiefrote feinste Äderchen bildeten um die große Nase herum in dieser geisterhaften Blässe dunkle Flecken.

Ich saß links neben Hitler. Er war zunächst, wie jedesmal, wenn ich ihn sah, sehr schweigsam und in sich gekehrt.

Jodl trug vor. Man hatte mir dringend anbefohlen, keine Einwendungen zu machen. Der Befehl sei das Äußerste, was man mir zubilligen könne.

Hitler erklärte sich einverstanden.

Ich fragte mich damals und frage mich heute noch, warum die Vollmachten, die man uns Soldaten im Dritten Reich gab, uns mehr banden als uns freie Hand ließen. Warum hatte man kein Vertrauen zu uns, warum gab man uns nicht Mittel in die Hand, nach freiem Ermessen handeln zu können? Weshalb bekamen aber die SS, das Munitionsministerium, die Partei alles, was sie wollten?

War die Wehrmacht selbst durch ihre Machtstreitigkeiten, Kompetenzkämpfe, ihre Verantwortungsscheu schuld daran? Oder hatte man sich einfach resigniert mit dem nun einmal bestehenden Mißtrauen Hitlers gegen die Wehrmacht abgefunden? Als Jodl nun die Schriftstücke zur Unterschrift über den Tisch schob und der Stenograph Federhalter und Tinte bereitlegte, setzte Hitler eine Brille auf. Eine einfache billige Brille mit Metallrand und schmalem Metallbügel. Zum ersten Male sah ich den obersten Kriegsherrn mit Brille. War er inzwischen weitsichtig geworden?

Mit leicht zitternder Hand kritzelte er, groß ansetzend und ins Nichts auslaufend, seinen unleserlichen Namenszug unter die drei Ausfertigungen des Befehls.

Dann sprach Dorsch.

Hitler wurde sofort lebhafter. Speer hatte mir erzählt, daß er immer spontan reagiere, wenn von Bauvorhaben gesprochen wurde. Die Großartigkeit der Projekte, die Dorsch schilderte, nahm ihn sofort gefangen. Dorsch mußte alles bis in Einzelheiten erläutern. Hitler freute sich und gab begeistert seine Zustimmung.

Ich konnte jedoch nicht schweigen. Ich hielt es für meine Pflicht, darauf aufmerksam zu machen, daß die Baustelle Watten weiteren Luftangriffen ausgesetzt sein würde. Da sie einmal erkannt war, würde man sie nicht ungestört weiterarbeiten lassen.

Dorsch wandte ein, daß an der zur Zeit auf dem Bauplatz bestehenden Unordnung nichts geändert werde. Man müsse aus der Luft den Eindruck einer zerstörten und verlassenen Anlage erhalten.

Mir kam es jedoch darauf an, Hitler überhaupt vom Bau eines Großbunkers abzubringen. Ich wies eindringlich auf die Einsatzmöglichkeiten des A 4 durch motorisierte Batterien hin.

Hitler hörte mich an, entschied sich aber dann für Dorschs Pläne.

Die beiden Bauvorhaben wurden begonnen, aber nie zu Ende geführt.

An Hitlers Fehlentscheidung waren seine Freude am Bauen und die Verkennung der Luftlage im Westen schuld. So wurden also auf seinen Befehl monatelang Baukontingente und Arbeitskräfte an Vorhaben gebunden, deren Vollendung schon nicht mehr im Bereich der Möglichkeiten lag.

Watten wurde zwar ohne wesentliche Störung unter Dach gebracht und im Rohbau fertiggestellt. Dann aber kamen die schweren 6-t-Bomben zum Einsatz. Sie vermochten zwar die Betondecke nicht zu durchschlagen, drangen jedoch dicht neben den Bunker in den gewachsenen Boden ein und erschütterten die vorbereiteten Maschinenfundamente. Der Großbunker konnte also seinen Zweck nicht mehr erfüllen.

Auch in Wizernes gelang die Fertigstellung der großen Betonglocke. Durch dauernde Luftangriffe mit schweren und schwersten Bomben wurde jedoch der Kalkfelsen rings um die Glocke herum so erschüttert und zermürbt, daß ein Weiterarbeiten infolge einstürzenden Gesteins im Frühjahr 1944 unmöglich wurde. Die Bauarbeiten mußten eingestellt werden.

Zum ersten Male tauchte in leuchtender, heller Flammenschrift klar und deutlich in unserem Programm das Menetekel auf, das ich gefürchtet und das wie ein Verhängnis während des ganzen Krieges unsere Arbeit begleitet hatte:

Zu spät!

EINE NEUE MACHT SCHIEBT SICH IN DEN VORDERGRUND

Anfang April 1943 besuchte der Reichsführer SS das erste Mal Peenemünde. Die unerwartete Ankündigung seines Besuches veranlaßte Generaloberst Fromm und den Chef des Heereswaffenamtes, General der Artillerie Leeb, gleichfalls an der Vorführung teilzunehmen.

An diesem Tage gelang uns kein Abschuß eines A 4. Vorträge und Prüfstandversuche mußten einen Eindruck unserer Arbeit vermitteln.

Als ich bei dieser Gelegenheit Himmler zum erstenmal längere Zeit sah und mich, im Kasino neben ihm sitzend, mit ihm unterhielt, suchte ich in seinem Aussehen, seinem Verhalten und seinen Worten vergeblich nach dem Unerklärlichen, Rätselhaften, Erregenden und Geheimnisvollen, das ihn in den Augen der Welt zu einem der gehaßtesten und gefürchtetsten Männer um Hitler machte.

Ich fand, er glich in seinem Äußeren einem intelligenten Volks=schullehrer und keineswegs einem überdurchschnittlich veranlag=ten Gewaltmenschen.

So sehr ich mich bemühte, ich konnte nichts Absonderliches und Außergewöhnliches an diesem mittelgroßen, jugendlich schlanken, in graue SS=Uniform gekleideten Manne finden. Unter einer mittel=hohen Stirn blickten mich hinter funkelnden Klemmergläsern zwei graublaue Augen ruhig und fragend an. Das kurzgestutzte Schnurr=bärtchen unter der geraden, gutgeformten Nase brachte einen dunklen Farbakzent in sein ungesund blasses Gesicht. Die Lippen waren farblos und sehr schmal. Überraschend war nur die unaus=geprägte, zurückfliegende Kinnpartie. Die Haut des Halses war schlaff und faltig. Wenn sich sein ständiges, fast eingefroren wir=kendes Lächeln mit dem leicht mokanten, manchmal verächtlich wirkenden Zug um die Mundwinkel verstärkte, ließ der kleine Mund zwei Reihen gesunder, weißer Zähne sehen. Seine schlanken, sehr blassen, fast mädchenhaft weichen, von durchschimmernden blauen Adern durchzogenen Hände lagen während unseres Ge=sprächs ruhig auf dem Tisch.

Ich erzählte ihm von unserer Entwicklungsarbeit und unseren Zukunftsplänen. Er hörte, ab und zu eine Zwischenfrage stellend, interessiert zu.

Plötzlich erklärte er mir den Grund seines für uns alle über=raschenden Besuches.

Man habe in letzter Zeit im Kreise um den Führer viel von uns gesprochen. Wir stünden im vollen Scheinwerferlicht. Er wolle sich deshalb überzeugen, was in Peenemünde gearbeitet werde und wie er seine Machtmittel am besten für uns einsetzen und uns helfen könne. „Wenn der Führer sich entschließt", fuhr er fort, „dem Vor=haben seine Unterstützung zu geben, dann ist Ihre Arbeit nicht mehr eine Angelegenheit des Heereswaffenamtes oder des Heeres überhaupt. Sie gehört dann dem deutschen Volk. Ich übernehme ihren Schutz gegen Sabotage und Verrat."

Ich bemühte mich, das Unbehagen, das diese Worte bei mir her=vorriefen, zu unterdrücken. Generaloberst Fromm, der auf der anderen Seite Himmlers saß, warf äußerlich freundlich, doch mit vor Unwillen leicht gerötetem Gesicht ein: „Reichsführer, Peene=münde ist eine Heeresdienststelle. Innerhalb der Heeresanstalt trägt das Heer allein die Verantwortung für alle Abwehrfragen. Ich würde es jedoch begrüßen, wenn Sie eine Sperrzone um Peene=münde errichten und die abwehrmäßige Überwachung im Nordteil der Insel Usedom und dem angrenzenden Festland verstärken würden."

Himmler stimmte nach kurzem Schweigen zu und beauftragte den anwesenden höheren Polizeiführer Stettin, Obergruppenführer Mazuw, das Erforderliche zu veranlassen.

Als ich mich später in Peenemünde=West vor seinem Reiseflug=zeug von Himmler verabschiedete, sagte er zu mir:

„Ich interessiere mich sehr für Ihre Arbeiten. Vielleicht kann ich Ihnen helfen. Ich werde allein wiederkommen und hier übernach=ten. Wir können uns dann im engsten Kreis mit Ihren Mitarbeitern unterhalten. Ich rufe an ..."

Eine Woche später brachte einer meiner Gruppenleiter, Flieger=stabsingenieur Zeyß, aus Brünn die Nachricht mit, daß dort im Kreise von SS=Offizieren offen davon gesprochen werde, ich sei der Hemmklotz für die Entwicklung der Raketen in Deutschland. Ohne mich wäre man schon viel weiter. Der Hauptrufer im Streit sei der Hauptsturmführer Engel gewesen, der früher einmal kurze Zeit auf dem Raketenflugplatz Berlin tätig gewesen war und jetzt eine Raketenforschungsstätte der SS in Großendorf bei Danzig leitete.

Ich war seit vielen Jahren Vorwürfe jeder Art gewohnt. Solche klar ausgesprochenen deutlichen Anklagen konnten jedoch zu die=sem Zeitpunkt, da die SS sich immer mehr in die Waffenentwick=lung einschaltete, unserer Arbeit und der Verfolgung unserer Ziele sehr gefährlich werden.

Ich trug den Fall dem Amtschef vor, der mir äußerste Vorsicht anempfahl.

Wenige Tage später bat ich den Chef der Amtsgruppe „Entwick=lung" des SS=Waffenamtes, SS=Oberführer Gärtner, zusammen mit dem Hauptsturmführer Engel zu mir. Ich forderte Aufklärung. Die Herren gerieten in Verlegenheit und waren nicht imstande, mir klare Auskunft zu geben. Schließlich entschloß ich mich, ihnen in großen Zügen einen Überblick über die Arbeiten meiner Abteilung auf dem Raketengebiet seit dem Jahre 1930 zu geben. Erstaunt hörten die Herren zu, entschuldigten sich und betonten, sie hätten vom größten Teil des ihnen Mitgeteilten keine Ahnung gehabt.

Es war mir klar, daß dies nur der Anfang neuer Kämpfe gewesen war.

Der Amtschef riet mir, eine Denkschrift zu verfassen, um gegen weitere Angriffe gerüstet zu sein. Ich schrieb eine lange Abhandlung: „Die Eigenentwicklungen des Heereswaffenamtes auf dem Raketengebiet in den Jahren 1930—1943", die ich in Peenemünde drucken ließ.

Der zweite Schlag traf mich am 26. April 1943. An diesem Tag rief mich nachmittags gegen 18 Uhr der Adjutant des Heereswaffenamtes an. Er bat mich, Oberst Zanssen, den langjährigen Kommandeur der Heeresanstalt Peenemünde, von folgendem Vorfall zu unterrichten: Der Amtschef habe soeben ein Ferngespräch mit dem Chef des Personalamtes im Hauptquartier geführt. Es sei ihm darin mitgeteilt worden, daß Oberst Zanssen mit sofortiger Wirkung abzulösen sei. Er habe heute noch Peenemünde zu verlassen. Auf meine bestürzte Frage nach dem Grund dieser Maßnahme erhielt ich die Auskunft, daß es sich um Streitigkeiten mit der SS handle. Näheres sei nicht zu erfahren gewesen. Ich ließ mich sofort mit Zanssen verbinden und sagte ihm, daß er heute noch zu einer Besprechung nach Berlin fahren müsse.

Wenige Stunden später war Zanssen bei mir in meiner Wohnung. Ich fragte ihn, ob ihm irgend etwas über seine Streitigkeiten mit der SS bekannt sei. Zanssen war völlig überrascht. Er erklärte mir, daß er bis zum Beginn der Verhandlungen über die Sperrzone nie etwas mit der SS zu tun gehabt habe. Die Verhandlungen selbst, die von seiten der SS durch Obersturmbannführer Müller geführt worden waren, seien reibungslos verlaufen.

Ich eröffnete ihm nun, daß er mit sofortiger Wirkung abgelöst werden solle. Zanssen wurde begreiflicherweise äußerst erregt, und ich hatte in dieser Nacht Mühe, ihn zum Schlafengehen zu veranlassen.

Am nächsten Vormittag meldete ich mich zum Vortrag bei

Generaloberst Fromm. Er war über die Art und Weise dieses Vorgehens empört und beauftragte mich als den Vorgesetzten Zanssens, die Untersuchung zu führen.

Mein nächster Schritt führte mich zu Oberst Schniewind im Personalamt, dem Sachbearbeiter für unser Programm. Ich bat ihn um nähere Unterlagen für meinen Auftrag, Zanssen abzulösen, und erfuhr, daß außer dem Befehl des Hauptquartiers, durchgegeben von dem Amtsgruppenchef, Generalmajor Linnartz, nichts vorläge. Ich bat dringend um Beschleunigung der Angelegenheit.

Am Abend unterrichtete man mich in der Wohnung eines Bekannten darüber, daß vor einigen Tagen ein höherer Beamter aus dem Munitionsministerium in einer Gesellschaft, in der Zanssens Name gefallen war, gesagt habe, in wenigen Tagen werde in Peenemünde die Bombe platzen. Erst käme Zanssen weg, und ich werde wenige Tage später nachfolgen.

Eine neue, mächtige, von uns bisher nicht beachtete Dienststelle, die Reichsführung SS, hatte also nun auch in die Machtkämpfe um Peenemünde eingegriffen.

Nach einigen Tagen kam etwas Licht in die Angelegenheit Zanssen. Ich erhielt vom Personalamt die Abschrift eines von Himmler unterzeichneten Briefes an den Chef des Personalamtes. In diesem Brief wurden gegenüber Zanssen kindische, von jedem Kenner der Verhältnisse sofort zu widerlegende Anschuldigungen erhoben. Er, Himmler, habe diese Anschuldigungen zwar nicht nachprüfen können, gebe sie jedoch dem Personalamt zur Kenntnis. Er halte ein weiteres Verbleiben Zanssens in Peenemünde unter diesen Umständen für untragbar.

Ich mußte nun, da Peenemünde in dieser kritischen Zeit vor Abschluß der Entwicklung nicht ohne Führung bleiben konnte, zusätzlich die Aufgabe des Kommandeurs der Heeresanstalt übernehmen und meinen Dienstsitz nach Peenemünde verlegen. Zanssen übernahm einstweilen meine Vertretung in Berlin.

Nach wenigen Tagen hatte ich meinen Bericht, der die völlige Haltlosigkeit der Anschuldigungen nachwies, fertig. Es fehlte mir nur noch ein abschließendes Untersuchungsergebnis über angeblich von Zanssen geschriebene Briefe.

Die den Fall Zanssen bearbeitende Stelle war irgendein SS-Hauptamt unter SS-Obergruppenführer Berger. Ich ließ mich bei ihm melden. Berger war ein gedrungener, kräftiger, dunkelhaariger Süddeutscher mit schwarzen stechenden Augen.

Es entspann sich folgende Unterhaltung: „Obergruppenführer", begann ich, „ich bin von Generaloberst Fromm mit der Untersuchung gegen Oberst Zanssen, den Kommandeur von Peenemünde, beauftragt. Ich nehme an, daß Ihnen der Fall bekannt ist."

Berger nickte bestätigend. Ich fuhr fort: „Mir fehlt zum Abschluß meines Auftrags eine Vernehmung des Mannes, auf dessen Angaben sich die Vorwürfe gegen Oberst Zanssen stützen. Oberst Zanssen ist ein an der Front und in der Heimat hervorragend bewährter, ausgezeichneter Offizier. Ich muß, wenn ein solcher Schritt wie diese plötzliche Dienstenthebung aufrechterhalten werden soll, die Unterlagen prüfen. Darf ich Sie, Obergruppenführer, daher zur Erledigung einer gerechten Untersuchung um den Namen bitten?"

Berger antwortete: „Ich werde Ihnen den Namen nicht nennen."

Ich verstand. Das Ganze war eine nicht einmal schlau eingefädelte Komödie. „Das ist sehr bedauerlich", gab ich zurück, „ich hätte gerne gewußt, wer hinter der Angelegenheit steckt und besonders, ob der Ankläger zur Peenemünder Gefolgschaft zählt. Durch Zeugenaussagen ist jedoch ohnehin klar erwiesen worden, daß die gegen Oberst Zanssen vorgebrachten Anschuldigungen jeder Begründung entbehren. Ich bitte nur noch um Einsicht in die angeblich in Ihrem Besitz befindlichen Briefe Zanssens, um auch diesen letzten Punkt aufzuklären."

Nun verlangte Berger Einsicht in die Akten. Ich gab sie ihm. Nach kurzer Durchsicht reichte er sie mir zurück und sagte: „Nach den Akten mag es scheinen, daß Sie in vielen Punkten recht haben. Die Briefe kann ich Ihnen jedoch nicht aushändigen."

Das hatte ich erwartet.

„Obergruppenführer", sagte ich, „Sie sind im Besitz der Briefe?"

„Ja!"

„Dann gestatten Sie, daß ich sie hier bei Ihnen einsehe?"

„Nein", schrie Berger, „ich werde Ihnen die Briefe nicht in die Hand geben."

Ich ließ nicht locker. „Dann gestatten Sie, daß ich wenigstens einen Blick darauf werfe, damit ich feststellen kann, ob sie in der mir bekannten Handschrift des Oberst Zanssen geschrieben sind oder ob sie eine Fälschung darstellen." Rede und Antwort wurden immer schärfer und kälter.

„Nein", schnitt Berger alles weitere ab, „auch das werde ich nicht tun." – Ich trat zurück. „Dann, Obergruppenführer, erlauben Sie, daß die Briefe für mich und meine Untersuchung nicht existieren."

„Es steht Ihnen frei, anzunehmen, was Sie wollen", parierte Berger eiskalt. – Ich ging.

Generaloberst Fromm entschied, daß Oberst Zanssen, da die Untersuchung die völlige Haltlosigkeit der Vorwürfe ergeben hatte, im Spätherbst Peenemünde wieder übernehmen solle. In einem sehr kühlen Brief unterrichtete Himmler über diesen Entschluß. Damit schien die leidige Angelegenheit für den Augenblick, wenn auch auf eine uns nicht voll befriedigende Weise, erledigt zu sein.

Die Drohung einer im Hintergrund arbeitenden gefährlichen Macht blieb jedoch. Himmler würde seine Niederlage nicht vergessen. Und er vergaß sie nicht. Fast eineinhalb Jahre verstrichen, ehe durch weitere Intrigen und weil das Heereswaffenamt in diesem Kampf müde geworden war, das Vorhaben mit der angeordneten Frontverwendung in Oberst Zanssen einen seiner treuesten und verdientesten Mitarbeiter verlieren sollte.

Mit welchen Mitteln in dieser Zeit gegen die Führung der heereseigenen Versuchsanstalt Peenemünde vorgegangen wurde, erfuhr ich erst nach dem Kriege. Dr. von Braun war zu Himmler in dessen Hauptquartier befohlen worden, wo ihm unbedingte Schweigepflicht auferlegt wurde. Mit zynischer Offenheit wurde er vom Reichsführer SS gefragt, wie er sich zu einer evtl. Übernahme von Peenemünde durch die SS stellen würde. Er, Himmler, könne sich nicht vorstellen, daß das Heer ihm die Arbeitsmöglichkeiten bieten könne, die er von der SS zu erwarten habe. Von Braun hatte be=

stimmt, aber höflich ein solches Ansinnen abgelehnt und keinen Zweifel darüber gelassen, daß er bei einer solchen Intrige nicht mitspielen würde und gegebenenfalls seine Vorgesetzten benachrichtigen müsse.

HIMMLER DEUTET DEN KRIEG

Für den 29. Juni meldete sich Himmler zu seinem zweiten Besuch an. Am Nachmittag seines Ankunftstages trafen bereits der höhere Polizeiführer von Stettin, Mazuw, und Obersturmbannführer Müller ein. Die Herren wollten mich nicht stören und gingen in die Kantine Fischer. Ich wünschte sie jedoch in der Angelegenheit Zanssen zu sprechen und ließ sie zu mir bitten. Sie schienen mir verlegen. Ich glaube nicht, daß ich mich täuschte. Unumwunden bat ich sie, mir auf ihr Wort zu sagen, ob ihnen etwas über die Angelegenheit Zanssen bekannt sei. Sie bestritten, irgend etwas gewußt zu haben. Es war nicht weiterzukommen. Ich mußte Himmler selbst fragen.

Gegen Abend traf Himmler am Steuer seines kleinen Pkw ohne Begleitung in Peenemünde ein. Nach einem bescheidenen Abendbrot in kleinem Kreise verabschiedete er die Herren der SS aus Stettin, die in Zinnowitz wohnten, und wir nahmen im Kaminzimmer Platz. Oberst Stegmaier, Ministerialrat Schubert, Professor von Braun, Dr. Thiel, Rees, Steinhoff und einige leitende Angestellte waren anwesend.

Das Gespräch schleppte sich zunächst mühsam hin. Ich war immer wieder in Versuchung, den Namen Zanssen zu erwähnen. Schließlich verschob ich meine Absicht bis zum andern Morgen, vielleicht würde sich dann eine Gelegenheit ergeben, Himmler allein zu sprechen.

Von Braun begann von unserer Arbeit von den Anfängen in Kummersdorf, der Verlegung nach Peenemünde zu berichten. Er legte unsere Hoffnungen und unsere Ziele dar, schilderte die Schwierigkeiten der Entwicklung und ließ erkennen, wie wir hier eine feste in sich geschlossene Gemeinschaft gegenüber allen Widerständen bildeten. Wir erzählten Anekdoten und Vorkomm=

nisse unseres gemeinsamen Wirkens. Dann sprang das Gespräch auf unsere Sorgen über. Damals war ja die Frage der Anerkennung durch Hitler noch nicht entschieden. Wir sprachen von unserer sehnlichen Erwartung der Eingruppierung in die höchste Dringlichkeitsstufe. Alle nahmen schließlich an der Unterhaltung teil, erzählten von ihren Arbeitsgebieten und ihren Wünschen. Die Stunden verflogen. Wir sprachen auch von unseren Zukunftsaussichten der Weltraumfahrt und den Stufen zu ihrer Verwirklichung.

Himmler besaß die seltene Gabe aufmerksamen Zuhörens. Mit stets gleicher, freundlicher und interessierter Miene saß er, die Beine übereinandergeschlagen, zurückgelehnt in seinem Sessel. Seine Zwischenfragen zeigten, daß er genau erfaßte, was die Techniker aus der Fülle ihres Wissens ihm berichteten. Während so die Zeit unbemerkt verflog, geriet das Gespräch auf das Thema des Krieges und die großen Fragen, die uns alle bewegten. Er antwortete schnell, ruhig und freimütig. Nur selten, während er die Ellbogen auf die Sessellehnen gestützt hielt, unterstrich er seine Worte durch ein Aneinanderklopfen der Fingerspitzen. Er war ein Mann der stillen, unpathetischen Gesten. Ein Mann ohne Nerven. Hinter seinen funkelnden Gläsern immer der gleiche freundliche Blick, um seine Mundwinkel immer der gleiche feine, lächelnde, fast verächtliche Zug.

Himmler sprach von der großen Politik. Er wiederholte die alten, durch Rundfunk und Presse sattsam bekannten und in alle Gehirne eingehämmerte Sätze. Eine ganze Weile hörte ich nur halb zu. Über Politik zu reden, war uns Ingenieuren fremd und ungewohnt. Aber da nun einmal davon gesprochen wurde und da hier ein Mann vor uns saß, der Bescheid wissen mußte, stellte ich ihm die große Grundfrage: „Reichsführer, was ist eigentlich das Endziel unseres Kampfes?"

Himmler antwortete, ohne zu überlegen: „Der Führer denkt und handelt für Europa. Er sieht in sich den letzten Verteidiger der abendländischen Welt und Kultur. Er ist der Überzeugung, daß die modernen Errungenschaften der Technik, besonders die Verkehrsmittel, wie Eisenbahn, Kraftfahrzeuge und Flugzeuge die bisherige

Wichtigkeit der nationalen Grenzen nicht mehr gerechtfertigt erscheinen lassen. Kleine, wirtschaftliche, nicht selbständige Nationalstaaten müssen sich an mächtigere anschließen. In den heutigen Wirtschaftskämpfen kann sich nur noch der wirtschaftliche Großraum am Leben erhalten, der Großraum, der machtpolitisch und produktionsmäßig in sich selbst so stark ist, daß er seine Unabhängigkeit behaupten kann.

Europa ist auf Grund seiner Geschichte, seiner geographischen Lage, seiner wirtschaftlichen Struktur und Rohstoffverteilung ein solcher Großraum. Dieser europäische Großraum muß sich um das wirtschaftlich und politisch stärkste Land als Kraftzentrum gruppieren. Die Staaten haben sich zu ihrem eigenen Vorteil willig der Führung dieses Mächtigsten unterzuordnen. Wenn wir den Lebensstandard und die wirtschaftliche Stellung Europas nicht verlieren wollen, muß dieser Wirtschaftsgroßraum früher oder später geschaffen werden. Die Frage ist nur, wer die Führung übernimmt. Der Führer glaubt, daß nur ein rassisch gesundes, wirtschaftlich gefestigtes, national geeintes und politisch starkes Deutschland dazu berufen ist, das Kernland dieses europäischen Wirtschaftsgroßraumes zu bilden."

Diese Gedankengänge waren mir bekannt. Ich wollte jedoch mehr wissen. „Diese Überlegungen", fuhr ich fort, „mußten uns aber doch zwangsweise mit den betroffenen Ländern, die ihre Selbständigkeit nicht aufgeben wollten, und mit den übrigen Großmächten der Welt in Konflikt bringen?"

Himmler nickte, und er begann von neuem: „Es war dem Führer von vornherein klar, daß die Welt kein erstarktes Deutschland und noch viel weniger einen Großraum Europa unter deutscher Führung zulassen würde. Die besitzenden Völker werden immer den Aufstieg eines bisher armen Partners zu verhindern suchen. Das liegt nun einmal in der menschlichen Natur. England ist infolge seiner geographischen Lage viel zu großen zentrifugalen Kräften ausgesetzt, seine Interessen sind viel zu sehr über See, als daß es die Führung im Wirtschaftsgroßraum Europa hätte übernehmen können. Trotzdem hat der Führer versucht, eine Einigung mit England herbeizuführen. Er wollte eine Aufgabenteilung für die beiden Völker erreichen. Die Bemühungen sind gescheitert. Er hat jedoch noch nicht ganz die Hoffnung aufgegeben, daß die Angelsachsen eines Tages zur Vernunft oder sagen wir besser zur Einsicht, wo ihr Vorteil liegt, gelangen werden." Dies im Juni 1943!

„Nach des Führers Ansicht", fuhr Himmler in seiner ruhigen gleichmäßigen Sprechweise fort, „braucht auch ein europäischer Wirtschaftsgroßraum unter deutsch-englischer Führung nicht unbedingt mit den Interessen einer amerikanischen Wirtschaftsgroßraum-Politik zu kollidieren."

Ich erwähnte Rußland.

„Rußland", ließ Himmler verlauten, „darf man nicht allein betrachten. Man muß die anderen slawischen Völker Europas dazurechnen. Wenn es Rußland gelingt, den slawischen Block von 300 Millionen Menschen zusammenzuschweißen, ihn zu industrialisieren und zu fanatisieren, dann ist es mit der Vorherrschaft des Abendlandes vorbei. Diese Gefahr, die der abendländischen Welt und Kultur vom Osten her droht, war einer der Gründe für den Krieg mit Rußland."

Ich fragte: „Sehen Sie denn die uns wirtschaftlich aus dem Osten drohende Gefahr für so groß an?"

Himmlers Antworten erfolgten fast automatisch. „Der abendländische Arbeiter ist hochqualifiziert, aber er ist anspruchsvoll und, rassisch gesehen, müde. Er will von seinem Leben etwas haben. Er will nach seiner Arbeitszeit von acht Stunden sein Heim, seine Familie, seine Freizeit und seinen Garten genießen. Die Löhne sind entsprechend hoch. Er betrachtet gewissermaßen seine Arbeit in der Fabrik nur als Mittel zum Zweck, d. h., um nach der Arbeit ein sorgenfreies Leben führen zu können. Er will teilhaben an den kulturellen Errungenschaften seiner Zeit.

Ganz anders der russische Arbeiter. Er ist erst seit kurzer Zeit an die Industriearbeit gewöhnt worden. Er ist frisch, begeisterungsfähig, geschickt, unverbraucht und unverdorben durch äußere Genüsse, da ihm das Leben außerhalb der Fabrik nichts Lebenswertes bieten kann. Er ist neben dem japanischen Arbeiter wohl die billigste Arbeitskraft, die sich eine hochentwickelte Großindustrie wünschen kann. Die russische Staatsführung hat es hervorragend verstanden, den russischen Arbeiter die Industriearbeit lieben zu lehren. Sie hat ihm in den Fabriken all die sozialen und kulturellen Vorteile geboten, die er zu Hause nicht findet. Sie zwingt ihn durch Beibehaltung seines häuslichen niedrigen Lebensstandards zu freiwilliger Mehrarbeit in der Fabrik. Der russische Arbeiter liebt seine Fabrik.

Einmal muß, wenn wir ihn daran nicht hindern, der Tag kommen, an dem Stalin die Industrie von der Rüstungs- auf die Handelsgütererzeugung umstellt. Bei der restlosen Verstaatlichung der russischen Industrie ist die Richtung, in der er das tut, für ihn völlig frei und allein von seinem Willen abhängig. Rußland ist dann in der Lage, den Weltmarkt mit billigsten Waren zu überschwemmen. Dieser Überschwemmung hätte – besonders wenn eine starke militärische Macht dahinter steht – die Welt nichts entgegenzustellen. Eine Wirtschaftskatastrophe wäre in der abendländischen und amerikanischen Welt die Folge. Die Leidtragenden wären die Arbeiter."

Ich fragte: „Also wären die Kriegsziele gegenüber Rußland mehr wirtschaftlicher als militärisch-politischer oder gar ideeller Natur?"

Himmler lächelte ironisch. „Letzten Endes ist jeder Krieg ein Kampf um Macht. In den Auseinandersetzungen der Neuzeit sind stets alle drei Faktoren entscheidend."

Das Gespräch wandte sich schließlich der deutschen Nachkriegspolitik im Osten zu, dem Generalgouvernement. Himmlers Brillengläser funkelten. Täuschte ich mich, oder war seine gleichmäßige, undurchsichtige Freundlichkeit etwas geschwunden? Spürte er in meinen vorsichtig formulierten Fragen den Vorbehalt?

„Was konnten wir anderes tun", fuhr er, das Stichwort vom Generalgouvernement aufgreifend, fort, „Sie müssen sich immer vor Augen halten, daß der dichtbesiedelte deutsche Boden nur rund 60% seiner Bevölkerung ernähren kann. Die Mittel der Erhaltung des Lebensstandards für alle und für die Ernährung der restlichen 40% mußten eingeführt werden. Der Führer rechnet in 10 Jahren mit einer Bevölkerungszahl von 100 Millionen Deutscher. Die Ernährungsfrage drängt zu einer Entscheidung. Der Führer fühlt sich als Westeuropäer. Die Gefahr sieht er im Osten. Nach Westen will er sich nicht ausdehnen. Er braucht zur Erhaltung des Abendlandes starke Kulturvölker hinter sich. Die einzige Möglichkeit zur Sicherstellung der Ernährung und zur Ansiedlung der überquellenden Bevölkerung, besonders wenn die Wirtschaftspolitik der westlichen Großmächte beibehalten wird, ist der dünn besiedelte Ostraum."

Ich wandte ein: „Der Ostraum ist zwar zur Zeit noch dünn besiedelt. Glauben Sie aber diesen Ostraum bei der ungeheuren jährlichen Bevölkerungszunahme auf die Dauer mit Deutschen besiedeln und dem Deutschtum erhalten zu können? Der Versuch ist doch schon zweimal gescheitert."

Himmler antwortete: „Selbstverständlich wird eine Geburtenbeschränkung der dortigen Bevölkerung auf irgendeinem Wege erreicht werden müssen. Ich selbst lasse die Besiedlung des Ostraumes planen. Wir haben genug Menschen zur Kolonisation. Wenn die zweiten und dritten Söhne unserer Gutsbesitzer und Bauern im Osten, zunächst stützpunktartig zusammengefaßt, angesiedelt werden und jeder Beamte in seinem Leben eine Zeitlang im Osten dienen muß, dann wird, von diesen Zentren ausgehend, eine endgültige Gewinnung dieses Bodens für Deutschland möglich sein."

Ich fragte weiter: „Sind Sie der Überzeugung, daß der deutsche Mensch gesundheitlich überhaupt in der Lage ist, sich auf diesem Boden auf die Dauer zu behaupten?"

Himmlers Fingerspitzen klopften leicht aneinander. „Wir werden es den jungen deutschen Bauern ermöglichen, mit ukrainischen Mädchen aus erbgesunden Bauerngeschlechtern die Ehe einzugehen. Dann muß aus dieser Verbindung ein gesundes, den örtlichen Lebensbedingungen angepaßtes neues Geschlecht entstehen."

„Werden nicht die übrigen Völker der Welt diese Expansion nach dem Osten als himmelschreiendes Unrecht, die Hereinnahme fremder Völker unter die unmittelbare Gewalt Deutschlands als Rückkehr in das Zeitalter der Sklaverei bezeichnen?" wagte ich zu fragen.

„Nach einem gewonnenen Kriege werden sie sich hüten. Wir wollen von Gewalt auch zunächst nur soviel anwenden, als wir brauchen, um erst einmal frei zu kommen. Wir müssen eine straffe, staatlich gelenkte Planwirtschaft mit Menschen und Material in dem ganzen, von uns eroberten Raum betreiben. Aber je mehr sich alles einspielt, je mehr eine gewisse Stetigkeit eintritt, je mehr Güter erzeugt und verteilt werden, um so mehr wird sich der Lebensstandard des einzelnen, besonders des Arbeiters und der niedrigen Schichten der im wirtschaftlichen Großraum Europa zusammengeschlossenen Völker heben. Ich bin überzeugt, daß eine freie Abstimmung nach einigen Jahren eine hundertprozentige Zustimmung zur deutschen Politik bringen wird."

Ich wußte nicht, ob die Gedanken, die Himmler aussprach, seine eigenen waren oder ob er nur Gehörtes wiederholte. Diese unendlich vielen, uns Laien und unpolitischen Menschen so ungeheuerlich anmutenden Gedanken, Pläne und Absichten, diese empörende Gewaltpolitik, wurden so knapp, einfach und selbstverständlich dargestellt, daß sie von dem großen Vereinfacher, Hitler, selbst hätten stammen können. Es graute mir vor der Selbstverständlichkeit, mit der diese Dinge geäußert wurden. Dabei mußte ich Himmlers Gabe bewundern, schwierige Probleme in wenige, allgemein verständliche, den Kern treffende Worte zusammenzufassen.

Ich mußte an den bekannt gewordenen Ausspruch Hitlers denken, den er einmal – ich glaube, es war bei seinem ersten Besuch in Kummersdorf im Oktober 1933 – einem Abteilungschef des Heereswaffenamtes gegenüber getan hat. Dieser Oberstleutnant hatte sich in weitschweifigen, grundgescheiten Erläuterungen eines Problems ergangen.

„Das, was Sie eigentlich ausdrücken wollten", hatte Hitler ihn unterbrochen, „sage ich Ihnen jetzt einmal mit wenigen Worten." Es gelang Hitler.

Wir sprachen hier in Peenemünde fast nie über Politik. Wir waren sozusagen am Ende der Welt. Wenn irgendwo nach Dienstschluß in der Kantine oder im Kasino zwei Menschen zusammenkamen, dann war das Gesprächsthema nach fünf Minuten das Ventil, das Relais, das Mischgerät, der Widerstandsbeiwert oder sonst ein technisches Detail, das uns irgendwie Schwierigkeiten machte. Trafen mehr Menschen zusammen oder waren nur die

Direktoren abends nach dem Dienst zu einem Trunk oder in der Kegelbahn versammelt, dann war es noch schlimmer. Wenn man sich in den Offiziersheimen beim Fachsimpeln durch die Ordonnanz eine Kommißhose bestellte und sie über dem Tisch aufzuhängen befahl, so hätte eigentlich bei uns im Kasino ein aufgehängter Niethammer oder eine elektrische Rudermaschine unser ständiger Gast sein müssen. Fast unser ganzes tägliches Leben, unser Denken und Trachten drehte sich seit Jahren nur um unsere Arbeit, um die Entwicklung unseres A 4. Unsere Arbeit hatte uns zu nüchternen, real denkenden Menschen gemacht. Wir wußten, wie gefährlich es war, Ideen und Pläne zu weit in die Zukunft vorauszuwerfen.

Ich stellte die Frage, die mich bewegte: „Glaubt denn der Führer, daß uns die zur Durchführung einer so gewaltigen Aufgabe notwendigen materiellen und personellen Mittel in ausreichendem Maße zur Verfügung stehen? Wir kämpfen doch jetzt gegen das Rüstungspotential der ganzen Welt!"

Himmler schien diese Frage erwartet zu haben. „Ich habe Ihnen schon gesagt, der Führer betrachtet sich als Verteidiger Europas gegen die aus dem Osten drohende Gefahr. Aus dieser Einstellung heraus ist er überzeugt, daß Europa, wenn es schon den Deutschen den Kampf allein überläßt, ihnen wenigstens wirtschaftlich helfen muß. Nach seiner Ansicht haben große Teile Europas die drohende Gefahr nicht erkannt und treiben Opposition. Wir müssen mit Rücksicht auf die Größe der Aufgabe dann eben die Menschen zu ihrem Glück zwingen. Die Industrie Europas muß für die große Aufgabe arbeiten. Das gesamte Arbeitsvermögen, das wir in Händen haben, muß zur Erreichung dieses Zieles in diesem Kampf auf Leben und Tod eingesetzt werden."

Ein ungeheurer Anspruch! Wie sollte er verwirklicht werden?

„Reichsführer, ich habe auf meinem Arbeitsgebiet aus Geheimhaltungsgründen noch nie mit ausländischen Arbeitern zu tun gehabt. Ich kann mir nicht denken, daß bei ihrem Masseneinsatz viel für unsere Industrie zu gewinnen ist. In Berlin in der Stadtbahn oder in der U-Bahn hört man schon fast nur noch französisch

oder irgendeine Ostsprache. Die Gefahr der Sabotage und Spio=
nage in den Rüstungsbetrieben erscheint mir doch riesengroß."

Himmlers ständiges Lächeln schien sich zu vertiefen. „Der Ge=
fahr der Sabotage kann man durch deutsche Führungskräfte ent=
gehen. Spionage läßt sich durch Überwachung und scharfe Strafen
auf ein Mindestmaß reduzieren. Unter der Parole der Mobilisie=
rung der europäischen Arbeitskraft für den Lebenskampf Europas
gegen das Barbarentum der asiatischen Steppe ist schon eine ge=
waltige Menge an freiwillig zur Verfügung gestellter Arbeitskapa=
zität zu gewinnen gewesen. Meiner Ansicht nach wird die Aus=
sicht auf hohe Löhne, gute Verpflegung in Deutschland oder in der
unter deutscher Oberleitung stehenden ausländischen Industrie
noch mehr europäische Menschen zur Arbeit verlocken. Der Füh=
rer ist der Auffassung, daß hierdurch das Wirtschaftspotential
Deutschlands und damit der europäischen Industrie dem unserer
Gegner die Waage halten wird."

Stunden um Stunden waren vergangen. Nun streifte das Ge=
spräch die großen Männer der Geschichte. Trotz meiner Müdig=
keit erwachte nochmals mein Interesse, als Himmler erklärte, Hitler
sehe in Stalin seinen einzigen wirklich großen Gegner.

Groß, was war groß? Himmler ließ das Wort auch in Verbin=
dung mit dem Negativen, dem Zerstörenden, alles Vernichtenden
gelten. Er erinnerte an Dschingis Khan, der zu seiner Zeit unter
seinen Zeitgenossen wohl der am meisten Gefürchtete und Ver=
fluchte war und dem doch die Geschichte nicht die Eigenschaften
eines großen Feldherrn und Staatsmannes abgesprochen hat. Wenn
es ihm auch nicht gelang, die Stellung der Mongolen als mächtig=
stesVolk Asiens über seinen Tod hinaus zu festigen, so habe doch
seine einmalige, kometenhafte Erscheinung, die Unerbittlichkeit
seiner Politik und die Grausamkeit seiner Feldzüge dem Gesicht
der asiatischen Welt bis weit nach Europa hinein auf Jahrhunderte
seinen Stempel aufgedrückt.

Himmler verbreitete sich anschließend über die heutige russi=
sche Führerschaft, in der nach seiner Ansicht noch Blut aus der Zeit
des Mongolenzuges vorhanden sein mußte. Er erinnerte daran, daß
die Nachkommen der goldenen Horde noch heute in Mittelrußland

nachzuweisen seien. Erscheinungsformen der russischen Psyche seien darauf zurückzuführen: raffinierte Schlauheit, erstaunliche physische Härte, unfaßliche Grausamkeit, unberechenbarer Fanatismus, Verachtung des Todes, Gleichgültigkeit gegenüber Not und Katastrophen und die Abgestumpftheit gegenüber uns menschenunwürdig vorkommenden Verhältnissen. Himmler vertrat die Auffassung, daß auf diese den Westeuropäern völlig entgegengesetzte Mentalität nur auch wieder asiatische Methoden Eindruck machten. Ein anderes Vorgehen würde der Russe gar nicht verstehen.

Gegen vier Uhr morgens mahnte ich endlich zum Aufbruch. Trotz der späten Stunde lag ich noch lange wach und grübelte über das nach, was ich gehört hatte. All die nicht zu Ende gedachten Gedanken, dies Entwickeln scheinbar richtiger Theorien zur Rechtfertigung einer unmenschlichen Gewaltpolitik quälten mich. Von all dem, was ich in den langen Stunden gehört hatte, was war ehrliche Überzeugung, was war Propaganda, was war Wahrheit?

Am nächsten Morgen mißglückte der erste Start. Vom Augenblick des Abhebens an drehte sich das A 4 um seine Längsachse und gehorchte nicht den Steuerkommandos. Als der Umlenkbogen einsetzte, legte sich die Rakete fast waagrecht und flog in einem flachen Bogen in einer Höhe von knapp 200 m entgegengesetzt der eigentlichen Schußrichtung über den Wald auf Peenemünde=West zu. Dort schlug sie nach wenigen Sekunden Flugzeit auf dem Flugplatz ein. Eine zusammengeballte, schwarze, von Flammen durchzuckte, hohe Rauchwolke erhob sich über dem Wald. Während sie sich in einen riesigen, drohenden Pilz verwandelte, erfüllte allmählich ein donnerndes Krachen die Luft. Fast 8 Tonnen Treibstoff waren beim Aufschlag explodiert. Selbst hier, in 3 km Entfernung, klirrten die Fenster.

Als ich mit Himmler im Wagen nach wenigen Minuten in Peenemünde=West ankam, liefen die Menschen wie in einem gestörten Ameisenhaufen hin und her. Überall waren die Fensterscheiben herausgesprungen. Wir fuhren die Betonstraße weiter zum Platz.

Gott sei Dank, Personenverluste waren nicht eingetreten! Der gähnende, sich schnell mit Wasser füllende Trichter von fast 30 m

Durchmesser lag einige hundert Meter vor der nächsten großen Halle. In weitem Umkreis bedeckten dunkle, fast schwarze Erdbrocken des Humusbodens das grüne Gras um den Krater, gemischt mit dem weißen Sand des aufgeschwemmten Flugplatzes. Drei Flugzeuge waren zerstört. Durch den Luftdruck in sich zusammengebrochen, lagen sie, wie von einer Riesenfaust zerschlagen, schief und durch den Sog aufgerissen, am Boden.

Wieder einmal, wie schon so oft, hatten wir Glück im Unglück gehabt! Es war beinahe ein Wunder, daß wir in unserer jahrelangen Versuchstätigkeit in Peenemünde durch die Rakete selbst auch nicht einen Mann Verlust gehabt hatten. Verkehrsunfälle hatte es gegeben, Verletzungen durch Unachtsamkeit. Ein gütiges Geschick hatte uns bis jetzt vor ernstlichen Unfällen bewahrt.

Der zweite Start war für den Nachmittag vorgesehen. Wir benützten das herrliche Sommerwetter, um zum Mittagessen mit einem unserer Suchboote zur Greifswalder Oie hinauszufahren. Während das Boot, aus der Peene kommend, der offenen Ostsee zustrebte, fand ich endlich die Gelegenheit, mit Himmler unter vier Augen zu sprechen. Wir standen zusammen auf dem Aufbau des Bootsdecks und blickten über die Spritzwand hinweg in den milchigen Dunst, in welchem sich die blaugraue Silhouette der Oie abzeichnete.

Nachdem noch einmal die vermutliche Ursache des heutigen Fehlstarts besprochen worden war, kam ich endlich auf das, was mich seit Monaten bedrückte. Ich fragte nach den Gründen, die zur Abberufung Zanssens geführt hatten, schilderte die Angelegenheit und umriß das Ergebnis meiner Untersuchung. Himmler wurde eisig. Zunächst behauptete er, sich nicht zu erinnern. Als ich drängte und auf das geschehene Unrecht hinwies, sah er geradeaus auf die See und antwortete nach kurzem Überlegen: „Seien Sie doch zufrieden damit, daß Generaloberst Fromm Oberst Zanssen wieder einsetzen wird. Damit dürfte für Sie die Angelegenheit doch erledigt sein."

„Für mich vielleicht", gab ich zu, „für Zanssen jedoch keinesfalls."

Nach einer Pause sagte er unwirsch: „Wir wollen uns von etwas anderem unterhalten."

Ich hatte also nichts erfahren, was mir Licht in die Sache bringen konnte. Die Angelegenheit blieb in der Schwebe. Die Gefahr war nicht abgewandt.

Nach unserer Rückkehr von der Oie gelang am Nachmittag der zweite Abschuß des A 4 einwandfrei. Danach verabschiedete sich Himmler. Er versprach, mit Hitler in unserem Sinne zu sprechen. Nur wenn der Führer eine für uns günstige Entscheidung träfe, könne er uns helfen.

DIE „ORGANISATION"

In den ersten Septembertagen 1943, kurze Zeit nach den Luftangriffen auf die vorgesehenen Fabrikationsstätten, tauchte in unserem Programm ein neuer Name auf. Himmler hatte den Amtsgruppenchef „Bau" des SS-Hauptverwaltungsamtes, SS-Brigadeführer Dr. Kammler, mit den Bauarbeiten für die vom Sonderausschuß A 4 des Munitionsministeriums gelenkte Fertigung bestimmt. Die einheitliche und schlagkräftige Inangriffnahme des bisher allein vom Heer getragenen und geführten Programms war schon durch die Einführung des dem Munitionsministerium unterstehenden Sonderausschusses geschwächt worden. Wozu jetzt noch eine weitere Aufspaltung durch einen unmittelbar Himmler unterstellten „Beauftragten"?

Hier hatte sich nun auch im A 4-Programm ein Vorgang wiederholt, der inzwischen in der Rüstung üblich geworden war. Wie Pilze nach dem Regen schossen neben den alten mehr oder weniger bewährten Organisationen neue aus dem Boden, die sich wie Gummiblasen aufblähten. Meist überschnitten sich die Arbeitsgebiete, wenn sie nicht von vornherein überhaupt die gleichen waren. Aus Mißtrauen, Machthunger oder sturer Beharrlichkeit wachte nun jeder Organisationsleiter eifersüchtig über der Gewinnung oder Erhaltung seiner Selbständigkeit. Neue Organisationen konnten hin und wieder, wenn sie mit wenigen tüchtigen Männern besetzt waren und damit schlagkräftig blieben, gewisse

Anfangserfolge erzielen. Durch solche Erfolge bewiesen sie nun angeblich ihre Berechtigung und damit das Recht zur Vergröße=rung. In kurzer Zeit waren sie dann genau so wenig wendig und beweglich wie ihre Vorgänger oder Konkurrenten, die, wie man behauptete, versagt hatten.

So entstanden z. B. neben den Entwicklungsstellen der Waffen=ämter in den drei Wehrmachtsteilen eine Amtsgruppe für Ent=wicklung im Munitionsministerium mit einer Fülle von Entwick=lungskommissionen, Entwicklungsgruppen in der Waffen=SS, der Polizei, der Arbeitsfront, dem Arbeitsdienst usw. Und alle be=schäftigten sich auf bestimmten Gebieten mit den gleichen Auf=gaben.

Im Frühjahr 1943 besuchte im Auftrage Hitlers General von Un=ruh die Heimatbehörden und auch das Heereswaffenamt. Er hatte die Aufgabe, alle nicht mit kriegswichtigen Arbeiten beschäftigten, kriegsverwendungsfähigen Personen einziehen zu lassen, den Be=hördenapparat abzubauen und Stellen, die Doppelarbeit verrichte=ten, aufzulösen. In einer Besprechung mit den Abteilungschefs erhob er gegenüber dem Chef des Heereswaffenamts den Vorwurf: „Sie haben mir bei meinem letzten Besuch die Aufgabengebiete Ihres Amtes umrissen und mir die Gründe dargelegt, die die Bei=behaltung einer so hohen Kopfzahl erforderlich machen. Nun habe ich aber im Munitionsministerium dieselben Aufgabengebiete wie in Ihrem Amt angetroffen. Hier wird doch Doppelarbeit geleistet. Können Sie mir eine Erklärung dafür geben?"

General Leeb antwortete, während das Zucken seiner Augen=fältchen ein inneres Lächeln verriet, mit ernstem Gesicht: „Die Er=klärung ist sehr einfach. Wenn eine Entwicklung, Beschaffung oder dergleichen klappt, dann nimmt das Munitionsministerium den Ruhm für sich in Anspruch. Klappt es jedoch nicht, dann wird die Schuld dem Heereswaffenamt aufgebürdet. Die Arbeit wird jedoch in beiden Fällen von meinen Dienststellen ausgeführt." Ob dieses Argument General Unruh überzeugte, weiß ich nicht. Die Kür=zung des Personals des Heereswaffenamtes beschränkte sich jedoch auf die vorher festgesetzte Quote von 20%.

Um dem sich versteifenden Durcheinander, dem Bürokratismus

und den Zuständigkeitshändeln zu entgehen, versuchte man in wichtigen oder Gewinn versprechenden Fällen Generalbevollmächtigte, Sonderbevollmächtigte oder Sonderbeauftragte einzusetzen, die ohne Hemmungen und gegenüber allen Zuständigkeiten rücksichtslos ihre Aufgabe durchsetzen sollten. Dabei wurde nicht bedacht, daß alle diese Sonderbevollmächtigten bei der Durchführung ihrer Aufgabe zwangsweise in irgendeinem allen Vorhaben gemeinsamen Engpaß, wie Röhren, Edelmetalle, Fachleute, zusammenstoßen mußten.

Da jedoch Mißtrauen, Neid, Eifersucht und Selbständigkeitsfimmel nach wie vor herrschten, bestimmte jeder Organisationsleiter, da er ja unbedingt dabei sein mußte und genannt werden wollte, für ihn besonders interessierende Teilgebiete des Gesamtvorhabens einen eigenen, ihm unmittelbar unterstehenden Bevollmächtigten. Selbstverständlich nur in der wohlwollenden Absicht, zu helfen. Die Führung desjenigen, dem man angeblich helfen wollte, blieb auf dem Papier bestehen. Der von solchem Samariterdienst Betroffene wurde eingenebelt und eingelullt durch wohlwollende Worte „... natürlich unter Ihrer Direktive!", „gemäß Ihren Richtlinien und Ideen!", „... engste kameradschaftliche Zusammenarbeit!", „... Sie werden sich schon verstehen!", „... kommen Sie zu mir, wenn Sie nicht miteinander auskommen!" und was dergleichen, klare Verhältnisse verhindernde Redensarten mehr sind.

Nun waren aber diese Beauftragten der einzelnen Organisationen meist sogenannte „starke Bullen". Sie sollten sich ja durchsetzen. Sie konnten durch Besprechungen und Gründe meist nicht von ihrer vorgefaßten Meinung abgebracht werden. Fünf bis sechs so starke Männer in einem Programm ohne Entscheidungsrecht des „Führenden", das mußte Krach geben. Selbst bei allseitig bestem Willen.

In kurzer Zeit tauchten Meinungsverschiedenheiten auf, aus dem unklaren Unterstellungsverhältnis wuchs ein die Arbeitsfreude hemmendes Mißtrauen. Dann fielen Worte wie: „Sie haben mir gar nichts zu sagen, ich mache das so", „Befehlen lasse ich mir von Ihnen gar nichts, ich unterstehe Ihnen nicht", „Die Entscheidung liegt bei meiner vorgesetzten Behörde" oder „Darüber muß ich erst berichten und Entscheid einholen."

Die Folgen waren Intrigen und zunehmende Machtkämpfe. Die oberen Stellen wurden hineingezogen. Schließlich entschied mit mehr oder weniger scharfgewürzten Bemerkungen über die Unfähigkeit der anderen Beteiligten nicht etwa der Sachverständigste, sondern der Mächtigste, der den ganz großen Rückhalt von oben hatte.

DR. KAMMLER, EIN GEFÄHRLICHER MANN . . .

Am 6. September 1943 sah ich gelegentlich einer Dienstfahrt nach Berlin zum erstenmal den Beauftragten für Baufragen der Fertigung, Dr. Kammler.

Eine mittelgroße, schlanke Reiterfigur. Anfang 40, breite Schultern und schmale Hüften. Scharfgeschnittene Züge im gebräunten Gesicht. Hohe Stirne unter zurückgekämmtem, von wenigen grauen Streifen durchzogenem dunklem Haar. Braune, durchdringende, unruhig flackernde Augen. Stark ausgeprägte, raubvogelartig gekrümmte, schmale Nase. Kräftiger Mund mit einer wie im Trotz vorgeschobenen Unterlippe. Dieser Mund verriet Brutalität, Hohn, Verachtung und Überheblichkeit. Gut modellierte, scharf ausgeprägte Kinnpartie.

Der erste Eindruck: eine männlich schöne Erscheinung, die zunächst für sich einzunehmen wußte. Man glaubte, einen Renaissancemenschen, einen Condottiere aus der Zeit des oberitalienischen Städtekampfes vor sich zu haben. Lebhaftes, ausdrucksvolles Mienenspiel. Aber die Hände gedrungen, seelenlos, beinahe grob.

Schon nach kurzer Zeit war ich mir über das Wesen dieses Mannes klar. Er riß nach wenigen Augenblicken das Gespräch an sich. Man mußte ihn reden lassen. Er mußte erst darlegen, was für ein Prachtkerl er sei, wie er seinen Gegnern und Vorgesetzten die Meinung gesagt habe, wie er seine Partner an die Wand spiele. Wie hervorragend seine Beziehungen nach ganz oben seien.

Er konnte überhaupt nicht zuhören. Er wollte nur herrschen. Ich konnte keinen Gegenstand gründlich mit ihm durchsprechen. Er sprang von einem Thema zum andern. Er hatte keine Zeit für Aussprachen und Überlegungen. Seine Entschlüsse faßte er, ohne abzuwägen. Selten ließ er einen Einwand oder Widerspruch gelten. Es war völlig unmöglich, ihn von einem Entschluß abzubringen.

Von der Vielfalt der Aufgaben, die er übernahm, Tag und Nacht gehetzt, verbreitete er nur Unruhe, Hast und Nervosität um sich. Seinem Ehrgeiz, seinem Machthunger, seinem Mißtrauen und seiner Rachsucht hielten nur sein krankhaftes Minderwertigkeitsgefühl und seine mimosenhafte Empfindlichkeit die Waage. Dabei kannte er die Grenzen seines Könnens ganz genau. Menschen, die ihm auf Grund ihrer Vorbildung, Erfahrung, Kenntnisse und Fähigkeiten überlegen sein konnten, duldete er als gleichberechtigt nicht neben sich. Er umgab sich mit jugendlichen, von seinem Schwung, seiner unermüdlichen Energie mitgerissenen Anhängern, mit schwachen Kreaturen, die seinen Launen und brutalen Späßen Beifall zollten, die ihn fürchteten, seiner Eitelkeit schmeichelten und in ihm den großen, kommenden Mann zu sehen glaubten. Dabei war er viel zu klug, um diese Menschen nicht zu durchschauen. Er spielte mit ihren Schicksalen wie ein mutwilliges Kind mit Bleisoldaten.

Mit kaltem Hohn und schlecht verhehlter Verachtung behandelte er die, die er brauchte, um seine Gegner zu bekämpfen. Gegenüber Vorgesetzten war er von schlauer, abwartender Freundlichkeit, Untergebenen gegenüber anmaßend, brutal, herrschsüchtig und bis zur Unerträglichkeit hochmütig. Er kannte keinerlei moralische Hemmungen um die Erreichung seiner Ziele.

Noch fühlte ich mich ihm gegenüber nur als interessierter Zuschauer. Ich betrachtete mir diesen Mann wie ein wildes, seltenes, drohendes Raubtier hinter Gittern. Er besaß nur Vollmachten für die Bauaufgaben der Fertigung unter Degenkolb. Und ich ahnte nicht, daß er in unserem Vorhaben die Chance seines Lebens sah. Noch erschien er mir nicht gefährlich!

Ich sollte eines Besseren belehrt werden.

HIMMLER SCHLÄGT ERNEUT ZU

Anfang Januar 1944 setzte in der Entwicklung der V 2 der große Rückschlag ein. Es stellte sich beim Schießen heraus, daß ein Teil der Geräte im Anfang der Flugbahn, noch während der Brennzeit des Triebwerkes, andere kurz vor dem Aufschlag in der Luft explodierten bzw. zu Bruch gingen. Wir bemühten uns, die Fehlerursachen zu finden, wurden jedoch in dieser Bemühung durch das von uns erwartete und nun sehr langsam erfolgende Anlaufen der Fertigung behindert. Wir konnten keine Versuchsreihen mit größeren Stückzahlen schießen. Wir konnten nicht schrittweise vorgehen. Um dem Druck von oben auf Beschleunigung des Einsatzes nachzugeben, mußten wir jedes der wenigen, kostbaren Geräte mit verschiedensten Änderungen erproben. Es war unmöglich, auf diese Weise ein klares Bild zu bekommen.

Anfang März waren wir uns endlich über die Ursachen der Explosionen während der Brennzeit der Rakete ziemlich klar. Der Grund für die Pannen am Ende der Flugbahn war jedoch noch nicht erkannt worden.

Nach einer kalten Winternacht klingelte in den ersten Morgenstunden des 15. März 1944 in meinem Quartier in Schwedt an der Oder der Fernsprecher neben meinem Bett. Man verband mich mit dem General der Infanterie Buhle, dem Chef Heeresstab beim Chef des Oberkommandos der Wehrmacht im Führerhauptquartier in Berchtesgaden. Ich soll sofort zu einer Besprechung zu Generalfeldmarschall Keitel nach dort kommen. Quartier im „Berchtesgadener Hof" sei bereit.

Um acht Uhr verließ ich mit meinem Fahrer im Opel „Admiral" die Stadt Schwedt, erreichte bei Joachimsthal die Autobahn und fuhr über Berlin, Hof, München nach Berchtesgaden. Durch Schneeverwehungen, vereiste Straßen und einen nächtlichen Großangriff auf München behindert, traf ich erst gegen Abend in Berchtesgaden ein. Ich rief Buhle an. Er hatte mich erwartet, er würde sofort zu mir kommen. Er müsse mich in meinem Zimmer sprechen.

Eine Viertelstunde später berichtete er mir: „Heute morgen um acht Uhr sind Professor von Braun, Dipl.-Ing. Riedel II und Gröttrup wegen Sabotage des Vorhabens A 4 verhaftet und nach Stettin eingeliefert worden."

Ich traute meinen Ohren nicht. Das konnte nicht wahr sein. Ausgerechnet von Braun, mein bester Mann, mit dem ich über zehn Jahre aufs engste zusammengearbeitet hatte und den ich zu kennen glaubte wie keinen zweiten Menschen. Braun, dessen ganzes Sinnen und Treiben, dessen unermüdliche Tag- und Nachtarbeit nur dem A 4 galt, wegen Sabotage verhaftet! Das war unmöglich. Und Riedel, der Mann, der die gesamte Bodenorganisation mit nie rastendem Eifer und einem geradezu hervorragenden, die militärischen Bedürfnisse klar erfassenden Geschick ausgearbeitet hatte und der einer der treuesten Anhänger unserer Sache war! Dazu noch Gröttrup, der Vertreter Dr. Steinhoffs. Heller Wahnsinn!

Ich fragte: „Was wirft man ihnen vor?"

„Das werden Sie morgen durch den Generalfeldmarschall selbst erfahren."

Nach unruhiger, fast schlaflos verbrachter Nacht war ich morgens um 9 Uhr bei Keitel. Der Feldmarschall empfing mich sofort in seinem Dienstzimmer im OKW in Berchtesgaden. „Sie wissen, daß Braun, Riedel und noch einer Ihrer Herren gestern früh von der Geheimen Staatspolizei verhaftet worden sind?"

Ich nickte stumm. Er fuhr fort: „Die Vorwürfe sind so schwerwiegend, daß die Verhaftung erfolgen mußte. Es geht um den Kopf der Herren. Mir ist es einfach unverständlich, wie Leute in diesen Stellungen sich zu solchen Äußerungen haben hinreißen lassen."

Ich antwortete sofort: „Herr Feldmarschall, ich weiß nicht, was den Herren im einzelnen vorgeworfen wird. Aber ich bürge für Braun und Riedel. Gröttrup kenne ich noch nicht so genau, da muß ich erst wissen, was man ihm zur Last legt."

Keitel war betreten. „Sie bürgen mit Ihrem Kopf für die Herren? Sie sind sehr schnell in Ihrem Entschluß!"

„Herr Feldmarschall, es ist für mich doch selbstverständlich, sofort und rückhaltlos für meine engsten Mitarbeiter einzutreten."

Keitel sagte bedeutungsvoll: „Wissen Sie, daß diese Ihre engsten Mitarbeiter in einer Gesellschaft in Zinnowitz geäußert haben, es sei nie ihre Absicht gewesen, eine Waffe aus der Rakete zu machen? Daß sie die ganze Entwicklung unter Ihrem Druck nur betrieben haben, um Geld für ihre Versuche und die Bestätigung ihrer Ideen zu bekommen? Daß ihr Ziel nach wie vor die Welt=raumfahrt ist?"

Das also war es. „Und trotzdem bürge ich für sie. Herr Feld=marschall, wie oft habe ich in Peenemünde bei Vorführungen ein=leitend davon gesprochen, daß die Arbeit an unserem A 4 nur der erste tastende Schritt auf dem Wege in ein neues Säkulum der Technik, dem der Rakete, ist! Wie oft habe ich betont, daß die Zeit jetzt reif sei für diese Wende im Leben der Menschheit! Wir haben der Raumschiffahrt den Weg gewiesen. Wir haben ihre Verwirk=lichung unter Beweis gestellt. Wenn die Herren damit, daß sie das wiederholten, Sabotage begangen haben sollen, dann muß ich auch verhaftet werden."

„Die Sabotage wird darin gesehen", erklärte Keitel, „daß die Herren ihren geheimen Gedanken der Weltraumfahrt nachgehan=gen haben und infolgedessen nicht ihre ganze Energie und Kraft für die Fertigstellung des A 4 als Waffe eingesetzt haben."

Ich konnte nur den Kopf schütteln. „Herr Feldmarschall, von wem geht diese Anzeige denn aus? Da kann doch nur Böswillig=keit dahinterstecken. Oder geht sie von jemand aus, der von dem ganzen Fragenkomplex keine Ahnung hat?"

Keitel zuckte die Schultern. „Ich weiß es nicht. Mir ist selbst nur soviel bekannt, wie ich Ihnen mitgeteilt habe."

„Diese Verhaftung ist besonders im gegenwärtigen Augenblick, wo wir vor dem Einsatz stehen, wo wir die Ursachen der letzten Störungen am Gerät noch nicht erkannt haben, untragbar für das ganze Vorhaben. Hier muß ein mir unverständliches Mißverständ=nis, ein schwerwiegender Irrtum vorliegen."

Keitel zuckte wieder die Schultern. „Ich kann nichts unterneh=men. Himmler hat die Angelegenheit selbst in die Hand ge=nommen."

„Herr Feldmarschall, für alles militärische und zivile Personal in Peenemünde gelten die Militärstrafgesetze. Peenemünde unter=

steht der Militärgerichtsbarkeit. Die Herren müssen sofort aus den Händen der Gestapo herausgeholt und in militärische Unter=suchungshaft übergeführt werden."

„Ich kann jetzt nicht in den Lauf der Untersuchung eingreifen, aber ich werde einen Beobachter der Abwehrabteilung zu den Ver=nehmungen abstellen. Er soll mir unmittelbar berichten. Halten Sie denn den Ausfall der Herren für so entscheidend?"

„Herr Feldmarschall, ich melde hiermit dienstlich, daß, wenn diese Verhaftung aufrechterhalten bleibt, der Abschluß der Ent=wicklung nicht mehr abzusehen ist und der Einsatz auf un=bestimmte Zeit verschoben werden muß!"

„Sehen Sie denn die Folgen wirklich für so schwer an?"

„Braun und Riedel sind zur Zeit die wichtigsten Männer im Programm. Auch Gröttrup ist als der ständige Vertreter des Ab=teilungsleiters für den elektrischen Sektor unentbehrlich. Ich muß die sofortige Freilassung im Interesse des Programms fordern."

„Seien Sie doch vernünftig! Ich kann die Herren ohne Zustim=mung Himmlers nicht freilassen. Ich muß auch den geringsten Verdacht vermeiden, als ob ich weniger eifrig in der Verfolgung derartiger Fälle wäre als die Geheime Staatspolizei und Himmler. Sie wissen, in welcher Lage ich hier bin. Man beobachtet mich, man spioniert allen meinen Handlungen nach. Man wartet nur darauf, daß ich hier in meiner Stellung einen Fehler mache. Wenn ich hier einmal weggehen muß, dann hat das Offizierkorps seinen letzten Mittler zwischen sich und dem Führer, seine letzte Einflußmög=lichkeit überhaupt, verloren. Dann herrschen nur noch der SD — und Himmler."

„Herr Feldmarschall, kann ich zu Himmler? Ich muß ihm die Angelegenheit vortragen und um Freilassung der Herren bitten."

„Ich werde ihn anrufen."

Keitel ließ sich mit Himmlers Adjutanten verbinden und fragte, nachdem er ihm den Grund des Anrufes mitteilte, ob ich zum Vor=trag kommen könne. Nach wenigen Augenblicken kam der Ent=scheid.

Himmler lehnte ab. Ich soll mich an das SS=Sicherheitsamt Berlin, SS=Obergruppenführer Kaltenbrunner, wenden.

Keitel bat mich noch, das von ihm Gesagte streng vertraulich zu behandeln. Dann verabschiedete er mich. Kochend vor Wut fuhr ich nach Schwedt zurück.

Am nächsten Vormittag um 11 Uhr war ich mit meinem Chef des Stabes, Oberstleutnant Thom, im SS=Sicherungshauptamt in der Prinz=Albrecht=Straße in Berlin. Das große, palastartige Gebäude mit dem riesigen Treppenhaus war durch nahe Bombeneinschläge schon ziemlich mitgenommen. Der Verputz war von Decken und Wänden gefallen, Fensterscheiben waren zertrümmert, Türfüllungen herausgerissen. Bretterwände verdeckten schwerere Schäden. Überall war es ungemütlich kalt.

Wir wurden in Abwesenheit von Kaltenbrunner von Obergruppenführer Müller empfangen. Er war der Typ des unauffälligen Kriminalbeamten, ohne jede in der Erinnerung bleibende persönliche Note. Ich erinnerte mich später nur an ein paar graublaue, scharfe Augen, die mich unverwandt forschend ansahen. Der erste Eindruck war Neugier, Kälte und äußerste Zurückhaltung.

Nachdem er sich mit dem Rücken gegen das Fenster gesetzt hatte, eröffnete er das Gespräch: „Also, Sie sind General Dornberger. Ich habe schon sehr viel von Ihnen gehört. Und auch – gelesen. Sie kommen wegen der Peenemünder Angelegenheit?"

„Ja, ich bitte um sofortige Freilassung der vom SD so überraschend verhafteten Herren. Zur Begründung möchte ich ausführen ..."

Er unterbrach mich: „Verzeihung! Erstens sind die Herren nicht verhaftet, sondern befinden sich zur Einvernahme im Polizeipräsidium Stettin in Gewahrsam. Und zweitens hat der SD damit gar nichts zu tun. Sie als aktiver General müßten doch eigentlich im Jahre 1944 den Unterschied zwischen SD und Gestapo kennen."

„Obergruppenführer, ich bin in meinem ganzen Leben mit keiner dieser Stellen bisher in nähere Berührung gekommen. Ich kenne also die feinen Unterschiede zwischen diesen Organisationen nicht. Für mich ist Gestapo, SD, Kriminalpolizei und Polizei im Endeffekt das gleiche. Die Verhaftung – oder, wie Sie es nennen, der Gewahrsam zwecks Einvernahme – ist doch bei allen das gleiche."

Er schluckte etwas ärgerlich, bat mich dann aber fortzufahren. Ich schilderte ihm ausführlich die von den Verhafteten bisher geleistete und noch zu erwartende Arbeit und begründete die Notwendigkeit der sofortigen Freilassung, wenn nicht das ganze Vorhaben scheitern solle. Schließlich gab ich ihm meine Erklärungen für die angeblichen Äußerungen. Er hörte, mich unverwandt ansehend, ruhig zu.

Dann lehnte er es ab, vor Abschluß der ersten Untersuchung Stellung zu nehmen und behauptete, nicht im Besitze irgendwelcher Akten zu sein. Er versprach, Kaltenbrunner zu orientieren und die Angelegenheit zu beschleunigen. Ich bat ihn, äußersten Zeitdruck auf Stettin auszuüben, was er versprach. Dann bat ich ihn noch, die Verhafteten in Stettin besuchen zu dürfen. Er gab die Erlaubnis.

Plötzlich sagte er zu mir: „Sie sind ein sehr interessanter Fall, Herr General. Wissen Sie, wie dick Ihre Akte hier bei uns gegen Sie ist?"

Ich schüttelte überrascht verneinend den Kopf. Er hielt seine Hand einige Zentimeter hoch über die Tischplatte. Ich konnte nicht umhin, ihn zu fragen: „Warum verhaften Sie mich dann nicht?"

„Weil das jetzt noch unzweckmäßig wäre, Sie werden zur Zeit noch als unser bester Sachverständiger auf dem ganzen Raketengebiet angesehen und man kann Sie doch nicht gut als Sachverständiger gegen Sie selbst vernehmen."

„Sehr freundlich. Mich würde nur interessieren, was man mir alles vorwirft."

„Sehen Sie, da ist zuerst die Sache mit der Verzögerung in der Entwicklung des Gerätes A 4. Das wird eines Tages bestimmt aufgerollt werden müssen."

„Da kann ich Ihnen nur zustimmen. Ich glaube nur, daß sich da sehr viele wundern werden, gegen wen dann schließlich die Anklage erhoben werden muß. Haben Sie noch einen Fall?"

„Ja, da ist noch Ihre Gesamttätigkeit auf dem Raketengebiet im Heereswaffenamt, die untersucht werden muß."

„Ach so, ich weiß schon. Hemmklotz der Entwicklung. Ist das alles? Dann ist das aber verdammt wenig."

„Nein, das waren nur einige generelle Punkte. Aber vielleicht interessiert Sie ein spezieller Fall in Peenemünde? Der Vorwurf der bewußten oder fahrlässigen Aufforderung zur Sabotage."

„Das ist ein etwas harter Vorwurf. Um welchen Fall handelt es sich?"

„Herr General, Sie haben Ende März vorigen Jahres in einer Besprechung mit Ihren Direktoren in Peenemünde die Äußerung getan, der Führer habe geträumt, daß das Gerät A 4 nie nach England fliegen werde. Gegen einen Traum des Führers seien Sie machtlos. Durch diese Äußerung haben Sie einen unheilvollen, pessimistischen, beinahe defaitistischen Einfluß auf den Arbeitswillen und die Begeisterung Ihrer leitenden Herren ausgeübt und hierdurch die schnelle Entwicklung sabotiert."

„Ich weiß nicht, wer Ihr Gewährsmann für den Wortlaut der Besprechung ist. Wenn der wirkliche Vorgang Sie jedoch interessiert, werde ich ihn gerne erzählen."

„Ich bitte darum."

„Der Führer hat im März 1943 auf einen der vielen, in bestimmten Zeitabschnitten immer wiederholten Vorträge des Ministers Speer, das A-4-Programm in seiner Dringlichkeit höher einzustufen, geantwortet: ich habe geträumt, das Gerät wird nie gegen England zum Einsatz kommen. Auf meine Eingebungen kann ich mich verlassen. Es hat also keinen Zweck, dem Vorhaben mehr Unterstützung zu geben. Einen in den charakteristischen großen Buchstaben des Hauptquartiers gedruckten Aktenvermerk über diese Äußerung des Führers habe ich selbst bei Generalmajor Hartmann im Munitionsministerium eingesehen. Minister Speer und Hauptamtsleiter Saur haben mir diesen Ausspruch bestätigt. Ich bin daraufhin nach Peenemünde gefahren, habe meine Direktoren zusammengetrommelt und ihnen erklärt, daß wir bisher schon ungeheure Schwierigkeiten überwunden hätten, daß als letztes Hindernis vor unserer Anerkennung sich jetzt nur noch der Traum des Führers erhebe. Ich müsse den Einsatz ihrer letzten Kraft von ihnen verlangen, um dieses Hemmnis auch noch zu überwinden. Der Weg dazu sei der Erfolg unserer Versuche. Ich befahl damals den Film vom 3. Oktober 1942, mit dem wir ja dann auch schließlich Anfang Juli 1943 die Anerkennung unseres Vorhabens durch den Führer erreichten. Ich bin der Überzeugung, daß ich gerade durch mein Handeln meine Mitarbeiter nach dem für sie niederschmetternden Entscheid zur letzten Hingabe an ihre Aufgabe entflammt und mitgerissen habe. Wenn Sie in diesem Vorgehen jedoch Sabotage an der von uns geleisteten Arbeit erblicken, dann, bitte, stellen Sie mich vor Gericht."

Müller schwieg. Ich fuhr fort: „Ich weiß nicht genau, wie Sie unsere heutige Besprechung mit der Andeutung eines drohenden Strafverfahrens gegen mich bezeichnen. Glauben Sie, daß es besonders arbeitsfreudig stimmt?" Dann verabschiedeten wir uns.

Nach einem Besuch in Stettin gelang es in engster Zusammenarbeit mit dem Sachbearbeiter für unsere Angelegenheiten in der Abwehrabteilung des OKW, Major Klammroth, nach wenigen Tagen Professor von Braun nach Schwedt und dann ganz frei zu bekommen. Ich holte ihn nachts, bewaffnet mit einer großen Flasche Kognak, in Stettin ab.

Wenig später konnte ich auch Riedel und Gröttrup auf meiner Dienststelle begrüßen. Meine eidesstattliche Erklärung der Unersetzlichkeit der Verhafteten für das Programm befreite sie zunächst für drei Monate aus der Haft. Eine neue Erklärung nach drei Monaten bewirkte die gleiche Aussetzung der Verhaftung. Dann kam der 20. Juli und der Einsatz. Der Fall blieb unerledigt.

Später erfuhr ich, daß die Verhaftung auf Berichte von Spitzeln unter der Bevölkerung von Zinnowitz zurückzuführen war, die von Himmlers Organen nach seinem ersten Besuch in Peenemünde eingesetzt worden waren. Die Bespitzelung erstreckte sich anscheinend auf eine Überwachung von uns, weniger auf die der Landeseinwohner und Fremden. Man hatte Worte aus dem Zusammenhang gerissen und als Staatsverbrechen angesehen.

Seit November 1943 war Kammler häufiger Gast bei unseren Versuchsschießen. Er nahm als Vertreter Himmlers an Besprechungen teil, er wohnte unaufgefordert den Versuchsschießen bei. Er sprach mit den einzelnen Herren, er hörte Meinungen und Meinungsverschiedenheiten, er schlich sich in das Vertrauen der Allzuvertrauensseligen. Schließlich griff er ein und spielte den einen gegen den anderen aus. Langsam bekam er die besten Karten in die Hand.

Ich sah die drohende Gefahr.

Am 31. Mai 1944 legte ich in Form einer Denkschrift über Generaloberst Fromm noch einmal einen Antrag auf Erteilung einer klaren Führungsvollmacht an mich für das ganze Vorhaben von Forschung bis Einsatz vor. Ich schloß mit der offenen Drohung, mich unmittelbar an die oberste Reichsstelle zu wenden. Die Lage erlaubte mir keine andere Möglichkeit. Wenn wir nicht das ganze Vorhaben für das Heer verlieren wollten, mußten meine Bedingungen erfüllt werden.

Fromm bestellte mich zum Vortrag. Ich wurde zurechtgewiesen, mit Strafe bedroht, mit dem Vorwurf unmilitärischen Verhaltens und feigen Verlassens meiner Aufgabe an der Ehre gepackt und sollte veranlaßt werden, in die Abänderung meiner Forderungen einzuwilligen. Ich gab nicht nach. Fromm bestätigte noch einmal die mir in seinem Befehlsbereich bereits seit langem zuerkannten Vollmachten. Ihre Erweiterung wollte er bei Hitler beantragen.

Ob er den Vortrag tatsächlich hielt, weiß ich nicht. Ich wurde hingehalten und erhielt keinen Entscheid.

Nun kam es, wie ich befürchtet hatte. Mitte Juli schrieb Himmler an Generalfeldmarschall Keitel. Er forderte die Zusammenfassung der verschiedenen Bevollmächtigten und Dienststellen des Programms in einer starken Hand. Er verlangte einen Generalbevollmächtigten. Kammler glaubte die Trümpfe in der Hand zu haben.

Ich formulierte den Entwurf eines Antwortschreibens, das Keitel an Himmler senden sollte, dahingehend, daß mir nun endlich entsprechend meinem Antrag vom 31. Mai die noch fehlenden Arbeitsgebiete des Vorhabens unterstellt werden müßten.

Die Antwort, die Keitel aber Himmler gab, lautete anders. Sie war diplomatisch und nichtssagend. Keitel schrieb, er glaube, daß die bisherige Organisation zum Erfolg führen werde. Entscheidend für den Inhalt dieses Schreibens war die Stellungnahme des Heereswaffenamtes, das gegen die Ernennung eines Generalbevollmächtigten war. Denn es glaubte, durch eine solche Ernennung eine Beschränkung seines Einflusses befürchten zu müssen.

Darüber hinaus schützte sich das Heereswaffenamt noch weiter gegen die drohende Gefahr. Am 1. Juni 1944 wurde das eigentliche Entwicklungswerk der Heeresanstalt Peenemünde unter einem von der Firma Siemens entliehenen, in unserm Arbeitsgebiet fast fremden Generaldirektor in eine Privatfirma umgewandelt. Man nahm die Schwierigkeiten in Kauf, um durch diese Maßnahme den Zugriff irgendwelcher militärischen oder militärähnlichen Organisationen auf Peenemünde zu verhindern. Die Gefahr drohte jetzt von einer anderen Seite. Das Interesse der Industrie und des Amtes der Technik der Partei hatte schon nach dem Angriff aufgehört. Militärisch baute man eine völlig neue Organisation auf.

Kammler vertrat den Standpunkt, daß der frühere Leiter der Heeresanstalt Peenemünde, Oberst Zanssen, für eine Zusammenarbeit mit der SS nicht tragbar sei, und schloß damit meinen Beauftragten für die Entwicklung von der Teilnahme an Besprechungen und Versuchen auf dem SS-Übungsplatz Heidelager aus, von wo aus auf Befehl Hitlers ab November 1943 die Versuchsschießen stattfanden. Das Heereswaffenamt war es müde geworden zu kämpfen, und ließ Oberst Zanssen fallen.

Sein Nachfolger, Generalmajor Roßmann, glaubte, das bisherige Arbeitsgebiet Zanssens nicht übernehmen zu können. Meine frühere, die gesamte Raketenentwicklung des Heeres, Peenemünde und die Versuchsstelle West des Schießplatzes Kummersdorf umfassende Abteilung, Wa Prüf 11, wurde aufgespalten. Wa Prüf 11 behielt nur die Pulverraketenentwicklung. Unter General Roßmann wurde in Peenemünde eine neue Entwicklungsabteilung für Flüssigkeitsraketen, Wa Prüf 10, neu ins Leben gerufen.

Ich war zunächst machtlos. Durch einen Befehl des Chefs der Heeresrüstung und Oberbefehlshabers des Ersatzheeres, Generaloberst Fromm, vom Anfang September 1943 wurde ich ihm unmittelbar unterstellt und sein Beauftragter für das A 4-Programm. Mein Aufgabengebiet reichte von der Entwicklung über Truppenaufstellung und -ausbildung bis zur Einsatzbereitschaft. Ich schied damit aus dem Heereswaffenamt aus, dem ich 17 Jahre angehört hatte, behielt aber meinen Einfluß auf die Entwicklung bei.

Durch einen Ende Dezember 1943 gleichfalls von Fromm unterschriebenen Befehl hatte das Heereswaffenamt versucht, die Peenemünder Anlagen wieder selbst in die Hand zu bekommen. Ich hatte Einspruch erhoben, denn ich war als Beauftragter für das ganze Programm bei der Ausarbeitung des Befehls übergangen worden. Die Verhältnisse waren ungeklärt. Das Heereswaffenamt fürchtete durch meine Beauftragung eine Untergrabung seiner bisherigen führenden Stellung in der Waffenentwicklung des Heeres. Es hätte mich lieber nur mit der Aufstellung und Ausbildung der Truppe beschäftigt gesehen.

Nach dem unzureichenden Entscheid Fromms auf meinen Antrag auf Vollmachten vom 31. Mai 1944 hatte ich nur noch Weisungsrecht und damit beschränkten Einfluß auf die Entwicklung. In Organisations- und Verwaltungsfragen von Peenemünde entschied allein das Heereswaffenamt.

Ein heilloser Wirrwarr entstand.

Ich sah das Unheil kommen. Als die neue Organisationsänderung Juli 1944 erfolgte, bezeichnete ich offen und laut diese Maßnahmen in diesem sowohl entwicklungsmäßig durch die Pannen in Heidelager als auch machtpolitisch kritischen Zeitpunkt als ein Verbrechen. Ich wurde bestellt, gerügt und zurechtgewiesen. Ändern konnte ich nichts.

Kammler hatte durch seinen Aufenthalt in Heidelager Einblick in unsere inneren Auseinandersetzungen bekommen. Er sammelte weiter Material. Professor von Braun wurde von ihm schon seit Monaten als für seine Aufgabe zu jung, zu kindisch, hochnäsig und arrogant bezeichnet und abgelehnt. Degenkolb wurde von ihm nur als haltloser Alkoholiker hingestellt.

Ich selbst war noch übrig. Da bezeichnete mich Kammler am 8. Juli 1944 gegenüber General Buhle und zwei anderen Generalen als gemeingefährlich. Ich müßte vor ein Kriegsgericht gestellt werden. Ich hätte durch Jahre hindurch verstanden, das Rüstungspotential Deutschlands dadurch zu schwächen, daß ich riesige Rüstungskapazitäten von Menschen und Material an die mehr als fragwürdige Verwirklichung eines Hirngespinstes gebunden hätte. Jeder Pfennig, der noch in das aussichtslose Vorhaben gesteckt würde, sei ein Verbrechen.

Das Feld war vorbereitet. Kammler hatte nun die Karten auf den Tisch gelegt. Am 20. Juli 1944, nach dem Attentat auf Hitler, übernahm der Reichsführer SS als Nachfolger Fromms dessen Stellung und Aufgabenbereich. Schon am 4. August wurde der inzwischen beförderte Gruppenführer Kammler zunächst mit der Überwachung des A 4=Programms beauftragt. Am 8. August ernannte ihn Himmler für das gesamte Programm zu seinem Sonderbevollmächtigten mit der von ihm unterschriebenen Vollmacht: „... handelt in meinem Auftrag, seinen Befehlen und Anweisungen ist Folge zu leisten." Der Befehl war klar und schloß jeden Zweifel aus. Das war jener Befehl, um den ich Jahre gekämpft hatte.

Nachdem fast alle Schwierigkeiten für den Ersteinsatz überwunden waren, übernahm also am 8. August 1944 ein vollkommener Laie auf unserem Arbeitsgebiet die Führung des Vorhabens. Ein Mann, der seiner angeblichen Ablehnung des Vorhabens noch vor einem Monat klar Ausdruck gegeben hatte, indem er das A 4 als ein Hirngespinst, seine Verwirklichung als aussichtslos und seine Weiterentwicklung als ein Verbrechen am deutschen Volke bezeichnete.

Das Ringen um den beherrschenden Einfluß auf die Waffe schien zu Ende zu sein. Einen Monat später begann der Einsatz.

IN LETZTER STUNDE: VERZWEIFELTER KAMPF GEGEN PANNEN ...

„Doktor, sehen Sie sich das an! Ob das nicht doch eine Ursache ist?"

„Ich glaube nicht. Die verkohlte Schicht ist kaum einen Millimeter dick. Die Festigkeit des Holzes hat nicht gelitten."

Ich hielt ein kleines Holzstück in der Hand, das auf der einen Seite angekohlt war. Die nach dem Wiedereintauchen des Gerätes in die Luftschicht der Erde während des Abbremsvorganges auftretende Reibungswärme von fast 680° C hatte eine dünne Schicht der Oberfläche des aus Isolationsgründen aus Holz bestehenden Rahmens der Türantenne in der Geräteraumwandung angekohlt. Da, wo das abgerissene Halteblech aufgenagelt gewesen war, ist das Holz unversehrt geblieben.

Wir standen mit dem Führer des Zielbeobachtungskommandos, Oberleutnant Ruckteschel, in einem kleinen Schuppen in einem Dorf mitten in Polen. Um uns herum, auf dem Boden ausgebreitet, lagen Aluminiumteile von zerfetzten Tanks, zerbrochene Leitwerke, Trümmer von Pumpen und Raketenöfen. In einer Ecke türmte sich ein Haufen verbogener Beplankungsbleche, Bruchstücke von elektrischen Geräteteilen, Knäuel von Leitungsdrähten, Kreisel, Relais, Mischgeräten und Rudermaschinen. Dazwischen die eiförmigen Tanks für Wasserstoffsuperoxyd und Teile von Aluminiumrohrleitungen.

Wieder einmal waren wir mit dem „Storch" in das Zielgebiet geflogen, um aus aufgesammelten Trümmern des A 4 vielleicht doch die Ursache all unserer Pannen und Sorgen der letzten Monate zu finden. Bisher tappten wir im Dunklen. Wir konnten die Ursache nicht finden. Wir konnten nur raten.

Seit Ende November 1943 wurden fast alle unsere Versuchsschießen im Generalgouvernement ausgeführt. Bis August 1943 hatten wir von Peenemünde aus immer über See geschossen. Zwei Schüsse waren uns ausgerissen. Sie schlugen in den Waldungen westlich und nördlich Gdingen ein. Zum Glück richteten sie weder Personen= noch Häuserschäden an. Riesige, bis zu 30 m im Durch=

messer und über 10 m Tiefe messende Trichter waren entstanden. Aus ihnen hatten nur kleinste, bis 1 cm messende Eisensplitter geborgen werden können. Sie waren dunkelblau und völlig unkenntlich. Es war einwandfrei zu erkennen gewesen, daß es sich um Aufschläge des ganzen Gerätes gehandelt hatte.

Die Geschosse hatten keine Sprengstoffüllung im Geschoßkopf. Um die gleichen Flugbedingungen wie beim scharfgeladenen Einsatzgerät zu erreichen, hatte man sie mit Sand gefüllt. Auch der scharfe Zünder war durch ein Blindstück ersetzt worden.

Durch die beim Schießen auf See mitgeführten Farbbeutel war bei fast allen Schüssen der Einschlagsort an den hellgrünen Farbflecken im Wasser durch das Erkundungsflugzeug ermittelt und nach Entfernung und Größe vermessen worden. Wir waren der festen Überzeugung, daß das Ende der Flugbahn völlig unseren Erwartungen entsprach.

Nach dem Luftangriff auf Peenemünde vom 17. August, den ich in einem vorhergehenden Kapitel schilderte, tauchte die Frage auf, ob aus Gründen der Tarnung weiterhin von Peenemünde aus geschossen werden sollte oder nicht. Da erhielt ich Anfang September 1943 den Befehl des Hauptquartiers, mit der im Herbst aufgestellten Versuchsbatterie 444 von einem der SS gehörenden Truppenübungsplatz, Heidelager im Generalgouvernement, auf Land zu schießen.

Schon früher war bei der Entwicklung weitesttragender Artillerie ein Schießen auf größte Entfernung über Land durchgeführt worden, und zwar von einem Übungsplatz aus über dünn besiedelte Landstriche hinweg auf einen anderen.

Ich hatte von der Rechtsabteilung des Oberkommandos des Heeres ein Gutachten zur Klärung der Verantwortungsfrage eingefordert, wenn Ausreißer beim Schießen von Fernraketen unter der Zivilbevölkerung Schaden anrichten. In dem Gutachten war klargestellt worden, daß die schießende Dienststelle, sofern von ihrer Seite aus alles getan worden sei, was dem Stande der Technik entsprechend zur Vermeidung von Unfällen verlangt werden müsse, keine Schuld bei Unfällen treffen könne. Die Verantwortung habe die Stelle zu tragen, die den Befehl zum Schießen gegeben und die Genehmigung für Schußrichtung und Zielgebiet erteilt habe.

Ich meldete dieses Ergebnis auf dem Dienstwege nach oben. Daraufhin erhielt ich wenige Tage später den Befehl aus dem Hauptquartier: „Die Genehmigung für das Zielgebiet erteilt der Reichsführer SS. Der zuständige Wehrkreisbefehlshaber ist zu benachrichtigen. Die schießende Truppe des Heeres ist nur für die Sicherheit unmittelbar in der Feuerstellung verantwortlich. Außerhalb der Feuerstellung trägt für alle Vorkommnisse der Reichsführer SS die volle Verantwortung."

So war der Schießplatz Blizna in den großen Waldungen des Mündungsdreiecks zwischen Weichsel und San entstanden.

In den ausgedehnten, dichten, aus Fichten, Kiefern und Eichen bestehenden Wäldern gab es eine große Lichtung von etwas mehr als einem Quadratkilometer. In völliger Einsamkeit standen dort ein kleines Steinhaus und ein strohgedeckter, baufälliger Stall. In ihrer Nähe waren in den Monaten Oktober und November Unterkunftsbaracken, Aufenthaltsräume, Fahrzeugschleppdächer und eine große Lagerhalle entstanden.

Ein bis zwischen die Baracken und in den Lagerschuppen führendes Vollbahngleis verband uns mit der Bahn Krakau-Lemberg. Eine in wenigen Wochen gebaute Betonstraße führte von der nächsten Durchgangsstraße zu unserem von aller Welt abgeschlossenen Versuchsplatz. Ein doppelter Stacheldraht schloß das Gelände ein.

Unmittelbar nach dem Angriff auf Peenemünde hatte ich in Köslin an der Ostsee eine Fernraketentruppenschule zur Ausbildung von Spezialisten der Einsatzformation unter Oberst Stegmaier ins Leben gerufen. Sie hatte einen Lehrstab, einen Versuchsstab und eine Versuchsbatterie, die Batterie 444. Ende Oktober wurde die Batterie zusammen mit dem Versuchsstab unter Major Weber nach Blizna verlegt. Die Zielgebiete waren vom Reichsführer SS genehmigt worden.

Schon vom Beginn an stand Heidelager unter keinem günstigen Stern. Als dort am 5. November 1943 bei ungefähr 10 Grad Kälte das erste Versuchsschießen stattfand, war ich durch irgendeine

Besprechung in Berlin aufgehalten worden. Es war eine der vielen Aufgaben dieses Truppenversuches, festzustellen, welcher Art die Bodenbeschaffenheit für störungsfreien Abschuß sein mußte. Die Versuchsbatterie hatte bisher nur einige wenige Probeschüsse abgefeuert und war noch ohne Erfahrung. Beim ersten Schuß in Blizna hatte sie nun angenommen, daß lockerer, an der Oberfläche nur zentimeterdick gefrorener Sand als Unterlage ausreichend sei. Zum Unglück lag beim Zünden das Strahlabweiserblech des Abschußtisches durch Unachtsamkeit nicht fest auf dem Boden auf. Der Gasstrahl taute den Untergrund auf und wühlte sich in den Sand ein. Der eine Fuß des Abschußtisches versank während der kleinen Brennstufe langsam im Boden. Die Rakete hob schräg ab, verlor ihre Steuerfähigkeit und schlug nach 3 km Flug im Walde ein.

Das wäre weiter nicht schlimm gewesen, wenn dazu nicht noch der Kommandierende General für den V-Waffeneinsatz, General der Artillerie Heinemann, zum ersten Male an dem Abschuß einer Rakete teilgenommen hätte.

Aus dem Fehlstart, an dem nur die Unerfahrenheit des Versuchsleiters schuld war, wurde der Schluß gezogen, es seien nur feste Betonplattformen für den Abschuß der Rakete an der Front geeignet. Für die Errichtung solcher Betonplätze im Einsatzraum wurden über ein halbes Jahr lang völlig zwecklos Menschenkraft und Material verschwendet. Sogar später geschah dies noch, als wir nur mehr von bohlenverstärkten, kaum vorbereiteten oder sogar von einfachen, gewachsenen Waldwegen aus schossen.

Der erste Eindruck blieb bestehen. Es war unmöglich, dagegen anzugehen.

Dann kam es dick.

Schuß auf Schuß machte Schwierigkeiten und stellte uns vor unlösbare Rätsel.

Wir hatten es mit drei Arten von Pannen zu tun. Ein Teil der Raketen erhob sich nur wenige 20 m in die Luft. Durch irgendwelche Vibration fiel ein Relais. Es gab Brennschluß. Das Gerät stürzte auf den Boden zurück und explodierte. Die nur in wenigen Exemplaren vorhandenen Abschußtische und Kabelsätze wurden vernichtet. Es war schwierig, die zerstörten Teile zu ersetzen. So verging unverhältnismäßig viel Zeit bis zum nächsten Abschuß.

Andere Flugkörper gingen gut ab. In 1000 bis 2000 m Höhe oder noch höher gab es jedoch ohne jeden sichtbaren Grund eine Explosion. Die Rakete und alle Einrichtungen, die einen Rückschluß auf die Ursachen erlaubt hätten, waren vernichtet.

Wieder andere legten die vorgeschriebene Flugbahn einwandfrei zurück. Im Zielgebiet tauchte plötzlich eine weiße Dampfwolke am Himmel auf, ein kurzer harter Doppelknall ertönte, die Geschoßspitze schlug in den Boden, ein Trümmerregen von Blechen und Apparateteilen fiel zur Erde. Die Rakete war nach Zurücklegen einer Entfernung von 250 km wenige tausend Meter hoch in der Luft ohne sichtbaren Grund explodiert.

Nur etwa 10 bis 20% der abgeschossenen Raketen erreichte in einwandfreiem Aufschlag den Boden.

Ich war verzweifelt.

Sollten Dr. Thiel und die leitenden Angestellten in Peenemünde doch recht behalten? War unser fliegendes Laboratorium doch nicht für eine Handhabung durch Soldaten geeignet? War unser Unterfangen doch zu vermessen? War es aussichtslos?

Ingenieure und Fachhandwerker von Peenemünde füllten die Truppe auf. Das Ergebnis blieb das gleiche.

War die Fertigung des Mittelwerkes an den Störungen schuld? Unsere Voraussagen über den Anlauf der Fertigung waren prompt eingetreten. Nur langsam, zu langsam verließen die ersten Raketen die Tunnelausgänge des unterirdischen Mittelwerkes. Für unser Versuchsschießen nahmen wir die Raketen, von wo wir sie nur bekommen konnten, von Peenemünde, wo wir sie selbst zusammengebaut hatten, oder von der Nullserie des Mittelwerkes. Bei allen ergaben sich die gleichen Pannen.

Besprechungen, Reisen und wieder Besprechungen. Fachkräfte aus Peenemünde wurden auf das Montagewerk und auf die Einzelteile liefernden Industrien verteilt. Alle Teile wurden wieder und wieder geprüft. Wir kamen nicht hinter die Ursachen der Störungen.

Systematisches Vorgehen zur Ermittlung der Fehlerursachen war nicht möglich. Wir erhielten nicht genug Geräte. Nur durch Zufall konnten wir auf die Lösung der Rätsel kommen.

Die oberste Führung drängte. Wir mußten uns beeilen. Besucher aus dem Hauptquartier fuhren mit langen Gesichtern wieder ab. Ich war selbst zu verzweifelt, um sie vertrösten zu können.

Dazu kamen die Schwierigkeiten mit den Feldformationen. Diese sollten nun, nach Erwerb der theoretischen Kenntnisse, im praktischen Schießen ausgebildet werden. Schließlich waren drei Batterien gleichzeitig neben den technischen Formationen in Heidelager anwesend.

Wir trösteten uns damit, daß es ja in erster Linie bei der Truppe darauf ankam, das Gerät einwandfrei zu bedienen und den Abschuß schnell und ohne Fehler durchzuführen. Das konnte sie hier sehr gut lernen.

Eine große Anzahl der Soldaten war im Zivilberuf Handwerker und Ingenieure, technisch interessiert und begeistert. Zwischen ihnen und den Peenemünder Ingenieuren gestaltete sich ein ausgezeichnetes Verhältnis. Ein ständiger Strom guter und brauchbarer Verbesserungsvorschläge floß nach dem Entwicklungswerk. Durch das Schießen bei jedem Wetter und unter den verschiedensten feldmäßigen Bedingungen erreichte die Fertigkeit des Bedienungspersonals im Umgang mit dem Gerät einen selbst im Peenemünder Prüffeld nicht erzielten hohen Grad der Vollkommenheit. Die Befürchtungen meiner Mitarbeiter waren grundlos gewesen. Die Truppe wurde mit der Rakete ausgezeichnet fertig.

Für die Vorkommnisse während des Fluges jedoch war allein Peenemünde verantwortlich. Fachkräfte von dort im Verein mit dem Versuchsstab mußten die Fehler finden.

In diese unglücklichste Zeit der ganzen Entwicklung fielen nun auch noch gerade die durch das Heereswaffenamt vorgenommenen Organisationsänderungen: Die Ablösung Zanssens, die Aufspaltung meiner alten Abteilung, die Umwandlung Peenemündes in eine Privatfirma und die Aufstellung der neuen Abteilung unter General Roßmann.

So vergingen Monate. In der Zwischenzeit aber mußte geschossen und mußten die Fehler gefunden werden.

Ich hatte außer meinen auf wackeligen Füßen stehenden Vollmachten einen entscheidenden Vorteil, den einzusetzen ich fest entschlossen war. In Heidelager schossen nur die mir unterstellten Soldaten. Fast alle Versuchsschießen des Entwicklungswerkes oder der neu erstandenen Entwicklungsabteilung des Heereswaffenamtes für Flüssigkeitsraketen mußten in Heidelager stattfinden. So behielt ich das Heft in der Hand.

Schließlich lief sich alles ein. Wenn es galt, Mittel und Wege zu finden, um das Programm vor dem Untergang zu retten, halfen alle zusammen. Am langen Tisch der Kasinobaracke berieten in friedlichem Verein die Offiziere und Ingenieure der Truppe, General Roßmann und die Direktoren des Entwicklungswerkes, die mit dem Flugzeug eingetroffenen Leiter der Fertigung und die verfügbaren Fachkräfte. Aber noch war es nicht soweit.

Nach mühseligen, alle Spuren und Möglichkeiten verfolgenden Versuchen gelang es uns, wenigstens die Explosionen im aufsteigenden Ast der Flugbahn fast ganz zum Verschwinden zu bringen. Montagespannungen in den gekrümmten Rohrleitungen hatten die Rohrverschraubungen durch die Erschütterungen während des Brennvorganges gelockert. Spiritus war fein verteilt in das Heck der Rakete eingetreten, hatte mit der Luft ein explosibles Gemisch gebildet und sich an der Raketenflamme entzündet.

Doppelte Sicherungen gegen Lockerung der Rohrverbindungen und Verbesserung der Vorrichtungen zum Biegen der Rohre verhinderten ein für allemal weitere Vorkommnisse dieser Art im aufsteigenden Ast der Flugbahn. Die Ursachen für das Fallen des Relais, das uns Kopfzerbrechen verursacht hatte, schienen gefunden. – –

Aber noch gelang es uns nicht, mehr als 30% der Abschüsse so auf die Erde zurückzubringen, daß ein regulärer Aufschlag eintrat. – –

Noch einmal sahen wir die einzelnen Gerätetrümmer genau durch. Die Erwärmung der dünnen Außenhaut schien keine Schwächung der Festigkeit der Konstruktion zu bewirken. Nur der Farbanstrich an der Außenwand der Rakete war weggebrannt oder zeigte Blasenbildung. Die an der Innenseite des 0,6 mm starken

Bleches aufgemalte Schutzfarbe zeigte keinerlei Merkmale allzu-großer Hitze. Die Untersuchungen der Bleche in der Material-untersuchungsstelle Peenemünde ergaben nichts, was zu Befürchtungen hätte Anlaß geben können. Und doch hatten wir fortlaufend Explosionen.

Irgendwie mußte es aber doch der Einfluß der Wärme sein, der die Pannen verursachte. Entweder platzte der Spiritustank. Vielleicht brachte die Hitze von 480° C bei geschlossenen Ventilen das Spiritusluftgemisch im Brennstofftank zur Explosion. Oder es war der Sauerstofftank, der explodierte. Das Wasserstoffsuperoxyd des Turbinenantriebs konnte es nicht sein; diese Tanks waren nur eingedrückt, nicht aufgerissen.

Wieder und wieder sprachen wir alles durch. Von Braun hielt den Spiritustank und seine Belüftung für den Schuldigen. Ich neigte mehr dazu, im Sauerstofftank die Ursache zu sehen. In beiden Tanks hatten wir bei Brennschluß je nach dem Mischungsverhältnis und der Brennzeit noch bis zu 500 kg Treibstoff.

Zur Begründung seiner Ansicht erklärte mir von Braun zum hundertsten Male das System der Belüftung des Spiritustanks. Wir mußten unter allen Umständen vermeiden, daß der nach dem Brennen bis auf geringe Reste leere Spiritustank beim Wiedereintauchen in die Luftschicht der Erde entweder durch Erwärmung explodiert oder durch den erhöhten Luftdruck zu Bruch geht und der Treibstoff in das Gerät eintritt. Die Strahlruder sind, da ja im luftleeren Raum nur geringe Abkühlung durch Abstrahlung eintritt, zu dem Zeitpunkt noch rotglühend. An ihnen konnte sich der im Heck befindliche und durch Sog aus dem Heck heraustropfende Treibstoff entzünden. Wir hatten aus diesem Grunde dafür gesorgt, daß der Druck im Tank während der ganzen Flugzeit nicht unter 1,4 Atmosphären sank. Im aufsteigenden Ast der Flugbahn während der ersten 40 Sekunden geschah das durch den Staudruck der Luft. Während dieser Zeit konnte durch ein im Geschoßkopf mündendes Verbindungsrohr Luft in den Tank eintreten und ihn unter Druck setzen. Nach 40 Sekunden Flugzeit war jedoch die Luft zu dünn, um den Behälterdruck auf der vorgeschriebenen Höhe zu halten. Wir schlossen in diesem Augenblick durch ein

Ventil automatisch die Verbindung des Tanks mit der Außenluft und schalteten auf eine in der Rakete mitgeführte Hochdruck-Stickstoffflaschenbatterie um. Von Braun sah im Versagen dieser komplizierten Einrichtung eine Störungsmöglichkeit.

Dann kontrollierten wir noch einmal die Verbindungsglieder zwischen den vier Hauptteilen der Rakete, dem Geschoßkopf, dem Geräteraum, dem Mittelteil mit den Tanks und dem Heck mit dem Triebwerk. Die großen eisernen Ringe, die Trennspante, die die Hauptschalenteile an ihren Enden abschlossen, wurden bei der Montage durch Schrauben verbunden. Diese Trennspante waren wohl verbogen, aber unversehrt. Die Schrauben hatten gehalten. Jedoch unmittelbar hinter dem obersten Trennspant war die Beplankung abgerissen. Sollte hier etwa eine schwache Stelle sein? Untersuchungen und Nachrechnungen bestätigten bis jetzt die Festigkeit auch dieses Punktes der Konstruktion.

Wie, wenn es doch der Sauerstofftank wäre? Die Erwärmung des schon bei $-186°$ C verdampfenden Sauerstoffs konnte eine plötzliche Druckerhöhung und damit ein Platzen der Tanks hervorrufen. Wir hatten keinen Beweis dafür. Wir wußten nichts. Die uns bei früheren Peenemünder Schießen während des Fluges von Meßwertsendern heruntergefunkten Werte ließen keinen endgültigen Schluß zu.

Wir hatten außerdem systematisch alle früher aus Aluminium bestehenden Teile der Außenhaut, wie Niete und Türverschlüsse des Geräteraumes, durch eiserne ersetzt. Wir konnten das Rätsel nicht lösen. Immer und immer wieder war die ganze Konstruktion nachgerechnet worden. Die Windkanalwerte waren überprüft worden. Die Rakete mußte die nach den Kanalmessungen auftretenden, überhaupt möglichen Beanspruchungen aushalten.

Ich fragte von Braun, ob nicht das Zubruchgehen der Rakete das Primäre und die Explosion das Sekundäre sein könnte. Ich stellte mir vor, daß vielleicht Teile der Beplankung am Geräteraum oder unmittelbar hinter dem Trennspant im vorderen Drittel des Mittelteils durch die beim zweiten Durchgang durch die Luft auftretende erhöhte Beanspruchung flatterten und, in ihrer Festigkeit durch Wärme geschwächt, abrissen. Durch diese Öffnung würde dann der Staudruck Zutritt in das Innere der Rakete haben. Dadurch würde die Rakete unstabil, die Tanks würden zerbrechen, und die Explosion wäre dann die Folge. Von Braun hielt diesen Vorgang für ausgeschlossen.

Wir kamen zu keinem Schluß.

Eine Stunde später befanden wir uns in einem kleinen Beobachtungsgraben am Fuße eines langgestreckten flachen Hügels. Rund um uns dehnte sich die nur schwach gewellte polnische Landschaft in unabsehbarer Weite. Kilometerweit war kein Haus, keine menschliche Siedlung zu sehen. Vor uns, in südlicher Richtung, nach Blizna zu, lag quer zur Schußrichtung eine weite, von einigen Büschen und Baumgruppen belebte, sonst kahle Niederung. Die Windungen und Bogen eines schmalen, klaren Baches blitzten im Sonnenlicht.

Wir befanden uns genau an der Stelle, wo auf der Karte der Zielpunkt eingezeichnet war, auf den wir zur Zeit schossen. Der erste Schuß an diesem Morgen war ein Aufschlag gewesen. Er lag 150 m entfernt am langsam ansteigenden Hang. Er hatte ein gewaltiges Loch gerissen, und fast mannshohe, rotbraune Lehmbrocken lagen weit um den Trichter verteilt in den grünen Getreidefeldern.

Bisher war es noch nie gelungen, die weiße, die Explosion anzeigende Wolke im Augenblick ihres Entstehens mit dem Glase zu beobachten. Blauer, wolkenloser Himmel wölbte sich über der in der Sonne flimmernden Luft.

Funkmeldung: Die Rakete ist abgeschossen. Die Stoppuhren liefen.

5 Minuten und 13 Sekunden betrug die Flugzeit der Rakete von Blizna bis zu unserer Beobachtungsstelle.

Wir warteten, unterhielten uns, den Uhrzeiger verfolgend, über unsere Sorgen. Nach 5 Minuten nahm ich das Doppelglas ans Auge und schaute nach oben, dorthin, woher die Rakete kommen mußte. Langsam suchte ich mit dem Glas den Himmel ab. Da sah ich plötzlich im Bruchteil einer Sekunde einen winzig kleinen Punkt sich zum kurzen dünnen Strich ausbilden. Fast gleichzeitig entstand eine von der Sonne hell beleuchtete weiße Dampfwolke. Ich sah ein einzelnes Teil weiterfliegen und erkannte den Geschoßkopf mit dem Geräteraum.

Während der harte Doppelknall die nur durch das Zwitschern der Lerchen unterbrochene tiefe Stille jäh zerriß, sah ich, wie der Einschlag ungefähr 2000 m vor uns die Erde aufstäuben ließ und dort langsam große Teile der Rakete zu Boden fielen. Ich hatte das Entstehen eines Luftzerlegers im Blickwinkel des Doppelglases gehabt.

Hatte mir der mich seit einiger Zeit beschäftigende Gedanke etwas vorgespiegelt, was bei einer Fluggeschwindigkeit der Rakete von fast 1000 m/sec doch kaum zu sehen sein konnte? Ich hatte vor dem Entstehen der Explosionswolke den Eindruck, als ob die Rakete, von ihrer geraden Bahn abgelenkt, sich um einen Winkel von fast 20° schräg gestellt hatte, in zwei Teile zerbrochen und dann erst explodiert war. Oder war diese Schrägstellung nur eine Täuschung der Augen? War das schon der Vorgang des Zerbrechens gewesen?

Ich konnte das, was ich erblickt hatte, nicht beschwören. Ich wußte nicht, ob ich es wirklich genau gesehen hatte. Es war alles zu schnell gegangen. Von Braun hatte die weiße Wolke, die nach meiner Auffassung nichts anderes sein konnte als der in der Luft nach dem Zerbrechen der Rakete schlagartig verdampfende Restsauerstoff, erst nach ihrer Bildung erkannt.

Wir sahen uns dann an der Einschlagstelle die Trümmer an. Sie gaben keine neuen Aufschlüsse.

Dann flogen wir nach Blizna zurück, um dort mit General Roßmann und den leitenden Angestellten von Peenemünde zu besprechen, was geschehen mußte.

Nach langer Debatte beschlossen wir, den Vorschlag von Brauns auszuführen und bei einer Versuchsreihe von fünf Schuß die Rakete bis zum völligen Entleeren des Spiritustanks ausbrennen zu lassen. Wenn dieser Treibstoff am Ende der Flugbahn nicht mehr vorhanden war, konnte er auch nicht schuld sein.

Auch ein Vorschlag von General Roßmann wurde angenommen: bei sechs Raketen sollten der Spiritus- und der Sauerstofftank mit Glaswolle isoliert werden. Ein Wärmeübergang von der

Außenhaut zu den Tanks würde dadurch vermieden. Der Chef=konstrukteur von Peenemünde, Riedel III, glaubte nicht an einen Erfolg. Nach seiner Ansicht wirkte die Luftschicht zwischen Außen=haut und Tanks ähnlich wie die Luftschicht in einer Thermos=flasche. Wärmeübergang könnte also nicht die Ursache sein.

Außerdem entschlossen wir uns, die in Peenemünde in den letz=ten Monaten langsam wieder anlaufenden Versuchsschießen zu intensivieren. Es sollte hauptsächlich von der Greifswalder Oie aus senkrecht geschossen und das wenige Kilometer von der Insel abstürzende Gerät während der ganzen Flugzeit mit Kino= und Phototheodoliten, wenn möglich mit Zeitlupenkamera, auf=genommen werden. Bei Auswertung der Aufnahmen hofften wir dahinterzukommen, ob ein Konstruktionsfehler oder Instabilität oder was sonst an den Luftzerlegern schuld war. In diese Geräte sollten ferner die neuen Meßwertsender mit 24 möglichen Meß=stellen eingebaut werden, die uns während des Fluges von den Gefahrenpunkten berichten konnten.

Das Versuchsschießen mit den leergebrannten Raketen brachte keine Verminderung der Luftzerleger. Den Spiritustank und seine Einrichtungen schien also keine Schuld zu treffen.

Als ich nach wenigen Tagen wieder in Heidelager eintraf, waren bereits am Vormittag drei Raketen mit Glaswollisolation verschos=sen worden. Alle waren Aufschläge. Im Laufe des Nachmittags erzielten wir noch drei Aufschläge.

Das Problem, das uns monatelang aufgehalten hatte, schien gelöst. Mochte dies nun der Verhinderung des Wärmeüberganges von der Außenhaut zu den Tanks oder einer durch die Glaswolle erzielten Versteifung des Mittelteils oder einer günstigeren Lage des Schwerpunktes und einer hierdurch entstandenen Verbesserung der Stabilität zuzuschreiben sein, die Tatsache war nicht aus der Welt zu schaffen, daß wir zum ersten Male von einer Versuchs=reihe von sechs Schuß sechs Aufschläge erzielt hatten. Wir waren voller Hoffnung und glaubten uns endlich der Wirkungssteigerung des Einzelschusses widmen zu können.

Die Rakete mit ihrem Gewicht von über 4½ t und einer End=geschwindigkeit von über 700 m/sec verursachte auch ohne jede

Sprengstoffüllung infolge ihrer hohen Auftreffwucht je nach Bodenbeschaffenheit einen Trichter von 30 bis 40 m Durchmesser und einer Tiefe von 10 bis 15 m. Außer mehr oder weniger starken Erderschütterungen trat über den Trichterrand hinaus keine Breitenwirkung ein.

Der an der Spitze des Gerätes vorgesehene Geschoßkopf aus 6 mm starkem Stahl sollte ursprünglich eine Sprengstoffüllung von 1000 kg aufnehmen. Um das Leergewicht der Rakete leicht zu halten, war unser erstes Projekt des A 4 ganz auf die Verwendung von Leichtmetall aufgebaut gewesen. Die auf Grund der Windkanalmessungen berechnete maximale Hauterwärmung von 680° C und die Forderung der oberen Stellen, von Leichtmetall als Sparstoff abzugehen, hatten uns gezwungen, zu Eisenblech überzugehen. Hierdurch wurde das Leergewicht erhöht. Um nun die geforderte Schußweite von 250 km überhaupt noch zu erreichen, mußten wir von der Mitnahme der geforderten 1 t Sprengstoff abgehen und das Gesamtgewicht des Geschoßkopfes einschließlich Stahlhülle auf 1 t beschränken.

Es kam nun darauf an, den Geschoßkopf in einer Höhe über dem Ziel zur Explosion zu bringen, in der die Breitenwirkung des Sprengstoffes möglichst durch die dem Gerät innewohnende Wucht erhöht wurde.

Ich wollte einen Bodenabstandzünder einbauen lassen, der eine Explosion des Geschoßkopfes etwa 20 m über dem Ziel auslöste. Die Fertigung eines solchen Zünders war jedoch in Deutschland während des ganzen Krieges nicht zu erreichen.

Wir mußten mit einem Aufschlagzünder vorlieb nehmen. Die Wahl mußte auf einen elektrischen Zünder fallen, da der Zeitverzug zwischen dem Ansprechen des Zünders und der Durchdetonation des Sprengstoffes bei jedem mechanischen Zünder zu groß war. Die Rakete wäre infolge ihrer hohen Geschwindigkeit längst zu Bruch gegangen, ehe die Explosion ausgelöst sein konnte.

Der Zünder mußte überaus empfindlich sein, um bei der leichtesten Berührung und bei der geringsten Erschütterung in allerkürzester Zeit anzusprechen und die Sprengladung zur Explosion zu bringen, noch ehe der Geschoßkopf zu tief in den Boden eingedrungen war.

Jetzt, nachdem das Aufschlagproblem gelöst war, konnte dieser empfindliche Zünder endlich erprobt werden. Solange die Rakete in der Luft zerbrach, hätte der dabei auftretende Schock genügt, um diesen empfindlichen elektrischen Zünder zu veranlassen, das Geschoß nutzlos in der Luft zu zerstören.

Zu unserer großen Enttäuschung erwies es sich jedoch bei den weiteren Versuchsreihen mit glaswollisolierten Flugkörpern, daß wir uns zu früh gefreut hatten. Die Zahl der Aufschläge erhöhte sich zwar auf beinahe 70%. 30% der Geräte zerlegte sich jedoch nach wie vor in der Luft. Durch einige Maßnahmen gelang es uns schließlich, den Prozentsatz der Aufschläge bis zum Einsatz auf ungefähr 80% zu steigern. Erst in den letzten Monaten des Krieges fanden wir eine wohl endgültige Lösung dieser Frage in einer den vordersten Teil der Behälterschale verstärkenden aufgenieteten Blechmanschette. Wir erzielten endlich 100% Aufschläge.

Im Sommer 1944 war nun die entscheidende Frage, ob wir bei einem Einsatz mit Verwendung eines empfindlichen Zünders 30% Luftzerleger ohne jede Wirkung in Kauf nehmen oder versuchen sollten, einen weniger empfindlichen Zünder einzubauen, der durch den Schock bei der Luftzerlegung der Rakete nicht zur Auslösung kam.

Bei Hunderten von Luftzerlegern hatten wir die Erfahrung gemacht, daß der die Sprengladung enthaltende Geschoßkopf meist mit dem anhängenden Geräteraum nach der Zerlegung in der Luft allein weiterflog und unbeschädigt auf dem Boden auftraf. Wenn wir einen Zünder einbauten, der die Zerlegung der Rakete in der Luft aushielt und dann später beim Auftreffen auf dem Boden die Detonation des Sprengstoffes herbeiführte, war auch bei diesen 30% noch eine Wirkung zu erwarten.

Die Zeit drängte, und die obersten Stellen hatten die Geduld verloren. Es blieb uns keine Wahl mehr. Zwar hofften wir immer noch, die Luftzerleger ganz zum Verschwinden zu bringen, mußten uns aber vor dem Einsatz doch entschließen, die Rakete auf Kosten der Wirkung mit einem unempfindlicheren Zünder auszurüsten.

Alle diese vielfältigen Fragen hielten uns während der ersten Hälfte des Jahres 1944 in Atem. Meinungen und Ansichten prallten aufeinander. Die Nerven waren bis zum Äußersten gespannt. Die Fertigung im Mittelwerk mußte jedesmal stoppen, wenn einzelne Versuchsreihen mit vorgeschlagenen Änderungen ausgerüstet werden mußten. Bis zur Erprobung solcher Änderungen mußte die weitere Auslieferung von Raketen verschoben werden.

Die obersten Reichsbehörden verlangten den Anlauf der Fertigung. Nun sollten wir mit allen Mitteln das in den letzten Jahren durch ihre Schuld Versäumte nachholen. So kam es, daß viele Kompromisse geschlossen werden mußten, die uns als Schöpfer dieser Großrakete in keiner Weise befriedigen konnten. Sie führten schließlich dazu, daß ein Gerät an die Front kam, das, vom Möglichen noch weit entfernt, in seiner Treffgenauigkeit und Wirkung unbefriedigend, nur als das angesehen werden konnte, was zu vermeiden wir uns in all den Jahren ängstlich bemüht hatten: eine trotz aller technischen Leistung letzten Endes unzureichende Waffe.

FLUG IN DEN WELTRAUM

Versuchsschießen in Heidelager. Seit Wochen schoß die Batterie 444 aus ihrer mit Holzbohlen vorbereiteten Stellung in einer in die große Lichtung vorspringenden Waldecke. An den hohen Fichten war durch den scharfen Gasstrahl mehrere Meter hoch die Rinde abgeblättert. Schwarze Brandspuren an den Stämmen zeugten von der Zahl der Abschüsse. Glänzende Streifen des herabtropfenden Harzes überzogen die tödlichen Wunden der sich gegen die Vernichtung wehrenden Bäume. Das düstere Bild unaufhaltsamer Zerstörung wurde durch einzelne riesige Trichter vervollkommnet, die durch zurückgefallene und explodierte Raketen entstanden waren.

Wir standen auf dem rund 300 m entfernten flachen Beobachtungshügel in der Nähe des kleinen Steinhauses und des baufälligen Schuppens.

Das erste Geschoß hob ab. Die Sonne stand hinter uns und erhellte mit ihren Strahlen die in ihrem dunklen mattgrünen Tarn=

anstrich mit dem langen leuchtenden Gasstrahl senkrecht aus dem fast schwarzen Wald aufsteigende Rakete. Donnerndes Grollen erfüllte die Luft.

Ich beobachtete jeden Vorgang genau mit dem Doppelglas und verfolgte das schneller und immer schneller werdende Geschoß. Mußte jetzt nicht die Umlenkung einsetzen? Nur ganz schwach neigte sich die Rakete in die Schußrichtung. Höher und höher stieg sie. Einzelne weiße Wolkenfetzen schwebten hoch oben in dem klarblauen Himmel.

Kaum war die Rakete an den Wolken vorbeigeglitten, als ich eine gegen den dunklen Hintergrund sich klar abzeichnende Erscheinung sah, die mir bisher während des Fluges unserer Raketen noch nie aufgefallen war.

Der Flugkörper war auf einmal wie mit Zuckerguß überzogen. Leuchtend weiß blitzte er im grellen Sonnenlicht. In einer wärmeren, feuchtigkeitsgesättigten Luftschicht mußte sich an dem in darunterliegenden kälteren Luftschichten abgekühlten Raketenkörper Feuchtigkeit in Form von Reif niedergeschlagen haben.

Schlagartig, wie die Erscheinung gekommen war, verschwand sie wieder. Und noch einmal, höher, wiederholte sie sich.

Diese Rakete war mindestens 50 km höher in den Himmel vorgestoßen als die bisherigen. Wieviel wertvollstes Beobachtungsmaterial hätte sie aus dieser Höhe zur Erde bringen können! Schon das in Sekundenschnelle erscheinende Zickzack des Kondensstreifens hatte uns unterschiedliche Windrichtungen und -geschwindigkeiten in aufeinanderfolgenden Luftschichten erkennen lassen, deren Erforschung und Auswertung schon der Mühe wert sein konnte.

Unfaßlich schön müßte für Menschen ein solcher Aufstieg in den fast luftleeren Raum sein. Welche Fülle von Erkenntnissen könnte durch ihn gewonnen werden! Ich kann mir vorstellen, mit welch unerhörter Spannung Meteorologen, Physiker und Astronomen der ersten Reise in die Strato- und Ionosphäre entgegensehen würden. Wie gering ist doch unsere bisher nur auf Vermutungen und Schlüsse aufgebaute Kenntnis von der Außenhülle der kleinen Erde!

Oft hatten wir uns über die Konstruktion und das Aussehen einer solchen Forschungsrakete unterhalten. Wie die den Ausblick freigebenden Fenster dieses Raumschiffes die dem menschlichen Organismus schädlichen, von der Sonne ausgesandten ultravioletten Strahlen abhalten könnten. Wie in der Kälte des Weltraumes durch schwarz-weißen Farbanstrich und durch Zuwenden der wärmeaufnehmenden und -abstrahlenden Seite zur Sonne im Inneren eine erträgliche Temperatur erzielt werden könnte. Welches Gefühl es sein müsse, in dieser unvorstellbaren, absoluten Ruhe, da schon in rund 60 km Höhe das weite Auseinanderliegen der Luftmoleküle die Schallausbreitung völlig unmöglich macht, dahinzufliegen. Mit welcher Begeisterung sich die Wissenschaftler der ganzen Welt auf die Erforschung und Messung der die Erde umgebenden elektrisch geladenen Schichten stürzen würden. Welch ein phantastischer Anblick es sein müßte, wenn unter der Rakete langsam die Farben der von der Sonne grell beschienenen Erde verschwämmen und das Raumschiff am hellen Tage in den von Violett allmählich in tiefstes Schwarz übergehenden, mit metallisch blau leuchtenden Sternen übersäten Himmel aufstiege.

Lange schon vor dem Kriege sahen wir in unserer Rakete ein Mittel zur Erforschung der obersten Luftschichten der Erde. Wir nahmen Verbindung auf mit Professor Regener in Stuttgart. Er sollte gemeinsam mit uns seine Arbeiten der Höhen- und Raumstrahlforschung fortsetzen. Von den Meteorologen des Heeres und der Luftwaffe wurden am Fallschirm zu bergende Apparate für meteorologische Höhenmessungen unserer Rakete entwickelt und fertiggestellt. Immer wieder baten diese Herren, Versuche mit unseren Raketen machen zu dürfen. Wir mußten es ablehnen. Wir hatten jeden Schuß gebraucht, um unserer technischen Schwierigkeiten Herr zu werden. Der Fronteinsatz des Gerätes erschien uns dringender als diese wissenschaftlich wichtigen und interessanten, aber im Kriege nicht entscheidenden Untersuchungen.

Ich nahm mir jedoch fest vor, nach dem Kriege unsere Rakete zur Erforschung der höchsten Luftschichten der Erde einzusetzen. Doch für diesmal ließ mir das schnell schreitende Schicksal nicht viel Zeit, solchen Zukunftsträumen nachzuhängen.

Eine Stunde später folgte der zweite Abschuß der Batterie.

Wir hatten in der letzten Zeit hin und wieder immer noch Schwierigkeiten mit der Steuermaschine. Schon zweimal war uns die Rakete nach wenigen Metern Steighöhe ausgebrochen und irgendwo in der Nähe im Wald zerschellt. Bisher aber war das Ausbrechen immer nur in einer von uns abgewandten Richtung geschehen.

Ich war in der Feuerstellung gewesen und hatte mir die letzten Vorbereitungen zum Abschuß angesehen, war auf die Plattform des aufgerichteten Tragarmes des Meillerwagens gestiegen, hatte mit dem Bedienungspersonal gesprochen und die Einstellung des Reduzierventils überwacht. Die Zeiten für das Tanken und das Fertigmachen der Rakete hatte ich mit der Stoppuhr gemessen. Die Betankungszeit war auf 12 Minuten gesunken.

Vor dem Waldrand war ein kleiner Deckungsgraben ausgehoben, von dem aus die auf einer schmalen Schneise senkrecht auf ihrem Abschußtisch stehende Rakete auf 75 m Entfernung gut zu sehen war. In diesem Graben wollte ich mich heute aufhalten, um wieder einmal alle Vorgänge beim Abschuß genau zu verfolgen.

Auf dem Wege dorthin unterhielt ich mich mit einem Angehörigen des Versuchsstabes über verschiedene in letzter Zeit aufgetretene Zündschwierigkeiten. Die Zeit „stand", wie immer kurz vor dem Abschuß. Während wir zwischen Feuerstellung und Beobachtungshügel auf und ab gingen, war die Rakete zum Abschuß fertig gemacht worden. Die Feuerbefehle waren gegeben. Ich konnte den Graben nicht mehr erreichen.

Als die große Stufe einsetzte, hob das Gerät unter starken Pendelungen schlecht ab. Das Leitwerk schlug gegen die überhängenden Äste einer Fichte. Die Rakete verlor ihre Steuerfähigkeit und kippte bei voll arbeitendem Triebwerk um 90° um. Knapp über die Wipfel der Bäume fliegend, beschrieb sie einen flachen Bogen und schlug unmittelbar am Rande des kleinen Deckungsgrabens auf. Mit riesenhafter, rotblauer, leuchtender Flamme explodierten die fast vollen Tanks. Aus der gewaltigen Rauch- und Staubwolke flogen Blech- und Apparateteile weithin nach allen Seiten.

Der Graben war von Mannschaften der schießenden Batterie besetzt. So forderte die Großrakete schon vor dem eigentlichen Einsatz ihre ersten Opfer in den eigenen Reihen. Wenige Tage später begruben wir auf einem idyllischen kleinen Waldfriedhof vier Angehörige der Versuchsbatterie.

Kurz darauf weilte ich zu Besprechungen in Peenemünde. Bei Einbruch der Dunkelheit, als die ersten Sterne am Abendhimmel aufblitzten, stand ich auf der hohen Betonplattform des Prüfstandes I. Ich blickte in die Richtung der Greifswalder Oie und wartete geduldig. Endlich, fast eine Stunde nach Sonnenuntergang, erschien über dem Wald eine helle, sich vergrößernde Flamme. Den Flugkörper der Rakete selbst konnte ich nicht sehen, nur den langen leuchtenden Gasstrahl, der geisterhaft, wie ein Irrlicht flackernd, in den dunklen Himmel stieg.

Vom nahen Strand unterbrach eintöniges Rauschen der ankommenden Wellen die tiefe Stille des Abends. Das Geräusch des Abschusses war hier in dieser Entfernung nicht mehr zu hören.

Die Rakete mochte ein, zwei Kilometer hoch sein, als sie auf ihrer senkrechten Bahn plötzlich aus dem Schatten der Erde heraustrat und von der für uns bereits untergegangenen Sonne grell beleuchtet wurde. Deutlich hob sie sich nun gegen den dunklen Himmel ab. Ideale Beobachtungsverhältnisse, klarste Sicht ließen jede Bewegung des Flugkörpers genau erkennen.

Die Rakete war nur halb getankt. Wir wollten keinen Höhenrekord aufstellen. Es kam uns diesmal darauf an, die Vorgänge beim Wiedereintauchen in die Luftschicht der Erde zu verfolgen. Wir schossen senkrecht und ohne automatisch gesteuerte Umlenkung. Immer höher und höher in den dunklen Abendhimmel stieg der leuchtende, fast weiß erscheinende Flugkörper. Die Antriebsflamme war schon seit Minuten erloschen. 50, 60, 70 km hoch mußte die Rakete jetzt sein.

Ich hatte nicht die geringste Pendelung oder Abweichung vom Kurs feststellen können. Das gegen seitliche Verdrehung verriegelte Fernrohr brauchte nur in senkrechter Richtung geschwenkt zu werden, damit ich selbst auf diese Entfernung die Rakete im Glas behalten konnte. In dem kleinen hellen Strich konnte ich die charakteristische Form unserer Rakete mit der scharfen Spitze und dem breiten Leitwerk klar erkennen.

Die Geschwindigkeit hatte abgenommen. Die Rakete hatte ihren Gipfelpunkt erreicht. Für den Bruchteil einer Sekunde schien sie im Raume stillzustehen. Jetzt mußte sie umkippen, mußte sich wie jeder stabile Körper mit der Spitze der Erde zuneigen.

Aber nein, das konnte ja nicht sein. Da oben, in dieser Höhe, gab es ja keine Luft, keinen Luftwiderstand mehr. Es war kein Medium da, in dem das Leitwerk seine stabilisierenden und steuernden Eigenschaften beweisen konnte. Da oben war die Form des Körpers gleichgültig. Nur der Schwerpunkt hält die Flugbahn inne. Die Rakete mußte in der Lage weiterfliegen, in der sie in den praktisch luftleeren Raum eingetreten war.

Atemlos schaute ich nach oben. Was bisher Theorie gewesen war, was vielen Gästen bei unseren Vorträgen und Vorführungen so unverständlich, so unfaßbar gewesen war, das sah ich nun zum erstenmal klar und deutlich mit eigenen Augen:

Die Rakete fiel mit der Spitze nach oben und dem Leitwerk nach dem Boden zeigend senkrecht hinab. Sie hatte die Lage, mit der sie den Raum betreten hatte, beibehalten.

Immer schneller und schneller geschah der Absturz. Größer und größer wurde der Körper im Fernrohr.

Jetzt mußte er den Rand der Luftschicht der Erde erreicht haben. Alles spielte sich in Sekundenschnelle, jedoch bei der Exaktheit der Bewegungen klar und deutlich unterscheidbar, ab. Die Rakete vollführte fast eine dreiviertel Drehung um den Schwerpunkt. In einem kurzen Augenblick schien sie quer zur Fallrichtung zu liegen. Dann neigte sich die Spitze der Erde zu. Einige wenige abklingende Schwingungen, und mit der Spitze senkrecht nach unten fiel der Körper „pfeilstabil" Tausende von Metern. Dann schluckte ihn der Schatten der Erde wieder auf.

Mit überzeugender Deutlichkeit hatte ich nun die Erscheinung wahrgenommen, die ich so oft im Überschallwindkanal gesehen hatte. Es war genau so, wie wenn der Versuchsingenieur den Knopf gedrückt und die durch die Meßdüse zischende Luft den pfeilstabilen Modellkörper in seine stabile Lage gepreßt hatte. Den

Aufschlag auf dem Wasser konnte ich nicht sehen. Einen Luftzerleger hatten wir jedenfalls nicht.

Die Versuche wurden mit Meßwertsender und voller Tankfüllung wiederholt. Wir schossen bei Tag und bei Nacht. Mit senkrechten Schüssen und 67 Sekunden Brennzeit erreichten wir 189 km Höhe.

Es gelang jedoch nur ein einziges Mal, den Augenblick des Zerbrechens der Rakete im Film festzuhalten. Es konnte aber auch aus der Auswertung dieses Filmes kein endgültiges Urteil gefällt werden. War die schwache Schräglage des Körpers im letzten Augenblick vor der Explosion in der Luft primär oder nur der Beginn des Auseinanderbrechens? Die Frage blieb ungeklärt.

FÜR UND WIDER PEENEMÜNDE

Wir hatten bisher nur mit der Funkbrennschlußanlage des Dresdener Professors Wolman geschossen. Die Fluggeschwindigkeit hatten wir durch Funk ermittelt, und im Augenblick, da die für eine bestimmte Entfernung erforderliche Geschwindigkeit erreicht war, schalteten wir durch Funk ab. Dieses Verfahren war durch geeignete Maßnahmen des Gegners störanfällig. Außerdem war der Bordaufwand groß und der Bedarf an Funkröhren hoch. Es gab jedoch Möglichkeiten, durch die wir uns gegen Feindstörungen schützen konnten. Ein großer Teil der Arbeiten der Abteilung „Bordgeräte, Steuerung und Meßwesen" (BSM) umfaßte das Gebiet der Sicherung gegen beabsichtigte und unbeabsichtigte Funkstörungen durch den Gegner. Beim Leitstrahlverfahren versuchten wir dies durch Entwicklung des Zentimeterwellengerätes und des Leitlinienverfahrens. Alle anderen Funkgeräte wurden im Laufe der Zeit in hohem Maße störsicher gemacht. Auch die Raketenantennen wurden in einer Weise ausgebildet, daß sie auf von hinten kommenden Empfang primär ansprachen.

Wir waren der festen Überzeugung, daß der Gegner alles daran setzen würde, das exakte Arbeiten unserer Funkanlagen zu stören. Um so überraschter waren wir, daß später im Kampfeinsatz nicht ein Fall bekannt wurde, in dem Feindstörung wirklich nachgewiesen werden konnte. Wir hatten umfangreiche Funktarnmaßnahmen vorbereitet und eine Auswertung des Horchdienstes auf breiter Basis organisiert, denn es lag uns alles daran, rechtzeitige Kenntnis von Gegenmaßnahmen zu erhalten.

Jetzt, da wir von Heidelager aus schossen, kamen die ersten Integrationsgeräte. Das waren Geräte, die uns von der bisherigen Anlage unabhängig machen sollten. Wir brauchten den Funk nicht mehr. Die umfangreichen Einrichtungen für das bisherige Verfahren konnten wegfallen. Diese neuen mit der Rakete mitfliegenden Apparate waren beschleunigungsempfindlich, integrierten die gemessene Beschleunigung und zeigten dann die augenblickliche Fluggeschwindigkeit an. Sie konnten so eingestellt werden, daß bei Erreichen der geforderten Geschwindigkeit innerhalb der Rakete Brennschluß geschaltet wurde.

Wir schossen Vergleichstreffbilder. Die Streuung bei Verwendung der mechanischen Integrationsgeräte der Kreiselgeräte GmbH. war wesentlich schlechter, die Streuung bei Verwendung der von Professor Buchhold und Wagner, Darmstadt, entwickelten Geräte war ungefähr gleich der Streuung bei Verwendung der Funkbrennschlußanlage.

Diese Entwicklungen waren schon im Herbst 1939 angelaufen, aber erst jetzt hatten wir die ersten einbaufähigen Geräte erhalten. Noch waren sie nicht vollkommen. Sie maßen nur die Fluggeschwindigkeit. Wir wollten aber auch den bis zum Brennschluß zurückgelegten Weg der Rakete in unsere Rechnung einsetzen. Hierzu mußten die gemessenen Werte der Geschwindigkeit noch einmal integriert werden. Die Entwicklung dieses Doppelintegrationsgerätes lief bei Professor Buchhold, kam aber bis Kriegsende nicht zu fertigungsreifem Abschluß.

Immer wieder im Laufe der Entwicklung hatten wir durch Arbeiten von Firmen und Instituten praktische, unser Schießverfahren vereinfachende Hilfsmittel in die Hand bekommen.

Bis Kriegsausbruch hatten wir nur wenige Firmen für unsere Arbeiten herangezogen. Wir glaubten aus Geheimhaltungsgründen einen großen Teil der Entwicklung allein leisten zu müssen. Alles, was wir von der Industrie nicht erhalten zu können glaubten, konstruierten wir selber. Darüber hinaus benützten wir vorhandene Geräte, verbesserten sie und machten sie für unsere Zwecke passend und einbaureif.

Peenemünde mit seinen Institutionen und Anlagen war so großzügig gebaut worden, daß es für ein Arbeiten in ruhigen Zeiten ausgereicht hätte. Dann kam der Krieg, die Entwicklung mußte beschleunigt werden, der Mangel an Fachkräften zwang uns, Hochschulinstitute und Laboratorien, Firmen und andere Dienststellen auf breiter Basis in Anspruch zu nehmen. Damit hatten wir auf fast allen Gebieten ausgezeichnete Erfolge. Auch stellte es sich heraus, daß durch die Übernahme der Fertigung von Einzelteilen durch die Industrie viele Anregungen, Verbesserungs- und Entwicklungsvorschläge den Weg zu uns fanden.

Es konnte nun die Frage auftauchen, ob wir mit der Einrichtung unserer Heeresversuchsstelle Peenemünde auf dem rechten Wege gewesen waren. Hätten wir nicht doch versuchen sollen, die Entwicklung ganz der Industrie anzuvertrauen und uns nur auf das Anfordern und auf das Prüfen zu beschränken? Hätten wir uns nicht doch besser gleich auf eine breitere Basis gestellt und den bisher in der Waffenentwicklung üblichen Standpunkt vertreten, daß mehrere Firmen gleichzeitig an einer Entwicklung beteiligt werden sollen? Wäre es nicht besser gewesen, die Wahrheit, daß mehr Augen auch mehr sehen, anzuwenden? Hätten wir nicht überhaupt mit der Grundlagenforschung beginnen und erst dann zur Zweckforschung übergehen sollen? Hätten wir nicht die Industrie anregen, Geld in sie hineinpumpen und auf das Ergebnis warten sollen?

Aber wir hätten damit nie erreicht, was wir uns zum Ziel gesetzt und was durch die Arbeiten in Peenemünde in einer ersten Entwicklungsstufe, die nur mit dem Stand der Luftfahrt nach dem Krieg 1914—1918 verglichen werden kann, gelungen ist.

Wenn wir schnell zu einem Erfolg kommen wollten, konnten wir nicht warten, bis die Grundlagenforschung durchgeführt war. Freilich lehnten wir sie nicht ab. Im Gegenteil. Sie kann nicht umfassend genug sein. Wir waren uns von Anfang an ihrer ausschlaggebenden Bedeutung bewußt. Nur sie konnte uns über das

„Warum“ Auskunft geben und die Grundelemente liefern. Eine Fülle von Forschungsaufträgen fand zu Beginn der Entwicklung über die Forschungsabteilung des Heereswaffenamtes ihren Weg zu den Wissenschaftlern. Aber wir hatten keine Zeit. Aus der klaren Erkenntnis heraus, daß man Wissenschaftler nicht zur Arbeit zwingen, daß man sie nicht unter Zeitdruck setzen kann, griffen wir nie in das Tempo der Forschung ein. Wir baten nur um Berichte, wenn die Arbeiten abgeschlossen waren. So verging Zeit, viel Zeit.

Die Entwicklung konnte jedoch nicht so lange stillstehen. Wir mußten zunächst mehr Gewicht auf die Zweckforschung legen und sie aus Zeitersparnis und anderen Gründen mit der Entwicklung verbinden. Die Grundlagenforschung mußte parallel dazu laufen. So entstand die Vielfalt der Labors und Institute in Peenemünde.

Dazu kam die Geldfrage. Wir waren uns klar, daß die Entwicklung von großen Fernraketen, Flugkörpern, die als vollautomatische Geräte in ihrem Innern eine unendliche Vielfalt letzter und kompliziertester Leistungen der Technik bergen mußten, Geld, viel Geld verschlingen würde. Millionen, Hunderte von Millionen würde dies kosten.

Ob wir nun die Entwicklung bei der Industrie anlaufen ließen oder sie selbst in die Hand nahmen, die Summe würde in jedem Fall ungefähr die gleiche bleiben. Man hätte auf all die Sonderanlagen, Prüffelder und Prüfstände nicht verzichten können. Hätten wir mehrere Firmen gleichzeitig beauftragt, so hätten sich die Kosten nur erhöht.

Eine andere Sache war natürlich die Entwicklung von Einzelteilen und Einbaugeräten durch die Industrie. Das war selbstverständlich nötig.

Dazu kam die Geheimhaltung.

So kann ich nun rückblickend sagen, daß der Weg, den wir beschritten hatten, der richtige gewesen war. Wir mußten für die Fernrakete eine eigene große Forschungs- und Entwicklungsstelle ins Leben rufen. Es hatte sich damals um die Frage gehandelt, ob die Industrie oder die Wehrmacht die Leitung der Entwicklung erhalten sollte. 1932 gab es in Deutschland weder bei der Industrie noch bei der Wehrmacht Fachleute für Raketen. In der Industrie war jedoch unter den damals bestehenden Verhältnissen die Geheimhaltung gefährdet. Das Heer hatte die Initiative ergriffen, es nahm daher auch die Angelegenheit selbst in die Hand. Natürlich konnten wir nur dann Erfolg haben, wenn es uns gelang, Peenemünde frei von übertriebenem Bürokratismus, Behördenstarrheit und einengenden Verwaltungsbestimmungen zu halten. Das war ein Kampf, den wir neben unseren Arbeiten immer zu führen hatten. In entscheidend vielen Fällen siegten wir. Das Verwaltungsamt des Heeres und die Versuchsplatzabteilung des Heereswaffenamtes hatten zu meinen Zeiten in Peenemünde nichts dreinzureden.

Später mußte dann entschieden werden, ob Peenemünde immer in den Händen des Heeres bleiben konnte und wollte. Das ging so lange, bis Peenemünde arbeitsmäßig auf eigenen Füßen stehen konnte, bis es seine eigene Industrie geworden war. Ob überhaupt und wann es in ein privatwirtschaftlich aufgezogenes Industrieunternehmen umzuwandeln war, blieb eine heiß umstrittene Frage. Eine solche Umwandlung hätte die Summen, die nach wie vor in das Entwicklungswerk hineingepumpt werden mußten, nicht vermindert, sondern erhöht. Es hätte sich vielleicht ein Vorteil dadurch ergeben, daß es möglich geworden wäre, hervorragende Spezialisten und Fachkräfte durch Industriegehälter heranzuziehen. Für unsere Spitzenkräfte hatten wir dies schon lange erreicht.

Peenemünde hätte aber immer eine reine Forschungs- und Entwicklungsstelle bleiben müssen. Also ein reiner Zuschußbetrieb. Man hätte sie an eine große Fertigungsfirma anschließen und damit durch Aufschlag der Entwicklungskosten auf den Stückpreis der fertigen Geräte das Unternehmen rentabel gestalten können. Aber wie sollte es dann nach dem Kriege weitergehen, wenn nur noch wenige Geräte gebraucht würden? Dann hätten die weiteren Entwicklungskosten nicht mehr hereingeholt werden können.

Wir wollten von Anfang an kein Geld verdienen. Wir wollten nur forschen und entwickeln. Die Fertigung sollte durch die Großindustrie erfolgen. Auch der Gewinn sollte ihr zufallen.

So schien es bei dem einmal gefaßten Entschluß zu bleiben: Peenemünde eine rein militärische Forschungs- und Entwicklungsstelle. Erst nach dem Kriege sollte über ihr weiteres Schicksal entschieden werden. Die Kriegslage und die machtpolitischen Kämpfe hatten jetzt, im Juni 1944, das Heereswaffenamt zu dem Entschluß gebracht, von dieser unserer früheren Planung abzugehen.

MEIN SCHWERSTER ENTSCHLUSS

Als am 8. August 1944 Obergruppenführer Kammler von Himmler zum Generalbevollmächtigten für das A 4-Programm ernannt worden war, schien der Machtkampf um die Führung beendet zu sein.

Ich hatte das Gefühl eines Menschen, der in jahrelanger Arbeit sich mühselig und mit viel Liebe eine herrliche Meistergeige gebaut hat, dem zum Spielen nur noch das Stimmen der Saiten fehlt und der nun machtlos zusehen muß, wie ihm dieses Instrument von einem robusten, unmusikalischen Holzfäller aus der Hand gerissen und mit einem sägezahnartigen Holzknüppel zum Hervorbringen des ihm innewohnenden Wohlklanges bearbeitet wird. Ich war entsetzlich müde und verzweifelt.

Kammler hatte mit wenigen Worten die Vollmachten erhalten, die zur Durchführung unseres von der Entwicklung bis zum Einsatz reichenden Programms unbedingt notwendig waren. Ich hätte diese Vollmachten unter den in Deutschland herrschenden Verhältnissen nie erhalten können. Interne machtpolitische Kämpfe innerhalb der Wehrmacht und zwischen den Ministerien und das angeborene Mißtrauen Hitlers gegenüber den Offizieren verhinderten einen solchen Beschluß. Vor Himmler hatten jedoch alle Angst. Er allein konnte in Deutschland nach dem 20. Juli 1944 befehlen, konnte ohne Widerspruch Vollmachten erteilen.

Ich war entschlossen, um meine Enthebung von meiner Dienststellung und um anderweitige Verwendung zu bitten. Eines Sonntags im August, auf Besuch zu Hause in Bansin, schrieb ich das entsprechende Gesuch.

Am Nachmittag des gleichen Tages waren von Braun und Steinhoff bei mir zum Kaffee. Stundenlang redeten sie auf mich ein. Ich dürfe die Sache jetzt nicht im Stiche lassen. Jetzt erst würde die Hauptbelastung für unser Programm kommen. Wenn wir über=

haupt jemals in der Geschichte der Technik und vor den Augen der Welt mit unserer Fernrakete bestehen wollten, dann dürfe ich jetzt nicht fahnenflüchtig werden. Ich müsse versuchen, wenigstens fachtechnisch das Heft in der Hand zu behalten. Ich müsse sogar Kammler helfen. Ein Laie, der die Zusammenhänge nicht kenne, könne mit den technischen Schwierigkeiten dieses überaus fein=nervigen, in der Entwicklung noch nicht hundertprozentig ab=geschlossenen Gerätes nie fertig werden. Er könne nicht ohne schwerste Rückschläge die von meinem Stabe aufgebaute Organi=sation leiten, die viel technisches Verstehen, Takt und Finger=spitzengefühl forderte, völlig aus dem üblichen Rahmen fiel und so viele, über ganz Deutschland und die besetzten Gebiete verteilte Dienststellen, Institute und Firmen umfaßte. Wenn nicht alles so weiterliefe, wie wir es geplant hatten, so sei der Zusammenbruch des ganzen Vorhabens zu erwarten.

Ich widersprach. Meiner Ansicht nach verkannten sie die Lage. Im Programm würde jetzt nicht mehr verhandelt und nach besten Wegen gesucht werden. Jetzt würde man nur noch befehlen und ohne irgendwelche Hemmungen der Wille Kammlers allein dik=tieren. Ich kannte ihn und glaubte zu wissen, was kommen würde.

Um so mehr müsse ich zu retten suchen, was zu retten sei. Das A 4 müsse ohne Rücksicht auf unsere eigenen Absichten und Wünsche zunächst fertig entwickelt und technisch einwandfrei und betriebssicher geliefert werden. Der von uns aufgezogene Apparat müsse laufen. Es dürfe kein Versagen geben. Kommende Pannen dürften nicht auf uns und unsere Arbeit zurückgeführt werden. Noch einmal baten sie mich dringend, sie nicht im Stiche zu lassen.

Ich kämpfte lange mit mir. In endlosen Nächten, in denen ich keinen Schlaf fand, rang ich mich zu einem neuen Entschluß durch. Ich sah die Schwierigkeiten kommen, die harten, verzweifelten Auseinandersetzungen mit Kammler. Mit Gewalt konnte ich meinen Willen nicht mehr durchsetzen. Ich hatte keine Macht mehr hinter mir. Nach dem 20. Juli kuschten die Heeresdienststellen in der Heimat bis hinauf zum Oberkommando der Wehrmacht vor der SS, vor Himmler. Sie kuschten unwillig, aber sie gaben nach. Durch Überredung konnte ich bei Kammler auch nichts erreichen.

Er war nicht durch Worte von seiner einmal gefaßten Meinung abzubringen.

Ich wußte, daß das A 4 nicht fertig war. Klagen und Vorwürfe würden kommen. Wir mußten weiterarbeiten. Mußten verbessern und nochmals verbessern. Wenn nicht alles, was wir bisher erreicht hatten, nutzlos gewesen sein sollte, dann mußte ich anders vorgehen. Ich mußte meine Hilfe anbieten. Ich mußte versuchen, das, was ich wollte, als Kammlers eigene Idee erscheinen zu lassen. Ich mußte ihm die Worte in den Mund legen. Ich mußte auch den geringsten Schein vermeiden, als ob ich ihm den so heiß ersehnten Ruhm nehmen wollte. Ich mußte im Hintergrund bleiben. Es mußte mir gelingen, seine Stellung, seine Tatkraft und seine Vollmachten für das A 4 einzusetzen und auszunutzen. Es mußte alles so erscheinen, als ob es sein Wunsch, sein Wille wäre..

Die ersten zwei Monate nach Kammlers Ernennung waren hart und bitter. Ich mußte durch viele Etappen der Erniedrigung hindurch. Ich mußte das Durcheinander der vielen, aus Mangel an Sachkenntnis widerspruchsvollen, sich gegenseitig aufhebenden Befehle des Nichtsoldaten und Nichtfachmannes in Form von täglich bis zu 100 Fernschreiben auf mich herniederprasseln lassen.

Zunächst konnte ich nur tatenlos zusehen, wie der Einfluß meines Stabes durch radikale Eingriffe geschwächt wurde, wie die Leistungsfähigkeit sank. Ich mußte auch ruhig zusehen, wie die Spreu sich vom Weizen schied, Treibholz, dem ich vertraut hatte, ans andere Ufer schwamm. Ich konnte in dieser Lage niemand an meinen letzten Plänen teilhaben lassen. Alles mußte ich allein durchbeißen. So lange, bis ich Kammlers Vertrauen gewann und ihn überzeugte, daß ich für ihn ungefährlich war, ihm nicht in seine Maßnahmen dreinreden, Kritik üben und ihm schaden wollte, sondern daß ich ihm helfen, ihm nützlich sein konnte.

In diesen beiden Monaten mußte ich bis an die Grenze des menschlich Tragbaren gehen. Aber ich hatte die Raketen zu meiner Lebensaufgabe gemacht. Nur ihrer Entwicklung galt meine Arbeit. Wir mußten beweisen, daß ihre Zeit in der Geschichte der Menschheit gekommen ist. Dieser großen Verpflichtung gegenüber hatte alles Persönliche zurückzutreten. Es war nicht wichtig.

Mitte September griff der Befehlshaber des Ersatzheeres ein. Er verlangte eine klare Dienstanweisung. Nach langer Verhandlung einigte ich mich mit Kammler. Der Befehl, der die Grenzen der beiderseitigen Befugnisse endgültig klarstellte, kam am 30. September 1944 heraus und trug als militärisches Novum drei Unterschriften. Der Befehlshaber des Ersatzheeres, Jüttner, der Kammler kannte, wollte nur unterschreiben, wenn wir beide durch Unterschrift den Befehl als für uns bindend unterzeichneten.

Kammler übernahm den Fronteinsatz und hatte in grundlegenden Fragen Entscheidungsrecht. Ich selbst wurde Kammler nicht unterstellt. Ich war jedoch auf meinem Arbeitsgebiet sein ständiger Vertreter in der Heimat, ich hatte als Inspekteur der Fernraketentruppe die Truppenaufstellung und Ausbildung unter mir und steuerte als sein technischer Stab mit seinen Vollmachten Entwicklung und Nachschub.

So kam es zu einer Regelung, die mir das Verbleiben in meiner Stellung ermöglichte und bei einigem Geschick meinerseits sich für die Fernrakete nutzbringend auswirken konnte.

Wenn ..., ja, wenn wir überhaupt noch Zeit dazu hatten!

Die Vorgänge bis zu dieser Regelung waren abenteuerlich genug. Am Abend des 31. August war ich in Brüssel. Hier hatte Kammler seine erste Besprechung mit dem Chef des Stabes des LXV. Armeekorps, des vom Oberkommando der Wehrmacht eingesetzten Generalkommandos, das den V-Waffeneinsatz führen sollte. Kammler beanspruchte die Führung des A 4-Einsatzes für sich, obwohl seine Vollmachten bis dahin nur für das Heimatgebiet lauteten. Das LXV. Armeekorps lehnte ab. Es verlangte einen Befehl des Oberkommandos der Wehrmacht. Kammler dachte nicht daran, ihn einzuholen oder zu beantragen.

Als er am 8. September 1944 bei dem Ersteinsatz in Holland mit den Maßnahmen des höheren Artillerieführers 91, Generalmajor Metz, der den A 4-Einsatz befehligte, nicht einverstanden war, übernahm er einfach den Befehl. Generalmajor Metz trat zurück. Kammler wurde Divisionskommandeur der neu aufzustellenden Division zur besonderen Verwendung. Er hatte zu Hitler die kürzeste Verbindung über seinen Freund Fegelein. Ehe das Oberkommando der Wehrmacht eingreifen konnte, war Kammler durch Hitler längst bestätigt. Kurz darauf erlangte er die Selbständigkeit. Das LXV. Armeekorps war ihm jetzt uninteressant geworden, er hatte ja zunächst erreicht, was er wollte. Sein Ehrgeiz strebte aber weiter. Ende Dezember übernahm er das „Armeekorps zur besonderen Verwendung", das bisher als LXV. Armeekorps unmittelbar dem Oberkommando der Wehrmacht unterstellt gewesen war. Daraufhin ging General Heinemann. Nun unterstand Kammler unmittelbar Hitler. Er hatte sämtliche V-Waffen in der Hand. Seine Stellung war die eines Kommandierenden Generals. Wahrlich eine phantastische Laufbahn für einen Mann, der nicht einen Tag gedient und keinerlei militärische Ausbildung genossen hatte.

Rücksichtslos beseitigte er alle Truppenkommandeure, die mit ihm und seinen Maßnahmen nicht einverstanden waren. Wenige Wochen nach dem Ersteinsatz hatten sämtliche Kommandeure der Stäbe und der Truppe bis herunter zu den Abteilungen gewechselt. Kammler wollte keine Einsatzabteilungen mehr, er wollte Regimenter. Die Abteilungen wurden in Regimenter umgegliedert.

Vom 4. September an rollten die Raketen zur Front. 350 im September, 500 im Oktober, dann 600—900 im Monat. Es gab Pannen. Durch Lagerung und Regen quollen die Buchsen in den Trimmmotoren. Ersatz war nicht zu bekommen. Wir entschlossen uns zu Schnelltransporten. Die Raketen wurden nicht mehr in den Munitionsanstalten gelagert. Sie gingen nach Verlassen des Fließbandes im Mittelwerk sofort mit Eiltransport an die Front und wurden innerhalb von drei Tagen verschossen. Die Zahl der Ausfälle sank.

Technische Kommandos wurden von Peenemünde zur Einsatztruppe als Hilfen für das Fertigmachen neueingeführter Geräteteile abgestellt. Die erste Staffel meines Stabes unter Oberstleutnant Zippelius befand sich im Einsatzraum. Sie besorgte die Transporte, übergab die Raketen an die Batterien und regelte den Nachschub von Ersatzteilen.

Nun gab es kaum mehr Pannen. Alles schien glatt zu gehen. Auch die Entwicklung stand nicht still: Schußweitensteigerung, Verbesserung der Treffgenauigkeit und Wirkung waren ihre Ziele.

FEUERSTELLUNG „HEIDEKRAUT“

In den letzten Tagen des Monats Juli 1944 war die Lage in Heidelager kritisch geworden. Die russische Offensive machte ein weiteres Verbleiben unmöglich. Wir mußten Stellung wechseln und fanden etwa 15 km ostwärts Tuchel in den ausgedehnten, dichten Waldungen der Tucheler Heide unsere neue Feuerstellung „Heidekraut“. Wir schossen jetzt in allgemein südlicher Richtung.

Auch als die Frontverwendung am 6. September 1944 endlich eingesetzt hatte, wurden die Versuche dort fortgeführt. Das A 4 war, trotz aller Einwendungen, noch nicht fertig entwickelt. Die Streuung war zu groß, die Wirkung durch Verwendung des unempfindlichen Zünders unzureichend und die Zahl der Luftzerleger im absteigenden Ast noch nicht völlig ausgeschaltet.

Die Schwächen der Raketen mußten noch behoben werden. Daneben mußten optische, akustische und Funkmeßverfahren zur Einschlagermittlung entwickelt werden. An der Front konnte man die Einschläge nicht mehr durch Flieger beobachten lassen. Die Agentenmeldungen kamen meist so spät, daß sie für eine Schußkorrektur nicht mehr herangezogen werden konnten.

Unser Versuchsschießen konnte aber nur dann Erfolg haben, wenn wir eine entsprechend hohe Anzahl von Geräten zur Verfügung gestellt bekamen. Die geringe Zahl der in Peenemünde montierten Raketen reichte für eine schnelle Abschlußentwicklung nicht aus. Verbesserungen und neue Zusatzgeräte mußten im Mittelwerk in die Seriengeräte eingebaut werden.

Wir bekamen aber nur noch wenige Geräte für Versuchsschießen. Die Taktstraße des Mittelwerkes lieferte ab August 1944 pro Monat 600 Raketen. Das Werk hätte auf Grund seiner Fließbandeinrichtung ohne weiteres die Stückzahl auf das Doppelte erhöhen können.

Der Engpaß Alkohol legte uns jedoch fühlbare Beschränkungen auf. Hinzu kam, daß nach dem Einsatz und dem Verlust der im besetzten Gebiet in Lüttich und Wittringen an der Saar eingerichteten großen unterirdischen Sauerstofferzeugungsanlagen jetzt auch die noch zur Verfügung stehende Sauerstoffmenge die

Produktionszahl beeinflußte. Wir rechneten ein Sauerstofferzeugungsaggregat mit einer Tagesproduktion von rund 9 t gleich einem Schuß an der Front. Durch Umtanken von den Großtanks der Sauerstoff-Fabriken in die beinahe 48 t fassenden Eisenbahnkesselwagen, von da in die 5–8 t fassenden Straßenkesselwagen der Truppe, von diesen in die Rakete und durch Verluste während der Standzeit der Rakete vor dem Abschuß blieben von den 9 t nur ungefähr 5 t übrig, was genau einer Füllung der Rakete von 4,96 t Sauerstoff entsprach. Die großen Eisenbahnkesselwagen hatten einen Verdampfungsverlust von rund 350 Liter in 24 Stunden. Der Verdampfungsverlust in der Rakete vor dem Start betrug 2 kg pro Minute. Zusammen mit dem uns von den Hydrierwerken als Abfallprodukt gelieferten Sauerstoff stand uns aber insgesamt nicht mehr als eine 30–35 Erzeugungsaggregaten entsprechende Menge in Deutschland zur Verfügung.

Wir hatten also täglich rund 28–30 Schuß für die Front und 5–7 Schuß für Versuchsschießen und Abnahme der Verbrennungsöfen.

Da das Einschleusen der Versuchsserien in den Fertigungsfluß des Mittelwerkes mit Verzögerungen des Ausstoßes von Standardgeräten verbunden war, mußte ich in den ersten Monaten um die Genehmigung jeder Versuchsreihe für die Entwicklung mit Kammler, der den Einsatz leitete, ringen. Ihm schien es nur auf die Zahl der an der Front abgefeuerten Schüsse anzukommen. Er wollte möglichst viele Frontschüsse nach oben melden. Die erzielten Erfolge schienen zunächst gleichgültig zu sein. In dieser Zeit mußten wir ständig befürchten, daß eine Weiterentwicklung und die Versuche überhaupt eingestellt wurden.

Als dann allmählich Meldungen über Treffergebnisse einliefen, als die Zurücknahme der Front eine Schußweitensteigerung gebot und nach Aufstellung neuer Truppenverbände Raketen für die Schießausbildung angefordert wurden, sah Kammler ein, daß wir mehr Geräte brauchten. Aber bis zum Ende des Einsatzes blieb ihre Zahl im Verhältnis zu den umfangreichen Aufgaben, die noch zu lösen waren, verschwindend gering. Das Schießen einzelner Versuchsreihen zog sich über Wochen hin. Änderungs=

und Verbesserungswünsche konnten erst nach Monaten verwirklicht werden. Auf der anderen Seite forderte die Front schnellere Lieferung und Erhöhung der Stückzahl. So kamen wir nicht voran.

Durch kleinere, in der Standardtype der Rakete ausgeführte Verbesserungen wie Erhöhung der Druckminderereinstellung, d. h. Erhöhung des Verbrennungsdruckes durch Wegfall der durch das Integrationsgerät überflüssig gewordenen elektrischen Apparate, durch geringe Erhöhung der Betankungsmengen usw. konnten wir die Schußweite der Einsatzgeräte auf 320 km steigern. Einzelne Versuchsgeräte mit noch größeren Treibstoffbehältern erreichten bei Versuchsschießen von Peenemünde aus eine Schußweite von 480 km.

Aus Zeitungsmeldungen des neutralen Auslandes erfuhren wir, daß in England die Rakete am Ende der Flugbahn als rotglühende Kugel beobachtet worden war. Eine solche Beobachtung hatten wir noch nie gemacht. Wir wußten zwar, daß der dunkelgraugrüne Tarnanstrich durch die Reibungswärme zum Brennen gebracht werden konnte, hatten diese Gefahr jedoch durch einen Grafitanstrich des ganzen Flugkörpers vermindert.

Wieder einmal, zum letzten Male, war ich Ende Dezember 1944 in „Heidekraut". Ich hatte mit dem Kommandeur der Lehr- und Versuchsabteilung, Oberstleutnant Moser, die Maßnahmen für eine infolge des russischen Vormarsches in Polen notwendige Räumung von „Heidekraut" besprochen. Er sollte zunächst in die Waldungen südlich Wolgast umziehen. Sein Zielgebiet sollte dann in dem weiten, unbewohnten Gebiet der Tucheler Heide ausgewählt werden.

Die Batterien hatten bei schlechtem Wetter, Schnee und Regen geschossen. Es war Nachmittag. Die letzte Rakete sollte bei Nacht abgefeuert werden. Der Himmel hatte sich aufgeklärt. Hell leuchteten die Sterne in der klaren, kalten Winternacht. Es war schon nach 23 Uhr, als die helle Zündflamme den Himmel rötete. Die Rakete ging auf ihre Bahn. Grell leuchtend beschrieb der Gasstrahl, der allein sichtbar war, den Umlenkbogen.

Ich stand auf dem Trittbrett eines Wagens unseres Spezialeisenbahnzuges auf dem kleinen Bahnhof Lindenbusch inmitten der weiten Wälder der Tucheler Heide.

Brennschluß erfolgte zur eingestellten Zeit. Am dunklen Himmel konnte ich mit dem Glase den hellen, kleinen Lichtpunkt der weißglühenden Grafitruder deutlich sehen. Ich war gespannt, wie lange ich die Rakete auf ihrem Wege verfolgen konnte. Ich hatte die Armbandstoppuhr im Augenblick des Abschusses anlaufen lassen, hatte sie in den Wagen hineingereicht und ließ mir nun die Zeit zurufen.

Immer noch konnte ich den schwachen Lichtpunkt sehen, 2, 3, 4 Minuten lang. Infolge der Erdkrümmung erschien die Bahn sehr kurz. Jetzt, nach 4 Minuten, war der Lichtpunkt gar nicht mehr so hoch am Himmel. Erst nach 4 Minuten und 32 Sekunden verschwand er in der Dunstschicht der Erde. Über 200 km weit hatte ich die Flugbahn der Rakete verfolgen können.

Es schien mir nun, als hätte ich eine Erklärung für das Sichtbarwerden der Rakete bei Nachtschießen gefunden. Die Beobachter hatten die glühenden Grafitstrahlruder gesehen und sie infolge der hohen Fluggeschwindigkeit für die Rakete selbst gehalten.

Mitte Januar 1945 mußte „Heidekraut" geräumt werden. Im tiefen Schnee erreichte die Fernraketen-Lehr- und Versuchsabteilung mit allen Fahrzeugen und Einrichtungen die Wolgaster Waldungen, um von hier aus Mitte Februar, ohne je zum Schießen gekommen zu sein, noch einen letzten Stellungswechsel in die Gegend von Rethen an der Weser mit Schußrichtung Norden längs der Schleswig-Holsteinschen Küste vorzunehmen. Aber auch aus dieser Feuerstellung wurde nicht mehr geschossen.

Die Versuchsschießen der Truppe mit dem A 4 waren endgültig eingestellt worden. Am 3. April 1945 ordnete Kammler die Umorganisation der Lehr- und Versuchsabteilung in ein Infanteriebataillon seines Armeekorps z. V. an. Dieser Befehl wurde jedoch nicht mehr ausgeführt.

ALLERLEI SONDERENTWICKLUNGEN

Neben den unmittelbar das A 4 betreffenden Entwicklungen beschäftigten sich Peenemünde und einschlägige Firmen noch zu so später Stunde mit einer Reihe von besonderen Einsatzmöglichkeiten, Einsatzverfahren und Abwandlungen der Raketenwaffen.

Im Herbst 1943 war Direktor Lafferenz von der Deutschen Arbeitsfront bei mir gewesen und hatte mir erzählt, daß er, entgegen den Voraussagen der Marine, durch praktische Versuche nachgewiesen habe, ein U=Boot könne bis zu 3 etwa 30 m lange, zigarrenförmige, tauchfähige Schwimmbehälter im Schlepp mit sich führen. Wir möchten doch einmal untersuchen, ob wir nicht unser A 4 aus diesen Schwimmtanks verschießen könnten. Es gäbe dann die Möglichkeit, überseeische, großflächige, militärische Ziele auf Hunderte von Kilometern von See aus zu beschießen.

Diese Aufgabe hatte uns interessiert. Wir hatten schon im Sommer 1942 in der Nähe der Greifswalder Oie Versuche mit dem Schießen von Pulverraketen aus dem U=Boot gemacht. Die Sache war damals von Steinhoff ausgegangen. Er hatte die von meiner Abteilung entwickelten schweren Wurfgeräte, die Pulverraketen der Nebeltruppe, gesehen. Sein Bruder war U=Boot=Kommandant und sollte in nächster Zeit auf Fernfahrt auslaufen. Wir sprachen darüber, und da kam uns ein Gedanke. Raketen arbeiten auch unter Wasser. Wie, wenn wir 20 bis 30 solcher Geschosse mit Flammöl= oder Sprengstoffüllung schußbereit an Bord des U=Bootes unterbrachten, das Boot dann getaucht bis auf drei Kilometer an die Küste heranfuhr und im getauchten Zustand die Raketen auf große, an der Küste aufgestellte Treibstoffbehälter abschoß? Dann mußte es durch das sich beim Aufschlag entzündende Flammöl möglich sein, die Benzin= und Öltanks in Brand zu setzen.

In Swinemünde wurden von Peenemünder Arbeitern behelfsmäßig Abschußgestelle auf Deck des Bootes aufmontiert und wenige Tage später aus einer Wassertiefe von 10 bis 15 Metern mehrere Salven abgefeuert. Im getauchten U=Boot war von dem Abschuß überhaupt nichts zu merken. Die Flugbahn der Geschosse war einwandfrei, sogar eine kleinere Streuung und eine leichte Er=

höhung der Reichweite war durch die anfänglich bessere Führung der Geschosse im Wasser eingetreten. Es war ein unerhörter Eindruck gewesen, als plötzlich aus dem völlig ruhigen Wasser der Ostsee diese 20 schweren Pulverraketen heulend und brausend aufstiegen.

Mit dem behelfsmäßigen Aufbau hätte ein Soforteinsatz Erfolg gehabt. Aber ... das Marinewaffenamt, die zuständige Stelle für alle Waffenentwicklungen der Marine, erkannte unseren Behelfsaufbau, der völlig seinen Zweck erfüllt hatte, nicht an. Die Marine mußte selbst konstruieren. Es vergingen Monate, ein Jahr. Das U-Boot war ohne Raketen ausgelaufen. Später war infolge der geringen Reichweite der Geschosse ein Erfolg nicht mehr zu erwarten.

Peenemünde beschäftigte sich eingehend mit den von Direktor Lafferenz gestellten Fragen. Ein U-Boot konnte für eine 30tägige Fahrt bei einer Durchschnittsgeschwindigkeit von 12 Seemeilen pro Stunde drei solche rund 500 t wiegende Schwimmkörper nach sich ziehen. Vom Boot aus konnte ihr Unter- und Auftauchen veranlaßt werden. Im Hohlraum eines solchen Körpers war ohne Schwierigkeit ein A 4 mit den erforderlichen Treibstoffmengen unterzubringen. An der Abschußstelle angekommen, konnten die Schwimmer teilgeflutet werden, so daß sie senkrecht im Wasser standen. Die obere Verschlußkappe sollte dann hochgeklappt und das auf einer kreiselstabilisierten Plattform stehende A 4 nach Tanken, Schußfertigmachen und Seitenausrichtung abgeschossen werden.

Die bei der Ausführung der Konstruktion zu erwartenden Schwierigkeiten waren nicht so groß, daß sie nicht hätten behoben werden können. Aber die Bearbeitung war durch die beim A 4 aufgetretenen Pannen vorübergehend zurückgestellt worden. Jetzt, Ende 1944, wurde sie wieder aufgenommen. Mitte Dezember wurde eine umfassende Denkschrift über die bisher durchgeführten Vorversuche ausgearbeitet, wir stellten Überlegungen an und skizzierten einen ersten Konstruktionsentwurf. Die Räumung Peenemündes in der ersten Februarhälfte 1945 setzte auch unter dieses an sich nicht aussichtslose Vorhaben einen endgültigen Schlußstrich.

Am 14. November 1944 hatte in Misdroy auf der Insel Wollin die Vorführung einer durch den Ingenieur Cönders der Firma Röchling, Saarbrücken, entwickelten, ungefähr 60 m langen Versuchsgleichdruckkanone stattgefunden. Man hatte dazu eine Düne im Winkel von 45° abgeschrägt. Auf dieser Schräge ruhte ohne Lafette und Schwenkmöglichkeit auf Holzböcken und Betonsockeln dieses neuartige Geschütz.

Die Artilleriewaffen waren bisher nicht in mein Aufgabengebiet gefallen. Da aber Kammler die gesamten V-Waffen an sich gerissen hatte, mußte ich mich jetzt auch mit diesem Gerät beschäftigen. Das Geschütz war nach einem Vorschlag des Direktors Röchling auf Befehl Hitlers entwickelt worden. Im Einsatzraum in großen Stückzahlen unterirdisch nebeneinander eingebaut, sollten sie von der Kanalküste aus Südengland mit einem ständigen Regen pfeilstabilisierter Geschosse vom 15-cm-Kaliber überschütten. Das Geschütz nannte sich „Hochdruckpumpe", „fleißiges Lieschen" oder „Tausendfüßler". Das Material der Rohre war aus nicht legiertem Gußstahl. Eine Vielzahl von 4 bis 5 m langen T-Stücken war zu einem Geschützrohr zusammengesetzt. Mit der geplanten Rohrlänge von fast 150 m sollte 170 km Schußweite erreicht werden. Die Granate wurde an einem Ende in das Rohr eingeführt. Eine Grundladung gab ihr nach der Zündung die erste Beschleunigung. Beim Vorbeigang der Granate an den einzelnen T-Stücken entzündeten sich jeweils die in den Seitenarmen untergebrachten zusätzlichen Pulverladungen, so daß das Geschoß immer mehr und mehr beschleunigt wurde. Zur Bedienung war eine Unzahl von Mannschaften erforderlich, die auf rechts und links neben dem Rohr emporführenden Treppen standen und zwischen den Schüssen neue Pulverladungen in die T-Stücke einlegten. Man hoffte so eine Feuergeschwindigkeit von einem Schuß pro Rohr in 5 Minuten zu erreichen.

Der für dieses Geschütz gebaute Einsatzbunker bei Calais war bereits von Bombenangriffen zerstört und in den Händen der Gegner. Die Entwicklung des Geschützes war noch keineswegs abgeschlossen. Fast bei jedem dritten Schuß gab es Rohrsprengung, es mußten neue Zwischenstücke eingebaut werden.

Bei dem Gedanken, dieses Gerät trotzdem an die Front zu bringen, konnte ich nur den Kopf schütteln. Ich war nicht der einzige, dem es so ging. Alle an der Vorführung Beteiligten waren sich darüber einig, daß die Weiterentwicklung und der Einsatz dieses Gerätes für den Ausgang des Krieges ohne jede Bedeutung waren. Hitler hatte jedoch den sofortigen Abschluß der Arbeiten und die Frontverwendung befohlen. So kam es, daß ich die Aufstellung der Truppe und die materiellen Vorbereitungen für den Fronteinsatz jetzt übernehmen mußte. Im Januar 1945 kamen nur zwei verkürzte Versuchsrohre, mit denen eine Schußweite von 60 km erreicht wurde, gegen Antwerpen und die Gegend von Luxemburg zur Verwendung. Aber nur wenige Schüsse wurden abgegeben, dann wurden die Rohre gesprengt.

Noch eine andere Entwicklung war vor ihrem Abschluß zu bearbeiten. Am 15. November 1944 hatte in Leba eine Besichtigung einer von der Firma Rheinmetall unter Leitung von Direktor Klein und Dr. Vüllers entwickelten Pulver-Stufen-Rakete stattgefunden. Dieses Gerät trug die Bezeichnung „Rheinbote".

Ausgehend von der richtigen Überlegung, daß der Pulververbrauch für ein Ferngeschütz mit Normalgeschoß und einer Reichweite von über 120 km fast der gleiche ist wie für eine Pulverstufenrakete gleicher Schußweite, und daß bei noch größeren Entfernungen die Pulverrakete noch günstigere Ergebnisse haben würde, hatte Rheinmetall diese Entwicklung unternommen. Das sehr hohe Gewicht der schwersten Ferngeschütze konnte durch Verwendung von Stufenraketen gleicher Leistung auf ein Minimum reduziert werden. Das einzige grundlegende Problem war die große Streuung der Raketen. Das Geschoß bestand aus 4 Stufen. Diese hatten zur Stabilisierung Flossen. Der Durchmesser der einzelnen Stufen nahm nach der Spitze zu ab, nach Ausbrennen der ersten wurde durch Zeitzünder die zweite Stufe gezündet. Die erste Stufe fiel ab, und der Rest der Rakete flog weiter. Nach Abbrennen der übrigen Stufen flog schließlich nur noch die Stahlhülle der letzten Stufe mit dem Sprengkopf weiter. Mit dieser 11 m langen Rakete konnte eine Reichweite von 160 km erreicht werden. Der Geschoßkopf hatte ein Gewicht von 40 kg und eine Sprengstoffüllung von rund 20 kg. Das Gesamtgewicht der Rakete betrug 1650 kg mit einer Treibsatzpulvermenge von 580 kg. Die Feuergeschwindigkeit konnte auf einen Schuß pro Stunde und Gerät gesteigert werden.

Als Abschußgerät wurde unser Fernraketentransportfahrzeug, der Meillerwagen, verwendet. Der Tragarm war als Gleitbahn ausgebildet worden. Mit der hydraulischen Aufrichtevorrichtung konnte die erforderliche Erhöhung gegeben werden. Seitenkorrektur war nur durch Schwenken des Wagens möglich. Auch dieses Gerät war in der Entwicklung noch keineswegs abgeschlossen. Die Streuung war außerordentlich groß.

Aus einer kleinen Kiefernanpflanzung wurden mehrere Schuß mit scharfer Füllung des Geschoßkopfes abgefeuert. Es war ein ungewohnter Anblick, die Tragarme unserer Meillerwagen mit den darauf liegenden schlanken, langen Pulverraketen mit 45° Erhöhung über die niedrigen Bäumchen hervorragen zu sehen. Der Himmel war bedeckt, und schwere Regenwolken jagten sich in ungefähr 1000 m Höhe. Die ersten Schüsse gingen gut ab. Man hörte das in bestimmten Zeitabständen einsetzende Brennen der verschiedenen Stufen und das tiefe, gurgelnde Geräusch der sich überschlagenden, zu Boden fallenden leergebrannten Stufen. Beim dritten Schuß mußte das Leitwerk einer Stufe auf der Gleitbahn irgendwie angeschlagen haben, jedenfalls stieg die Rakete fast senkrecht empor. In unserem schmalen Deckungsgraben nahmen wir doch unwillkürlich etwas tiefer Deckung. Die einzelnen Stufen mußten ja auf uns herunterfallen.

Nachdem die ersten drei Stufen, ohne Schaden anzurichten, in den Kiefern aufgeschlagen waren, warteten wir auf die vierte, die letzte Stufe. Das war ein scharfer Geschoßkopf. Die Splitterwirkung konnte gefährlich werden. Nach Minuten hörte man das pfeifende Geräusch des fallenden Geschosses und kurz darauf den Einschlag am linken Flügel der Batterie. Die Detonation erschien nicht sehr stark. Es war nichts passiert. Als wir an der Einschlagstelle ankamen, sahen wir uns doch etwas überrascht und betreten an. Ein kleiner flacher Trichter von 1,20 m Durchmesser im lockeren Sandboden. Wenig oder fast gar keine Splitterwirkung. Und dafür 580 kg Pulver verbrennen und 2 t Eisen in die Gegend werfen?

Wir waren uns einig darüber, daß diese Waffe mit ihrer Schuß=leistung und der geringen Wirkung nutzlos, ja völlig nutzlos sein würde. Auf Befehl Hitlers und Kammlers sollte sie jedoch noch zum Einsatz gebracht werden.

So kam es, daß ab Anfang Dezember ein Zug der Batterie mit 2 Abschußgeräten aus der Gegend südlich „Heidekraut" Treffbilder als Unterlagen für einen Frontgebrauch schoß. Wir hatten die größte Mühe, die Einschläge überhaupt zu finden. Meistens gelang es nicht. Trotzdem wurde die Frontverwendung befohlen, und ab Mitte Januar 1945 stand eine Batterie in Holland mit der Schuß=richtung zum Antwerpener Hafen. Sie wurde nach der Abfeuerung von ungefähr nur 200 Pulverraketen aufgelöst.

Schon zu Beginn der Entwicklung unseres A 4 wurden wir bei den Überlegungen über die verschiedenen Einsatzverfahren neben dem Schießen aus dem Bunker oder motorisierten, geländegängigen Fahrzeugen auf die Möglichkeit eines Abschusses von schienen=gebundenen Spezialwagen aus hingelenkt. Ende 1942 waren die ersten Eisenbahnabschußwagen im Versuchsmuster fertig und in Peenemünde auf Prüfstand VII in Erprobung. Die Vor=bereitungen zum Abschuß sollten in doppelgleisigen Eisenbahn=tunnels erfolgen, dann der Transport= und Aufrichtewagen mit dem auf die Schienen aufzusetzenden und festklemmbaren Abschußtisch unmittelbar vor den Tunneleingang gefahren und die Rakete dort durch Hochklappen des Tragarmes aufgestellt, schußfertig gemacht und verschossen werden. Das Verfahren war fast das gleiche wie beim motorisierten Einsatz.

Die zunehmende Verschlechterung der Luftkriegslage im Westen hatte uns ebenso wie die vorteilhaftere große Beweglichkeit beim motorisierten Einsatz bewogen, die Weiterarbeit an diesem Ver=fahren einzustellen. Nun, Ende 1944, verlangte Kammler die Wie=deraufnahme dieser Entwicklung. Seine Überlegungen waren mir nicht bekannt. In Peenemünde fanden in den letzten Monaten des Jahres eingehende Versuche statt. Ich konnte mir bei der herrschen=den Luftkriegslage nicht denken, daß dafür noch Möglichkeiten bestehen sollten und war deshalb nur mit halbem Herzen dabei. Es kam auch, wie ich geahnt hatte. Im Januar 1945 wurden, nach=

dem alle Maßnahmen getroffen waren, die Weiterarbeiten gestoppt und die Einsatzvorbereitung eingestellt.

Die Forderung nach einer Schußweitensteigerung machte die sofortige Wiederaufnahme der Entwicklung des seit Frühjahr 1943 zurückgestellten A 4 mit Flügeln notwendig.

Das Projekt A 4 mit Flügeln nannten wir A 9. Seit Beginn des Krieges waren wir uns darüber klar, daß neben dem A 4 eine eigene A 9-Entwicklung nicht gleichzeitig unternommen und noch in diesem Kriege zur Verwendung gelangen konnte. Die Fülle der zu lösenden Probleme hätte zuviel Kräfte der ohnehin schon unter Personalmangel leidenden Heeresversuchsstelle Peenemünde gebunden.

Trotzdem waren seit Frühjahr 1940 Untersuchungen im Windkanal über die geeignete Form der Überschallflügel und die Leitwerksform des A 9 aufgenommen worden. Nun wurden diese Ergebnisse in Eile herausgeholt und ein Versuchsprogramm aufgestellt.

Am 8. Januar 1945 startete das erste Gerät. In ungefähr 30 m Höhe über der Abschußstelle versagte die Steuerung. Wenige Tage später konnte ein neues Gerät wegen Leckwerden des Spiritusbehälters nicht verschossen werden.

Dann endlich, am 24. Januar 1945, gelang der erste Schuß. Das Gerät erreichte in senkrechtem Aufstieg eine Gipfelhöhe von fast 80 km bei einer Maximalgeschwindigkeit von 1200 m/sec. Einwandfrei ging dieses reine Raketenflugzeug mit einer Flügelfläche von ungefähr 13,5 qm durch die Schallgeschwindigkeit, das heißt, es erreichte Überschallgeschwindigkeit. Es flog stabil und automatisch gesteuert im Unterschall- und Überschallbereich. Im absteigenden Ast der Flugbahn gab es nach dem Einschwingvorgang am oberen Rand der Atmosphäre und kurz nach Beginn des Gleitens einen Flügelbruch. Das Ergebnis war zunächst durchaus befriedigend. Unsere Erwartungen waren voll erfüllt worden.

Auch bei dieser Konstruktion waren also unsere Überlegungen richtig gewesen. Es war möglich, Raketenflugzeuge mit mehrfacher Schallgeschwindigkeit fliegen zu lassen. Die Landung eines solchen Flugzeuges konnte mit Hilfe von Brems- und Landeklappen erreicht werden. Die Aufgabe, die ich mir neben der Höhenforschung als erste für die Nachkriegszeit gestellt hatte, nämlich die Landung nach dem Flug im luftleeren Raum, eilte ihrer Lösung entgegen.

So war also ein gewaltiger Schritt in der Entwicklung der ersten Zwischenstufe zum Raumschiff getan. Raketenflugzeuge konnten in der oberen Stratosphäre, in 20 bis 25 km Höhe, weite Strecken mit unfaßbarer Geschwindigkeit zurücklegen und sicher landen. Wenn es nun noch gelänge, den vollen Raketenschub nur so lange wirken zu lassen, bis wir in dieser Höhe mit sehr hoher Überschall=geschwindigkeit horizontal und in Zielrichtung flögen, und dann entweder in Gleitflug überzugehen oder ein kleines Marschtrieb=werk mit geringstem Treibstoffverbrauch einzuschalten, ja dann könnten wir Tausende von Kilometern mit wirtschaftlich tragbaren Mitteln überbrücken.

Diese Gedanken beschäftigten uns im Jahre 1944. Wenn wir sie in die Tat umsetzten, konnten wir hoffen, in wenigen Jahren nach dem Kriege den internationalen Verkehr mit neueren, größeren Baumustern zu bereichern. Diese neuartigen Verkehrsmaschinen würden in Geschwindigkeit und Reichweite niemals von normalen, mit Propeller= oder Luftstrahltriebwerken angetriebenen Flugzeu=gen erreicht werden.

Das Problem war schon jetzt im Grunde kein Problem mehr. Es war nur eine Frage der technischen Durchbildung und der zur Ver=fügung stehenden Entwicklungszeit. Aber die infolge der Kriegs=lage notwendig gewordene Verlagerung Peenemündes brach die Weiterführung auch dieser Versuche ab.

In diesem Zusammenhang wäre auch anzuführen, inwieweit wir ganz allgemein eine Nutzanwendung von Atomenergie für das Raketentriebwerk in Erwägung gezogen hatten. Nach 1943 hatten wir mit Prof. Heisenberg Verbindung aufgenommen, um uns über den Stand der praktischen Möglichkeiten zu unterrichten. Er konnte uns keinerlei verbindliche Zusage irgendwelcher Art machen.

Ich mußte mich nun auch wieder mit der „Wasserfall"-Entwicklung beschäftigen. Die Konstruktion und den Zweck dieser großen Flakrakete kannte ich längst.

Der „Wasserfall" wurde genau wie das A 4 senkrecht von einem Tisch abgeschossen, wurde nach optischer Sicht ferngesteuert und hatte einen Wirkungsbereich von 26 km Radius und 18 km Höhe. Die Entwicklung war noch nicht beendet. Man hatte bisher mit dem „Wasserfall" 600 m/sec Fluggeschwindigkeit erreicht.

Einer Vorführung des „Wasserfall" und auch der übrigen gesteuerten Flugkörper hatte ich zuletzt im Herbst 1944 beigewohnt. Ich war von der Veranstaltung tief erschüttert gewesen. Auf die Gründe dafür will ich hier näher eingehen.

Ich sollte also am 30. Oktober 1944 im Rahmen einer Luftwaffenvorführung dieser Flakrakete auf der Abschußstelle unseres „Wasserfall" vor Prüfstand IX kurz Vortrag halten und möglichst auch einen Abschuß eines A 4 zeigen.

Diesmal war Göring unser hoher Gast. Nachdem er die in großer Zahl erschienenen Vertreter des Munitionsministeriums und der Luftwaffe begrüßt hatte, kam er auf dem Wege zu dem kleinen Wellblechschuppen, in dem Modelle und Zeichnungen der verschiedenen vorzuführenden Geräte ausgestellt waren, an mir vorbei. In meiner Heeresuniform fiel ich ihm unter all den Luftwaffenoffizieren auf. Fragend sah er nach mir um. Saur stellte mich ihm wieder einmal vor.

Ich hatte Göring seit dem Frühjahr 1939, seit jener Vorführung auf unserer Versuchsstelle West in Kummersdorf, nicht mehr gesehen. Er hatte sich so verändert, daß mir seine Erscheinung unfaßbar war. Es war um Göring zwar in den letzten Jahren wesentlich ruhiger geworden. Aber noch war er Reichsmarschall des Großdeutschen Reiches und Oberbefehlshaber der Luftwaffe.

Knallrote, weiche, saffianlederne Reitstiefel mit silbernen Sporen zogen zunächst den Blick an. Göring trug einen außerordentlich dicken, mit dem Fell nach außen getragenen, weiten und langen Pelzmantel aus australischem Opossum. Als der schwere Mann, auf kleinen Füßen unsicher gehend, auf mich zukam und dabei der offene Mantel zur Seite klappte, sah ich seine hellgraue Flieger= uniform, den Pour le mérite und das Großkreuz des Eisernen Kreuzes. Eine fast weiße, hellgraue Fliegermütze und der Interims= stab zum Marschallstab ergänzten seinen phantastischen Aufzug. Platinringe mit riesigen, tiefroten, in ihrer Klarheit leuchtenden Rubinen glänzten an seinen weichen, dickfingerigen Händen. Seine einst energischen Gesichtszüge waren schlaff, apathisch und er= schreckend aufgeschwemmt. Helle, jedoch unruhige Augen sahen mich an. Ich hatte den Eindruck eines an allem Geschehen uninter= essierten, energielosen und gesättigten Genußmenschen.

Und dabei war die Luftkriegslage so verzweifelt, so bitter ernst. Ich war wie vor den Kopf geschlagen.

Die Vorführung sollte ein Bild des damaligen Entwicklungs= standes der gesteuerten Flugzeugabwehrraketen geben und eine Entscheidung erleichtern, an welchen Typen weitergearbeitet wer= den sollte.

Ich ging mit Göring in den Wellblechschuppen. Während die ein= zelnen Entwicklungsleiter über ihre Geräte sprachen, schritt Göring vor den an den Wänden aufgehängten Zeichnungen entlang. Er be= trachtete die bunten Schnittzeichnungen und die Kurven der Lei= stungen und Wirkungsbereiche. Vielmehr, er tat so, als ob er sie betrachtete. Er sah sie aber gar nicht an. Er war völlig uninteres= siert. Ich ging neben ihm her. Alle fünf Minuten etwa begannen seine Augen sich zu drehen, bis man nur noch das Weiße des Aug= apfels sah. Er schwankte, griff in die Manteltasche, schluckte eine kleine, runde, rosarote Pille. Schlagartig richtete er sich wieder auf und schien wieder ganz normal. Nach fünf Minuten der gleiche Vorgang.

Er klopfte mit seinem Stock gegen die Modelle und die Zeich= nungen und rief, wenn einer der Vortragenden verwirrt schwieg, „Fahren Sie fort!"

Es war gespenstisch. Er warf kaum je eine Frage ein. Schließlich, nachdem die Vorträge eine halbe Stunde gedauert hatten, wurde er lebhafter, stellte zwei, drei bissige Fragen und sagte dann abschlie=

ßend: „Das habe ich ja alles schon vor dreiviertel Jahren gehört. Zeigen Sie mir, was es Neues gibt."

Wir gingen zum Dach des kleinen Meßhauses der „Wasserfall"-Entwicklung. Während er langsam die Treppe an der Außenwand des Hauses hochstieg, zog er einen schweren Revolver aus der Tasche, warf ihn mehrmals in die Luft und fing ihn wieder auf. Mit der Bemerkung, daß die Waffe geladen und nicht gesichert sei, nahm der Adjutant sie ihm schließlich ab.

Etwa 100 m vor dem Meßhaus standen in einer Reihe vier verschiedene Flugkörper abschußbereit. Nach wenigen Minuten fiel der erste Schuß. Das Wetter war schlecht. In etwa 2 km Höhe zogen schwere Wolken über den grauen Himmel, in denen alle Raketen nach wenigen Sekunden verschwanden. In keinem Falle war zu sehen, daß die nach optischer Sicht arbeitenden elektrischen Fernlenkgeräte auch nur den geringsten Einfluß auf die Geschosse hatten und irgendwelche Steuerkommandos von ihnen ausgeführt wurden. Göring wurde wütend und schrie: „Wenn das alles ist, was Sie mir vorführen, dann können Sie mir gestohlen werden. Das habe ich alles schon vor einem Jahr mit genau dem gleichen Erfolg gesehen."

Er kam die Treppe wieder herunter, sah mich und fragte: „Wann schießen Sie? Ich will die V 2 sehen!"

Ich hatte ihm auf dem Wege zum Meßhaus kurz eine im Walde aufgestellte Rakete A 4 gezeigt, einige Worte über die Reichweite und Treffgenauigkeit gesprochen und auf die aufgestellten Transportfahrzeuge hingewiesen. Göring war wie umgewandelt gewesen. Er hatte gelacht und gestrahlt und immer wieder dieses große Geschoß von allen Seiten betrachtet.

„In einer Stunde, nach dem Programm. Die Vorführung geht zu schnell, wir werden nicht früh genug fertig, um anschließend gleich schießen zu können", sagte ich ihm.

„Machen Sie, daß Sie fertig werden. Das, was die mir hier vorführen wollen, sind ja doch nur olle Kamellen, mit denen sie nicht zu Rande kommen."

Nach einer Besprechung von einer halben Stunde kam er wieder aus dem Meßhaus heraus. Ich hatte inzwischen versucht, die Abschußvorbereitungen zu beschleunigen.

Noch waren es zehn Minuten und Göring fragte: „Wo steht die Rakete?"

„Aus Sicherheitsgründen da hinten im Wald. 500 m entfernt. Sie können sie von hier nicht sehen."

Er stampfte mit dem Fuße auf: „Ich will sie aber sehen!"

„Beim Abschuß kommt sie sofort langsam aus den Bäumen heraus. Dann ist sie klar und deutlich zu erkennen."

Er setzte ein Riesendoppelglas an die Augen und sah in die Richtung, die ich ihm gewiesen hatte.

„Die Rakete fliegt zuerst ganz langsam. Es genügt, wenn Sie erst dann zum Glase greifen, wenn sie, aus dem Walde kommend, sichtbar wird."

Göring benahm sich wie ein aufgeregtes kleines Kind. Immer wieder sah er durch das Doppelglas. Dann schließlich stieg Qualm aus dem Walde auf. Das Dröhnen der kleinen Brennstufe wurde hörbar, und unter grollendem Donner stieg die Rakete senkrecht in die Höhe. Der Umlenkbogen setzte ein, und der Flugkörper verschwand in östlicher Richtung in den Wolken.

Lachend drehte Göring sich um. Sein Riesenmantel umfing mich. Er drückte mich an sich, klopfte mir den Rücken und sagte: „Das ist ganz groß. Das ist etwas für den ersten Parteitag nach dem Kriege."

30. Oktober 1944! Ich war erschlagen!

Göring wollte einen zweiten Schuß sehen. Wir hatten für den Fall des Versagens der ersten Rakete einen zweiten Schuß vorbereitet. Bis zum Abschuß mußte jedoch noch mindestens eine Stunde vergehen. Göring ließ das Verdeck seines Wagens zurückklappen, befahl, daß einer ihn begleiten und ihm ständig die Richtung zeigen solle, in der die Rakete sichtbar würde. Dann fuhr er, das Gesicht rückwärts gerichtet, zur Versuchsstelle der Luftwaffe nach Peenemünde West.

Als ich dort nach einer Stunde ankam, stand Göring vor einer der großen, durch Bombenangriffe beschädigten Flugzeughallen. Dr. Kramer von der Ruhrstahl AG hielt ihm Vortrag über eine kleine, durch Draht gesteuerte, von Bord eines Flugzeuges abzufeuernde Flugzeugabwehrrakete, das X 4.

Sofort eilte Göring auf mich zu. „Wann schießen Sie? Von wo aus kann ich die Rakete sehen?"

Ich versicherte ihm, in ungefähr zehn Minuten könne er von der Stelle, wo er stehe, alles ganz genau verfolgen. Nur unwillig beruhigte er sich. Aufgeregt, mit dem Doppelglas in der Hand, ging er auf dem grünen, kurzgehaltenen Rasen vor der Halle auf und ab. Er hörte nur halb zu, als Kramer verzweifelt in seinem Vortrag fortfuhr:

„Herr Reichsmarschall, ich muß Ihre Entscheidung heute haben, daß das X 4 nunmehr in die höchste Dringlichkeitsstufe eingereiht wird. Ich muß diese Entscheidung haben, sonst können wir die Entwicklung nicht abschließen!"

Wie oft hatte ich solche Worte selbst gesprochen! Ich konnte mich in die Lage Kramers hineindenken. Er führte den gleichen Kampf, zu dem ich schon jahrelang gezwungen worden war. Ich wußte, daß ohne diese Dringlichkeit eine solche Entwicklung kurzzeitig unmöglich abgeschlossen werden konnte.

Göring antwortete nur resigniert lächelnd: „Was hat es für einen Zweck, wenn ich es Ihnen zusage? Bis ich nach Hause komme, hat bestimmt wieder irgendeine Abteilung meines Generalstabes meinen Entscheid aufgehoben. Ich habe in meinem eigenen Laden nichts mehr zu sagen."

Auch unser zweiter Abschuß ließ Göring vor Freude in die Hände klatschen. Er schimpfte auf seine eigenen Entwicklungsleute und sagte schließlich: „Warum geht es hier bei dem und nicht bei euch? Laßt euch zeigen, wie es gemacht werden muß!"

Arme Luftwaffe!

Dann fuhr er ab.

„ARBEITSSTAB DORNBERGER" – ZU SPÄT!

Die Luftkriegslage wurde immer ernster. Tag und Nacht brauste ein ununterbrochener Bomberstrom über Deutschland hinweg. Unsere Abwehrerfolge wurden, relativ gesehen, immer geringer. Es war nur eine Frage der Zeit, wie lange es noch dauern würde, bis alle Verkehrsknotenpunkte, Städte und Industrieanlagen in Trümmern lagen.

Jedesmal, wenn ein Bomberverband dumpf grollend über mich dahinzog, faßte mich ohnmächtige Wut über die von unseren für die Luftrüstung verantwortlichen Stellen seit Kriegsbeginn bewiesene Kurzsichtigkeit und über den Mangel an jeglicher Einsicht, wie gering doch unsere zur Verfügung stehende industrielle Rüstungskraft im Vergleich zu derjenigen der Vereinigten Staaten war.

Was hatten wir alles zu entwickeln und einzuführen versucht! Von Braun hatte schon 1939 einen in 60 Sekunden auf 10 km Höhe steigenden, senkrecht startenden, bemannten und bis in die Höhe des Bomberverbandes ferngesteuerten Raketeninterzeptor entworfen. Noch sehe ich die verächtlich lächelnden Gesichter des Reichsluftfahrtministeriums vor mir, als im Herbst 1941 unser Vorschlag endgültig abgelehnt wurde.

„Die Abwehr besorgen unsere Jäger!"

Damit war die Sache abgetan worden. Damals schon wußte ich die Zeit nicht mehr fern, wo sie nach diesen Waffen schreien würden. Dann sollte alles in „fünf Minuten" bereitstehen.

Die gleiche Kurzsichtigkeit hatte auch die Abschlußentwicklung und Massenfabrikation der deutschen, von einem Mann zu bedienenden Raketenpanzerabwehrwaffe verhindert. Nach den ersten großen Rückschlägen in Rußland hatte ich im Februar 1942 eine solche Waffe vorgeschlagen. Wir hatten entsprechende Versuche gemacht. Es handelte sich um raketenangetriebene Hohlladungsgranaten. Wir brauchten nur die Genehmigung der Inspektion der Infanterie, um Hunderttausende dieser billigen Waffen zu fertigen. Die Inspektion lehnte ab. Es sei unmöglich, den Infanteristen in vorderster Linie mit einer Raketenwaffe auszurüsten. Seine Stellung sei sofort erkannt und mit seinem Ausfall sicher zu rechnen. Erst als die amerikanische Bazooka an der tunesischen Front erschien und der Erfolg einer solchen Waffe außer Zweifel stand, wurden die Bedenken über den Haufen geworfen und „Panzerschreck" und „Panzerfaust" in Eile entwickelt.

Die Luftlage wurde immer drohender und verzweifelter. Da er=

litt der Leiter der Entwicklungskommission, Professor Petersen, Anfang Dezember 1944 einen Schlaganfall. Wenig später wurde ich zum Leiter der Amtsgruppe Entwicklung ins Munitionsministerium gebeten. Oberst Geist fragte mich im Auftrage des Ministers Speer, ob ich die Kommission für Fernschießen übernehmen wolle.

Noch vor einem Jahr war es angeblich unmöglich gewesen, daß ich als Heeresoffizier für mein A 4-Programm ministerielle Vollmachten erhielt und Organisationen des Munitionsministeriums mir unterstellt wurden. Jetzt, da sie nicht mehr weiter wußten, sollte ich die Suppe auslöffeln. Jetzt mußte irgendeiner die Sache übernehmen, der auf diesem Gebiet schon Erfolge gehabt hatte. Ich sollte also die unmöglich zu lösende Aufgabe übernehmen, den im Schlamm schon fast versunkenen Karren wieder flottzumachen. Ich lehnte ab. Als Begründung gab ich an, daß mir der Stand der Entwicklung unbekannt sei und ich nicht die Absicht hätte, eine aus repräsentativen Köpfen bestehende Kommission des Munitionsministeriums zu führen. Geist bat mich, ich möge mir die Sache noch einmal überlegen und ihm in den nächsten Tagen Bescheid geben.

Ich sprach über die Angelegenheit mit von Braun. Er kannte die Vorgänge. Ich hatte den Eindruck, als sei er gebeten worden, mich zu überreden, damit ich den Auftrag annähme. Doch ich hatte schwerste Bedenken. Ich war der felsenfesten Überzeugung, daß der Krieg endgültig verloren war und es nur eine Frage von Monaten sein konnte, bis der Zusammenbruch käme. Mit einem so schwerfälligen Laden wie dieser Entwicklungskommission war in so kurzer Zeit nichts zu erreichen.

Von Braun machte den Vorschlag, die Kommission nach Hause zu schicken und aus wenigen, an den Entwicklungen tatsächlich beteiligten Technikern und Wissenschaftlern einen Arbeitsstab zu bilden. Ich sollte meine Stellung im Munitionsministerium dahingehend ausnützen, daß das durchgesetzt würde, was noch zu erreichen war.

Das lag mir. Ich brauchte Leute um mich, die meine Sprache sprachen und mich verstanden. Leute, die arbeiteten, mit ihren Wünschen zu mir kamen und denen ich dank meiner Stellung und

Erfahrung auf kürzestem Wege helfen konnte. Mit einem Wort, ich brauchte zur Lösung einer solchen Aufgabe Ingenieure, Männer der Tat, und keine Kommissionsmitglieder.

Wir einigten uns schließlich, trotz meiner Zeitbedenken, auf die Bildung eines sogenannten „Arbeitsstabes". In den letzten Tagen des Dezember war ich wieder bei Geist. Ich stellte meine Forderungen. Er wollte mit dem Minister sprechen.

Der Minister stimmte zu, und am 12. Januar 1945 wurde durch seinen Befehl im Rahmen der Amtsgruppe Entwicklung des Munitionsministeriums der „Arbeitsstab Dornberger" zur Brechung der feindlichen Luftüberlegenheit gebildet. Dieser Stab hatte 10 Mitglieder, alles Männer der Praxis. Wenn überhaupt noch etwas zu retten war, dann nur mit diesen Fachleuten.

Aber wir hatten die Rechnung ohne Kammler gemacht. Das Munitionsministerium, das als einziges seinen Forderungen und Befehlen gegenüber noch einigen Widerstand leistete, hatte ihn zu den Vorbesprechungen nicht hinzugezogen. Als er von meiner Ernennung erfuhr, ließ er sich umgehend von Göring zum Bevollmächtigten „zur Brechung des Luftterrors" ernennen.

Es gab einige harte Aussprachen, aber dann ernannte er kurzerhand mich und meinen Arbeitsstab zu seinem technischen Stab für die neuen Aufgaben. Er sah schließlich doch ein, daß er neben seinen vielen anderen Aufgaben die eigentliche technische Arbeit nicht führen konnte.

Diese Doppelstellung hatte für mich den großen Vorteil, daß ich nun als Arbeitsstab des Munitionsministeriums unmittelbares Anweisungsrecht an Industrie und staatliche Stellen besaß und gleichzeitig als Arbeitsstab Kammlers den militärischen Dienststellen notwendige Maßnahmen befehlen und bei ihnen durchdrücken konnte.

Wir führten jetzt sämtliche V-Waffen und die gesamte Flugzeugabwehrentwicklung, mit Ausnahme der eigentlichen Flakgeschütze. Jetzt endlich, in den letzten Monaten des Krieges, hatte ich die Machtmittel in Händen, die ich mir für die Entwicklung des A 4 seit Jahren erträumt und um deren Erlangung ich vergeblich gekämpft hatte.

Aber es war mir trotzdem nicht wohl in meiner Haut. Die Aufgabe war nicht mehr zu lösen. Ich ahnte und wußte, daß wir nur noch wenige Monate vor uns hatten. Es konnte also von unserer Seite nichts Entscheidendes mehr geschehen. Wir konnten keine Wendung mehr herbeiführen. Dafür war es zu spät. Die Sünde des sturen, törichten und mit tödlicher Sicherheit jedes Frühjahr im gleichen Wortlaut ergehenden Befehles, daß alle Planungen, die nicht bis zum Herbst abgeschlossen werden könnten, einzustellen seien, war nicht wiedergutzumachen.

Jede langwierige, vorausschauende, die neuesten technischen Erkenntnisse berücksichtigende Entwicklung war seit Jahren von vornherein nur durch die Notlügen der verantwortungsbewußten Mitarbeiter möglich gewesen. Die hier von ganz oben gemachten Fehler und Unterlassungen waren nicht mehr zu berichtigen und einzuholen. Wir konnten nur noch Schwerpunkte bilden, das Einfachste, schnell zu Fertigende vorziehen und versuchen, hierdurch der militärischen Führung ein wenig Luft zu verschaffen.

Die Verschlechterung der Luftkriegslage, die Entfernungen zwischen den einzelnen Entwicklungsstellen und Fertigungsfirmen, die Transport- und Reiseschwierigkeiten erschwerten das rasche Arbeiten ungeheuer. Dazu kam, daß zunächst verständliche Widerstände bei Dienststellen und Industrieorganisationen überwunden werden mußten, die sich einer ungewohnten Führung offen und passiv widersetzten.

Ich begann sofort, mir einen Überblick über den Stand der Arbeiten und deren Aussichten zu verschaffen. Ich holte mir die einzelnen Chefs der verschiedenen Entwicklungsabteilungen der Waffenämter zu Besprechungen und fuhr selbst zu den beteiligten Firmen. Ich schickte Mitglieder meines Arbeitsstabes los, um ein objektives klares Bild über das Vorhandene und das Mögliche zu gewinnen.

Wir standen unter einem ungeheuren, tödlichen Zeitdruck.

Meine Vollmachten verschafften mir verhältnismäßig schnell die nötigen Einblicke. Da war zum Beispiel die seit dem Frühjahr betriebene Entwicklung von ungesteuerten Flugzeugabwehrraketen für Einsatz vom Boden oder vom Flugzeug aus. Ich orientierte mich schnell über den Stand dieser Sache.

Schon einmal hatte ich ohne Rücksicht auf Zuständigkeit der Luftwaffe in der Flugzeugabwehr überzeugend geholfen. Bei etwas gegenseitigem Entgegenkommen mußte es auch jetzt auf normalem Wege möglich sein.

Damals war eines Tages ein kleiner, schlanker Fliegermajor von der Front in meinem Dienstzimmer in Berlin erschienen. Er hatte die Nebelwerfer im Osten gesehen und fragte mich, ob er sie nicht bei seiner Jagdstaffel als Bordbewaffnung einsetzen könne. Seine Vorgesetzten wüßten nichts von seinem Schritt. Ob wir es nicht unter der Hand machen könnten.

Das war etwas für mich gewesen. Endlich!

Seit Jahren hatten wir in meiner Abteilung des Heereswaffenamtes eine 6-cm-Raketenbordbewaffnung entwickelt. Sie war aber immer von den entscheidenden Stellen des Reichsluftfahrtministeriums abgelehnt worden. Das Kaliber war dem jungen Major zu klein. Er wollte ganz große Raketen haben und die Sprengladung mit Zeitzünder in den feindlichen Bombengeschwadern zur Detonation bringen, die Bomber auseinanderjagen und seinen Jägern dadurch im Luftkampf größere Chancen bieten.

20 Minuten später war ich mit dem Referenten meiner Abteilung und jenem Major in meinem Wagen nach Kummersdorf unterwegs. Ich ließ sofort 4 Abschußrohre aus einem 21-cm-Nebelwerfer ausbauen und 8 Schuß Munition mit passenden Zeitzündern holen. Wenige Stunden später fuhr der Major mit den in der Werkstatt behelfsmäßig passend abgeänderten Versuchsrohren und Anbaueinrichtungen glücklich und begeistert wieder ab. Zwei Tage später rief er an und teilte das erste erfolgreiche Ergebnis der durchgeführten Versuche mit.

In kürzester Zeit hatten wir dann die Ausrüstung für mehrere Jagdstaffeln mit Abschußrohren und Munition geliefert. Die erste Verwendung bei den großen Luftangriffen auf Schweinfurt im Januar 1944 bestätigte bei der damaligen Lufttaktik die volle Brauchbarkeit.

Mit den von der Erde aus ferngesteuerten Flakraketen widerfuhr mir im Juni 1944 ein merkwürdiges und bezeichnendes Erlebnis.

In Heidelager erreichte mich ein Anruf aus Hitlers Hauptquartier mit der Anfrage, ob an einem der letzten Tage mit der A 4 von Peenemünde aus geschossen worden sei. Ich fragte in Peenemünde an und erhielt negativen Bescheid. Auch die Luftwaffe behauptete, nicht mit ihrem Fi 103, der V 1, geschossen zu haben.

Jemand mußte es aber doch gewesen sein.

In Südschweden war ein geheimnisvolles, ferngesteuertes Geschoß einige tausend Meter über dem Erdboden explodiert. Man hatte viel Blech- und Apparateteile, über eine weite Fläche verteilt, gefunden. Das sah ganz nach einem Luftzerleger des A 4 aus.

Noch einmal fragte ich in Peenemünde an. Da kam der Bescheid, daß doch geschossen worden sei, aber nicht auf Entfernung. Man habe nur die Fernsteuerungseinrichtungen für die große Flakrakete „Wasserfall" in einem A 4 ausprobiert und dieses Gerät später nicht mehr gefunden.

Eingehende Nachfragen ergaben, daß der Steuerungsingenieur, der dem Geschoß bei noch geringer Fluggeschwindigkeit einige richtungsändernde Kommandos nach Sicht gegeben hatte, die Verbindung mit dem Flugkörper verloren hatte. Dies geschah in dem Augenblick, als die Rakete, in einer Seitwärtsbewegung begriffen, überraschend in einer tiefen Wolkendecke verschwunden war. Der Ingenieur hatte versucht, die Rakete durch Kommandos zurückzuholen. Wegen der durch Wolken behinderten Sicht war ihm dies jedoch anscheinend nicht mehr gelungen. Die Rakete hatte ihre nördliche Flugrichtung, die unglücklicherweise nach Südschweden ging, beibehalten. Außerdem war sie vollgetankt gewesen, so daß der Schub bis zum völligen Verbrauch des Treibstoffes anhielt.

Ich meldete dieses Vorkommnis nach oben. Die Rückfrage, ob ich glaube, daß aus den gefundenen Einzelteilen ein Rückschluß auf die Rakete, ihre Leistung und Arbeitsweise möglich sei, beantwortete ich bejahend. Auf die weitere Rückfrage, ob ich glaube, daß ein Nachbau in kurzer Zeit möglich und eine Störung der Flugbahn durch den Gegner zu erwarten sei, gab ich eine verneinende Antwort. Ich glaubte sogar versichern zu können, daß die Ausrüstung mit der Wasserfallsteuerung dem feindlichen Nachrichtendienst einige Nüsse zu knacken gäbe und ihn zu falschen Schlußfolgerungen kommen ließe.

Trotzdem ich an dem Versuchsschießen völlig unbeteiligt war, wurde ich zur Entgegennahme einer Zurechtweisung ins Führer=hauptquartier beordert mit der tröstlichen Versicherung, daß Hitler tobe.

Ich flog nach Rastenburg.

Als ich ankam, hatte sich der Sturm gelegt. Hitler hatte seine Meinung geändert. Anscheinend hatte es mit den Schweden irgend=welche Auseinandersetzungen gegeben. Jedenfalls sagte mir Jodl, als ich mich meldete, ich könne wieder zurückfliegen. Hitler habe ihm erklärt, es sei ganz gut, wenn die Schweden einmal erführen, daß wir von Deutschland aus ihr Land beschießen könnten. Sie wären dann zu Verhandlungen eher geneigt.

GÖTTERDÄMMERUNG ÜBER DEUTSCHLAND

Am 27. Januar 1945 konnte ich den „Arbeitsstab Dornberger" zum erstenmal in Berlin zusammenrufen. Die Lage und die Aus=sichten waren verdammt trübe. Ich glaubte jedoch genug Material zu besitzen, um mir ein ungeschminktes Bild machen zu können.

Wir sprachen eine Menge Entwicklungen durch, die alle nicht abgeschlossen waren und noch Monate ruhiger Arbeit benötigten, bevor ein endgültiges Urteil über ihre Brauchbarkeit abgegeben werden konnte. Neben ungesteuerten Flakpulverraketen gab es eine Fülle von Projekten für ferngesteuerte Flugkörper mit Pulver= und Flüssigkeitsraketenantrieben für einen Einsatz vom Boden oder vom Flugzeug aus. Die Fernlenkeinrichtungen steckten teil=weise noch ganz in den Anfängen. Es mußte zunächst nach optischer Sicht gesteuert werden. Eine Verwendung bei Nacht oder bei bedecktem Himmel war in absehbarer Zeit noch nicht möglich.

Als diese Projekte aufgegriffen worden waren, hatte man in fast allen Fällen die Absicht, den Flugkörper auf dem Funkstrahl, der den Standort des Feindflugzeuges ortete, ins Ziel zu führen, gleich dem Flug auf einem Leitstrahl. Das hierfür vorgesehene Zenti=meterwellenverfahren war für eine Anwendung noch ungeeignet.

Statt dessen sollten die Raketen bis in die Nähe der Bomberverbände nach optischer Sicht ferngesteuert werden. Bei einer Zielentfernung von 3 km ab sollte eine im fliegenden Geschoß eingebaute, akustische oder elektrische Zielsuchanlage die Steuerung bis ins Ziel übernehmen und ein Annäherungszünder die Sprengladung dann zur Detonation bringen. Aber auch diese Geräte waren bisher nicht über Labormuster, durch die sie zwar ihre Geeignetheit bewiesen hatten, hinausgekommen. Es hatte jedoch noch in keinem Falle ein Versuchsschießen auf Flugziele mit solchen in die Flugabwehrrakete eingebauten Anlagen stattgefunden.

Wir stellten fest, daß die Entwicklung gesteuerter Flakraketen ungefähr gleicher Leistung gleichzeitig und parallel von vielen Firmen und Dienststellen betrieben wurde. Über ganz Deutschland verteilt, beschäftigten sich jeweils einige wenige Menschen mit teilweise völlig unzureichenden Mitteln mit solchen Aufgaben, und dies bei von Tag zu Tag schlimmer werdenden Transportschwierigkeiten.

Das also waren die berühmten „Wunderwaffen" der Regierung, auf die das deutsche Volk in bisher unerschütterter Hoffnung vertrauensselig wartete? Von ihnen war in den wenigen Monaten, die uns bei der augenblicklichen Kriegslage noch zur Verfügung stehen konnten, weder eine Wendung des Krieges noch ein Aufschub der Katastrophe zu erwarten.

Diese bittere Wahrheit und der ganze Ernst der Lage mußten „oben" mit allem Nachdruck bewußt gemacht und allen trügerischen Hoffnungen mit Entschiedenheit entgegengetreten werden.

Ich sprach mit Kammler. Ich schilderte ihm, was ich vorgefunden hatte, und gab ihm eine genaue Aufstellung der verschiedenen Typen mit ihren Leistungen, Terminen und Aussichten. Ehe wir auch nur mit der kleinsten Chance weiterarbeiten konnten, kam es darauf an, zu wissen, wieviel Zeit wir überhaupt noch zur Verfügung hatten. Wir mußten die Frage stellen: Wo und wie lange glaubte die Regierung den von beiden Seiten konzentrisch nach der Mitte Deutschlands vorrückenden Alliierten noch Widerstand entgegensetzen zu können?

Kammler verkannte den Ernst der Lage nicht, war aber, für mich unfaßbar, immer noch optimistisch. Er glaubte, daß uns bis zum

Einsatz der neuen Geräte noch mindestens ein halbes Jahr zur Verfügung stehe.

Aber auch das war für irgendeinen fühlbaren Erfolg viel zu knapp. Bei dieser Lage hatte es überhaupt keinen Zweck, die Vielfalt der Arbeiten weiterlaufen zu lassen. Wir mußten rücksichtslos streichen und zusammenfassen.

Wir mußten, wenn mit der kleinsten Aussicht auf Erfolg weitergearbeitet werden sollte, alle in unserem Programm stehenden Firmen, Institute und Entwicklungsstellen, die in den nächsten Monaten in den Bereich der Front kommen konnten, rechtzeitig verlagern. Die damit verbundenen Verzögerungen waren, wenn wir nicht ganze Entwicklungszweige von vornherein abschreiben wollten, in Kauf zu nehmen.

Rücksichtslos wurde nun gestrichen. Schließlich blieben von all den gesteuerten Flugzeugabwehrraketen nur noch übrig: ein vom Boden aus gesteuerter, mit Unterschallgeschwindigkeit fliegender Flugkörper — der von Professor Wagner entwickelte „Schmetterling" der Henschel=Flugzeugwerke —, ein solcher, vorgesehen für den Einsatz mit Überschallgeschwindigkeit — der Peenemünder „Wasserfall" — und zuletzt ein vom Flugzeug aus abzufeuerndes und durch Draht zu steuerndes kleines Gerät — das „X 4" von Dr. Kramer der Ruhrstahl AG. Für diese drei wurde schließlich nur noch je eine Zielsuchanlage und Zündeinrichtung zur Weiterentwicklung genehmigt.

Die beteiligten Firmen sollten alle nach Thüringen in den Raum Nordhausen=Bleicherode verlagert und freiwerdende Kräfte den genehmigten Entwicklungen zugeführt werden.

Anfang Februar begannen die Verlagerungen. Auch meine Stäbe zogen von Schwedt an der Oder nach Bad Sachsa an die Südhänge des Harzes. Die übrigen in unserem Programm eingesetzten Firmen wurden ebenso wie die militärischen Dienststellen, ohne Rücksicht darauf, ob sie zum Heer oder zur Luftwaffe gehörten, in den gleichen Raum verlegt. Nur so schien uns bei den herrschenden Verhältnissen noch die Möglichkeit gegeben, die auf engstem Raume versammelten Entwicklungs= und Fertigungsstätten zu unterrichten, ihnen zu helfen und sie zu führen, kurzzeitig Besprechungen einzuberufen und Entscheidungen bekanntzugeben.

Einen Monat lang konnte man so arbeiten. Dann aber mußte es auch dem letzten Mechaniker klar geworden sein, daß keine dieser gesteuerten Flugzeugabwehrraketen mehr zum Einsatz kommen konnte. Selbst wenn es der militärischen Führung gelungen wäre, die Amerikaner und Engländer am Rhein, die Russen an der Weichsel aufzuhalten, konnte bei Fortdauer des Bombenkrieges vor Frühjahr 1946 keine der gesteuerten Flakraketen in solchen Stückzahlen an der Front und in der Heimat zum Schutz lebenswichtiger Objekte erscheinen, um irgendeine wesentliche Erleichterung im Luftkrieg herbeizuführen. Erst von diesem Zeitpunkt an und nach dem Anlaufen der verbesserten, bei Nacht und Wolken arbeitenden Fernsteueranlagen konnte langsam eine für uns günstige Entscheidung im Luftraum über Deutschland in den Bereich der Möglichkeiten rücken.

Es fehlten eineinhalb Jahre Entwicklungszeit in höchster Dringlichkeitsstufe. Es fehlten die von 1939 bis 1942 verlorenen Jahre.

Kammler wollte an den bevorstehenden Zusammenbruch nicht glauben. Er raste von der Front in Holland und im Rheinland nach Thüringen und Berlin. Immer hin und zurück. Tag und Nacht war er unterwegs. Besprechungen wurden auf nachts 1 Uhr irgendwo im Harz einberufen, oder wir trafen uns um Mitternacht an irgendeinem Punkt der Autobahn, um nach kurzer Orientierung und schnellem Meinungsaustausch wieder zu unserer Arbeit zurückzufahren. Eine unmenschliche Nervenspannung hielt uns in Atem. Wir waren gereizt, nervös, überarbeitet. Wir legten die Worte nicht auf die Goldwaage. Kammler weckte, wenn es ihm nicht schnell genug ging, vor dem Weiterfahren die eingeschlafenen Begleitoffiziere durch einen Feuerstoß seiner Maschinenpistole. „Was brauchen die zu schlafen, ich kann es auch nicht." Geregelte Arbeitszeit und Ruhe gab es schon lange nicht mehr.

Für mich, der ich auf Grund meiner Kenntnisse der technischen Gegebenheiten genau wußte, daß doch alles vergeblich war, daß es keinen Ausweg mehr gab, war es in dieser ganz Deutschland mit einer düsteren Götterdämmerungsstimmung erfüllenden Zeit unendlich schwer, meine Mitarbeiter und meine Arbeit nicht im Stiche zu lassen.

Kammler glaubte immer noch, daß er allein mit seinem Armee=korps, mit den Waffen, die er als Bevollmächtigter mit un=beschränkten Vollmachten führte, den bevorstehenden Zusammen=bruch vermeiden, die Entscheidung aufhalten, ja die Lage wenden könnte.

Ununterbrochen rollten noch die Transporte an die Einsatzfront. Kraftwagenkolonnen überbrückten Sperrstrecken der Eisenbahn. Mit bei Nacht sehenden Infrarotgeräten ausgerüstet, fuhren Kammlers Nachschubkolonnen über die Landstraßen Hollands.

Als die einzige Nachschubbahn zur Abschußbasis den Haag in Holland durch holländische Widerstandsgruppen gesprengt worden war und der örtliche Befehlshaber aus Mangel an Kräften die Bahn nicht schützen konnte, übernahm Kammler mit den über Nacht aus der Heimat geholten Ersatz= und Ausbildungsabteilungen und aus der Einsatztruppe zusammengestellten Verbänden ihren Schutz. Er konnte die Bahn freihalten.

Aber was war die Anstrengung eines einzelnen Berserkers mit seinen schwachen Truppenverbänden gegen diese aus dem Westen mit unvorstellbarer Wucht unaufhaltsam heranrollende Bedrohung?

Das V=Waffenkorps stand bis Ende März im Einsatz. Es hatte sehr geringe Verluste. Jetzt, in völliger Verkennung der militä=rischen Lage, gliederte Kammler es in ein Infanteriekorps um und hoffte durch seine Verlegung in den Harz eine Vereinigung der amerikanischen und russischen Armeen verhindern zu können.

Bis zum 27. März hatte sein Korps mit V=Waffen aus Holland nach London, Südengland und nach Antwerpen geschossen. V 1 hatten auch in die Kämpfe in den Ardennen und im Rheinland eingegriffen. Als die Schußweite der V 1 wegen Zurücknahme der Fronten für eine Beschießung Südenglands nicht mehr ausreichte, erfolgte ihr Abschuß von Flugzeugen aus.

9300 V 1 allein waren Tag und Nacht gegen England abgefeuert worden, rund 6000 von ihnen hatten die englische Küste erreicht. Zehntausende waren gegen andere Ziele eingesetzt worden. 4300 V 2 waren bisher zum Abschuß gekommen. Fast 1500 davon gegen

England und über 2100 gegen den Antwerpener Hafen. Rund 20% davon waren mit Leitstrahl verschossen worden.

Bei der V 1 erreichten wir bis Ende März eine Schußweiten=steigerung auf 370 km. Allerdings nur auf Versuchsplätzen. Nur einzelne dieser Geräte sind an der Front verwendet worden. Die Flugrichtung konnte bei ihnen durch Trimmregler geändert werden. Die Flugkörper flogen nicht mehr auf einem geraden Kurs. Sie beschrieben einen weit ausholenden Bogen und erschwerten so nicht unwesentlich ihre Bekämpfung. Noch größere Entfernungen, bis 500 km, sollten mit neuen, kurz vor dem Abschluß der Ent=wicklung stehenden verbesserten Raketen erreicht werden.

Die Schußweite des A 4 war bei einem hohen Prozentsatz der Geräte auf 350 km gesteigert worden. Solche Raketen waren schon seit Monaten an der Front. Die Luftzerleger im absteigenden Ast der Flugbahn waren durch die letzten, auf Grund der Versuche in „Heidekraut" durchgeführten Verbesserungen fast völlig ver=mieden worden. Eine Wirkungssteigerung bahnte sich an.

Nun aber, Ende März, kam für die in diesem Kriege zum ersten Male in Erscheinung getretene neue Raketenwaffe das Ende. Hol=land mußte geräumt werden. Die Abschußbasen waren verloren.

Als Kammler dies kommen sah, schwenkte er um. Ende Februar ließ er sich von Hitler zu dessen „Generalbevollmächtigten für die Turbojäger" ernennen und glaubte mit diesen das Schicksal noch einmal wenden zu können.

Schon seit über einem Jahr war die Fertigung der Strahltrieb=werke in großen Stückzahlen im nördlichen Teil der unterirdischen Stollenanlage des Mittelwerkes angelaufen. Aber nur in ver=schwindend geringer Anzahl waren diese Jäger bisher an der Front erschienen. Um ihre Anerkennung hatte ein unverständlicher Kampf getobt. Jahrelang war man sich nicht einig gewesen, ob die Me 262 als Bomber oder Jäger eingesetzt werden sollte.

Für ihren Einsatz brauchte Kammler schnell wirkungsvolle Waffen. Die von Bord abzuschießenden, gesteuerten Flugzeug=abwehrraketen waren nicht fertig. Ich erhielt den Befehl, schnell zu fertigende, auf Raketenantrieb beruhende, frontreife Kampf=

mittel für einen sofortigen behelfsmäßigen Einbau in die Me 262 ausfindig zu machen.

In rasenden Fahrten eilte ich in dem immer kleiner werdenden Restdeutschland in wenigen Tagen von Erprobungsstelle zu Erprobungsstelle, von Flugplatz zu Flugplatz, von Fabrik zu Fabrik. Ich fuhr durch die vor den vorrückenden Russen fliehende Zivilbevölkerung Ostpreußens und Pommerns. Ich sah das Elend und die unsagbare Not. Ich fuhr durch brennende brandenburgische und mecklenburgische Städte und Dörfer, vorbei an zerstörten Eisenbahnen und Fabriken. Auf den Durchgangs- und Landstraßen begegnete mir kaum ein Kraftwagen. Es war, als ob die Zeit um 75 Jahre zurückgedreht worden wäre. Nur Pferde, Handkarren und Menschen. Ich hörte kaum klagen, und trotzdem kann ich die Augen dieser verzweifelten Menschen nie mehr vergessen.

Einmal, auf dem kleinen Behelfsflugplatz von Parchim in Mecklenburg, erprobten wir eines unserer Abwehrmittel. Wir mußten die Versuche unterbrechen, weil Bomber- um Bomberverband in wenigen tausend Metern Höhe über uns dahinzog. In weiter, weiter Entfernung hörten wir das grollende Rollen der Bombenteppiche. Der Boden zitterte.

Ringsum standen viele hunderte modernster Jagdmaschinen, wohlgetarnt in der Deckung kleiner Waldstücke. Nicht eine startete. Verzweifelt fragte ich, warum denn das Geschwader nicht an den Feind gebracht würde. Warum denn jetzt, da diese Bomber so tief und so nahe flogen, nicht versucht würde, mit den vielen, hier zur Erprobung vorhandenen, neuartigen Kampfmitteln einen Einsatz zu wagen.

Der kleine Fliegermajor mit dem Eichenlaub zum Ritterkreuz sagte nur traurig: „Herr General, ich habe nur gerade soviel Benzin hier, um heute abend mit meinem Wagen zu einer 3 km von hier stattfindenden Besprechung zu fahren. Für meine Maschinen habe ich nicht einen Tropfen."

So war es hier. So war es an allen Stellen, wo unsere Jagdmaschinen zu Hunderten und Tausenden bereitstanden. Wir hatten keinen Treibstoff mehr. Aber die Fertigung von niemals mehr zum

Start kommenden Jägern lief in unterirdischen Werken in großer Stückzahl weiter.

Gab es denn wirklich in Deutschland in den verantwortlichen Stellen keinen Menschen, der den Mut fand, bei der ganz offen=baren Aussichtslosigkeit, mit diesem von Tag zu Tag schlimmer werdenden Elend endlich Schluß zu machen? Wagte es keiner, offen zu erklären, daß der Krieg verloren war?

Am 12. März 1945 machte ich auf Grund meiner Erkundungen einen letzten Vorschlag. Es gab nur vier geeignete Behelfsmittel, die in der Beschaffung liefen und in kurzer Zeit für die Front in ausreichender Zahl zur Verfügung stehen würden. Kein Krieg konnte mit ihnen mehr gewonnen werden, aber ihr konzentrierter Einsatz an einer Stelle schuf vielleicht vorübergehend Erleichterung.

Das eine war eine am Ende des Flugkörpers mit herausklapp=barem Leitwerk versehene 5=cm=Pulverrakete, die R 4 M. Bis zu 48 Stück unter den Tragflächen eines Jagdflugzeuges angebracht und fast gleichzeitig gegen einen Bomberverband aus einer Ent=fernung von 1200 bis 1500 m abgeschossen, versprach diese Waffe ausgezeichnete Ergebnisse. Die Sprengladung eines Schusses von 500 g reichte völlig aus, um bei einem Treffer den Bomber zum Absturz zu bringen. Bei den ersten Einsätzen an der Me 109 hatte sich diese Waffe bereits voll bewährt. Ihre Massenanfertigung lief in Lübeck bei der „Deutschen Waffen= und Munitions"=Fabrik.

Daneben stellte ein mit einem optischen Auge arbeitender, rück=stoßfreier kleiner Granatwerfer eine gute zusätzliche Bewaffnung dar. Er wurde im Luftkampf, wenn das Bild des Gegners die Selen=zelle traf, je nach dem Einbau im Flugzeug, senkrecht nach oben, unten oder seitwärts ausgelöst und verschoß ein 7 kg schweres, 5 cm im Durchmesser betragendes Geschoß mit einer Geschwin=digkeit von 400 m/sek. Die überaus schnellen Turbojäger konnten die feindlichen Bomberverbände über= oder unterfliegen und hier=bei senkrecht nach unten oder oben das Gerät zur Wirkung bringen.

Dann gab es noch kleine, an 250 m langen Drähten hängende und durch kleine Fallschirme langsam zu Boden sinkende Spreng=körper, die in Massen vor dem Bomberverband abgeworfen, eine wirksame Sperre bilden konnten. Außerdem gab es die mit Hunderten von kleinen Brand- und Sprengkörpern zu füllenden Abwurfbehälter. Alles andere war entweder in der Entwicklung zu weit zurück oder mit der Fertigung konnte nicht begonnen werden.

Der Einsatz dieser greifbaren Waffen lohnte jedoch nur, wenn eine ausreichende Anzahl Me 262 an einer Stelle zusammengefaßt und wahlweise mit den verschiedenen Waffen ausgerüstet wurde.

Es kam nicht mehr dazu. Eine Konzentration der fliegenden Verbände war nicht mehr möglich.

Am 3. April 1945 erhielt ich von Kammler Befehl, meinen Stab mit 450 Führungskräften der ehemaligen Heeresversuchsstelle Peenemünde nach den Voralpen, in die Gegend von Oberammergau, zu verlagern. Am 6. April, während die amerikanischen Panzerverbände über Bleicherode auf Bad Sachsa vorstießen, rollten die Transporte.

Von da an begleiteten uns Angehörige des Sicherheitsdienstes. Ich ahnte, was das bedeutete. Sollten wir als Geiseln bei Waffenstillstandsverhandlungen verwendet werden? Oder sollte überhaupt verhindert werden, daß wir dem Gegner in die Hände fielen? Es war letzten Endes gleichgültig.

Ich setzte mich von Kammler ab und verbrachte den letzten Monat des Krieges mit meinem Stab und mit dem bei einem Autounfall verletzten Professor von Braun in Oberjoch bei Hindelang.

Jede Entwicklungstätigkeit war eingestellt worden. Wir ließen auf der Terrasse unseres Quartiers die Sonne auf uns herniederbrennen, hingen unseren Gedanken nach, diskutierten über unsere größeren Pläne und gewannen langsam Abstand von den Ereignissen.

Ringsum ragten die schneebedeckten Berge des Allgäus mit ihren in der Sonne blitzenden Gipfeln in den klarblauen Himmel. Unten, tief unter uns war schon Frühling. Die Almen leuchteten grün. Auch auf unserem Hochpaß steckten die ersten blauen, weißen und gelben Blumen ihre Knospen durch die schmelzende Schneedecke. Es war so unendlich friedlich hier. Waren die letzten Jahre nicht nur ein böser Traum, aus dem wir nun endlich aufgewacht waren?

Der Krieg war zu Ende, und mit ihm für Jahre, vielleicht Jahrzehnte, wenn nicht überhaupt für immer die Weiterarbeit in Deutschland auf diesem, unserem Arbeitsgebiet: der Entwicklung großer Fernraketen, den Stratosphärenflugzeugen, den Vorstufen zum Raumschiff, dem Vorstoß ins Weltall.

Aus dem Zwang der Lage in Deutschland nach dem ersten Weltkrieg hatte, wie schon so oft in der Geschichte der Technik, eine große Erfindung ihren Weg über die Waffenentwicklung nehmen müssen. Nie hätte eine private oder staatliche Stelle für die Entwicklung von Großraketen zu rein wissenschaftlichen Zwekken Hunderte von Millionen Mark zur Verfügung gestellt. Auch im Hinblick auf eine Verwendung dieser Raketen im interkontinentalen Verkehr war die gesamte Materie noch zu vage und ungewiß gewesen, als daß die nun einmal erforderlichen hohen Geldsummen zu erlangen gewesen wären. Die Fernrakete konnte zu der Zeit, als wir mit den Arbeiten an ihr begannen, auf Jahrzehnte hinaus keinerlei Gewinn abwerfen. Wenn wir vorankommen wollten, gab es eben nur diese eine Möglichkeit.

Man kann und wird die militärische Bedeutung der Fernrakete als Waffe anzweifeln und kritisieren. Man wird sagen, wir hätten an Stelle des A 4 mehr Jäger und Bomber fertigen sollen.

Dieser Vorwurf ist dumm und leicht zu widerlegen. Das zu spät begonnene Jägerprogramm lief bis in die letzten Tage des Krieges auf vollen Touren. Was fehlte, waren nicht Jagdflugzeuge, sondern Benzin. Die Lebensader Treibstoff war versiegt.

Für unsere Fernrakete brauchten wir kein Benzin. Wir hatten unsere eigenen Treibstoffe. Der Schutz der Hydrieranlagen mußte die Hauptaufgabe der Luftverteidigung sein. Das wurde versäumt, und da man die Bedeutung der gesteuerten Flugzeugabwehrraketen zu spät erkannt hatte, vermochte man dies nicht mehr, als dann die Lage kritisch wurde.

Man wird die Rakete als zu kostspielig bezeichnen. Auch dieser Einwand dient der Verschleierung. In der Massenanfertigung kostete jedes A 4 Tausende von Mark weniger als ein Torpedo und weniger als der dreißigste Teil eines zweimotorigen Bombers.

Und wie oft konnte nach 1941 ein deutscher Bomber nach England fliegen, ohne abgeschossen zu werden?

Man wird auch den Einsatz des A 4 in seinem unvollkommenen Entwicklungszustand für zwecklos, roh und unmenschlich ansehen. Dann muß sich aber jedes Ferngeschütz und jede Bombe das gleiche Urteil gefallen lassen. Die Streuung der V 2 ist im Verhältnis zur Reichweite immer geringer gewesen als die der Bomben und weittragenden Artillerie.

Wir waren uns klar darüber, daß durch den Einsatz des A 4 im Herbst 1944 allein der Krieg nicht mehr zu gewinnen war. Was wäre aber vielleicht eingetreten, wenn schon zwei Jahre früher, ab Sommer 1942, jahrelang, Tag und Nacht, die Fernrakete mit ständig steigender Schußweite, Treffsicherheit, Zahl und Wirkung auf England gefallen wäre?

Es ist müßig, sich hierüber Vermutungen hinzugeben. Ich weiß nur eines mit absoluter Klarheit, daß zwei Worte den Waffeneinsatz des A 4 zutreffend charakterisieren können:

„Zu spät!"

Mangelnder Weitblick der führenden Reichsstellen und mangelndes Verstehen der technischen Gegebenheiten waren daran schuld.

Wir wissen aber auch, daß das, was wir geschaffen haben, neu, einmalig und aus der Geschichte der Technik niemals auszulöschen ist. Wir haben eine der ganz großen Aufgaben der Menschheit, der Umstände nicht achtend, aufgegriffen und eine erste brauchbare Lösung gefunden. Wir haben die Tore geöffnet, den Weg in die Zukunft gewiesen.

Durch Zusammenfassung junger, begeisterungsfähiger, durch keinen Rückschlag zu erschütternder Wissenschaftler, Ingenieure und Techniker der verschiedensten Gebiete an einer Stelle, durch hilfsbereite und umfassende Zurverfügungstellung der wissenschaftlichen und technischen Einrichtungen haben wir, abseits vom wilden Zeitgeschehen um uns, erfolgreich Probleme und Fragen angepackt, deren Lösung und Beantwortung noch weit in der Zukunft zu liegen schien.

Wir haben den Raketenantrieb zu bisher praktisch unvorstell=

baren Leistungen entwickelt, haben die Hochgeschwindigkeits-Aerodynamik für unsere Zwecke weitgehend eingesetzt und der Steuerungstechnik den ihr zustehenden hervorragenden Platz in unserer Arbeit eingeräumt. Der verständigen Verwendung dieser drei jungen Gebiete der Technik verdankt neben dem Können, der Leidenschaft und der Zusammenarbeit der in dem Programm tätigen Männer die Fernrakete ihr Entstehen.

Wir sind stolz auf das, was uns technisch gelungen ist.

Wenn ich mir in den Tagen ruhiger Überlegung in Oberjoch rückblickend die Zeit der Entwicklung unserer Fernrakete A 4 in die Erinnerung zurückrief, wenn ich wie im Zeitraffer all die Erkenntnisse, Bilder und Eindrücke der Jahre 1930–1945 noch einmal vor meinem Geiste abrollen ließ, dann erfüllte mich ein unbändiges Gefühl des Glückes und der Dankbarkeit.

Weder die V 2 noch die V 1 noch irgendeine der großen technischen Erfindungen der letzten Jahrzehnte lassen sich mit dem Namen eines einzigen Mannes verbinden. Die Zeiten der einsamen Erfindergenies sind vorüber. Nur noch einem anonymen Team aufeinander abgestimmter, selbstlos und sachlich zusammenarbeitender Spezialforscher kann eine solche Leistung gelingen.

Wohl nur selten in der modernen Geschichte der Technik ist es bei den ganz großen Erfindungen einigen wenigen Menschen vergönnt gewesen, in einer so kurzen Zeit, aus dem Nichts heraus, zu einem technisch schon so weit fortgeschrittenen, umwälzenden, alle Möglichkeiten eröffnenden Abschluß zu kommen.

Ohne die Rakete als Waffe in Erwägung zu ziehen, sind die von ihr ausgehenden allgemeinen Zukunftsmöglichkeiten ungeheuer. Aus Traum kann nun Wirklichkeit, aus Hoffnungen und theoretischen Überlegungen kann nun das Raumschiff werden. Hierfür hat unser Arbeiten, unser Schaffen und Gelingen die ersten Beiträge geliefert. Sie nicht verloren gehen zu lassen, ist die Aufgabe der Sieger dieses hoffentlich letzten Krieges der Völker.

ANHANG

GELEITWORT VON WALTER DORNBERGER ZUR DRITTEN AUFLAGE* VON »V 2 – DER SCHUSS INS WELTALL«

Zehn Jahre sind nunmehr vergangen, seit ich den Schlußpunkt unter das Manuskript meines Buches über die Geschichte der V 2 setzte. In diesen zehn Jahren haben die Großmächte der Erde, aufbauend auf den in Peenemünde bei der Entwicklung der V 2 gesammelten, heute noch gültigen Erkenntnissen und Erfahrungen, unter aktiver Mitarbeit, teilweise unter verantwortlicher Leitung dort tätig gewesener führender deutscher Wissenschaftler und Ingenieure, die von uns während des Krieges geöffneten Tore zum Weltenraum weiter aufgestoßen. Man ist sogar mit von Menschenhand gebauten, raumschiffähnlichen Gebilden in die Unendlichkeit des Raumes selbst eingedrungen.

Russische und amerikanische künstliche, automatische, mit Meßinstrumenten wohl ausgerüstete Satelliten, durch mehrstufige Raketen auf Höhe und Geschwindigkeit gebracht, umfliegen mit Geschwindigkeiten von über 8000 m/sec auf elliptischer Bahn die Erde. Fernraketen mit Reichweiten von über 9000 km stoßen auf ihrer Flugbahn über 1000 km in den Raum vor, Forschungsraketen mehrere tausend Kilometer. Mehr und mehr wissenschaftliche Erkenntnisse über den Raum, seine Gegebenheiten und natürlichen Gesetze werden Gemeingut nicht nur der Fachleute, sondern der gesamten zivilisierten Menschheit. Weltenraum ist der tagtägliche Gegenstand ausführlicher Betrachtungen in der Tages- und Fachpresse. Nur noch wenige Monate trennen uns von einem Schuß und wenige Jahre von einem bemannten Flug zum Mond. Ständig die Erde umkreisende, der Wissenschaft oder der Kriegführung

* sie ist 1958 im Bechtle Verlag erschienen, vergriffen und liegt textlich dieser erweiterten Neuausgabe des Buches unter dem Titel *Der Weg ins Weltall* zugrunde.

dienende große, vollautomatische Satelliten sind nur eine Frage von Jahren. Bemannte Satelliten werden folgen und Forschungsraketen werden von Umkreisungen des Mars oder der Venus in das Schwerefeld der Erde zurückkehren.

Der menschliche Erfindungsgeist wird es uns nicht nur ermöglichen, wie Planeten und Sterne auf einmal gegebener, unabänderlicher Bahn nach Keplerschen Gesetzen den Raum mit unvorstellbarer Geschwindigkeit zu durcheilen. Mit Hilfe von dem Raum selbst entnommener Energie werden wir unsern Kurs im Planetensystem auch während des Fluges mit relativ geringen Kräften, jedoch über lange Zeit hinweg nach dem Willen des Raumpiloten ändern können, um den sichersten Weg einer Rückkehr auf die Erde zu finden. Die Eroberung des Weltenraums und seine Nutzbarmachung für den Menschen hat ihren Anfang genommen.

Noch sehen die Militärs der ganzen Welt in dem Raum zwischen Erde und Mond nur eine Erweiterung ihres Operationsgebietes nach der Höhe. Sie sehen in ihm nur eine Zone, in und aus welcher militärische Handlungen durchgeführt werden können. Noch sind sich die Großen der Welt nicht darüber im klaren, welche wirtschaftliche und politische Bedeutung die Eroberung des Raumes für den Menschen haben kann. Noch streiten sich Wissenschaftler und Fachleute über den besten einzuschlagenden Weg, ebenso wie über den tatsächlichen Wert der neu gewonnenen Erkenntnisse. Man redet und schreibt von Fernseh- und Radiostationen, von Wetter- und Beobachtungsstationen, von fliegenden Laboratorien und Forschungsstationen im Raum.

Eine jeden befriedigende Antwort jetzt schon zu geben, erscheint verfrüht, wenn nicht gar für Jahrhunderte hinaus noch unmöglich. Die Eroberung und Nutzbarmachung des Erdballs für den Menschen hat Tausende von Jahren gedauert. Und die Erde ist doch nur ein ganz, ganz winziger Punkt in der Unendlichkeit des mit Planeten und Sternen übersäten Weltenraums.

Die Zeit der großen Eroberer der Menschheit scheint nunmehr zurückgekommen zu sein. Wenn sich auch die Mittel, die sie benutzen werden, geändert haben, der Abenteurer durch den Wissenschaftler und den Ingenieur ersetzt sein wird und der Raum, in den sie vorstoßen, sich ins Unendliche vergrößert hat, eins werden diese modernen Eroberer mit ihren Vorfahren gemeinsam haben: den menschlichen Willen zur großen Tat!

Wer kann wagen, vorauszusagen, was sie finden werden und welcher Nutzen für die Menschheit daraus entspringen wird?

Der Weltenraum, dessen Tore, wie in diesem Buch geschildert, durch die Peenemünder Arbeiten geöffnet wurden und für dessen Eroberung menschlicher Erfindergeist, Wissenschaft und technisches Können die Mittel schufen, stellt eine einzigartige Herausforderung an die gesamte zivilisierte Menschheit dar, der sie sich nicht wird entziehen können.

Buffalo, USA, März 1958 *Walter R. Dornberger*

VORWORT VON WALTER DORNBERGER ZUR ERSTEN AUFLAGE* VON »V2 – DER SCHUSS INS WELTALL«

Erinnerungen von Soldaten sind meist umstritten. Kriegserinnerungen, besonders die eines Verlierers, dienen häufig nur der mehr oder weniger schönfärberischen Erläuterung geschichtlicher Ereignisse vom Standpunkt des Verfassers aus.

Auch dieses Buch ist durch den Blickwinkel des Verfassers, durch Art und Umfang seiner persönlichen Erfahrungen bedingt, wie jeder mit beschränktem Zugang zu amtlichen Dokumenten geschilderte Tatsachenbericht. Eingehende wissenschaftliche Geschichtsforschung an Hand amtlicher Unterlagen und Vernehmungen von Beteiligten mag später, wenn überhaupt, die Ereignisse in einem anderen Licht erscheinen lassen. Letzten Endes ist jedoch für das Verständnis geschichtlicher Handlungen nur das maßgebend, was den Handelnden selbst zur Zeit der Entschlußfassung persönlich bekannt war.

Ich entschloß mich zur Niederschrift dieses Berichtes, weil er von einer Erfindung handelt, die mit Sicherheit die Zukunft der Menschheit entscheidend beeinflussen wird. Es war meine Absicht, alles zu zeigen, was zur Beurteilung der deutschen Flüssigkeitsraketen-Entwicklung in den Jahren 1930 bis 1945 notwendig ist, die Umstände, in denen wir lebten, arbeiteten und Erfolge hatten, und schließlich – den Untergang.

Nach dem Kriege wurden über die deutsche Raketenentwicklung eine Unzahl sich widersprechender, verwirrender und irreführender Bücher und Artikel veröffentlicht. Ich weiß nicht, woher ihre Verfasser, diese „Experten", ihre Kenntnisse bezogen haben. Es

* siehe Fußnote Seite 301

scheint aber nun an der Zeit zu sein, daß die um die V 2-Entwicklung angestiftete Verwirrung aufgeklärt und Falsches endgültig richtiggestellt wird.

Am besten wird es sein, diesen Bericht so zu nehmen, wie er gemeint ist, als die Darlegungen eines Mannes, der über zehn Jahre lang die Ehre hatte, eine hervorragende, aus unbeirrbaren Wissenschaftlern, Technikern und Facharbeitern zusammengesetzte Arbeits- und Forschungsgemeinschaft zur Erfüllung einer der größten Aufgaben weit in die Zukunft weisender Technik zu führen.

Wir haben unsere Generation vor die Schwelle des Weltraumes geleitet — der Weg zu den Sternen ist offen.

Herbst 1952 *Walter Dornberger*

ABBILDUNGSVERZEICHNIS

8: Deutsche Luftbildaufnahme des Entwicklungswerkes der Heeresversuchsstelle Peenemünde im Bau, Sommer 1937

Alliierte Luftaufnahme des berühmten Prüfstandes VII, Peenemünde, mit Feindauswertung: A) eine V 2 auf einem Meillerwagen, B) fahrbare Prüfstände, C) Montagehalle für fahrbare Prüfstände und Lagerraum für fertige V 2 – tatsächlich handelt es sich um die A 4-Montage- und Bereitstellungshalle!, Sommer 1943 (Mit Genehmigung der US Air Force)

9: Kraftwerksbau Peenemünde/Prüfstand I im Bau, 1939

Gerätepaneel im Beobachtungsraum des Prüfstandes I, Peenemünde, Herbst 1939

A 4-Versuchsrakete im Prüfstand VII, Juni 1943

10: Tabelle der ersten 31 Versuchsschüsse mit A 4: »Versuchsschießen A 4« v. 20. 7. 43

11: »Pendelstart« des A 4 V 2 vom 13. 6. 1942

Heckbrand des A 4 V 13 am 19. 2. 43

Heckexplosion des A 4 V 16 vom 3. 3. 1943

A 4-Heckrekonstruktion nach Heckbrand

12: Der Verfasser bei einer Steuergerätekontrolle während einer A 4-Startvorbereitung

Flüssig-Sauerstoff-Vorlauftest für Druck- und Durchflußprüfung eines A 4 auf dem Starttisch im Prüfstand VII

Startvorbereitungen für ein A 4 im Prüfstand VII für Versuchsstart, 1942

13: A4-Start aus Prüfstand VII

14/15: Versuchs-A 4 auf Meiller-Transport- und Aufrichtwagen

Versuchs-A 4 beim Aufrichten

Starttisch mit Abgasschurre des A 4

Aufgestelltes A 4 mit Versorgungswagenpark bei Startvorbereitung und Betankung

Abklappen des hydraulischen Aufrichtarmes des Meiller-Wagens, das A 4 steht an der »Nabelschnur« startbereit

»Gestellter A 4-Ablauf«, Herbst 1943

16: Als Baum getarntes A 4 auf Vidalwagen

Getarntes A 4 im Wald

A 4-Startstelle auf Waldlichtung, © Erwin Hablick

17: A 4-Triebwerksbau im Versuchsserienwerk Peenemünde
A 4-Tank- und Zellenbau im Versuchsserienwerk Peenemünde
18: Doppel-Taktstraße A 4-Triebwerksbau im Kohnstein (Mittelwerk), September 1943
A 4-Endmontagestraße im Mittelwerk, September 1943
19: A 4-Fertigungs-Vorbesprechung 1942 beim »Luftschiffbau Zeppelin«, Friedrichshafen mit Oberstlt. Stegmaier, Dr-Ing. Dürr, (LZ) Dr. Hugo Eckener (LZ), Oberst Dornberger, Dr. Wernher v. Braun, Ing. Franz Miller (LZ), Ing. Knut Eckener (LZ) (mit Genehmigung des Luftschiffbau Zeppelin)
A 4-Dreifach-Versuchsstart in Heidelager 1943/44
Titelblatt der »A 4-Fibel« für die Truppenausbildung, 1412/44 gKdos (geheime Kommandosache) vom 4.8.1944
20: Werkstatt- und »Unterkunfts«-Baracken in Heidelager
Kleinbahn-Transport des A 4 aus Schuppen zur Abschußstelle in Heidelager
A 4-Startvorbereitung im Rahmen des »Luftzerleger«-Versuchsprogramms
21: Projekt-Zeichnung einer bemannten A 9- bzw. A 4b-Fernaufklärer-Version
A4b »Bastard« (Vorläufer des A9) kurz vor dem Start vom Vorfeld des Prüfstandes X, Peenemünde, 24. Januar 1945
Freiland-Zusammenbau einer A 4b »Bastard« auf dem Meiller-Wagen, Peenemünde, Dez. 1944
22: C-2 »Wasserfall«-Start von Prüfstand IX Peenemünde, Herbst 1944
Hs 117 »Schmetterling«-Erprobungsstart, Herbst 1944
Rh FP-1 »Rheintochter«-Erprobungsstart, Dezember 1944
Me E-1 »Enzian«-Erprobungsstart-Vorbereitung, Dezember 1944
23: A 9/A 10-Windkanalmodell nach Stufentrennung
A 9/A 10-Startkonfigurations-Zeichnung
24: A 4-Startvorbereitung auf einem schienengebundenen Spezialzug, Januar 1945
Beute-A 4 mit noch nicht montiertem Gefechtskopf in einer Eifel-Tunnelzufahrt
Beute-A 4 vor Eifel-Tunneleingang
25: Vorführung eines schweren Raketenwerfers »Nebelwerfer 41 mit

28 cm WK Spr.« (auch Do-Werfer genannt – die Einsatztruppe bekam den Spitznamen »Die Donnerberger«) vor Generalfeldmarschall Rommel, Sommer 1942 in Kummersdorf. *Von links:* Der Verfasser, Regierungsrat Pitzken, Generalfeldmarschall Rommel, Oberst i. G. Löhr.

28 cm Do-Werfer mit hochklappbarem, gepanzertem Raketen-Abschußkasten als Versuchsaufbau auf Panzer 4 (P 4)

Versuchsschießen mit 28 cm WK Spr. von Panzer 4 aus der Dünendeckung

26: Kapitänleutnant Steinhoff, Kohleporträt 1945, Kommandant von U 511, © Erwin Hablick

Erster Unterwasser-Schuß mit 30 cm WK Spr. 42 von U 511 vor Peenemünde am 4. 6. 1942

Montage des Do-Startgestells an Bord von U 511 Anfang Juni 1942

U-Boot-Schleppbehälter, Projektzeichnung für die Vulkan-Werft Stettin, Januar 1945

27: Flak-Kommandogerät für Versuchsschießen im Einsatz

8,8 cm Flak im Versuchsschießeinsatz am Strand

28: Wernher von Braun während seiner Rede Anfang Dezember 1944 anläßlich der Verleihung des »Ritterkreuzes zum Kriegsverdienstkreuz«

Kasino-Szene Peenemünde, Sommer 1943

Porträt Generalmajor Roßmann, Okt. 1943

29: Der Verfasser mit Professor Oberth, Sommer 1943

Der Peenemünder Stab in Wien, Sommer 1942 *Von links:* Der Verfasser, Oberst Zanssen, Dr. Thiel, Dr. von Braun

30: Inspektion 1941. *Von links:* General Leeb, Dr. Todt, Oberst Dr. Dornberger, General Olbricht, Oberst Brandt – im Hintergrund links der spätere Bundespräsident Heinrich Lübke (damals bei der »Baugruppe Schlempp«)

Gefährlicher »Besuch« durch Heinrich Himmler 1943. *Gruppenmitte:* Der Verfasser, Himmler, dazwischen Oberst Stegmaier

31: Vorführtag in Peenemünde, Prüfstand VII, am 26. Mai 1943. *Von links:* Dr. Thiel, Staatsrat Plendel, dahinter Oberst i. G. Graf Stauffenberg und General der Inf. Olbricht, Großadmiral Dönitz, General der Artl. Brandt, der Verfasser, Dr. von Braun

32: »Fliegende Festungen« über Peenemünde im August 1944. US Air Force-Luftaufnahme während des Angriffs auf das Versuchsserienwerk (2) und den Abnahme-Prüfstand XI (1), *links* das VKN-Lager (Mit Genehmigung der US Air Force)

QUELLENVERZEICHNIS DER ABBILDUNGEN

Walter Dornberger, Wernher v. Braun (8)

Historische Arbeitsgemeinschaft Peenemünde (»HAP«), Luft- und Raumfahrt-Archiv, Gerd D. Priewe (14)

Bild- und Informations-Mitarbeit:
Herbert Dobrick (1)
Willy Franz (6)
Erwin Hablick (4)
Heinz Grösser (6)
Bruno Lange (1)
Karl Poggensee (6)
Monika Schoplick (3)
Wolfgang Steinecke (1)
Botho Stüwe (2)
Rudolf F. Vohmann (1)
Graf Helmut v. Zborowski (26)

AEG-Telefunken (1)
Bildarchiv Preuß. Kulturbesitz, Berlin (1)
Burda GmbH – Bildarchiv –, Offenburg (1)
Luftschiffbau Zeppelin (1)
Süddeutscher Verlag – Bilderdienst –, München (1)
Ullstein Bilderdienst, Berlin (4)
US Air Force (2)

Den Bildteil der Neuausgabe stellte dankenswerterweise der Leiter der Historischen Arbeitsgemeinschaft Peenemünde (»HAP«), Gerd D. Priewe, unter Mitwirkung der Interessengemeinschaft der ehemaligen Peenemünder unter ihrem Leiter Heinz Grösser zusammen; ihnen verdanken wir auch die Mehrzahl der hier zum Teil erstmalig veröffentlichten Dokumentarfotos und die Vorbereitung der sachkundigen Bildunterschriften.

Bitte beachten Sie
die folgenden Seiten:

Thomas Seifert / Klaus Werner

Schwarzbuch Öl

Eine Geschichte von Gier, Krieg, Macht und Geld

Aktualisierte Ausgabe

ISBN 978-3-548-36995-2
www.ullstein-buchverlage.de

Öl – Treibstoff des Kriegs, Ursache von Korruption, Menschenrechtsverletzungen, Bürgerkrieg, Umweltzerstörung, Klimawandel. Der brutale Kampf um die letzten Reserven hat begonnen. Wie kommen wir von der Öl-Droge los? Thomas Seifert und Klaus Werner haben jahrelang hinter den Kulissen der Öllobby recherchiert und zeigen, wie sehr die dramatischen Ereignisse der Weltpolitik mit dem Erdöl zusammenhängen. Kein Thriller könnte spannender sein.

»Das *Schwarzbuch Öl* überzeugt sowohl durch viele, den Leser allerdings in Besorgnis versetzende, Details als auch durch die große Linie, mit der es die Konflikte um das Öl beschreibt.«
Süddeutsche Zeitung

US306

ullstein